AF196688

Meer kwaliteit van leven

dr. Rose-Marie Dröes,

dr. Philip Scheltens &

dr. Jos Schols

[red.]

MEER KWALITEIT VAN LEVEN

INTEGRATIEVE, PERSOONSGERICHTE DEMENTIEZORG

bohn
stafleu
van loghum

Houten 2018

ISBN 978-90-368-2047-9   ISBN 978-90-368-2048-6 (eBook)
DOI 10.1007/978-90-368-2048-6

NUR 770, 860, 885, 895

© Omslagontwerp: Chaïm Stavenuiter.

Eerste druk: april 2015
Tweede druk: juni 2017

Bohn Stafleu van Loghum
Walmolen 1
Postbus 246
3990 GA Houten
www.bsl.nl

INHOUD

INLEIDING

Al meer dan honderd jaar zijn we bekend met de ziekte van Alzheimer, de meest voorkomende vorm van dementie. Toch is er pas de laatste decennia in de zorg aandacht voor hoe mensen deze ziekte beleven. Dit heeft onder meer te maken met hoe we tot in het recente verleden tegen de ziekte aankeken: toch voornamelijk vanuit een medisch-biologisch en functioneel behandelperspectief.

Bij het denken vanuit het medisch-biologisch model gaat het erom zicht te krijgen op de symptomen waaraan je de ziekte herkent, inzicht te krijgen in de oorzaak van de ziekte, en methoden te vinden om die te genezen of – nog mooier – te voorkomen. Het medisch-wetenschappelijk onderzoek was, en is, er in de eerste plaats op gericht een antwoord te vinden op díe vragen. Vanuit medisch perspectief wordt de ziekte van Alzheimer gekenmerkt door geheugen- en oriëntatiestoornissen, stoornissen in plannen, abstract denken en het oordeelsvermogen, problemen met de taal (zoals moeite met het vinden van woorden of het formuleren van zinnen), het handelen en/of het herkennen van de betekenis van voorwerpen (zoals kunnen klokkijken of het herkennen van een stoel als een stoel). Naast deze cognitieve stoornissen treden na verloop van tijd ook vaak ontregelingen in stemming en gedrag op, zoals depressief, angstig, achterdochtig en agressief gedrag, wanen en hallucinaties. Er wordt ook wel gesproken van neuropsychiatrische symptomen. De oorzaak hiervan wordt gezocht in een combinatie van biologische, psychologische en sociale factoren, en het ervaren van stress.

Het functionele behandelperspectief is met name gericht op de blijvende beperkende gevolgen van de ziekte en de mogelijkheden voor revalidatie en compensatie (volgens de International Classification of Impairments, Disabilities and Handicaps[1]). Dit functionele perspectief wordt ook wel het 'gevolgenperspectief' genoemd:[2] de eerder genoemde stoornissen bij de ziekte van Alzheimer hebben tot gevolg dat mensen met deze ziekte gaandeweg niet meer goed zelfstandig kunnen functioneren in het dagelijks leven waardoor zij in toenemende mate hulp van anderen nodig hebben. Belangrijke vragen bij het functionele behandelperspectief zijn: Tot welke beperkingen en handicaps in het dagelijks leven leiden de cognitieve en gedragsstoornissen bij dementie? En hoe kan daarvoor worden gecompenseerd met de juiste ondersteuning, stimulering, training en hulpmiddelen, zodat mensen die de ziekte hebben zo lang en zo zelfstandig mogelijk kunnen blijven functioneren?

De interesse voor hoe mensen met (verschillende typen) dementie de toenemende beperkingen *ervaren* en hoe ze ermee omgaan ontstaat pas in de loop van de jaren tachtig en begin jaren negentig van de vorige eeuw. Dit werd mede ingegeven door ontwikkelingen op het gebied van de stress-copingtheorie,[3] en nieuwe behandelingsmogelijkheden voor ziekten die voorheen nog dodelijk waren (denk aan hart- en vaatziekten, kanker en meer recentelijk aids). Door deze ontwikkelingen werden ziekten die eerder nog terminaal waren chronisch, en kwam er meer aandacht voor hoe mensen omgaan en leven met chronische ziekten.[4] Zo deed zich bij mensen met dementie de vraag voor of een deel van de waargenomen gedragsveranderingen wellicht te verklaren was als een wijze van *coping* met de ziekte[5] of als reactie op de manier waarop de omgeving de persoon bejegende.[6] Men begon zich af te vragen in hoeverre lichte of ernstigere gedrags- en stemmingsontregelingen, zoals depressief, angstig of geagiteerd gedrag bij een persoon met de ziekte van Alzheimer beschouwd moesten worden als een direct gevolg van de hersendegeneratie (of de neurologische ontregeling die daarmee gepaard gaat) of als een uiting van het feit dat de persoon (of zijn omgeving!), bewust of onbewust, moeite heeft met het accepteren van de gevolgen van de geestelijke achteruitgang en de verliezen die daarmee gepaard gaan.[5-9] Deze vragen, gesteld vanuit een psychologisch en sociaal perspectief, leidden tot meer aandacht voor de beleving van de persoon met dementie en vervolgens ook tot de wens om de zorg en ondersteuning daar beter op aan te laten sluiten.

Uit verschillende studies die de afgelopen decennia zijn gedaan blijkt dat mensen met een lichte tot matig ernstige vorm van dementie, veelal de ziekte van Alzheimer, vasculaire dementie of mengvormen, – net als overigens mensen met andere chronische ziekten – een variatie aan problemen kunnen ervaren bij de acceptatie van en aanpassing aan de gevolgen van hun ziekte.[5,10-17] Het betreft onder meer problemen op de volgende aanpassingsterreinen:

- het omgaan met de eigen beperkingen;
- het handhaven van een emotioneel evenwicht;
- het behoud van een positief zelfbeeld en gevoel van eigenwaarde;
- het omgaan met de onzekere toekomst;
- het ontwikkelen en onderhouden van sociale relaties en op een zinvolle wijze sociaal blijven participeren;

- het ontwikkelen van een adequate zorgrelatie met zorgverleners (en bij opname in een intramurale setting);
- het omgaan met de nieuwe (institutionele) woonomgeving.

Dat mensen (een of meer van) deze adaptieve taken als stressvol kunnen ervaren blijkt uit het feit dat in de genoemde studies op elk van deze terreinen copingstrategieën worden vermeld die mensen met dementie gebruiken om emotioneel in evenwicht te blijven. Denk aan ontkennen, vermijden van sociale contacten, confabuleren, een façade ophouden, externe attributie van problemen en gebruik van humor.[5,12,14,15,18-20]

Belangrijke vragen vanuit het psychosociale behandelperspectief zijn hoe mensen hun ziekte beleven en daarmee omgaan en hoe psychologische (persoonlijkheid, levensgeschiedenis), ziektegerelateerde, sociale en materiële omgevingsfactoren daarop van invloed zijn. Behandeling en begeleiding vanuit dit perspectief richten zich op het bijstaan van mensen met dementie en hun omgeving bij het omgaan met de gevolgen van dementie met als doel verbetering van hun kwaliteit van leven en voorkoming c.q. behandeling van ontregelingen van het dagelijks leven. Bij lichte tot matig ernstige problematiek (of ter preventie) kan volstaan worden met psychosociale behandelings- en begeleidingsmethoden,[21,22] bij ernstiger gedrags- en stemmingsontregelingen zijn psychotherapeutische interventies beschikbaar en aangewezen.[23]

Integratieve dementiezorg

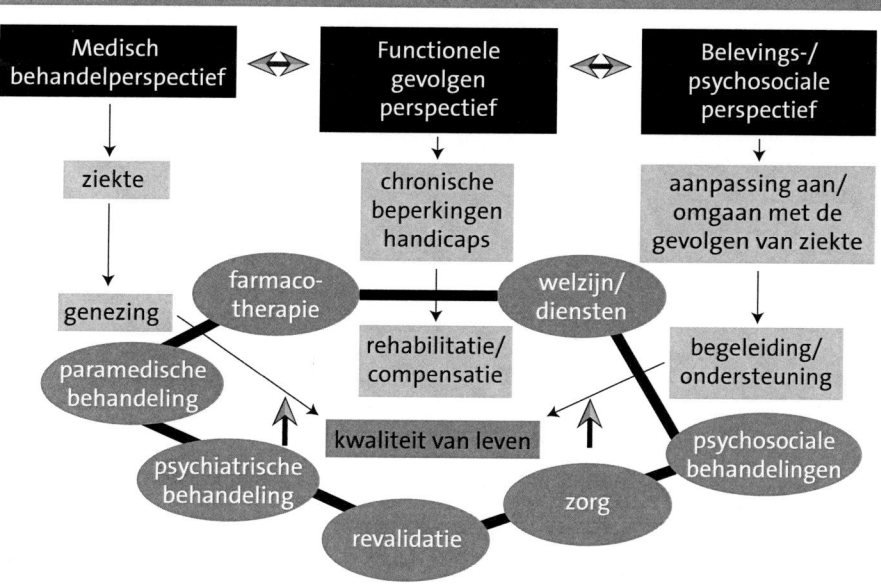

Figuur 1 Integratie van perspectieven van zorg en behandeling bij dementie.

De inhoud van dit boek

Dit boek gaat over de zorg voor mensen met dementie in de breedste zin van het woord. Dat wil zeggen zorg vanuit medisch, functioneel en psychosociaal perspectief.

De afgelopen decennia zijn er grote vooruitgangen geboekt op de gebieden van signalering, (vroeg)diagnostiek, behandeling, zorg, ondersteunende technologie, kennis over beleving en omgaan met dementie, en psychosociale behandeling en begeleiding. Tegelijkertijd heeft dit geleid tot een scala aan specialismen, disciplines en professies in de dementiezorg en daarmee tot een versnippering van kennis en soms ook fragmentatie van de zorgverlening. In dit boek is getracht deze kennis samen te brengen zodat ze voor iedereen werkzaam in de dementiezorg(keten) beschikbaar komt. De auteurs beogen hiermee bij te dragen aan een meer integratieve dementiezorg met als doel optimalisering van de zorg, begeleiding en behandeling voor mensen met dementie en ondersteuning van hun mantelzorgers.

Rose-Marie Dröes, Philip Scheltens en Jos Schols

Literatuur

1   ICIDH, International Classification of Impairments, Disabilities and Handicaps. Genève: WHO, 1980.
2   Bangma BD, Kap A. Inleiding revalidatiegeneeskunde; patiëntgericht hulpverlenen. Assen: Van Gorcum, 1988.
3   Lazarus RS, Folkman S. Stress, appraisal, and coping. New York: Springer, 1984.
4   Samson A, Siam H, Lavigne R. (2007) Psychosocial adaptation to chronic illness; description and illustration on an integrated task-based model. Intervention; La revue de l'ordre perofessional des travailleurs sociaux de Quebec, 127:16-28.
5   Dröes RM. In beweging; over psychosociale hulpverlening aan demente ouderen [proefschrift]. Amsterdam: Vrije Universiteit, 1991.
6   Kitwood T. Dementia reconsidered, the person comes first. Maidenhead: Open University Press, 1997.
7   Verwoerdt A. Clinical geropsychiatry. Baltimore: Williams & Wilkins, 1976.
8   Feil N. V/F Validation: the Feil method. Cleveland: Feil Productions, 1982.
9   Miesen B. Gehechtheid en dementie [proefschrift]. Nijmegen: Rijksuniversiteit Nijmegen, 1990.
10   Cotrell L, Lein L. Awareness and denial in the Alzheimer's Disease Victim. J Gerontol Soc Work. 1993;19:115-32.
11   Clare L. We'll fight it as long as we can: coping with the onset of Alzheimer's disease. Aging Ment Health. 2002;6:139-48.
12   Clare L. Managing threats to self: awareness in early stage Alzheimer's disease. Soc Sci Med. 2003;57:1017-29.
13   Lange J de. Dealing with dementia. Effects of integrated emotion-oriented

care on adaptation and coping of people with dementia in nursing homes; a qualitative study as part of a randomized clinical trial [proefschrift]. Rotterdam: Erasmus Universiteit, 2004.

14   Steeman E, Godderis J, Grypdonck M, et al. Living with dementia from the perspective of older people: Is it a positive story? Aging Ment Health. 2007;11:119-30.

15   Boer ME, Hertogh CMPM, Dröes RM, et al. Suffering from dementia: the patient's perspective; An overview of the literature. Int Psychogeriatr. 2007;19:1021-39.

16   Roest HG van der, Meiland FJM, Comijs HC, et al. What do community dwelling people with dementia need? A survey among those who are known by care and welfare services. Int Psychogeriatr. 2009;21:949-65.

17   Moos RH, Tsu VD. The crisis of physical illness: An overview. In: Moos RH, ed. Coping with physical illness. New York: Plenum, 1997.

18   Pearce A, Clare L, Pistrang N. Managing sense of self: Coping in the early stages of Alzheimer's disease. Dementia. 2002;1:173-92.

19   Steeman E, Casterle BD de, Godderis J, Grypdonck M. Living with early-stage dementia: a review of qualitative studies. J Adv Nurs. 2006;54:722-38.

20   Roest HG van der, Meiland FJM, Maroccini R, et al. Subjective needs in people with dementia. a review of the literature. Int Psychogeriatr. 2007;19:559-92.

21   Dröes RM, Mierlo LD van, Roest HG van der, Meiland FJM. Focus and effectiveness of psychosocial interventions for people with dementia in institutional care settings from the perspective of coping with the disease. Nonpharmacol Ther Dement. 2010;1:139-61.

22   Dröes RM, Mierlo LD van, Meiland FJM, Roest HG van der. Memory problems in dementia: Adaptation and copingstrategies, and psychosocial treatments. Expert Rev Neurother. 2011;11:1769-82.

23   Bakker TJEM. (2010) Integrative reactivation and rehabilitation to reduce multiple psychiatric symptoms of psychogeriatric patients and caregiver burden [proefschrift]. Amsterdam: Vrije Universiteit.

I DEMENTIEZORG VANUIT GENEESKUNDIG PERSPECTIEF

1 DIAGNOSTIEK EN CLASSIFICATIE VAN DEMENTIE

Philip Scheltens

Casus

De heer Barend is een 56-jarige man die met zijn vrouw en oudste zoon de geheugenpolikliniek bezoekt. Sinds twee jaar valt het zijn omgeving op dat de heer Barend minder grip op de zaken heeft, vergeetachtig is en zich terugtrekt. Op zijn werk heeft dit reeds tot problemen geleid omdat hij zijn werk niet meer afkreeg, de stapels op zijn bureau groeiden en hij regelmatig afspraken vergat. Tijdens vergaderingen had hij moeite om de discussie te volgen. Ook leek hij toenemend onhandig te zijn geworden: bediening van de computer en mobiele telefoon leverde problemen op. Vier weken voor het polibezoek had hij zich ziek gemeld. De bedrijfsarts en huisarts waren het eens over de diagnose 'burn-out', maar zijn echtgenote drong aan op verder onderzoek.

De medische voorgeschiedenis is blanco, betrokkene gebruikt geen medicijnen. Zijn moeder zou dement zijn geworden op 76-jarige leeftijd. Bij onderzoek van de mentale status is de Mini Mental State Examination (MMSE) 24/30, de Cambridge Cognitive Examination (CAMCOG) score 82 (cut-off voor zijn leeftijd en opleiding is 84). De score op de Frontal Assessment Battery (FAB) is 13/18. Aanvullend neuropsychologisch onderzoek bevestigt stoornissen in de executieve en visuospatiële domeinen en slechts lichte geheugenproblemen. MRI van de hersenen toont graad 1 bilaterale hippocampusatrofie, bipariëtale atrofie en atrofie van de posterieure cingulaire cortex. Vanwege de jonge leeftijd, het niet op de voorgrond staan van geheugenproblemen en de afwezigheid van hippocampusatrofie op de MRI werd een lumbaalpunctie verricht. Routineanalyse: liquor was normaal, het abeta-gehalte was 450 pg/ml *(verlaagd), het totaal tau 520 ng/ml en p-tau(181) was 85 ng/ml (beide verhoogd). Op basis van de (hetero)anamnese, bedside cognitief onderzoek en aanvullend onderzoek werd de waarschijnlijkheidsdiagnose 'ziekte van Alzheimer' gesteld.*

1.1   Inleiding

Deze casus is behalve een voorbeeld van dementie op jonge leeftijd ook een voorbeeld van moderne dementiediagnostiek. De casus laat zien dat het veld van dementie is opgeschoven van diagnosticeren *per exclusionem* (door uitsluiting van alternatieve oorzaken) naar het gebruik van hulpmiddelen (MRI, liquordiagnostiek) om de diagnose van het onderliggende proces mogelijk te maken. Dit heeft behalve met ontwikkelingen in de geneeskunde ook te maken met een 'coming of age' van het begrip dementie en de notie dat het een ziekte betreft die gediagnosticeerd en behandeld kan en moet worden. In het navolgende zal in het kort de nosologische diagnostiek van de drie meest voorkomende ziektebeelden die met dementie gepaard gaan, worden besproken.

1.2   Dementie

Dementie is een syndroom, niet meer en niet minder. Het syndroom bestaat wanneer er verschillende cognitieve domeinen zijn aangedaan en er een impact op het dagelijkse leven is. De prevalentie in Nederland wordt geschat op ruim 250.000 en de jaarlijkse incidentie op meer dan 25.000, gemiddeld twee tot drie patiënten per huisartsenpraktijk per jaar. Gezien de sterke relatie met veroudering wordt dementie wel de 'epidemie van de toekomst' genoemd.

Dementie is een verzamelnaam voor tal van aandoeningen, waarvan de ziekte van Alzheimer het meeste voorkomt, al dan niet in combinatie met andere pathologie. Deze ziekte is vernoemd naar de Duitse zenuwarts/patholoog Alois Alzheimer, die in 1907 voor het eerst een patiënte van 51 jaar beschreef die bij autopsie de kenmerkende pathologische veranderingen had waarmee ook nu nog de diagnose histopathologisch gesteld wordt. Zijn eerste casus, Auguste Deter, was een typisch voorbeeld van de ziekte van Alzheimer op jongere leeftijd, vroeger ook wel aangeduid als preseniele dementie, waarvan de casus in het voorbeeld een moderne variant is. Andere ziekten die gepaard gaan met cognitieve en/of gedragsstoornissen, zijn onder andere frontotemporale dementie (taal- en gedragsvarianten), Lewy-lichaampjesdementie, vasculaire dementie, corticobasale degeneratie, progressieve supranucleaire verlamming, ziekte van Creutzfeldt-Jakob, alcoholdementie en tal van zeldzamere encefalopathieën.

	Dementie wordt vastgesteld wanneer er cognitieve of gedragsmatige (neuropsychiatrische) symptomen bestaan die:
1	interfereren met het beroepsmatig of dagelijks functioneren
2	een achteruitgang zijn ten opzichte van een voorgaand niveau van functioneren
3	niet verklaard worden door een delier of psychiatrische aandoening in engere zin
4	Cognitieve stoornissen worden vastgesteld met een combinatie van: anamnese bij de patiënt en een betrouwbare informant met objectieve tests van de mentale status, hetzij met behulp van 'bedside tests', hetzij met behulp van neuropsychologisch onderzoek
5	De cognitieve of gedragsstoornis betreft minimaal twee van de volgende domeinen: • het geheugen • de uitvoerende functies • de visuospatiële functies (verwerken van ruimtelijke informatie) • de taalfuncties • persoonlijkheid en gedrag

Tabel 1.1 Definitie van dementie[1]

Dementie wordt vastgesteld wanneer er cognitieve of gedragsmatige (neuropsychiatrische) symptomen bestaan (tabel 1.1).

Tot voor kort was het usance om eerst vast te stellen of er sprake is van dementie en dan te zoeken naar de oorzaak. De ontwikkelingen op het gebied van de biomarkers (zie casus) hebben gemaakt dat het concept veranderd is en de primaire insteek is verschoven naar het vaststellen van de onderliggende ziekte. Deze notie komt voort uit de gedachte dat ziekten zoals Alzheimer en de andere bovengenoemde aandoeningen een continuüm vormen, waarbij het begin sluipend en subtiel kan zijn en de kliniek zich ontwikkelt naarmate de pathologie zich uitbreidt en de ziekte voortduurt. De verandering van het concept maakt begrippen als dementie en ook milde cognitieve stoornissen (mci) in feite overbodig. Vooralsnog geldt dit voor het wetenschappelijk onderzoek meer dan voor de klinische praktijk.

De amyloïd- en taupathologie die kenmerkend zijn voor de ziekte van Alzheimer, kunnen zich bevinden in de mediaaltemporale regio's, hetgeen aanleiding zal zijn tot geheugenklachten en -stoornissen. Wanneer de pathologie zich meer in de posterieure gebieden bevindt, kan de ziekte debuteren met visuoperceptieve problemen. Hetzelfde geldt a fortiori voor de frontotemporale dementie, waarbij de locatie van de specifieke pathologie (tau, TDP-43) bepaalt welke klachten en verschijnselen een patiënt heeft, gedragsstoornissen of taalstoornissen bijvoorbeeld.

Hoe ouder de patiënt, hoe vaker cerebrovasculaire schade een rol kan spelen in het ontstaan van cognitieve en gedragsstoornissen. Grote neuropathologische studies tonen aan dat de combinatie van Alzheimer en vasculaire veranderingen bij 70-80% van de patiënten met dementie boven de 80 jaar voorkomt. Door gebruik van beeldvormende technieken kan de (bijkomende) vasculaire schade in beeld worden gebracht en kan worden bepaald of er al dan niet sprake is van een gemengde oorzaak van dementie. Het zonder beeldvorming aannemen van een vasculaire component is onjuist, maar wordt helaas in de praktijk nog wel vaak gedaan.

1.3   De ziekte van Alzheimer
1.3.1   *Kliniek*

Stoornissen in de geheugenfunctie
Kenmerkend voor de ziekte van Alzheimer zijn de problemen met het opslaan van nieuwe informatie. In het gedrag uit zich dat in een tendens om items uit een gesprek telkens te herhalen, meestal al na enkele minuten. Afspraken worden vergeten, alledaagse voorwerpen worden op ongebruikelijke plaatsen neergelegd waardoor ze zoek raken. In een vroeg stadium van de ziekte raakt de patiënt gemakkelijk de weg kwijt, met name in een niet-vertrouwde omgeving. Kenmerkend voor de geheugenproblemen bij de ziekte van Alzheimer is dat niet alleen de 'recall' (het ophalen uit het geheugen) na enkele minuten is gestoord, maar ook de herkenning. Patiënten herkennen vaak niet de items die ze net hebben aangeleerd. De stoornis van de herkenning onderscheidt alzheimerpatiënten van patiënten met bijvoorbeeld een vasculaire dementie of een depressie, waarbij ook de herinnering van aangeleerde feiten gestoord is maar de herkenning doorgaans intact.

Uit recent onderzoek is naar voren gekomen dat de klachten waarmee alzheimerpatiënten zich presenteren ook nog beïnvloed kunnen worden door het apolipoproteïne E-genotype (ApoE4). Het 4-allel-dragerschap wordt vaak gevonden bij patiënten die zich primair presenteren met geheugenklachten terwijl het niet hebben van dit allel vaker gepaard gaat met een presentatie die gekenmerkt wordt door executieve stoornissen, visuoperceptieve (herkennings)problemen of taalstoornissen.

Taalstoornissen

Het onjuist benoemen van voorwerpen en het zoeken naar de juiste woorden zijn vaak de eerste signalen van een taalstoornis. Soms treden dergelijke stoornissen reeds op voordat geheugenproblemen zichtbaar worden (zie boven). Verarming van taalgebruik en (ogenschijnlijk irrelevante) breedvoerigheid kunnen ook de eerste signalen zijn van taalafbraak zonder dat fluency (spreekvaardigheid), woordvinding en syntaxis zijn aangedaan. Niet alleen het woordgebruik ook het begrijpen van complexe vraagstukken of verbale opdrachten is vaak in een vroeg stadium al problematisch, maar minder snel zichtbaar in een alledaagse discussie. In het verloop van het ziekteproces wordt de taalafbraak steeds duidelijker. Parafasieën (verwisseling van woorden) en agrammatisme (foute zinsbouw) komen op de voorgrond parallel aan het verlies van taalbegrip. Echolalie (dwangmatig herhalen van woorden of zinnen van anderen), palilalie (dwangmatig herhalen van eigen woorden of zinnen), perseveraties en volledig ontbreken van taalbegrip kenmerken het gevorderde stadium van de ziekte. Bij dergelijke patiënten kan echter de non-verbale communicatie nog behouden zijn.

Stoornissen in de praktische vaardigheden

Apraxie is het onvermogen om op corticaal niveau gecoördineerde motorische handelingen uit te voeren bij het ontbreken van paresen. Bij apraxie gaat het om stoornissen in de dominante pariëtale kwab, waardoor beeldvorming of uitvoeringspatroon van een handeling is aangetast of verdwenen. Zeker in een vroeg stadium gaat het om problemen in alledaagse handelingen die niet altijd worden herkend, zoals het roeren van de thee met een omgekeerd theelepeltje, het omgaan met moderne koffiezetmachines, het omgaan met de pc, dvd-recorder, magnetron of mobiele telefoon. Soms komen geïsoleerde apraxieën voor, zoals tongapraxie waarbij patiënten hun tong op verzoek niet kunnen uitsteken, terwijl het taalbegrip intact is, en kledingapraxie, waarbij patiënten hun arm door de broekspijp steken, 'stuntelen' met het aantrekken van hun jas. Patiënten hebben sterk de neiging te rationaliseren bij confrontatie met hun apraxie: 'Ik houd niet van eten koken, dat doet mijn echtgenoot', waardoor de gedragsverandering door de directe omgeving (partner, kinderen) vaak niet begrepen wordt. Interpretaties als gemakzucht, onwil of desinteresse liggen dan voor de hand.

Stoornissen in de visuele herkenning

Agnosie is het onvermogen om op corticaal niveau sensorische stimuli te herkennen bij het ontbreken van primair zintuiglijke stoornissen. Voor het dagelijks functioneren heeft agnosie ernstige consequenties. Dat woorden en zinnen niet meer worden herkend leidt niet tot grote problemen. Ernstiger is het als de chloor voor melk wordt aangezien en vertrouwde gezichten niet meer worden herkend (prosopagnosie). Het kan tot ernstige problemen in de thuissituatie leiden als de partner wordt aangezien voor een indringer. Van alle stoornissen in de herkenning komt de visuele agnosie het meest voor, waarbij voorwerpen niet meer herkend worden. Onderscheid moet gemaakt worden of het voorwerp echt niet herkend wordt of niet meer correct benoemd kan worden, als uiting van een taalstoornis.

Regelmatig worden aspecten gevonden van het gerstmannsyndroom: links-rechtsdesoriëntatie, dyscalculie (rekenproblemen), dysgrafie (schrijfproblemen) en vingeragnosie (moeite met het benoemen van de vingers bij aanraking). Somatoagnosie (niet meer herkennen van de eigen delen van het lichaam, waardoor patiënt bijvoorbeeld niet normaal meer in een stoel kan gaan zitten) treedt vaak op in een later stadium.

Executieve functiestoornissen

Stoornissen in de uitvoerende functies, zoals het verlies van overzicht, planningsvaardigheid en een adequate uitvoering van complexe taken en handelingen, staan centraal in het dementiesyndroom en herkenning hiervan is belangrijk maar lastig, zeker omdat er in eerste instantie niet over geklaagd wordt. In het dagelijks leven uiten deze problemen zich al bijvoorbeeld door het onvermogen twee dingen tegelijk te doen, een gesprek tussen meerdere personen te volgen of onverwacht een maaltijd moeten bereiden voor meerdere personen. Patiënten kunnen in een beginstadium vaak nog heel goed koken, maar heteroanamnestisch blijkt er wel al een verarming van het menu ('altijd hetzelfde') te zijn opgetreden als uiting van een executief probleem.

Neuropsychiatrische verschijnselen

Hieronder vallen visuele hallucinaties, waandenkbeelden, vaak paranoïd en stereotiep van inhoud, zoals het gevoel bestolen te worden door de hulp in de huishouding, het idee dat de partner vreemd gaat of dat de nieuwslezer op tv in de kamer is. Visuele hallucinaties en paranoïde gedachten bij Alzheimer voorspellen een snellere cognitieve en functionele achteruitgang van de dementie dan bij demente patiënten bij wie dergelijke symptomen ontbreken. Wanen en agressie komen meer voor bij ApoE-4-dragers dan bij niet-dragers. Angst- en stemmingsstoornissen komen bij ruim 30% van de alzheimerpatiënten voor. Andere belangrijke symptomen die invaliderend zijn voor de patiënt en belastend voor de mantelzorger zijn nachtelijke onrust, agressie, bewegingsdrang en aan de andere kant van het spectrum de apathie. Laatstgenoemde is zeker een vroeg optredend maar vaak laat herkend verschijnsel. Als reactie

op een sluimerende of manifeste infectie, ziekenhuisopname of operatieve in-
greep treedt relatief snel een delier op. Van belang is hierop bedacht te zijn en
adequate behandeling toe te passen.

1.3.2 *Diagnostiek*

Volgens de in 2011 opgestelde criteria van het National Institute on
Aging-Alzheimer's Association Workgroup (NIA-AA)[1] kan de diagnose Alzheimer
gesteld worden als er sprake is van dementie (tabel 1.1) en als aan de volgende
voorwaarden is voldaan:

- geleidelijk ontstaan en progressie;
- presentatie met geheugenstoornissen of non-amnestische verschijnselen (zie paragraaf 1.3.1);
- niet optredend tijdens delier of verklaarbaar door een andere ziekte.

In wezen zijn deze criteria essentieel verschillend van de NINCDS-ADRDA-
criteria uit 1984, met dit verschil dat gedrag en non-amnestische presentaties
meer nadruk krijgen. Daarenboven is het volgens de NIA-AA-criteria mogelijk de
waarschijnlijkheid van Alzheimer te verhogen of te verlagen door gebruik van
biomarkers (tabel 1.2).

Waarschijnlijkheid	Amyloïd in CSF of PET	FDG PET of MRI
hoog	+	+
gemiddeld	+	?
	?	+
niet informatief	+	−
	−	+
laag	−	−

+: biomarker afwijkend; ?: biomarker niet beschikbaar; −: biomarker normaal.

Tabel 1.2 Gebruik van biomarkers bij de diagnostiek van de ziekte van Alzheimer

1.3.3 *Behandeling*

Tot op heden is er weinig veranderd in de specifieke behandeling van
de ziekte van Alzheimer. Er zijn drie cholinesteraseremmers beschikbaar, en
memantine en Souvenaid. In de multidisciplinaire richtlijn 'Dementie, diagnostiek en behandeling' (Orde Medisch Specialisten, 2014) – zie www.nkgv.
nl – worden aanbevelingen gedaan voor indicatie en gebruik, waarnaar bij
dezen verwezen wordt. Qua zorg en begeleiding is er een enorm verschil tussen patiënten, en hier is altijd zorg op maat geboden. De gewenste zorg is af-

hankelijk van leeftijd en ernst van de aandoening, maar meer nog afhankelijk van het steunsysteem en de bereidheid en mogelijkheid van dit systeem om zorg te verlenen.

Ongeacht welke behandeling wordt toegepast dient een patiënt met de ziekte van Alzheimer, en in feite iedere patiënt met dementie, medisch gevolgd te worden, teneinde het beloop te documenteren, de mantelzorger te ondersteunen en vragen te beantwoorden, comorbiditeit te signaleren en te behandelen en de initiële diagnose te toetsen op juistheid. Het diagnosticeren van de ziekte van Alzheimer is en blijft een taak van experts en uit onderzoek blijkt dat zelfs in hun handen het percentage misdiagnostiek nog ruim boven de 10% is. Recente berichten uit de media bevestigen dit en het stellen van een diagnose Alzheimer op onjuiste gronden kan grote gevolgen hebben.

1.4 Frontotemporale dementie

1.4.1 Kliniek en diagnostiek

Frontotemporale dementie (FTD) is een pathologisch heterogene groep van aandoeningen die als gemeenschappelijk kenmerk de focale frontale en/of temporale degeneratie hebben. In ongeveer 40% van de gevallen is er sprake van een positieve familieanamnese. In een deel van de gevallen is er sprake van een mutatie in het tau-gen, het progranuline-gen of het C9orf-gen.[2] Benadrukt moet worden dat FTD een spectrum van aandoeningen vormt die selectief de frontale en/of temporale cortex en een aantal subcorticale kernen betreffen, met een grote spreiding in het klinisch beloop (ziekteduur 2-20 jaar), klinische manifestaties en pathologische bevindingen.[3]

Afhankelijk van het domineren van frontale dan wel temporale pathologie kunnen drie prototypische neurologische gedragssyndromen worden onderscheiden, namelijk:

- de gedragsvariant van frontotemporale dementie (behavioural variant FTD; bvFTD);
- progressieve niet-vloeiende afasie (PA);
- semantische dementie (SD).

Behavioural variant FTD (bvFTD) wordt gekenmerkt door geleidelijk ontstane gedrags- en persoonlijkheidsverandering, stoornissen in de uitvoerende functies, met pas veel later in het beloop geheugenstoornissen (tabel 1.3). De visuospatiële functies blijven tot in een laat stadium intact. De gedragssymptomen staan in het begin meestal op de voorgrond; daarom wordt differenti-aaldiagnostisch vaak aan psychiatrische aandoeningen gedacht. Er kan sprake zijn van een apathiesyndroom (initiatiefverlies, desinteresse, emotionele afvlakking), ontremd gedrag (bijvoorbeeld overmatig koopgedrag, eetgedrag

I	*Neurodegeneratieve aandoening*
	progressieve stoornis van het gedrag en/of de cognitie op basis van observatie of anamnese
II	*Mogelijke bvFTD*
	ten minste drie van de volgende zes klinische kenmerken dienen aanwezig te zijn:
	A vroege ontremming van gedrag
	B vroege apathie/inertie
	C vroeg verlies van sympathie of empathie
	D vroeg perseveratief, stereotiep of compulsief-ritualistisch gedrag
	E hyperoraliteit en veranderingen in voedingspatroon
	F neuropsychologisch profiel: executieve stoornissen met relatief sparen van geheugen en visueel-ruimtelijke functies
III	*Waarschijnlijke bvFTD*
	moet voldoen aan de criteria voor *mogelijke* bvFTD, plus zowel B als C:
	B significante functionele achteruitgang
	C resultaten van beeldvormend onderzoek zijn consistent met FTD (frontale/temporale atrofie op MRI of CT; hypometabolisme op FDG-PET
IV	*bvFTD met pathologie*
	moet voldoen aan de criteria voor *mogelijke* bvFTD plus B of C:
	B histopathologisch bewijs van FTLD bij biopsie of PA-onderzoek
	C aanwezigheid van een bekende pathogene mutatie
V	Exclusiecriteria voor bvFTD
	A de symptomen kunnen beter worden verklaard door andere niet-neurodegeneratieve neurologische of somatische aandoeningen
	B de symptomen kunnen beter verklaard worden door een psychiatrische aandoening
	C biomarkers sterk indicatief voor Alzheimer of een andere neurodegeneratieve aandoening

Tabel 1.3 Klinisch-diagnostische criteria voor bvFTD

of seksueel gedrag) of stereotiep-dwangmatig gedrag (bijvoorbeeld het uit-voeren van ritualistische handelingen of dwangmatigheid met etenstijden). Daarbij treedt vroeg in het beloop verlies van empathie of emotionele betrok-kenheid op en heeft de patiënt geen of een verminderd inzicht in zijn/haar toestand. Eveneens een vroeg verschijnsel is het zich niet kunnen inleven in andermans situatie (zogenoemde 'theory of mind'). Vaak wordt een reductie van de spontane spraak gezien, die gepaard gaat met woordvindstoornissen, en die uiteindelijk kan leiden tot mutisme. De diagnose wordt ondersteund

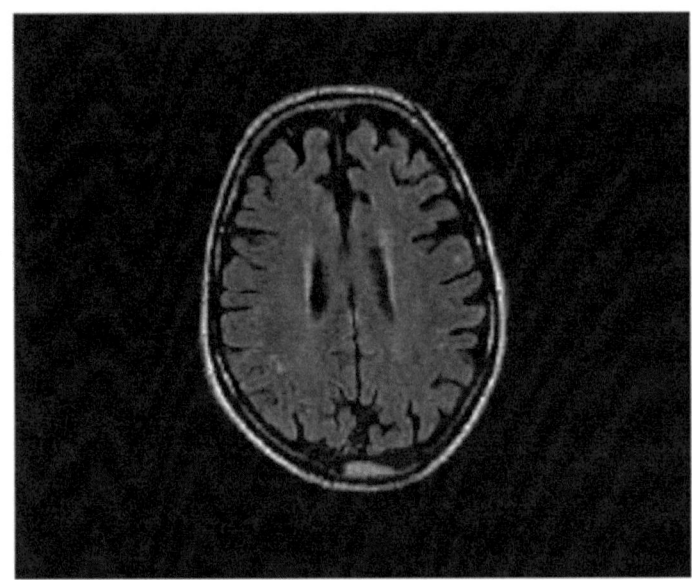

Figuur 1.1 Deze scan laat een typisch voorbeeld zien van een patiënt met bvFTD: frontale atrofie blijkend uit een vergroving van het gyrus-sulcuspatroon in vergelijking met posterieur.

met de bevinding van frontale/anterior temporale atrofie of hypometabolisme bij structureel beeldvormend onderzoek respectievelijk FDG-PET-onderzoek. In de recentelijk gewijzigde klinisch-diagnostische criteria voor bvFTD door het internationale FTD-consortium wordt onderscheid gemaakt in mogelijke en waarschijnlijke bvFTD. Voor waarschijnlijke bvFTD zijn naast het karakteristieke klinische beeld zowel afwijkende bevindingen bij beeldvormend onderzoek als functionele achteruitgang een vereiste.

Progressieve niet-vloeiende afasie (PA) wordt gekenmerkt door een moeizame, niet-vloeiende spraak met grammaticale en fonologische fouten (tabel 1.4). De patiënt is zich van zijn taalstoornis bewust. Volgens de definitie is hier geen sprake van dementie (immers slechts één domein en meestal nog geen interferentie in iadl), maar het beeld kan zich – vaak pas na een groot aantal jaren – wel ontwikkelen tot FTD. Het klinische beeld van PA is geassocieerd met pathologie van de linkerfrontale en temporale cortex rondom de fissura Sylvii.

Semantische dementie (SD) is een syndroom waarbij geleidelijke degradatie van het semantische geheugen optreedt: er treedt een verlies van betekenis van woorden en objecten op (tabel 1.5). Dit kan zowel op verbaal als op visueel niveau het geval zijn en zelfs ook andere zintuiglijke modaliteiten betreffen, zoals het niet kunnen herkennen van bekende geluiden. De spraak is veelal vloeiend, met begrips- en benoemstoornissen. Kenmerkende uitspraken van patiënten

I	Kerncriteria
	• sluipend begin en geleidelijke progressie
	• niet-vloeiende spontane spraak, met ten minste een van de volgende drie klinische kenmerken: agrammatisme, fonemische parafasieën en anomie
II	*Ondersteunende criteria*
	stotteren of orale apraxie
	gestoord nazeggen
	alexie, agrafie
	behoud van woordbegrip
	(laat) mutisme
	behoud van sociale vaardigheden; later wel gedragsveranderingen
	neurologische bevindingen: primitieve reflexen, parkinsonisme, geen geheugen- en visuospatiële stoornissen
	• normaal EEG
	• asymmetrische, linkszijdige atrofie, perisylvisch op mri of CT
	• asymmetrische, linkszijdige metabole veranderingen op FDG-PET

Tabel 1.4 Klinisch-diagnostische kenmerken van PA

I	*Kerncriteria*
	• sluipend begin en geleidelijke progressie
	• vloeiende, lege, spontane spraak
	• begripsstoornissen op woordniveau
	• semantische parafasieën
II	*Ondersteunende criteria*
	spraakdrang
	surface dyslexia en dysgraphia
	behoud van rekenvaardigheid
	geen fonemische parafasieën
	gestoorde sociale vaardigheden
	neurologische bevindingen: primitieve reflexen, parkinsonisme, geen geheugen- en visuospatiële stoornissen
	• normaal EEG
	• asymmetrische, linkszijdige anterieure temporale atrofie, inclusief de hippocampus
	• asymmetrische, linkszijdige metabole veranderingen op FDG-PET

Tabel 1.5 Klinisch-diagnostische kenmerken van SD

met sp zijn van het soort: 'Broccoli, wat is broccoli?' In een later stadium treden ook gedragsstoornissen op, vaak gekenmerkt door dwangmatigheid, innerlijke rusteloosheid en egocentrisme. Bij sp wordt een (a)symmetrische betrokkenheid van de temporaalkwabben, in het bijzonder de temporale polen, gevonden.

Van de semantische dementie bestaat ook een rechtszijdige variant die zich klinische heel moeilijk laat onderscheiden van de ziekte van Alzheimer. Op de voorgrond staande prosopagnosie (geen gezichten herkennen) en gestoorde objectherkenning, bij relatief intact geheugen en de rechtszijdige anterieure temporale atrofie, maken het onderscheid mogelijk.

Beide taalvarianten van FTD zijn inmiddels opgenomen in de klinisch-diagnostische criteria voor *primair progressieve afasie* (PPA). De derde, logopene variant van PPA waarbij er aarzelingen in de spontane spraak zijn door woord-vindingsmoeilijkheden, wordt in de meeste gevallen vermoedelijk veroorzaakt door de ziekte van Alzheimer.

1.4.2 *Behandeling*

Helaas is voor geen van deze ziekten een adequate behandeling beschik-baar. Het is te verwachten dat voor een van deze aandoeningen een therapie beschikbaar zal komen die gericht is op het onderliggende eiwit-pathologische substraat (tau, TDP-43, progranuline). Symptomatisch zijn er voor bvFTD goede ervaringen met SSRI's voor dwangsymptomen. Voor de taalvarianten is be-geleiding door een goed geïnformeerde logopedist aan te raden waarbij het resultaat voor PA doorgaans beter is en langer aanhoudt dan bij SD. Het diffe-rentiaaldiagnostisch onderscheid met de ziekte van Alzheimer is cruciaal van-wege de behandelingsmogelijkheid van cholinesteraseremmers bij de laatste (en vaak juist tegengestelde effecten bij FTD) en de totaal andere prognose, in termen van gedrag en levensverwachting en hulpbehoevendheid. Patiënten met een diagnose in het FTD-spectrum hebben meer gedragsstoornissen, een kortere levensverwachting en leggen een grotere claim op de mantelzorger in vergelijking met patiënten met de ziekte van Alzheimer.

1.5 Dementie met Lewy-lichaampjes
1.5.1 *Kliniek*

De incidentie en prevalentie van dit ziektebeeld worden wisselend aan-gegeven; goede cijfers zijn niet voorhanden. Vermoedelijk is het na de ziekte van Alzheimer de tweede oorzaak van dementie op neurodegeneratieve basis. Zeer vaak is er sprake van gemengde pathologie met de ziekte van Alzheimer, zeker op hogere leeftijd.

Dementie met Lewy-lichaampjes kenmerkt zich door progressieve cog-nitieve achteruitgang met stoornissen in uitvoerende taken en uitgesproken visuospatiële stoornissen. In een vroeg stadium zijn aandachtsstoornissen, problemen met conceptformatie en de mentale flexibiliteit aanwezig. De vastgestelde stoornissen veroorzaken al in een vroeg stadium een beperking van het sociaal en beroepsmatig functioneren. De ernst van de cognitieve stoornissen kan van dag tot dag, maar ook van minuut tot minuut of van uur tot uur wisselen. In het begin kan normaal cognitief functioneren afgewisseld worden met cognitieve stoornissen zodat de patiënten delirant lijken. Deze cognitieve stoornissen worden veroorzaakt door aandachts- en concentratiestoornissen. Daarnaast is er bij patiënten in een niet-stimulerende omgeving overdag regelmatig sprake van excessieve slaapbehoefte. Het vaststellen van deze fluctuaties is afhankelijk van een goede heteroanamnese en/of observatie.

Visuele hallucinaties komen significant vaker voor bij dementie met Lewy-lichaampjes dan bij de ziekte van Alzheimer. Akoestische of auditieve hallucinaties komen in dit verband nooit of zeer zelden voor. Extrapiramidale verschijnselen zoals rigiditeit (stijfheid) en bradykinesie (traag bewegen) zijn belangrijke symptomen die de klinische diagnose steunen. Tremoren komen minder vaak voor. De volgorde van optreden van deze motorische verschijnselen en cognitieve stoornissen is variabel. Motorische verschijnselen kunnen voorafgaan aan cognitieve verschijnselen maar ook gelijktijdig ontstaan. Laat in het verloop ontstane extrapiramidale verschijnselen sluiten de diagnose niet uit, maar maken die minder waarschijnlijk, aangezien ook andere ziekten die gepaard gaan met dementie, met name de ziekte van Alzheimer, gaandeweg extrapiramidale verschijnselen kunnen vertonen.

Symptomen die de diagnose ondersteunen, zijn: frequent vallen, syncopes en tijdelijk bewustzijnsverlies, alsmede zeer ernstige (extrapiramidale) bijwerkingen en averechts effect bij gebruik van klassieke neuroleptica. Deze zijn bij deze aandoening dan ook gecontra-indiceerd. Daarnaast maken remslaapstoornissen (de zogenoemde 'REM sleep behaviour disorder') nu officieel deel uit van de criteria.

Er is toenemende consensus dat Lewy-lichaampjesdementie en dementie bij de ziekte van Parkinson onderdeel zijn van een spectrum, hoewel de klinische presentatie in details kan verschillen. Bij beide ziekten is de onderliggende pathogenese intracellulaire ophoping van het eiwit α-synucleïne in zogenoemde Lewy-lichaampjes en Lewy-neurieten. Voor het stellen van de diagnose dementie bij de ziekte van Parkinson dient de diagnose ziekte van Parkinson in eerste instantie te zijn gesteld.

1.5.2 *Diagnostiek*
De belangrijkste diagnostische criteria zijn hiervoor al genoemd. De kerncriteria zijn minimaal twee van de volgende stoornissen: cognitieve stoor-

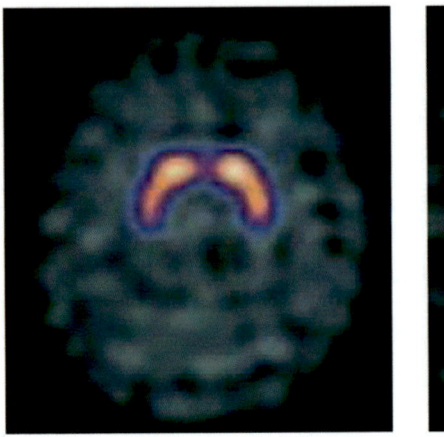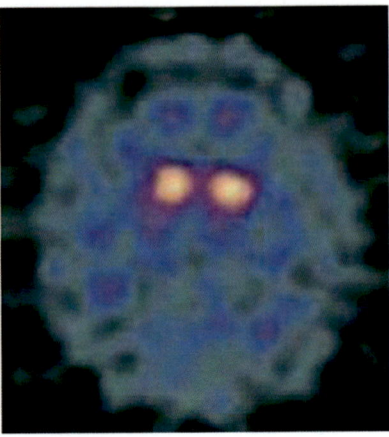

Figuur 1.2 Voorbeelden van de normale (links) en abnormale DAT-scan.

nissen, extrapiramidale symptomen en visuele hallucinaties. Als ondersteunende criteria zijn met name de remslaapstoornis (soms al jaren van te voren aanwezig), een sterk afwijkend EEG (trage activiteit, FIRDA-activiteit) en de afwijkende DAT-SPECT-scan de belangrijkste in de klinische praktijk.[4] Door het gebruik van liquorbiomarkers kan tijdens het leven al een goed onderscheid gemaakt worden tussen de pure vorm van Lewy-lichaampjesdementie (normale markers) en de gemengde vorm met alzheimerpathologie (laag Aβ, hoog tau en p-tau).[5]

1.5.3 *Behandeling*

De behandeling van dementie met Lewy-lichaampjes bestaat uit cholinesteraseremmers die bij deze aandoening effectief zijn tegen de hallucinaties en cognitieve stoornissen. Behandeling met antiparkinsonmiddelen is zelden nodig en meestal niet erg effectief. Klassieke neuroleptica dienen te worden vermeden vanwege het sterke averechtse effect (parkinsonisme); in uiterste gevallen, bij ernstige en onrustig makende visuele hallucinaties, kunnen met een atypisch antipsychoticum in een lage dosis soms uitstekende resultaten geboekt worden. Het stellen van de diagnose en het afgrenzen van de ziekte van Alzheimer zijn ook hier van groot belang voor het onderscheid in beloop, zorgbehoefte, reactie op medicatie en interpretatie van klinische fenomenen (bijvoorbeeld flauwvallen).

1.6 **Slotopmerkingen**

Het veld van dementie is sterk aan het veranderen. Enerzijds is er vanwege de (dubbele) vergrijzing sprake van een toename van het aantal mensen met dementie, anderzijds zijn de veranderingen in de zorg enorm, en de combinatie van beide maakt dat de zoektocht naar betere diagnostiek, behandeling en zorg geïntensiveerd is. Het in 2013 gelanceerde Deltaplan Dementie (www.deltaplandementie.nl) voorziet in een intensivering van het onderzoek, verbetering van de zorgpraktijk en een krachtige sociale innovatie, waarbij de dementievriendelijke samenleving centraal komt te staan.

In dit hoofdstuk zijn in het kort drie belangrijke en meest voorkomende ziektebeelden beschreven, waaruit ook blijkt dat ziekten die ten grondslag liggen aan dementie, complex (kunnen) zijn en expertise vereisen qua diagnostiek en behandeling. Iedere patiënt die zich presenteert met cognitieve klachten of gedragsveranderingen, anamnestisch of heteroanamnestisch, dient serieus te worden genomen en passende diagnostiek te krijgen. Te vaak nog wordt vergeetachtigheid als teken van normale veroudering beschouwd en gedragsveranderingen als teken van burn-out of overspannenheid. Uit onderzoek blijkt dat met name bij dementie op jongere leeftijd het traject voor de diagnose vaak onnodig lang en extreem belastend voor de mantelzorger is geweest.[6] Onderdiagnostiek is helaas op dit gebied nog (te) frequent aan de orde en vereist een verandering van mindset van eerste tot derde lijn.

Literatuur

1   McKhann GM, Knopman DS, Chertkow H, et al. The diagnosis of dementia due to Alzheimer's disease: recommendations from the National Institute on Aging and the Alzheimer's Association Workgroup. Alzheimers Dement. 2011;7:263-9.

2   Simon-Sanchez J, Dopper EG, Cohn-Hokke PE, et al. The clinical and pathological phenotype of C9ORF72 hexanucleotide repeat expansions. Brain. 2012;135(Pt 3):723-35.

3   Rascovsky K, Hodges JR, Knopman D, et al. Sensitivity of revised diagnostic criteria for the behavioural variant of frontotemporal dementia. Brain. 2011;134(Pt 9):2456-77.

4   Mak E, Su L, Williams GB, O'Brien JT. Neuroimaging characteristics of dementia with Lewy bodies. Alzheimers Res Ther. 2014;6:18.

5   Duits FH, Prins ND, Lemstra AW, et al. Diagnostic impact of csf biomarkers for Alzheimer's disease in a tertiary memory clinic. Alzheimers Dement. 2014 Aug 21. [Epub ahead of print]

6   Vliet D van, Vugt ME de, Bakker C, et al. Caregivers' perspectives on the pre-diagnostic period in early onset dementia: a long and winding road. Int Psychogeriatr. 2011;23:1393-404.

2 KLACHTEN EN VERSCHIJNSELEN VAN DEMENTIE

Frans Verhey

Casus

De 77-jarige mevrouw Adriaans, een voormalig bibliothecaresse, wordt door de huisarts verwezen naar een polikliniek voor geheugenstoornissen omdat zij zichzelf vergeetachtig vindt. Zij heeft nooit zo'n geweldig geheugen gehad, maar nu krijgt zij ook nog opmerkingen uit haar omgeving en haar man en kinderen vinden haar af en toe verstrooid. De geheugenklachten doen zich vooral voor bij het onthouden van afspraken en namen van personen die aan haar zijn voorgesteld. Zij vergeet waar zij haar sleutels of portefeuille heeft opgeborgen of ze loopt de keuken in en vraagt zich af waarvoor dat ook al weer was. Zij voelt zich daardoor erg onzeker en is bang dat dit het begin van dementie is. De klachten wisselen, soms zijn er dagen dat haar man haar als vanouds vindt, maar vooral in de aanloop naar verjaardagen of feestdagen, als er iets moet worden georganiseerd, raakt ze snel de draad kwijt.

Zij heeft lang geaarzeld of ze wel een onderzoek wil hebben. Enerzijds is zij op zoek naar meer duidelijkheid, anderzijds is zij bang voor het stigma dat die diagnose met zich meebrengt. 'En als het dan dementie is, wat kunnen ze dan nog doen?' Maar uiteindelijk laat zij zich door haar man overhalen tot een gesprek met de huisarts, die haar vervolgens doorverwijst. In het dagelijkse leven functioneert zij goed, zoals bij het boodschappen doen (met briefje), haar hobby's (zangkoor) en autorijden (maar liever niet meer bij grote drukte). De voorgeschiedenis omvat een myocardinfarct (doorgemaakt op 67-jarige leeftijd), hypertensie en presbyacusis (ouderdomsslechthorendheid), waarvoor een gehoorapparaat. Zij zou dertig jaar geleden 'overspannen' zijn geweest.

2.1 Inleiding

Dementie is een klinische syndroomdiagnose die meestal op grond van een adequate inventarisatie van klachten en verschijnselen kan worden gesteld, eventueel aangevuld met een neuropsychologisch onderzoek. De klinische diagnostiek van het dementiesyndroom bestaat uit een beoordeling van het cognitief functioneren, het dagelijks functioneren en de mate van interferentie met dagelijkse activiteiten, het psychisch functioneren en een inschatting van de zorglast. De differentiële diagnose* van het dementiesyndroom omvat uitsluiting van: normale ouderdomsvergeetachtigheid, cognitieve stoornis zonder dementie, depressie, delier en focale neuropsychologische stoornissen. Voor de diagnose van de oorzaak van een dementiesyndroom is vaak aanvullend onderzoek noodzakelijk. In dit hoofdstuk worden de kenmerken van het dementiesyndroom beschreven, zoals die zich bij de ziekte van Alzheimer en andere vormen van dementie kunnen voordoen.

Het woord dementie houdt een verzameling van verschijnselen (een klinisch syndroom) in, dat door vele verschillende aandoeningen kan worden veroorzaakt. In de laatste richtlijnen voor de diagnostiek en behandeling van dementie is het standpunt ingenomen dat niet kan worden volstaan met het diagnosticeren van een dementie (syndromale diagnostiek), maar dat in principe ook onderzoek moet plaatsvinden naar de oorzaken ervan (nosologische diagnostiek).[1] In dit hoofdstuk zal vooral ingegaan worden op het vaststellen van de klinische verschijnselen van het dementiesyndroom. De nosologische diagnostiek is reeds besproken in hoofdstuk 1 over de verschillende oorzaken van dementie.

Voor de diagnose dementie worden nagenoeg overal de criteria van het Diagnostic and Statistical Manual of Mental Disorders, de DSM-IV, of sinds 2013 de DSM-5, gehanteerd.[2, 7] Kort samengevat houden de kernsymptomen in: stoornissen van minstens twee cognitieve stoornissen (complexe aandacht, executieve functies, leervermogen en geheugen, taal, perceptueel-motorisch of sociaal-cognitief), die elk leiden tot een belemmering van het onafhankelijk functioneren bij de dagelijkse bezigheden. De DSM-5-criteria verschillen ten opzichte van de eerdere versie doordat geheugenstoornissen geen vast onderdeel meer zijn van dementie. Ook in de recente criteria voor de ziekte van Alzheimer van de National Institute on Aging-Alzheimer's Association (NIA-AA) is dit standpunt ingenomen.[3]

Hoeksteen van de diagnostiek van het dementiesyndroom is een adequaat uitgevoerd klinisch onderzoek van het mentaal functioneren in combinatie met de (hetero)anamnestisch verzamelde gegevens. Hierbij dient aandacht besteed te worden aan:

- het cognitief functioneren;
- de mentale status, in het bijzonder de aanwezigheid van cognitieve en psychiatrische verschijnselen;
- het functioneren in het dagelijks leven.

Naast de beoordeling van deze domeinen moet ook een inschatting van de ernst van het dementiesyndroom plaatsvinden. De diagnostiek bij dementie kan worden aangevuld met gestandaardiseerde beoordelingsinstrumenten voor cognitie, gedragsproblemen en dagelijks functioneren, en met neuropsychologisch onderzoek.

2.2   Anamnese

Het doel van een anamnese is meestal klachtenverduidelijking, op grond waarvan een gericht onderzoek plaats kan vinden. Bij dementie bevat de anamnese ook al deels het onderzoek zelf en wordt zowel de inhoud als de vorm van het gesprek met de patiënt beoordeeld. De anamnese bij dementie kan door de cognitieve beperkingen minder betrouwbaar zijn, maar niettemin is het aan te raden het gesprek altijd met de patiënt te beginnen en niet met diens begeleid(st)er. Zeker in het begin van de dementie is het meestal goed mogelijk klachten en verschijnselen anamnestisch vast te stellen. Het is van belang te vragen naar concrete voorbeelden van de belemmeringen die de cognitieve klachten vormen voor een onafhankelijk functioneren. Zo kan de onderzoeker vragen naar de precieze aard, het ontstaan, beloop en de frequentie van de klachten en de gevolgen ervan voor het dagelijkse functioneren. Ook is het belangrijk te vragen naar de betekenis van de klachten van de patiënt: is er sprake van zekere gêne, angst voor de diagnose Alzheimer, onzekerheid, schuldgevoel jegens de partner enzovoort?

2.3   Heteroanamnese

Een heteroanamnese is onontbeerlijk om de betrouwbaarheid van de anamnestisch verkregen informatie na te gaan en om objectieve informatie te verkrijgen over het functioneren. Wat kan de patiënt nog wel en wat niet meer? In welke omstandigheden functioneert hij het beste, welke factoren beïnvloeden zijn gedrag negatief? Komt hij moeilijk op woorden? Toont hij inzicht in zijn tekorten? Heeft hij moeite sociale situaties goed in te schatten? Toont hij zelf initiatief? Verandert de persoonlijkheid? Besteedt hij minder aandacht aan zijn uiterlijk? Geïnformeerd wordt naar praktische voorbeelden van vergeetachtigheid (afspraken en pincodes vergeten), woordvindproblemen (omslachtige formuleringen) en apraxie (zoals moeite met het bedienen van huishoudelijke apparaten), maar ook naar stoornissen in de visuospatiële vaardigheden (zoals het niet meer kunnen inschatten van afstanden) en de uitvoerende (executieve) functies (geen overzicht hebben in complexe situaties zoals druk verkeer, geen planning kunnen maken voor het huishouden). Om het DSM-IV- en DSM-5-criterium *'belemmering van het onafhankelijk functioneren bij de dagelijkse activiteiten'* te beoordelen kan worden gevraagd hoe de patiënt zich zou redden als hij/zij er helemaal alleen voor zou staan. Door eventuele discrepanties tussen anamnese en heteroanamnese krijgt men een indruk over de mate van ziekte-inzicht bij de patiënt. Een beperkt inzicht kan samenhangen met cerebrale functiestoornissen, vooral frontaal, maar ook met psychologische mechanismes zoals ontkenning of bagatelliseren, bijvoorbeeld uit angst voor stigmatisering. Daarbij moet men zich bedenken dat de heteroanamnese niet altijd een objectieve 'gouden standaard' is en beïnvloed kan worden door factoren zoals overbelasting, persoonlijkheid of persoonlijke problematiek van de informant. In het klinisch onderzoek moet daarom de betrouwbaarheid van de (hetero)anamnestisch verkregen informatie goed worden ingeschat.

Een heteroanamnese verschaft ook noodzakelijke informatie over eventuele psychiatrische symptomen zoals hallucinaties, paranoïdie en depressie. Omdat de heteroanamnese vaak verkregen wordt van de mantelzorg(st)er kan bovendien een indruk worden verkregen van de ervaren zorgzwaarte.

2.4 Onderzoek van de mentale status

Het onderzoek van de mentale status begint met een observatie van de patiënt die wordt omschreven in de algemene indruk. Op het moment dat de patiënt uit de wachtkamer wordt geroepen, begint de onderzoeker zich al een indruk te vormen. Loopt de patiënt zelfstandig de juiste kant op of moet hij/zij daarbij geholpen worden? Imponeert de patiënt onzeker, afwerend of te joviaal?

Na de algemene indruk worden alle cognitieve domeinen systematisch in kaart gebracht. Voor een deel gebeurt dit al tijdens de anamnese, waarin bijvoorbeeld de aandacht, de taal en het geheugen kunnen worden onderzocht. Om een globale indruk te krijgen van verschillende domeinen kan men gebruikmaken van verschillende 'bedside tests', zoals de Mini Mental State Examination (MMSE).[4] De MMSE is vooral een handig hulpmiddel om het cognitief onderzoek bij verdenking op dementie te standaardiseren. Tijdens de testafname moet de onderzoeker niet alleen letten op het testresultaat, maar ook op de wijze waarop dit wordt behaald. Bijvoorbeeld: is er sprake van faalangst, blokkades, prikkelbaarheid, hulpeloos gedrag ('head-turning sign'), impulsiviteit of juist mentale traagheid? De uiteindelijke totale MMSE-score geeft geen diagnose maar een indicatie van cognitieve achteruitgang en het aantal fout-positieve (vooral bij zwakbegaafden, bij fatische stoornissen en bij patiënten met een lage opleiding) en fout-negatieve uitkomsten (vooral bij frontale stoornissen en bij patiënten met een hoog opleidingsniveau) is groot. Met herhaalde metingen met deze schaal kan men globaal het beloop nagaan.

Aandacht

Er wordt gekeken of de aandacht goed te trekken en te behouden is. Wanneer dat niet het geval is, kunnen er geen betrouwbare uitspraken gedaan worden over de rest van het cognitief onderzoek. Snel afgeleid zijn, de draad van het verhaal kwijtraken en verzanden in een gesprek zijn aanwijzingen voor een aandachtsstoornis. Lichte aandachts- en concentratiestoornissen kan men op het spoor komen met tests die een beroep doen op het werkgeheugen, zoals de seriële zevens (aftrekreeks) in de MMSE, het (omgekeerd) nazeggen van cijferreeksen en het in omgekeerde volgorde opnoemen van de maanden van het jaar.

Geheugen

Het episodische geheugen wordt getest door te vragen naar gebeurtenissen en feiten. Wanneer deze vragen in de persoonlijke sfeer worden gehouden, worden ze door de patiënt meestal niet als bedreigend ervaren. Zo kan gevraagd worden naar iemands persoonlijke loopbaan. Vragen wat er in het nieuws is, vormt een goede test om te beoordelen of de patiënt op de hoogte is van recente feiten. De inprenting kan getest worden door de patiënt een korte reeks woorden of plaatjes te laten onthouden en de onmiddellijke en uitgestelde (na enkele minuten) reproductie (herinnering) te testen. Wanneer de uitgestelde reproductie en ook de herkenning van de woorden/plaatjes gestoord is, wijst dit erop dat de patiënt moeite heeft met het opslaan van nieuwe informatie. Een intacte herkenning bij een gestoorde reproductie wijst juist op een probleem met het ophalen van informatie uit het geheugen.

Inhoudelijk kan onderscheid gemaakt worden tussen het episodische (persoonlijke) geheugen en het semantische geheugen. Het semantische geheugen behelst kennis van algemene begrippen en concepten. Bijvoorbeeld: bij stoornissen in het episodische geheugen weet de patiënt niet meer hoe vaak hij of zij in Parijs is geweest, bij stoornissen in het semantische geheugen weet hij of zij niet meer welke stad de hoofdstad van Frankrijk is. Wanneer het episodische geheugen duidelijk gestoord is, gaat dit gepaard met desoriëntatie in tijd en plaats, waarbij de oriëntatie in tijd doorgaans het eerst is aangedaan. Stoornissen in het semantische geheugen leiden tot een verminderd woordbegrip en verarming van de taal.

Taal

Voor het onderzoek van de taal zijn wat langere spontane taaluitingen van de patiënt belangrijk. Zo kan men zich een indruk vormen over de mate van vloeiendheid van de spraak en van het vóórkomen van semantische parafasie-en (versprekingen op betekenisniveau) en/of fonemische parafasieën (verspre-kingen op klankniveau). Woordvindproblemen blijken uit vage omschrijvingen en uiteindelijk wordt de spontane spraak inhoudsarm en weinig 'to the point'. Bij het onderzoek van de taal horen verder het taalbegrip, het nazeggen, het benoemen, het lezen en het schrijven. Het benoemen kan onderzocht worden door plaatjes of objecten in de omgeving aan te wijzen en de patiënt deze te laten benoemen. Bij semantische afasie gaat de woordbetekenis verloren; de patiënt begrijpt bijvoorbeeld niet meer wat woorden als 'computer', 'tekenen' en 'longontsteking' betekenen.

Visuospatiële vaardigheden
Tijdens het neurologisch onderzoek kan beoordeeld worden of er spra-ke is van (hemi)neglect (verwaarlozing van een lichaamshelft of deel van de ruimte) of visuele extinctie (bij gelijktijdig aanbod van stimuli links en rechts worden de stimuli aan de andere zijde dan waar de hersenschade bestaat niet waargenomen). Wanneer de patiënt een samengestelde afbeelding (van bij-voorbeeld een strandtafereel) of een groep plaatjes niet overziet, maar slechts lokale details waarneemt, is er sprake van simultaanagnosie. Hierbij gaat het vermogen onderscheid te maken tussen een voorwerp en de achtergrond ver-loren. Gecombineerd met een onvermogen om de blik te richten ('psychische blikparese') en een gestoorde oog-handcoördinatie ('optische ataxie') vormt dit symptoom het syndroom van Balint.
Ook het laten natekenen van een figuur is een geschikte test. Wanneer de patiënt gevraagd wordt zelfstandig een voorwerp te tekenen, bijvoorbeeld een kubus of twee overlappende vijfhoeken, spelen ook de uitvoerende func-ties een rol. Het tekenen van de klok is een geschikt instrument om te beoorde-len of de patiënt een goede ruimtelijke verdeling kan maken.

Praxis
De praxis is het vermogen om aangeleerde handelingen te verrichten. Een stoornis in dit domein wordt apraxie genoemd. Een voorwaarde om te kunnen spreken van apraxie is dat de sensibele en motorische functies intact zijn. De aanwezigheid van apraxie kan onderzocht worden door observatie van het aan- en uitkleden en van het schrijven. Men kan de patiënt vragen handge-baren na te doen of te doen alsof hij een bepaalde handeling (tanden poetsen, haren kammen) verricht. Apraxie treedt meestal als algemeen verschijnsel in het handelen op. In sommige gevallen kan er echter uitgesproken apraxie van een bepaald lichaamsdeel of bepaald deel van het lichaam zijn. Bij orofaciale apraxie bijvoorbeeld, die soms optreedt bij frontale syndromen, is de patiënt

niet in staat te blazen, te fluiten en te gapen.

Uitvoerende functies

De uitvoerende of executieve functies spelen een rol bij de planning en organisatie van het eigen gedrag, bijvoorbeeld het anticiperen op toekomstige gebeurtenissen, de vaardigheid om van concept te wisselen, impulsen te onderdrukken en abstract te redeneren. Tests die een beroep doen op de planning en het organiserend vermogen, zijn onder andere tests waarbij een complexe figuur getekend moet worden (klok, kubus). De mentale flexibiliteit wordt onderzocht met de meander, waarbij afwisselend een vierkante en een driehoekvorm met elkaar verbonden moeten worden. Perseveratie treedt op wanneer de patiënt bij één patroon blijft hangen. Bij de handsequenties van Luria worden sequentieel de handpalm, pinkmuis en vuist op tafel gelegd, waarmee eveneens het vermogen tot afwisseling kan worden onderzocht.

Psychiatrisch onderzoek

Bij het psychiatrisch onderzoek wordt een indruk verkregen van het bewustzijn, de stemming, het affect, het angstniveau, de mate van inzicht en het voorkomen van psychotische belevingen. Al deze verschijnselen komen in verhoogde mate voor bij dementie. Bij het psychiatrisch onderzoek moet men rekening houden met het effect dat dementie heeft op de uitingsvorm van comorbide psychiatrische stoornissen (het pathoplastische effect). Deze psychiatrische aandoeningen doen zich daarom vaak niet op klassieke wijze voor. Het is bijvoorbeeld mogelijk dat de patiënt door geheugen- of taalstoornissen niet in staat is faalangst of een depressieve stemming onder woorden te brengen. Soms worden psychotische verschijnselen pas na gericht doorvragen of bij nadere observatie duidelijk. Zo worden de visuele hallucinaties bij Lewylichaampjesdementie dikwijls niet spontaan genoemd, of blijken paranoïde wanen alleen uit het gedrag.

Typische verschijnselen van psychose bij dementie betreffen het Capgras-syndroom en het syndroom van Bonnet. Bij het Capgras-syndroom is er sprake van de overtuiging dat naasten zijn vervangen door dubbelgangers. Bij het syndroom van Bonnet komen levendige en vaak zeer gedetailleerde hallucinaties voor, bijvoorbeeld lilliputters of kleine beestjes in de eigen huiskamer. Het syndroom treedt vaak op bij ouderen met visuele beperkingen en wordt daarom soms gezien als een fantoomverschijnsel.

2.5 Klinisch lichamelijk onderzoek

Iedere patiënt bij wie een dementiesyndroom wordt vermoed, dient een volledig algemeen lichamelijk neurologisch onderzoek te ondergaan. Bij het lichamelijk onderzoek wordt gelet op tekenen van zintuiglijke beperkingen, in-toxicatie, vaatstoornissen, dehydratie, anemie, hartfalen en schildklierpatholo-gie. Veel geneesmiddelen kunnen op hogere leeftijd het cognitief functioneren negatief beïnvloeden, bijvoorbeeld middelen met anticholinerge bijwerkingen (zoals de klassieke tricyclische antidepressiva), antipsychotica (vooral quetiapi-ne) en benzodiazepinen. Niet alleen de aard maar ook de dosis van de middelen is van belang en de eventuele interacties met andere middelen. Een nystagmus kan duiden op een intoxicatie met geneesmiddelen of alcohol. Andere aanwij-zingen voor een intoxicatie kunnen zijn: dysartrie (spraakstoornis, onduidelijke spraak) of coördinatiestoornissen (bijvoorbeeld gestoorde koorddansersgang).

Bij het neurologisch onderzoek wordt gericht gezocht naar focale neu-rologische stoornissen zoals links-rechtsverschillen in spierkracht en reflexen, hetgeen kan wijzen op een doorgemaakte beroerte of een ruimte-innemend proces. Extrapiramidale tekenen kunnen wijzen op de ziekte van Parkinson of kunnen een gevolg zijn van antipsychoticagebruik. Van belang is dat deze verschijnselen nog vier tot zes weken ná staken van de antipsychotica aan-wezig kunnen zijn. Een verhoogde mictiedrang, instabiel looppatroon en al-gehele mentale traagheid kunnen wijzen op het bestaan van een normale-drukhydrocefalie ('normal pressure hydrocephalus'). Zogenoemde 'primitieve' reflexen zoals de palmomentale reflex, de snuitreflex of de grijpreflex komen bij dementie in verhoogde frequentie voor, maar hebben geen specifieke diag-nostische waarde.

2.6 Verschillende stadia van ernst van dementie

Naast de beoordeling van bovengenoemde domeinen bevat een klinisch onderzoek ook een onderzoek naar de ernst van het dementiesyndroom. In deze beschrijving wordt uitgegaan van de ziekte van Alzheimer als de meest voorkomende vorm van dementie. De Global Deterioration Scale (GDS) wordt vaak gebruikt als instrument voor de globale indeling in stadia (zie ook de bij-lage).[5] De stadia van de GDS vallen niet geheel samen met de hieronder gehan-teerde indeling.

Predementie: beginstadium (GDS 2-3)

De allereerste verschijnselen van de ziekte van Alzheimer zijn vaak sub-tiel en betreffen zowel het psychisch als het lichamelijk functioneren: het sta-dium van de verhoogde kwetsbaarheid. Uit recent onderzoek is gebleken dat patiënten al in het vroegste stadium vaker een beroep doen op hun huisarts en dit met zeer uiteenlopende klachten. Patiënten zijn sneller moe, hebben moeite met activiteiten die buiten de dagelijkse routine vallen en zijn vaak ook angstig. De verschijnselen zijn in het algemeen vluchtiger dan bij een depressie en meer afhankelijk van de omstandigheden. In betrekkelijk rustige omstandigheden heeft de patiënt geen klachten. Vaak valt het de omgeving op dat de patiënt minder spontaan is en de neiging heeft zich terug te trekken. Het is van belang de patiënt in dit stadium goed te volgen. Ernstige psychiatrische verschijnselen zijn in dit stadium een uitzondering, maar bij sommige typen dementie, met name de frontotemporale dementie of bij de dementie bij de ziekte van Huntington, kunnen vergaande persoonlijkheidsveranderingen of heftige depressieve of psychotische verschijnselen het beginstadium domineren. Bij de frontotemporale dementie is afname van het vermogen tot empathie vaak een kenmerkend beginsymptoom.

Lichte dementie: stadium van begeleiding (GDS 3-4)

Het volgende stadium (lichte dementie) wordt gekenmerkt door toenemende cognitieve stoornissen, zowel qua ernst als qua uitbreiding, zodanig dat zelfstandig wonen alleen met een zekere mate van begeleiding of toezicht mogelijk is. Meestal weet de patiënt zich nog redelijk aan te passen, zodat plaatsing in een verzorgingshuis nog tot de mogelijkheden behoort. Ook het vermogen om zelfstandig naar bekende plaatsen te reizen kan nog aanwezig zijn. Werk en sociale activiteiten zijn belemmerd. Persoonlijke hygiëne en de oordeelsvorming zijn meestal nog voldoende om zelfstandig te kunnen blijven wonen.

In tegenstelling tot wat vaak gedacht wordt, hebben patiënten in dit stadium vaak besef van hun achteruitgang, waardoor ze angstig en onzeker zijn. Uit zichzelf zullen de meeste patiënten dit besef niet spontaan meedelen en ook de omgeving vindt het vaak moeilijk er met de patiënt over te spreken. Er doen zich frequent perioden van apathie voor, soms afgewisseld met perioden van geprikkeldheid. De behoefte aan zorg hangt in dit stadium sterk af van deze gedragsveranderingen – en die kunnen per individu verschillen – en de mate waarin deze door de omgeving kunnen worden opgevangen. Wanneer patiënt en omgeving erin slagen de veranderingen te accepteren en zich daaraan aan te passen, kan dit stadium ook relatief stabiel verlopen en dan vaak vele jaren duren.

Matig ernstige dementie: stadium van verzorging (GDS 5-6)

Daarna treedt het stadium van de matig ernstige dementie in. In dit stadium is sprake van een verhoogde verzorgingsbehoefte. Thuis wonen behoort nog tot de mogelijkheden mits extra toezicht en zorg geboden kunnen worden. Vaak kan de patiënt niet meer voor een wat langere periode (uren) alleen gelaten worden en is volledig op hulp van de omgeving aangewezen. In dit stadium doet zich vaak toenemend en ernstig probleemgedrag voor, waardoor de verzorging steeds lastiger wordt. Zelfstandig wonen wordt steeds riskanter.

Ernstige tot zeer ernstige dementie: stadium van verpleging (GDS 6-7)

Naarmate het dementeringsproces voortschrijdt, worden ook de basisfuncties, zoals zichzelf aankleden, eten, naar het toilet gaan, steeds moeilijker: de patiënt wordt steeds meer verpleegbehoeftig. De patiënt kan dagelijkse bezigheden (zoals minimale persoonlijke hygiëne) niet meer uitvoeren. De patiënt is volledig hulpbehoevend en herkent vaak zijn familie en omgeving niet meer. Vaak is dit het moment waarop een aanvraag voor plaatsing in een verpleeghuis opportuun is. Plaatsing is meestal niet direct te realiseren en vaak zal in de thuissituatie extra zorg georganiseerd moeten worden, bijvoorbeeld via wijkverpleging of Groene Kruis. Begeleiding van de directe naasten en het organiseren van daadwerkelijke ondersteuning en opvang zijn van uitermate groot belang, omdat het risico van overbelasting, met als gevolg depressiviteit of plotselinge crises, bij de mantelzorger groot is.

2.7 Differentiële diagnose van het dementiesyndroom

De differentiële diagnose van het dementiesyndroom omvat vooral: normale ouderdomsvergeetachtigheid, cognitieve stoornis zonder dementie, depressie, delier en focale neuropsychologische stoornissen.

Normale ouderdomsvergeetachtigheid

De meeste ouderen hebben, spontaan of desgevraagd, klachten over hun geheugen. Veel oudere mensen maken zich zorgen over zulke klachten omdat zij denken dat hun vergeetachtigheid een voorloper is van dementie. Meestal is dat niet het geval. Hoewel de klachten subjectief wel veel hinder kunnen geven, treedt bij normale ouderdomsvergeetachtigheid geen verstoring in de gewone dagelijkse activiteiten op. Het vergeten van namen van personen die aan de patiënt worden voorgesteld, is bijvoorbeeld een weliswaar hinderlijk maar op zichzelf geen alarmerend verschijnsel. Wanneer de patiënt goed voor zichzelf kan zorgen en zijn vertrouwde bezigheden goed kan uitvoeren, is per definitie van dementie geen sprake. Bij normale vergeetachtigheid worden ook vooral de details van een bepaalde gebeurtenis niet goed meer herinnerd, terwijl bij dementie de hele gebeurtenis wordt vergeten. Zo wijst het op zichzelf niet op een begin van dementie wanneer iemand zich de naam van dat ene dorpje in Spanje niet meer kan herinneren, maar wél wanneer hij zich niet meer kan herinneren dát hij daar is geweest. De informatie wordt bij normale vergeetachtigheid goed in het geheugen opgeslagen, maar kan moeilijk worden opgediept: men herinnert zich een bepaald iets niet, maar men herkent het achteraf wel. Dit leidt tot het bekende 'puntje-van-de-tong'-gevoel. Ook dit wijst erop dat de informatie wel ergens is opgeslagen en is als zodanig geen teken van dementie.

Cognitieve stoornis zonder dementie

De eerste symptomen van de ziekte van Alzheimer zijn vaak geheugen-stoornissen. Volgens alle gangbare definities is pas sprake van dementie als er een beperking bestaat in het dagelijks functioneren. Helaas is dit ook een van de lastigste zaken om goed inzicht in te verkrijgen. De toestand tussen cognitief normaal functioneren en dementie wordt in de literatuur op verschillende manieren aangeduid, maar het meest gebruikt is: 'lichte cognitieve stoornis' ('mild cognitive impairment') of, in de DSM-5, 'beperkte neurocognitieve stoornis'. Veel onderzoek richt zich op de vraag in hoeverre cognitieve stoornissen zonder de aanwezigheid van een dementiesyndroom voorlopers (prodromen) zijn van dementie. Tot dusver is het niet mogelijk om bij patiënten met cognitieve stoornissen zonder dementie het beloop met zekerheid te voorspellen. Uit longitudinaal onderzoek blijkt dat ongeveer 12% van de geheugenpolipatiënten met lichte cognitieve stoornissen na een jaar conversie vertoont, dat wil zeggen: aan de criteria van dementie voldoet.[6] Vroege 'markers' van de ziekte van Alzheimer zijn een gestoorde opslag in het geheugen (in tegenstelling tot een gestoord opdiepen) en het gebruik moeten maken van hulpmiddelen waarmee de tekorten kunnen worden gecompenseerd (briefjes, agenda enzovoort). Met behulp van biomarkers (liquordiagnostiek, MRI) is het mogelijk de prognostische validiteit te vergroten (zie hoofdstuk 1).

Geheugenklachten bij depressie

Veel mensen die 'overspannen' zijn, klagen over hun geheugen. Door die geheugenklachten ontstaat soms ook angst voor dementie, waardoor men in een vicieuze cirkel terechtkomt. Er is vaak sprake van een selectieve waarneming: de patiënt let nauwgezet op alle momenten dat hij iets vergeet en vindt zo dagelijks vele 'bewijzen' dat hij dement aan het worden is. Goede voorlichting is dan op haar plaats.

Een dementiesyndroom kan gepaard gaan met verschijnselen van depressie, maar bij een depressie kunnen ook geheugenstoornissen optreden. Meestal gaat het bij een primaire depressie om betrekkelijk lichte stoornissen in het opdiepen uit het geheugen en mentale traagheid, samenhangend met een verminderde belangstelling. De stoornissen interfereren hierbij meestal niet duidelijk met de dagelijkse activiteiten, waardoor er nog niet per (DSM-IV-) definitie sprake is van dementie. Deze geheugenstoornissen kunnen evenwel zo ernstig zijn dat wél sprake is van een dementiesyndroom ('depressieve dementie'). De term 'pseudodementie' werd in het verleden vaak voor deze toestand gebruikt, maar deze term is in de praktijk onduidelijk en moet daarom niet worden gebruikt. Bij depressieve dementie is vaker sprake van een depressie in de voorgeschiedenis. Ook ontstaat het beeld in kortere tijd en zoekt men eerder hulp. Vaak klaagt de patiënt zelf over zijn stemming of verminderde geheugenfunctie. Intrapsychische verschijnselen zoals schuldwanen, gevoelens van hulpeloosheid of waardeloosheid komen relatief vaak voor. Vergeleken met 'organische' dementie staat de ernst van de cognitieve klachten vaak niet in verhouding tot beperkingen in het dagelijks functioneren. Zo kan de depressieve patiënt wel de weg vinden in zijn omgeving of houdt hij zich goed aan afspraken en dergelijke.

Veel vaker echter dan depressieve dementie komt dementie met secundair een depressieve stemming voor. Naar schatting is bij ongeveer 10 à 20% van alle patiënten met dementie sprake van depressie in engere zin en bij 40 à 50% van een depressieve stemming. De stemming is vaak minder diep gestoord dan bij een depressie in engere zin. De diagnose wordt doorgaans op grond van gedragsobservatie gesteld, en minder op grond van gerapporteerde klachten. De patiënt heeft bijvoorbeeld de neiging zich terug te trekken en neemt geen deel meer aan groepsactiviteiten.

Delier

Bij een delier ziet men vaak een plotseling begin en een wisselend beeld, variërend van uur tot uur. Terwijl het bewustzijn bij dementie helder is, heeft de delirante patiënt moeite de aandacht gedurende bepaalde tijd gericht te houden. Dit kan blijken in een wat langer gesprek. Vaak treden bij een delier onrust, agitatie en angst op, maar er is ook een apathische variant: de patiënt is dan juist zeer stil en teruggetrokken. Soms kunnen pas na gericht onderzoek de tekenen van het delier duidelijk worden. Men moet zich overigens bedenken dat delier en dementie heel goed tegelijkertijd kunnen voorkomen: bij dementie is de drempel om delirant te worden vaak verlaagd. Zolang er sprake is van een delier, mag de diagnose dementie niet worden gesteld.

Focale neuropsychologische stoornissen

Een aantal aandoeningen gaat gepaard met stoornissen op slechts één cognitief domein, hoewel dit later in het beloop steeds zeldzamer voorkomt. Bij het syndroom van Korsakov is sprake van relatief geïsoleerde geheugen- en inprentingsstoornissen. In het begin van frontotemporale dementie staan cognitieve stoornissen in het geheel niet op de voorgrond, maar zijn de eerste verschijnselen persoonlijkheids- en karakterverandering. Hierdoor worden patiënten vaak in eerste instantie naar de geestelijke gezondheidszorg verwezen.

Voorts is er een aantal aandoeningen waarbij de corticale symptomen afasie, apraxie en agnosie in het begin geïsoleerd optreden. Het bekendst is de progressieve afasie die wordt ingedeeld onder de frontotemporale dementie-en. Een ander voorbeeld is het syndroom van Bálint waarvan het symptomencomplex bestaat uit simultaanagnosie (het niet in staat zijn om tegelijkertijd verschillende objecten waar te nemen), oculaire apraxie (moeite om vrijwillig de blik te kunnen richten op een bepaald object) en optische ataxie (problemen met het onder visuele controle reiken naar een bepaald object). Patiënten met het zeldzame syndroom van Bálint zijn 'ziende blind'.

Focale corticale symptomen zonder prominente vergeetachtigheid kunnen ook een eerste uitingsvorm zijn van de ziekte van Alzheimer op jonge leeftijd.

2.8 Tot slot

Bij de diagnostiek van dementie is de klinische beoordeling van groot belang. Het diagnostisch proces leidt niet alleen tot een medische einddiagnose, maar is er ook op gericht om alle probleemvelden te identificeren waarmee de kwaliteit van leven van de patiënt en van diens naasten verbeterd kan worden. De klinische diagnostiek bestaat uit een aantal onderdelen, zoals de beoordeling van het cognitief functioneren, het dagelijks functioneren en de mate van interferentie met dagelijkse activiteiten, het psychisch functioneren en een inschatting van de zorglast. De diagnostiek van dementie is daarmee bij uitstek multidisciplinair: naast medische expertise is (neuro)psychologische deskundigheid en verpleegkundige inbreng essentieel.

Noot
*   De differentiële diagnose is een methode om uit een lijst van mogelijke aandoeningen waaraan een bepaalde patiënt zou kunnen lijden, gegeven de klachten en symptomen die op dat moment bekend zijn, een diagnose te stellen.

Literatuur

1   Richtlijn diagnostiek en behandeling van dementie. Utrecht: Nederlandse Vereniging voor Klinische Geriatrie, i.s.m. verenigingen voor psychiatrie, neurologie en andere verenigingen, 2014 (in druk).
2   Diagnostic and statistical manual of mental disorders: DSM-IV. Washington: American Psychiatric Association, 1994.
3   McKhann GM, Knopman DS, Chertkow H, et al. The diagnosis of dementia due to Alzheimer's disease: recommendations from the National Institute on Aging-Alzheimer's Association workgroups on diagnostic guidelines for Alzheimer's disease. Alzheimers Dement. 2011;7:263-9.
4   Folstein M, Folstein S, McHugh P. 'Mini-mental state': a practical method for grading the cognitive state of patients for the clinician. J Psychiatr Res. 1975;12:189-98.
5   Reisberg B, Ferris S, Leon M de, Crook T. The global deterioration scale for assessment of primary degenerative dementia. Am J Psychiatry. 1982;139:1136-9.

6   Mitchell AJ, Shiri-Feshki M, Rate of progression of mild cognitive impairment
     to dementia – meta-analysis of 41 robust inception cohort studies. Acta
     Psychiatr Scand. 2009;119:252-65.
7   Diagnostic and statistical manual of mental disorders: DSM-5. Washington:
     American Psychiatric Association, 2013.

Bijlage

De Global Deterioration Scale[5]

Stadium GDS 1: *Geen cognitieve achteruitgang*
Er zijn geen subjectieve klachten van geheugenverlies. Tijdens een
beoordelingsgesprek komen geen gebreken aan het licht.

Stadium GDS 2: *Zeer geringe achteruitgang*
Er zijn subjectieve klachten over vergeetachtigheid, bijvoorbeeld waar
een vertrouwd voorwerp is neergelegd, of het vergeten van namen die
men zich voorheen wel kon herinneren. Tijdens een beoordelingsgesprek
komen geen gebreken aan het licht en er zijn geen waarneembare
gebreken in uitoefenen van het beroep en andere sociale situaties. De
betrokkene toont zich gepast bezorgd over de verschijnselen.

Stadium GDS 3: *Geringe cognitieve achteruitgang*
Tijdens een beoordelingsgesprek zijn er duidelijke gebreken op de
volgende punten (afwijkingen in twee of meer navolgende zeven
aspecten):
* bij een test komen concentratiestoornissen aan het licht;
* kan bij kennismaking minder goed namen onthouden;
* kan passage uit een boek lezen, maar betrekkelijk weinig ervan
  onthouden;
* collega's en zorgverleners merken het verminderde prestatieniveau op;
* heeft moeite met het op woorden en namen komen;
* kan waardevol voorwerp hebben verloren of onvindbaar hebben
  weggelegd;
* kan ernstig verdwalen naar een onbekende bestemming.
De gebreken komen slechts tijdens een grondig beoordelingsgesprek
aan het licht. Er is een verminderde behoefte aan bezigheden en sociale
contacten. Ontkenning begint duidelijk te worden. De verschijnselen
gaan met een geringe of matige angst gepaard.

Stadium GDS 4: *Matige cognitieve achteruitgang*

Tijdens een beoordelingsgesprek zijn er duidelijke gebreken op de volgende punten:

- concentratiestoornissen bij het achtereenvolgens 100 – 7 aftrekken;
- hiaten in herinneringen uit eigen levensgeschiedenis;
- verminderde kennis van wat heden en kortgeleden is gebeurd;
- niet meer in staat alleen met de trein te reizen, financiën te beheren enzovoort.

Er bestaat een onvermogen om veelomvattende taken uit te voeren.
Ontkenning is een overheersend verdedigingsmechanisme.
Afvlakking van het gevoel en zich terugtrekken uit uitdagende situaties.
Vaak zijn er geen gebreken op de volgende punten:

- oriëntatie in tijd en persoon;
- herkennen van vertrouwde personen of gezichten;
- vermogen naar vertrouwde plaatsen te reizen.

Stadium GDS 5: *Matig ernstige cognitieve achteruitgang*

De patiënt kan zich niet meer zelfstandig redden. Hij/zij kan zich niet meer belangrijke persoonlijke zaken herinneren zoals:

- een adres of telefoonnummer van jaren geleden;
- namen van directe familieleden (kleinkinderen);
- de naam van de school die werd doorlopen.

Vaak is er een desoriëntatie in tijd (datum, dag van de week, seizoen) of plaats. In dit stadium blijft kennis behouden over belangrijke feiten over zichzelf of anderen. Hij/zij kent wisselend eigen namen en kent doorgaans die van partner en kinderen. Er is geen hulp nodig bij gebruik van toilet en met eten, maar patiënt kan wel moeilijkheden hebben met het uitzoeken van passende kleding.

Stadium GDS 6: *Ernstige cognitieve achteruitgang*

De patiënt kan af en toe naam van partner vergeten, van wie hij/zij geheel afhankelijk is, en is zich grotendeels niet bewust van de dagelijkse gebeurtenissen of levenservaringen. Hij/zij heeft nog enige kennis van het persoonlijke verleden, maar dit is zeer oppervlakkig. In het algemeen is men niet bewust van eigen omgeving, jaar, seizoen enzovoort. Hij/zij heeft moeilijkheden met terugtellen van 10 en soms ook met optellen. Hij/zij heeft enige hulp met dagelijkse levensverrichtingen (ADL) nodig, kan incontinent zijn, heeft hulp nodig bij het vinden van de weg, vindt soms alleen de weg naar vertrouwde plaatsen. Het dag-en-nachtritme is vaak verstoord. De patiënt herinnert zich bijna steeds zijn of haar eigen naam. Hij/zij kan vaak nog vertrouwde van niet-vertrouwde personen in eigen omgeving onderscheiden.

Er doen zich persoonlijkheids- en emotionele veranderingen voor, deze zijn wisselend en betreffen:

- waanachtig gedrag, bijvoorbeeld partner van oplichting beschuldigen, praten met denkbeeldige personen in hun omgeving of met eigen reflectie in de spiegel;
- dwangmatig gedrag, bijvoorbeeld telkens herhalen van eenvoudige schoonmaakhandelingen;
- angstverschijnselen, opwindingstoestanden, nooit eerder voorgedaan gewelddadig gedrag;
- verlies van wilskracht, doordat de patiënt niet lang genoeg een gedachte kan vasthouden om een zinvol verloop aan een handeling te geven.

Stadium GDS 7: *Zeer ernstige cognitieve achteruitgang*

De verbale vermogens gaan verloren. In het begin van dit stadium worden nog woorden en zinnen uitgesproken, maar het spreken is beperkt. Later kan de patiënt in het geheel niet meer spreken, maar slechts grommen. De patiënt is incontinent voor urine en heeft hulp nodig bij gebruik van toilet en bij eten. Psychomotorische vaardigheden zoals lopen gaan verloren. De hersenen lijken het lichaam niet meer te kunnen vertellen wat het moet doen.

3 MEDICAMENTEUZE BEHANDELING VAN DEMENTIE

Raymond Koopmans, Marcel Olde Rikkert en Sytse Zuidema

3.1 Inleiding

Artsen, en steeds vaker ook assistent-artsen (vaker in Nederland aangeduid als physician assistants), casemanagers en specialistisch verpleegkundigen werkzaam op het terrein van dementiezorg, hebben nadrukkelijk te maken met geneesmiddelen wanneer zij patiënten met dementie begeleiden. Hiervoor is zowel accurate specialistische kennis over medicatie bij dementie als algemene kennis over toepassing van geneesmiddelen vereist. Dat laatste noemen we kennis die bestaat uit farmacodynamische en farmacokynetische kennis. De farmacodynamie bestudeert en beschrijft wat geneesmiddelen 'met de mens doen'. Complementair hieraan bestudeert de farmacokinetiek wat het menselijk lichaam met het geneesmiddel doet (bijvoorbeeld uitscheiding via de nieren of verwerking met de lever). In dit hoofdstuk staan we stil bij drie toepassingen van farmacotherapie.

- Het voorschrijven van geneesmiddelen als symptomatische of op de oorzaak gerichte behandelingen van dementie (en geheugenstoornissen). Als symptomatische behandeling voor de ziekte van Alzheimer, Lewy-lichaampjesdementie en dementie bij de ziekte van Parkinson kunnen in Nederland rivastigmine, galantamine, donepezil en memantine worden voorgeschreven. Ze behoren respectievelijk tot de acetylcholinesteraseremmers (rivastigmine, donepezil en galantamine) en de glutamaatantagonisten (memantine).
- Het voorschrijven van geneesmiddelen voor bijkomende aandoeningen van een patiënt met dementie. Hierbij moeten de voorschrijver en de professionals die begeleiding en verzorging bieden, goed letten op relevante interacties in het kader van de polyfarmacie (gelijktijdig gebruik van meerdere geneesmiddelen) en op geneesmiddelen die nadelige effecten op cognitie en aandacht als bijwerking hebben (met

name het geval bij geneesmiddelen met een anticholinerge bijwerking).

- Het voorschrijven van medicijnen om het gedrag, met name probleemgedrag, en de stemming van mensen met dementie positief te beïnvloeden. Op dit gebied worden zowel antipsychotica, antidepressiva, benzodiazepinen als nog vele andere geneesmiddelen voorgeschreven. Iedereen die patiënten met probleemgedrag bij dementie begeleidt, heeft met de effecten en bijwerkingen van deze medicijnen te maken.

Dit hoofdstuk richt zich met name op het voorschrijven van geneesmiddelen bij de ziekte van Alzheimer, maar biedt ook enige informatie over medicatie die kan worden voorgeschreven voor andere, veelvoorkomende vormen van dementie, zoals frontaalkwabdementie, Lewy-lichaampjesdementie en vasculaire dementie.

Indicatie	Groep	Generieke naam	Merknaam
stabiliseren van cognitie en globaal functioneren	acetylcholinesterase-remmers	rivastigmine galantamine donepezil	Exelon® Reminyl® Navazil®
	NMDA-antagonisten	memantine	Ebixa®
behandeling probleemgedrag	antipsychotica	haloperidol risperidon clozapine quetiapine olanzapine	Haldol® Risperidon® Leponex® Seroquel® Zyprexa®
	anxiolytica	alprazolam temazepam zolpidem	Xanax® Normison® Stilnoct®
	antidepressiva	citalopram sertraline mirtazapine venlafaxine	Cipramil® Zoloft® Remeron® Efexor®
	anticonvulsiva	valproïnezuur carbamazepine	Depakine® Tegretol®

Tabel 3.1 Overzicht van de in de tekst genoemde medicatie voor stabiliseren van cognitie/globaal functioneren of ter behandeling van probleemgedrag

48

Acetylcholinesteraseremmers en NMDA-antagonisten worden ook besproken bij de behandeling van probleemgedrag. Geneesmiddelen staan in volgorde van verschijnen in de tekst. Andere geneesmiddelen van dezelfde groep die niet in de tekst worden genoemd zijn te vinden in het *Farmacotherapeutisch Kompas* (www.farmacotherapeutischkompas.nl).

3.2   Verbetering van cognitie

We concentreren ons eerst op de acetylcholinesteraseremmers omdat die op dit moment de belangrijkste groep geneesmiddelen vormen, met een bewezen werkzaamheid op cognitieve functies bij de ziekte van Alzheimer.

3.2.1   *Acetylcholinesteraseremmers*

Deze middelen vertragen de cognitieve achteruitgang met ongeveer zes maanden en zijn ontwikkeld naar aanleiding van de 'cholinerge hypothese' als verklaring voor de ziekte van Alzheimer. Volgens deze (al relatief oude) cholinerge hypothese is een tekort aan cholinerge neurotransmissie in de hersenen, met name vanuit de nucleus basalis van Meynert naar de prefrontale cortex en hippocampus, een belangrijke schakel in deze neurodegeneratieve ziekte met progressief verlies van cognitieve functies. Deze cholinerge hypothese heeft geleid tot de ontwikkeling van remmers van het enzym dat de neurotransmitter acetylcholine afbreekt, de zogenoemde acetylcholinesteraseremmers (verder afgekort als AChI). De AChI zorgen zo voor een toename van de neurotransmitter acetylcholine in de synapsspleet.

Er zijn tot op heden geen goede dubbelblinde gerandomiseerde onderzoeken (RCT's) gedaan waarin de verschillende AChI zijn vergeleken.[1] Er is slechts één vergelijkende studie bekend waarin de werkzaamheid van donepezil met die van rivastigmine werd vergeleken. Deze studie liet geen verschil in effect zien tussen beide middelen. De conclusies van de reviews en meta-analyses over de AChI luiden dat er bewijs is voor de effectiviteit van de onderzochte middelen op de cognitie, maar dat de effecten meestal klein zijn en onafhankelijk van het specifieke middel.[1] Voor de uiteindelijke keuze is het belangrijk dat iedereen die patiënten met dementie begeleidt, iets weet van de effecten en bijwerkingen van de klasse van AChI.

Effecten AChI

In de trials met AChI werd een consistente gemiddelde verbetering van het cognitief functioneren gezien van gemiddeld 2-4 punten op de Alzheimer's Disease Assessment Scale (ADAS-Cog), een cognitieve schaal met een bereik van 0-70 die hier meestal voor wordt gebruikt. Een klinisch relevant geacht verschil (minmaal 4 punten verbetering op de ADAS-Cog) wordt geboekt bij zo'n 10-25% van de patiënten die deze geneesmiddelen gebruiken.[1] De klinische betekenis van de verbetering op deze globale cognitieve meetschaal is lastig te vertalen naar het leven van alledag. Voor de dagelijkse klinische praktijk hebben de meetmethoden die een oordeel van 'globaal (dagelijks) functioneren' geven waarschijnlijk meer relevantie. Een ervan is de CIBIC-Plus (Clinician's Interview Based Impression of Change), die op basis van een standaardinterview een oordeel weergeeft over of de patiënt verbeterd of verslechterd is. Een dergelijke methode wordt ook meestal door de arts of andere professionals gebruikt op de polikliniek, om in gesprek met de patiënt en de familie tot een oordeel over het effect van de behandeling te komen. Ook op deze globale maten laten de AChI een licht positief effect zien (3-6% verbetering). Een klein aantal studies heeft bovendien gekeken naar het effect van AChI op opname in een verpleeghuis. Hieruit kwam naar voren dat patiënten behandeld met AChI gemiddeld twaalf maanden langer thuis bleven wonen. De positieve effecten zijn samen genoeg reden om bij iedere patiënt met de ziekte van Alzheimer het starten van deze AChI op zijn minst te overwegen, hetgeen ook in alle dementierichtlijnen voor geheugenpoliklinieken wordt geadviseerd.[2,3]

Bijwerkingen AChI

Vanwege de centrale werking op het cholinerge systeem treden ook bijwerkingen op. Dit betreft vooral overmatige maag-darmprikkeling (misselijkheid, braken, diarree, anorexie en buikpijn), vertraging van het hartritme (bradycardie) en stimulatie van blaascontracties of zelfs incontinentie. De vergelijkende studies tussen rivastigmine, galantamine en donepezil maakten aannemelijk dat donepezil minder bijwerkingen veroorzaakt dan rivastigmine en galantamine.[1] Dit verschil is door de introductie van de rivastigminepleister echter minder geworden.[4] De pleister geeft wel regelmatig lokale irritatie of zelfs allergie van de huid (2-8%) en moet dan alsnog vervangen worden door (langwerkende) capsules.

De relatief grote aantallen patiënten die werden uitgesloten van de AChI-studies, maken dat de studieresultaten aangaande de frequentie van voorkomen van deze bijwerkingen mogelijk enigszins zijn geflatteerd. Maag-darmklachten zijn in de praktijk het belangrijkst (ongeveer 5-10%).[4] Verlies van eetlust en de maag-darmbijwerkingen zijn redenen waarom het vastleggen en volgen van het lichaamsgewicht belangrijk zijn. De andere bijwerkingen zoals wegraking, trage pols of blaasspasmen worden in de praktijk gelukkig veel minder vaak gezien. Bradycardie (< 50/min) is ten gevolge van deze bijwerkingen wel een contra-indicatie. Verder is het bij het dagelijks gebruik belangrijk rekening te houden met de interactie met anticholinerge middelen. Het komt nog steeds voor dat patiënten zowel een AChI als een anticholinergicum (bijvoorbeeld tegen blaasspasmen of depressie) gebruiken. Het is dan aangewezen eerst de anticholinerg werkzame medicijnen te vervangen.

Om de bijwerkingen beperkt te houden wordt in de praktijk nu meestal gestart met de rivastigminepleister of met de langer werkende galantamine of donepezil die elk maar eenmaal per dag ingenomen hoeven te worden. Van de rivastigminepleister is bewezen dat deze een vergelijkbare effectiviteit bezit op de cognitieve uitkomsten als de orale toedieningsvormen, meestal gemeten met ADAS-Cog en CIBIC. Bij de middelgrote pleisters (9,6 mg/dag) treden drie keer zo weinig maag-darmklachten op dan bij de tabletten of de grotere pleisters (13,3 of 17,4 mg/dag). Rivastigmine kan per pleister eenmaal daags worden toegediend. Men start meestal met een kleine pleister van 4,6 mg/24 uur, waarbij na minimaal vier weken kan worden overgegaan op de onderhoudsdosering van de middelgrote pleister met afgifte van 9,6 mg/dag. Galantamine heeft een preparaat voor toediening eenmaal daags (8, 16 en 24 mg), terwijl donepezil al vanaf registratie het voordeel kende van een langere halfwaardetijd, waardoor het maar eenmaal daags gegeven hoeft te worden in doseringen van 5 en 10 mg/dag.

Lewy-lichaampjesdementie

Rivastigmine is ook onderzocht en geregistreerd voor behandeling van Lewy-lichaampjesdementie (LBD; van het Engelse *Lewy body dementia*) en parkinsondementie (PD). De studies lieten een gunstig effect zien op cognitie, activiteitenniveau in het dagelijks leven en probleemgedrag. De klinische ervaring bij LBD wijst zelfs in de richting van een sterker effect dan bij de ziekte van Alzheimer, maar directe vergelijking binnen één studie is begrijpelijkerwijs niet uitgevoerd. Het bijwerkingenprofiel is vergelijkbaar met wat gezien wordt bij de ziekte van Alzheimer.

In een Cochrane systematische review werd het effect van AChI bij patiënten met de ziekte van Parkinson en LBD onderzocht.[5] Deze review laat zowel bij PD als bij LBD kleine gunstige effecten zien op cognitieve functies voor rivastigmine en donepezil met een effectgrootte van 0,35. Bij de PD-patiënten werd ook een significant effect gezien op de MMSE, wat voor de LBD-patiënten niet kon worden aangetoond. Cholinesteraseremmers hebben, zo blijkt uit gepoolde data op gedragsschalen, ook een klein positief effect op het verminderen van neuropsychiatrische symptomen, met een effectgrootte van 0,20.

Vasculaire dementie en FTD

De AChI zijn niet geregistreerd voor vasculaire dementie. Gerandomiseerde studies (RCT's) die het effect van AChI op vasculaire cognitieve stoornissen (bij een combinatie van patiënten met vasculair bepaalde lichte cognitieve stoornissen en vasculaire dementie) hebben onderzocht, laten geen eensluidend en overtuigend bewijs van effectiviteit zien: de studies zijn van matige kwaliteit, onderzoeksresultaten zijn tegenstrijdig en er is een relatief grote uitval in de armen met AChI.[6,7] Gezien deze tegenstrijdige uitkomsten en het relatief vaker voorkomen van bijwerkingen (bijvoorbeeld hoger risico op syncope bij vasculair belaste patiënten) wordt in de recente herziening van de dementierichtlijn voor medisch specialisten aanbevolen patiënten met vasculaire dementie niet te behandelen met AChI. Voor patiënten met deze vasculair bepaalde cognitieve stoornissen is wel van groot belang dat de cardiovasculaire risicofactoren goed worden geëvalueerd en dat deze, indien aanwezig, adequaat worden behandeld om zo mogelijk verdere vasculaire schade te voorkomen.

Bij de frontaalkwabdementie (FTD) zijn eveneens tegenstrijdige effecten van AChI gevonden: van lichte verbetering tot duidelijke verslechtering. FTD is daarom geen indicatie voor gebruik van AChI. Er is helaas ook geen andere medicatie met een positief effect op de cognitieve functies bij FTD.

Bespreek en overweeg het starten van cholinesteraseremmers voor de symptomatische behandeling van lichte tot matige dementie op basis van de ziekte van Alzheimer en gebruik een behandelprotocol.
Gebruik bij voorkeur rivastigmine in pleistervorm of galantamine in vertraagde afgifte.
Gebruik geen cholinesteraseremmers voor de symptomatische behandeling van ernstige vormen van de ziekte van Alzheimer.
Bij het voorschrijven van cholinesteraseremmers moet de behandeling zorgvuldig worden opgebouwd en geëvalueerd op effecten en bijwerkingen.
Voor de start van een behandeling dienen mogelijke bijwerkingen met de patiënt besproken te worden.
Indien bijwerkingen optreden moet opnieuw een afweging plaatsvinden tussen de mogelijke voor- en nadelen van medicamenteuze behandeling.
Vanwege het risico op syncope en ritme- of geleidingsstoornissen is het voorschrijven van AChI gecontra-indiceerd in geval van ernstig hartfalen, 'sick sinus syndrome', sinoatriaal en atrioventriculair blok, en syncope ten gevolge van ritmeproblemen in de voorgeschiedenis (tenzij hier al een pacemaker voor is gegeven).

Tabel 3.2 De meest relevante aanbevelingen uit de richtlijn Dementie over het gebruik van acetylcholinesteraseremmers bij de ziekte van Alzheimer

3.2.2 *Memantine*

Naast de AChI is in Nederland ook memantine beschikbaar voor behandeling van de ziekte van Alzheimer. Memantine is een middel met een ander werkingsmechanisme dan de AChI. Het bezet en remt de zogenoemde cerebrale NMDA (N-methyl-D-aspartaat)-receptor, die de instroom van glutamaat en calcium in de zenuwcellen remt. Deze twee stoffen hebben een nuttige functie bij het vastleggen van herinneringen. Hoewel memantine minder uitgebreid onderzocht is dan de AChI hebben de studies die zijn uitgevoerd bescheiden positieve effecten laten zien, met name bij patiënten met een gevorderde dementie.[1] De positieve effecten zijn geboekt op zelfredzaamheid, op geheugen en op andere cognitieve vaardigheden, maar ook op de belasting van de mantelzorger. Voorts blijkt memantine in een dosering van 10 tot 20 mg/dag zeer goed te worden verdragen. In de Verenigde Staten wordt memantine daarom al vanaf de lichte stadia van de ziekte van Alzheimer vaak als comedicatie naast een AChI voorgeschreven. Voor deze combinatiebehandeling bestaat echter geen overtuigend bewijs en in de nieuwe richtlijn voor dementie wordt deze behandeling dan ook ontraden.[8] In de zogeheten DOMINO-studie gaf toevoegen van memantine aan behandeling met donepezil gedurende een jaar geen voordeel boven donepezil alleen.[9] Wel gaf het starten van memantine na het staken van donepezil een beter effect dan placebobehandeling. Voor de klinische praktijk is dat een interessant gegeven, omdat memantine daarom kan worden ingezet bij patiënten met Alzheimer die AChI niet verdragen.

3.2.3 *Bijkomende medicatie*

Naast de specifieke geneesmiddelen die zijn geregistreerd voor dementie, is het goed stil te staan bij het voorschrijven van andere geneesmiddelen bij dementie. Polyfarmacie, het voorschrijven van vijf of meer geneesmiddelen tegelijk, komt bij ouderen immers veel voor en patiënten met dementie vormen hierop geen uitzondering. In een grote recente studie naar het beloop van de ziekte van Alzheimer in de Verenigde Staten (de ADNI-studie) bleken deze patiënten zelfs gemiddeld acht geneesmiddelen te gebruiken, in enkele gevallen oplopend tot meer dan twintig verschillende medicijnen per dag. Deze polyfarmacie komt ook op grote schaal voor in Nederland. De arts én de apotheker kunnen daarom een belangrijke rol vervullen bij bewaking van interacties, contra-indicaties en therapietrouw in geval van dementie. De introductie van elektronische voorschrijfsystemen en de daardoor vergemakkelijkte communicatie tussen apotheker en arts kunnen daarbij een belangrijk hulpmiddel zijn om polyfarmacie waar mogelijk te beperken. Medicatiereductie door kritische beoordeling van indicatie en dosering van het geneesmiddelengebruik van mensen met dementie is een medicamenteuze interventie die waarschijnlijk zelf een gunstig effect heeft op cognitie en gedrag. Het is immers bekend dat heel veel geneesmiddelen anticholinerge effecten hebben, waardoor bij polyfarmacie de anticholinerge effecten worden opgestapeld. Zo is bekend dat 10 tot 30% van de delieren bij dementie worden veroorzaakt door geneesmiddelengebruik. Van de ongeveer 20.000 vermijdbare ziekenhuisopnames veroorzaakt door geneesmiddelen vinden de meeste plaats bij kwetsbare ouderen met cognitieve beperkingen, meervoudige ziektelast en verlies van zelfredzaamheid (HARM-rapport, 2006). Een goede aanpak van dit probleem kan juist bij de patiënten met dementie en veel bijkomende ziektelast een belangrijke bijdrage vormen aan effectieve behandeling en begeleiding.

Verslechtering van cognitie door geneesmiddelen komt tot bij ongeveer 10% van de patiënten op een geheugenpolikliniek voor. Een kleine subgroep heeft een delier door medicatie en een grotere subgroep heeft chronische cognitieve achteruitgang door medicatie. In ernstige gevallen kan dit zelfs leiden tot 'drug-induced dementia' (dementie veroorzaakt door medicatie) of reversibele dementie. Geneesmiddelen met een hoog risico op cognitieve achteruitgang zijn: met name blaasspasmeremmers zoals oxybutynine, tolterodine en solifenacine en tricyclische antidepressiva zoals amitriptyline (deze middelen hebben de sterkste anticholinerge werking) en daarnaast benzodiazepinen, opiaten, anti-epileptica en antiparkinsonmedicatie (met klinisch relevante maar minder sterke effecten). De totale groep met mogelijk negatieve effecten op de cognitie is echter nog groter en omvat ook de antipsychotica, andere antidepressiva, anti-epileptica, antihistaminica, H_2-receptorantagonisten, protonpompremmers, cardiale medicatie (met name digoxine, bètablokkers, ACE-remmers) en corticosteroïden (middelen met zwakke anticholinerge werking).

Het moge duidelijk zijn dat vanwege de complexiteit van farmacotherapie bij dementie, medicatievoorlichting aan met name de mantelzorgers over de AChI, memantine maar ook over de andere gebruikte medicijnen van groot belang is, om de gewenste effecten en goede therapietrouw te bereiken. Vaak zullen daarvoor extra maatregelen getroffen moeten worden, zodat de verzorging en verpleging (of mantelzorger) vaker langskomen op medicatie-innametijden, ofwel door gebruik van moderne technologie (bijvoorbeeld de Medido-doseerdoos die automatisch medicatie op tijd verstrekt). Grote informatiebehoefte bestaat er ook ten aanzien van de regelmatig voorkomende berichten in de media over 'nieuwe doorbraken' bij de behandeling van de ziekte van Alzheimer. Tot nu toe bleek na die berichten steeds geen sprake te zijn van concrete mogelijkheden voor effectievere behandeling van de alzheimerpatiënt in de spreekkamer. Een belangrijke taak voor voorschrijvende artsen (en apothekers) is om voldoende en correcte informatie binnen bereik te hebben over de 'evidence-based behandeling' van dementie en op de hoogte te blijven van de nieuwste ontwikkelingen in dit veld. Alleen zo kan men de juiste informatie bieden aan patiënten met dementie en andere betrokkenen en hun een realistische kijk bieden op wat te verwachten is van de medicijnen tegen dementie.

3.2.4   *Praktijk*

Patiënten met dementie door de ziekte van Alzheimer of Parkinson kunnen dus baat hebben bij behandeling met AChI. Dit voordeel bestaat uit een lichte verbetering van het globale functioneren en de geheugenfuncties. Voor patiënten en mantelzorgers is dit bijvoorbeeld te vertalen naar een concreet en relevant behandeldoel, zoals langer thuis wonen. Om deze nettowinst te bereiken zijn een goede begeleiding en monitoring van de medicamenteuze behandeling noodzakelijk. De behandeling kan het beste worden uitgevoerd volgens de aanbevelingen van het behandelprotocol van de nieuwe multidisciplinaire richtlijn Dementie, die te vinden is op de Richtlijnendatabase van het Kennisinstituut van Medisch Specialisten (zie tabel 3.1 voor de belangrijkste aanbevelingen). De indicatiestelling en de start van de behandeling dienen bij voorkeur te gebeuren door artsen met voldoende ervaring in diagnostiek en behandeling van de ziekte van Alzheimer en andere vormen van dementie. Voor de gedetailleerde productinformatie (farmacokinetiek, contra-indicaties, bijwerkingen, interacties enzovoort) van galantamine, rivastigmine, donepezil en memantine verwijzen wij naar het hoofdstuk hierover in het *Farmacotherapeutisch Kompas* (zie www.farmacotherapeutischkompas.nl).

3.2.5   *Toekomstige therapie*

De complexe ontstaanswijze van dementie is waarschijnlijk een van de belangrijkste redenen dat tot op heden, ondanks de grote inspanningen op dit gebied, geen grote doorbraak in het geneesmiddelenonderzoek bij dementie gerealiseerd is. In specifieke groepen van jongere dementiepatiënten en de familiair overerfbare ziekte van Alzheimer is eerder sprake van een enkelvoudige pathofysiologie en dit is ook de reden dat juist in die meer homogene groepen nu nieuwe therapieën worden uitgetest, bijvoorbeeld in de DIAN- en de API-studies (respectievelijk afkortingen voor Dominantly Inherited Alzheimer Network en het Alzheimer's Prevention Initiative). De komende jaren zullen deze en andere studies hopelijk nieuwe en effectievere medicamenteuze behandelmogelijkheden opleveren. Tot die tijd is de uitdaging om met een combinatie van psychosociale, voedings- en leefstijlinterventies en verstandig gebruik van de geregistreerde geneesmiddelen voor iedere patiënt een maximaal effectief en veilig behandelplan te realiseren voor behoud en verbetering van de cognitieve functies.

3.3 Behandeling van probleemgedrag

Casus

*De heer Anker is 77 jaar en heeft al zes jaar de ziekte van Alzheimer,
inmiddels in een gevorderd stadium. Hij moet geholpen worden met
wassen en aankleden. Eten en drinken doet hij zelfstandig en hij loopt met
een rollator. De laatste weken gaat de ochtendzorg steeds moeizamer.
Hij begint als de verzorgenden hem willen wassen gelijk te slaan en
geeft aan niet verzorgd te willen worden. Omdat de zorg elke ochtend
een gevecht is, vragen de verzorgenden aan de behandelend specialist
ouderengeneeskunde (so) medicatie hiervoor. De so schrijft echter niet
meteen een middel voor maar gaat het probleem eerst analyseren volgens
de richtlijn Probleemgedrag van Verenso.[13] Tijdens een directe observatie
van de so van de ochtendzorg gaat het al gelijk mis als de verzorgenden (ze
doen de zorg met zijn tweeën om zijn handen vast te houden en zodoende
slaan te voorkomen) met water het gezicht van de heer Anker beginnen
te wassen. Ook het uittrekken van de pyjama lijkt hij heel vervelend en
pijnlijk te vinden. De so adviseert daarop om zogenoemde passiviteiten
van het dagelijks leven (PDL)-maatregelen* te treffen in de zin van een
aangepaste pyjama die makkelijker aan- en uitgetrokken kan worden; ook
wordt er afgesproken verzorgend te wassen met lotiondoekjes in plaats
van met water, waarbij er niet met het gezicht begonnen wordt, omdat
dit kennelijk angst inboezemt. Ten slotte start de so met paracetamol,
omdat de zorg ook pijnlijk lijkt en adviseert de so de zorg met slechts één
verzorgende te doen.*

*Deze maatregelen lijken allemaal een goed effect te sorteren en de
zorg gaat merkbaar beter, er zijn echter nog steeds ochtenden dat zijn
stemming ineens kan omslaan. Hij beschuldigt de verzorgende er soms
zelfs van dat zij hem wil doodmaken. Ook lijkt hij dan zeer wantrouwig.
Bij navraag bij zijn kinderen blijkt de heer Anker een kampverleden te
hebben en zijn hele leven heel angstig en wantrouwig te zijn geweest. De
so besluit daarop 0,5 mg risperidon voor de ochtendzorg voor te schrijven
waarna de zorg elke dag soepel verloopt. De risperidon kan na drie
maanden moeiteloos worden gestaakt.*

3.3.1 *Werkzaamheid en bijwerkingen van psychofarmaca*
Van een aantal groepen medicamenten is bekend dat ze mogelijk een
gunstige invloed hebben op gedrag (agressie, agitatie), psychose en stemming

bij mensen met dementie, samengebracht onder het paraplubegrip neuropsy-chiatrische symptomen. Dit zijn antipsychotica, anxiolytica, hypnotica, antide-pressiva, anticonvulsiva en AChI.[10]

Antipsychotica zijn het beste onderzocht.[11] De effecten op agressie dan wel psychose bij alzheimerdementie en vasculaire dementie zijn beperkt en de bijwerkingen aanzienlijk. Bij placebogecontroleerde gerandomiseerde onder-zoeken is het placebo-effect bovendien groot, variërend van 30 tot 66%! De relatieve meerwaarde van antipsychotica, dus boven op het placebo-effect, is gering, zo'n 20%. Anders gezegd: men moet vijf patiënten behandelen om er-voor te zorgen dat bij één de behandeling een groter effect heeft dan placebo, hetgeen doorgaans wordt aangeduid als een 'number needed to treat' van 5. Het grote placebo-effect heeft waarschijnlijk ook te maken met het adagium 'aandacht helpt'. Hier tegenover staat dat bij een op de tien patiënten ernstige bijwerkingen en risico's optreden. Extrapiramidale bijwerkingen komen het meeste voor, dat wil zeggen dat ze een negatieve invloed hebben op de moto-riek, waardoor het praten, slikken en lopen moeilijker gaan. Daarnaast hebben antipsychotica een sederend effect. Zowel de effecten op het lopen als op de alertheid resulteren in een verhoogd valrisico. Andere risico's zijn een beroer-te, pneumonie en een verhoogde kans op overlijden. Het betreft gemiddeld een tweemaal zo hoge kans op een cva, maar in termen van absoluut verschil gaat het om een toename van een paar procent extra risico in een periode van twaalf weken.

Binnen de groep antipsychotica zijn haloperidol en risperidon het beste onderzocht voor probleemgedrag bij dementie en delier.[12] Bij dementie zijn beide middelen even werkzaam (in dezelfde dosering). In de Verenigde Staten wordt de voorkeur gegeven aan risperidon boven haloperidol, omdat uit meta-analyses blijkt dat bij risperidon minder vaak bijwerkingen optreden. Echter, dit effect is dosisafhankelijk en in de meeste oudere studies zijn vaak hoge doseringen haloperidol gebruikt, terwijl risperidon vaker is onderzocht in la-gere doseringen. Alleen in een dosering van 1 mg heeft risperidon iets minder extrapiramidale bijwerkingen dan haloperidol, bij hogere doseringen vervalt dit relatieve voordeel. De risico's op cva, pneumonie en sterfte gelden in ieder geval voor atypische antipsychotica (bijvoorbeeld risperidon), maar ook voor haloperidol, zij het dat de bewijskracht geringer is.

Bij parkinsondementie en DLB is het gebruik van haloperidol en rispe-ridon gecontra-indiceerd vanwege de bijwerkingen op de motoriek. Bij delier wordt daarom bij deze groep clozapine aangeraden en bij agitatie/agressie bij dementie olanzapine. In bovenstaande onderzoeken werden antipsychotica niet langer dan twaalf weken toegediend. Vanwege het ontbreken van bewijs

Start enkel een medicamenteuze behandeling tegen ernstige neuropsychiatrische symptomen na diagnostiek en behandeling van een lichamelijke of medicamenteuze oorzaak en toepassing van psychosociale interventies en/of interventies in de omgeving.
Geef antipsychotica in eerste instantie in een lage dosering bij behandeling van ernstige neuropsychiatrische symptomen.
Geef bij psychose bij dementie als middel van eerste keus risperidon 0,5-2 mg/dag en bij agressie als middel van eerste keus haloperidol 1-3 mg/dag of risperidon 0,5-2 mg/dag.
Geef bij agressie bij dementie geen haloperidol of risperidon aan patiënten met een hypokinetisch-rigide syndroom en bij patiënten met dementie met Lewy-lichaampjes.
Geef bij neuropsychiatrische symptomen bij dementie met Lewy-lichaampjes of dementie bij de ziekte van Parkinson rivastigmine als middel van eerste keus. Overweeg bij onvoldoende effect het starten van clozapine bij deze patiëntengroep.
Overweeg bij het gebruik van antipsychotica de toegenomen kans op cerebrovasculaire aandoeningen en verhoogde sterftekans.
Schrijf antipsychotica voor een beperkte tijd voor en evalueer periodiek of voortzetting van het gebruik noodzakelijk is.

Tabel 3.3   De meest relevante aanbevelingen uit de richtlijn Dementie over het gebruik van antipsychotica bij dementie

voor langetermijneffecten is er geen grond voor toediening langer dan drie maanden, terwijl dat in de praktijk wel vaak gebeurt (zie hierna).

Anxiolytica zijn nauwelijks onderzocht bij angst en agitatie bij mensen met dementie. Er zijn wat oudere studies over alprazolam die geringe effecten laten zien. Bijwerkingen zijn onder meer sedatie en een verhoogd risico op vallen. In de Verenso-richtlijn is er desalniettemin een plaats voor het voorschrijven van anxiolytica zoals oxazepam bij agitatie/agressie of angst bij dementie.[13]

Hypnotica mogen in tegenstelling tot wat er in de praktijk vaak gebeurt niet langer dan 2-4 weken worden gegeven. Bijwerking is sedatie. Dit geldt natuurlijk vooral voor de hypnotica met een lange halfwaardetijd, vandaar dat de voorkeur uitgaat naar kortwerkende middelen zoals temazepam en zolpidem. Dus bij slaapstoornissen waarbij slaaphygiënische maatregelen niet helpen, kan voor een periode van maximaal twee weken een kortwerkend hypnoticum worden voorgeschreven.

Antidepressiva worden voorgeschreven bij de behandeling van depressie

Wanneer er sprake is van een depressie bij dementie moet deze behandeld worden. Wanneer deze ernstig is en niet-farmacologische interventies onvoldoende werkzaam zijn, kan een behandeling met een antidepressivum worden overwogen.
Start een antidepressivum bij dementie uitsluitend na vastleggen van doelsymptomen en behandelduur. Evalueer effect en potentiële bijwerkingen van antidepressiva periodiek.
Het is raadzaam de behandeling van een depressie bij dementie volgens de multidisciplinaire richtlijn Depressie uit te voeren.
ssri's kunnen overwogen worden bij ernstige neuropsychiatrische symptomen bij dementie.
Vermijd antidepressiva met een anticholinerg effect vanwege een nadelig effect op cognitie.

Tabel 3.4 De meest relevante aanbevelingen uit de richtlijn Dementie over het gebruik van antidepressiva bij dementie

(als syndroom en als symptoom bij dementie) maar ook bij agressie/agitatie bij dementie. Het meeste onderzoek is gedaan bij serotonineheropnameremmers: 'selective serotonin reuptake inhibitor' (ssri) en meer specifiek citalopram. Het bewijs voor depressie is mager en de effecten zijn gering. Steeds vaker wordt ook voor agitatie en agressie een ssri (citalopram) voorgeschreven. Twee placebogecontroleerde studies laten hiervoor gunstige, maar wel bescheiden effecten zien van citalopram. Andere nieuwe middelen zoals sertraline, mirtazapine en venlafaxine zijn niet klinisch effectief bij een depressie bij dementie. Tricyclische antidepressiva hebben minder voorkeur vanwege de anticholinerge effecten die een negatieve invloed hebben op het cognitief functioneren en een delier teweeg kunnen brengen. Andere bijwerkingen van antidepressiva zijn met name gastro-intestinaal. Daarnaast is vooral bij tricyclische antidepressiva terughoudendheid geboden bij patiënten met een hartaandoening (bijvoorbeeld een recent hartinfarct).

Anticonvulsiva worden natuurlijk voorgeschreven voor de behandeling van epilepsie, maar zijn ook onderzocht op de effectiviteit voor probleemgedrag bij dementie. Valproïnezuur blijkt niet effectief, maar carbamazepine mogelijk wel. De meest voorkomende bijwerkingen van anticonvulsiva zijn sedatie, misselijkheid en braken. Voorzichtigheid is geboden bij het voorschrijven van anticonvulsiva in combinatie met andere geneesmiddelen vanwege interacties die de bloedspiegel van anti-epileptica kunnen verhogen of verlagen. Daarnaast kunnen deze middelen het bloedbeeld verstoren (witte bloedcellen, natriumgehalte). Deze risico's wegen in de praktijk niet op tegen het magere

Gebruik geen valproïnezuur en carbamazepine bij de behandeling van agitatie bij dementie.
Behandel neuropsychiatrische symptomen bij PDD/DLB bij voorkeur met een cholinesteraseremmer, een antidepressivum bij dementie uitsluitend na vastleggen van doelsymptomen en behandelduur. Evalueer effect en potentiële bijwerkingen van antidepressiva periodiek.
Gebruik geen memantine voor de behandeling van agitatie bij de ziekte van Alzheimer.

Tabel 3.5 De meest relevante aanbevelingen uit de richtlijn Dementie over het gebruik van overige psychofarmaca bij dementie

bewijs van een licht positief effect van carbamazepine en worden daarom afgeraden.

AChI zijn alleen werkzaam bij de bestrijding van probleemgedrag bij DLB en niet voor gedragsproblemen bij andere vormen van dementie (voor de behandeling bij cognitie zie paragraaf 3.2).

Uit eerder wetenschappelijk onderzoek leek memantine een gunstige invloed te hebben op agitatie/agressie bij matig ernstige alzheimerdementie, maar dat ging om zogenoemde post-hoc-studies waarbij het effect op gedrag een neveneffect was bij groepen met en zonder gedragsproblemen die primair werden onderzocht op veranderingen in cognitie (zie boven). Recent onderzoek bij mensen die juist werden geïncludeerd vanwege gedragsproblemen, laat zien dat memantine geen overtuigend effect heeft en daarom wordt het gebruik voor deze indicatie niet meer aangeraden.

Samenvattend kan gesteld worden dat de werkzaamheid van psychofarmaca bij neuropsychiatrische symptomen bij dementie beperkt is en de bijwerkingen, vooral van antipsychotica, aanzienlijk. Het is dus zaak terughoudend te zijn met het voorschrijven ervan. Niet voor niets propageren richtlijnen dan ook psychosociale interventies als eerste keus. Psychofarmaca moeten alleen worden voorgeschreven als psychosociale interventies niet effectief zijn gebleken, als er sprake is van acuut ernstig gedrag dat risicovol is voor patiënten of voor de omgeving, of als er sprake is van een psychose of delier die zorgt voor lijden of risico van de patiënt.

Terughoudendheid bij voorschrijven werd ook toegepast in de casus, waarbij eerst via praktische adviezen in combinatie met pijnbestrijding werd gekeken of het probleemgedrag op een andere manier kon worden verminderd. In tweede instantie werd bij het terugkeren van de symptomen en vermoeden op een psychotische stoornis bij dementie de patiënt tijdelijk conform de richtlijn behandeld met een lage dosis antipsychoticum.

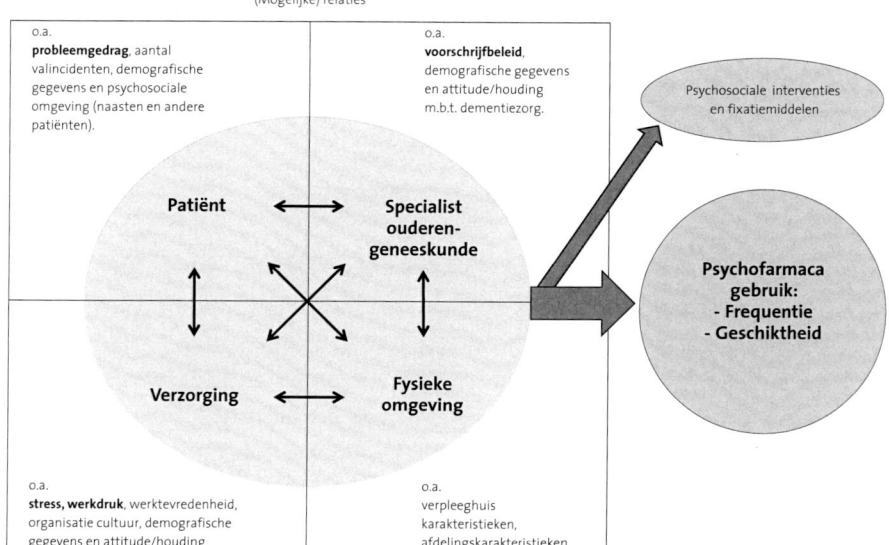

Figuur 3.1 Conceptueel framework psychofarmacagebruik in verpleeghuizen en (mogelijke) relaties.

3.3.2 *Factoren die het psychofarmacagebruik bepalen*

Uit onderzoek in Nederlandse verpleeghuizen weten we dat het psycho-farmacagebruik tussen instellingen en afdelingen enorm kan verschillen. Zo zijn er afdelingen waar slechts 7% van de cliënten een antipsychoticum krijgt voorgeschreven tot afdelingen waar wel 70% een dergelijk middel krijgt.

In figuur 3.1 is een conceptueel kader weergegeven met daarin de facto-ren die (mogelijk) verband houden met het voorschrijven van psychofarmaca.[11]

We weten dat de mate van probleemgedrag, stress/werkdruk van de ver-zorgenden, het voorschrijfbeleid van de arts en de fysieke omgeving zoals de beddencapaciteit factoren zijn die verband houden met de mate van psychofar-macagebruik. Deze factoren bepalen echter op zijn hoogst 20% van de variatie die er in de praktijk gezien wordt. Het conceptuele kader laat zien dat kenmerken van de patiënt, de verzorging, de behandelend SO en de fysieke omgeving alle potentiële factoren zijn die het psychofarmacagebruik bepalen. In het kader van de door ZonMw gesubsidieerde PROPER-studie (PRescription Optimization of Psychotropic drugs in Elderly nuRsing home patients with dementia) vonden ver-diepende kwalitatieve interviews plaats met verzorgenden en artsen werkzaam in verpleeghuizen. Uit een eerste analyse blijkt onder meer dat persoonlijke ge-voelens, ideeën en houding van artsen en verzorgenden ten opzichte van het gebruik van psychofarmaca een belangrijke rol spelen bij het voorschrijfbeleid.

Daarnaast blijkt de toepassing van psychosociale interventies van grote invloed op het psychofarmacagebruik. Uit een recente Cochrane-review, waarin vier clusters gerandomiseerde studies waren opgenomen van complexe interventies, blijkt dat het antipsychoticagebruik hierdoor effectief gereduceerd kan worden. Echter, ook medicatiereview en educatie blijken effectieve strategieën om het psychofarmacagebruik te reduceren.

3.3.3 *Veranderingen voorschrijfbeleid als gevolg van de wet 'Zorg en dwang'*

Het wetsvoorstel 'Zorg en dwang' dat de Wet bijzondere opnemingen in psychiatrische ziekenhuizen (BOPZ) gaat vervangen ligt ter goedkeuring bij de Eerste Kamer. Via deze wet 'dwingt' de politiek de zorg tot een cultuurverandering en tot zorgvuldig(er) voorschrijven van psychofarmaca. Immers, deze medicatie valt onder wat de wet noemt 'onvrijwillige zorg'. Dat betekent dat er een zogenoemd 'nee-tenzij'-beleid wordt voorgestaan voor wat betreft het voorschrijven van deze middelen. Ook wordt er gedacht aan het opzetten van een systeem van interne en externe consultatie en dient de medicatie regelmatig geëvalueerd te worden, iets wat de richtlijnen toch al voorschrijven maar wat in de praktijk toch nog onvoldoende gebeurt.

3.4 **Conclusie**

Omdat er tot op heden geen medicatie is die effectief is in het bestrijden van de oorzaak van dementie, is de medicamenteuze behandeling bij dementie gericht op het vertragen van de cognitieve of globale achteruitgang en het bestrijden van gedrags- en stemmingsproblemen die samenhangen met dementie. De effecten van met name AChI op cognitieve achteruitgang zijn bescheiden, maar wel klinisch relevant omdat het mensen in staat stelt langer thuis te kunnen blijven wonen. Psychofarmaca hebben geringe effecten en veel bijwerkingen. Psychosociale interventies hebben daarom sterk de voorkeur, maar soms is medicamenteuze behandeling als toevoeging op psychosociale interventies onvermijdelijk, bijvoorbeeld in situaties waarin het probleemgedrag een gevaar vormt voor de patiënt en/of de omgeving. De praktijk laat echter zien dat psychofarmaca op grote schaal te vaak en te lang worden voorgeschreven. Het is daarom wenselijk het gebruik ervan te reduceren, en met name het langdurige gebruik tegen te gaan. Hiervoor is gericht en regelmatig evalueren een voorwaarde.

Noot

*   PDL is een complex van maatregelen, voorzieningen en handelingen die bijdragen tot een optimale verzorging of verpleging van mensen bij wie zelfzorgtekorten niet zijn op te heffen.

Literatuur

1   Glind EM van de, Enst WA van, Munster BC van, et al. Pharmacological treatment of dementia: a scoping review of systematic reviews. Dement Geriatr Cogn Disord. 2013;36:211-28.

2   Hort J, O'Brien JT, Gainotti G, et al.; EFNS Scientist Panel on Dementia. EFNS guidelines for the diagnosis and management of Alzheimer's disease. Eur J Neurol. 2010;17:1 236-48.

3   American Psychiatric Association. Practice guideline for the treatment of patients with Alzheimer's disease and other dementias of late life. Am J Psychiatry. 1997;154:S1-39.

4   Cummings J. Randomized, double-blind, parallel-group, 48-week study for efficacy and safety of a higher dose rivastigmine patch (15 vs. 10 cm) in Alzheimer's disease. Dement Geriatr Cogn Disord. 2012;33:341-53

5   Rolinski M, Fox C, Maidment I, McShane R. Cholinesterase inhibitors for dementia with Lewy bodies, Parkinson's disease dementia and cognitive impairment in Parkinson's disease. Cochrane Database Syst Rev. 2012;3:CD006504.

6   Roman GC. Randomized, placebo-controlled, clinical trial of donepezil in vascular dementia: differential effects by hippocampal size. Stroke. 2010;41:1213-21.

7   NICE. Donepezil, galantamine, rivastigmine and memantine for the treatment of Alzheimer's disease. NICE technology appraisal guidance 217 (review of NICE technology appraisal guidance 111), 2011.

8   Farrimond LE, Roberts E, McShane R. Memantine and cholinesterase inhibitor combination therapy for Alzheimer's disease: a systematic review. BMJ Open. 2012;2.

9   Howard R, McShane R, Lindesay J, et al. Donepezil and memantine for moderate-to-severe Alzheimer's disease. N Engl J Med. 2012;366:893-903.

10 Ojik AL van, Jansen PAF, Brouwers JRBJ, Roon EN van. Antipsychotica. Geneesmiddelbeoordeling voor de kwetsbare oude patiënt. Farmacotherapeutisch Kompas. 2013.

11 Spek K van der, Gerritsen DL, Smalbrugge M, et al. PROPER I: frequency and appropriateness of psychotropic drugs use in nursing home patients and its associations: a study protocol. BMC Psychiatry. 2013;13:307.

12 Antipsychotica bij probleemgedrag in het verpleeg- en verzorgingshuis. Geneesmiddelen Bull. februari 2013.

13 Smalbrugge M, Boessma F, Kleijer BC, et al. Richtlijn Probleemgedrag (met herziene medicatieparagraaf). Utrecht: Verenso, 2008.

Relevante websites

www.alzheimer-ned.nl.
www.farmacotherapeutischkompas.nl.
http://richtlijnendatabase.nl > richtlijn dementie.

4 DE ARTS EN DE NIET-MEDICAMENTEUZE BEHANDELING VAN DEMENTIE

Ton Bakker

4.1 Inleiding

In de diagnostiek en behandeling van dementie spelen artsen een be-langrijke rol. Steevast blijkt uit onderzoek dat patiënten en mantelzorgers met name de rol van de huisarts bij dementie erg belangrijk vinden. Uit dezelfde onderzoeken blijkt ook dat in de dagelijkse praktijk aan die verwachtingen te weinig wordt voldaan.[1] Dit is niet zo vreemd, want uit ander onderzoek blijkt dat huisartsen en andere medisch specialisten over het algemeen onvoldoende zijn opgeleid in gezondheidszorgaspecten voor ouderen, inclusief dementie.[2]

Terwijl het vorige hoofdstuk handelde over medicamenteuze behande-lingen bij dementie, wordt in dit hoofdstuk beschreven welke rol artsen kunnen spelen in de niet-medicamenteuze behandeling van mensen met dementie. Hierbij zal de focus gericht zijn op preventie en behandeling van 'gedrags- en stemmingsproblemen'. Ook wordt ingegaan op de behandeling en begeleiding die de arts (over)belaste mantelzorgers kan bieden. Er zijn veel medisch speci-alismen die met ouderen met dementie te maken hebben en de vraag is hoe zij kunnen bijdragen aan een optimale (niet-medicamenteuze) behandeling en begeleiding.

4.2 Medisch specialismen en dementie

Afhankelijk van de context waarin ze werken vervullen de verschillende medisch specialismen, afgezien van hun vanzelfsprekende verschillen in specia-lisatie, een andere rol bij dementie. De context heeft bijvoorbeeld invloed op de fase van dementie waarin de arts ouderen met dementie voornamelijk ontmoet of op de aard van de vraagstelling. Uitgaande van de (tijdelijke) verblijfs-/leef-situatie van de patiënt en mantelzorger kan de volgende indeling worden ge-maakt: eerste lijn/thuis, algemeen of academisch ziekenhuis, psychiatrisch zie-kenhuis, revalidatie/herstel/kortdurende zorg, en langdurige zorg met opname.

In de eerste lijn/thuissituatie staat de huisarts centraal met een toenemende betrokkenheid van de specialist ouderengeneeskunde. In het algemeen ziekenhuis spelen diverse medisch specialisten een belangrijke rol. Allereerst uiteraard de klinisch geriater of internist ouderengeneeskunde. Bijna in elk ziekenhuis is toegang tot een van deze disciplines beschikbaar, ofwel omdat er een geriatrisch gespecialiseerde afdeling aanwezig is ofwel de geriater of internist ouderengeneeskunde consultatief in te schakelen is. Daarnaast vervult de neuroloog een belangrijke rol. Hij/zij komt zowel poliklinisch (geheugenpoli) als klinisch (opnameafdeling) in contact met patiënten lijdend aan dementie onder andere vanuit het differentiaaldiagnostisch perspectief voor verschillende vormen van neurodegeneratieve aandoeningen, het vasculaire perspectief (CVA) en het parkinsonperspectief. Nemen we de afdelingen waar veel oudere patiënten met dementie opgenomen worden in het ziekenhuis in ogenschouw, dan zijn internisten en chirurgen van belang. Dit geldt tevens voor de nieuwe discipline 'ziekenhuisarts'. De samenwerking binnen het ziekenhuis met de specialist ouderengeneeskunde is tot nu toe veelal incidenteel.

In het algemeen psychiatrisch ziekenhuis (APZ) is de ouderenpsychiater een relevante discipline; in de ambulante geestelijke gezondheidszorg (GGZ) is tevens de specialist ouderengeneeskunde (voorheen sociaal geriater) beschikbaar, met name bij de afdeling voor ouderen.

Binnen de (psycho)geriatrische revalidatie, ziekenhuis-overbruggingszorg, kortdurende verpleeghuiszorg, crisis/respijtopname en langdurige verzorgings- en verpleeghuisopname staat de specialist ouderengeneeskunde centraal, bij voorkeur opgeleid als kaderarts in de psychogeriatrie.

Als we kijken naar de problematiek van de jonge dementiepatiënt is er ook een rol weggelegd voor bedrijfs- en verzekeringsartsen.

Kortom, een breed scala aan artsen met verschillende medisch specialismen komt in verschillende settingen in aanraking met patiënten met dementie en hun mantelzorgers. De vraag is nu: Over welke basiskennis moeten deze artsen beschikken om de (niet-medicamenteuze) behandeling en begeleiding van patiënten met dementie te optimaliseren, zodat gedrags- en stemmingsontregelingen zo veel mogelijk worden voorkomen of verminderd?

4.3 Algemene (psycho)geriatrische aspecten

Binnen de geriatrie zijn 'gedrags- en stemmingsproblemen' bij dementie, en de hieraan gerelateerde overbelasting van de mantelzorg, relatief specialistische onderwerpen. Voor een adequate niet-medicamenteuze behandeling (NMB) is zowel enige algemeen (psycho)geriatrische deskundigheid als specialistische psychiatrische kennis nodig. Deze kennis is niet zonder meer aanwezig bij de verschillende medisch specialismen. Recent onderzoek heeft aangetoond dat de basisopleiding geneeskunde en de medisch specialistische opleidingen (inclusief de opleiding voor huisartsgeneeskunde) grote lacunes laten zien voor wat betreft onderwijs op het terrein van de gezondheidszorg voor ouderen.[2] Om die reden worden in deze paragraaf de meer algemene geriatrische behandelprincipes van belang voor NMB beschreven. In de volgende paragraaf komen niet-medicamenteuze behandeling in het cognitieve domein en de basisprincipes voor de specifieke psychiatrische behandeling van gedrags- en stemmingsproblemen en gerelateerde systeemproblematiek aan de orde.

Bij geriatrische patiënten spelen multimorbiditeit en multifunctieproblematiek in het somatische, psychische en/of sociale domein een kenmerkende centrale rol.[3] Dit leidt tot een hoge mate van complexiteit en relatieve onvoorspelbaarheid van de geriatrische problematiek, zeker als ook de interacties tussen de verschillende domeinen hierbij betrokken worden. Dit stelt op diverse cruciale momenten in het zorgproces andere eisen en vraagt om passende competenties van de arts. Als we de tijdlijn van het ziekteproces als leidraad nemen, start dit proces met de tijdige identificatie van de kwetsbare* geriatrische patiënt lijdend aan dementie, bij voorkeur in de eerste lijn. Niet uitgesloten is dat de verdenking op dementie ontstaat tijdens of in aansluiting op een ziekenhuisopname. Het gaat in dit geval niet alleen om het op tijd diagnosticeren van één ziekte – in dit geval een zich mogelijk manifesterende dementie – maar zeker ook om het tijdig diagnosticeren van een (dreigend) uit de hand lopen van interacties binnen de multimorbiditeit, of van een (dreigend) verlies van functionele autonomie als gevolg van multifunctieproblematiek (lichamelijk, psychisch en/of sociaal). Illustratief hiervoor is het gegeven dat huisartsbezoek als gevolg van valpartijen en ongelukjes een belangrijke voorspeller is voor het ontwikkelen van dementie twee jaar later.[4] Hierbij is het goed te beseffen dat functieproblematiek maar voor zo'n 30% is te voorspellen vanuit bekende ziektediagnosen.[5] Dit betekent dat de verschijnselen van multifunctieproblematiek door de arts apart van multimorbiditeit gediagnosticeerd dienen te worden. Voorbeelden van signaleringsinstrumenten die deze vroege identificatie ondersteunen zijn de Tilburg Frailty Indicator, te gebruiken in de eerste lijn, en de Identification of Seniors At Risk-Hospitalized Patients[6] in het ziekenhuis.

Na tijdige identificatie volgt idealiter de diagnostiek van mogelijke multimorbiditeit en multifunctieproblematiek. Het uitvoeren van een Comprehensive Geriatric Assessment (CGA) is hiervoor de standaard. Voor de eerste lijn bestaat hiervoor bijvoorbeeld de Nederlandse versie van het 'Easycare'-instrument (afdeling Geriatrie, UMC St Radboud, 2010). Een CGA kijkt op meerdere domeinen tegelijk (minimaal: somatisch, psychisch en sociaal) naar interacterende ziekten en functieproblemen. De primaire reden van het artsencontact (klacht/probleem) op zichzelf is hooguit de aanleiding tot een CGA. Het is beslist onvoldoende bij kwetsbare ouderen alleen op de primaire klacht in te gaan. Monodisciplinaire uitvoering leidt al snel tot het missen van 30% van de relevante informatie.[7]

De volgende stap is een multidisciplinair overleg (MDO) waarin een concept-multidisciplinair behandelplan wordt opgesteld bestaande uit minimaal de drie eerder genoemde domeinen. Veel gebruikt wordt het zorgleefplan waarvoor Actiz een model heeft opgesteld, bestaande uit vier domeinen (Actiz, 2006): lichamelijk welbevinden, woon-/leefomstandigheden, mentaal welbevinden en participatie (sociale contacten en daginvulling).

Een concept-multidisciplinair behandelplan is primair gericht op behoud van zelfstandig functioneren en versterken van (de vaardigheden tot) zelfmanagement, zowel bij de patiënt als de mantelzorg. Om een goed plan te kunnen opstellen dient het multidisciplinaire team voldoende op elkaar ingespeeld te zijn. Onderzoek, onder andere van het Nationaal Programma Ouderenzorg van ZonMw, laat zien dat supplementaire, ad-hocteams nauwelijks meerwaarde hebben: dit geldt zowel in de eerste lijn als in het ziekenhuis.[8,9] Dergelijke ad-hocteams lukt het meestal niet om meer dan 40 à 50% van de afgesproken interventies daadwerkelijk uit te voeren. Een toegewijd team met een voldoende mate van continuïteit van de leden en multidisciplinaire integraliteit is een absolute voorwaarde om op de complexiteit en de ermee samenhangende onvoorspelbaarheid van de problematiek van de kwetsbare oudere met dementie succesvol te kunnen interveniëren. Het spreekt vanzelf dat de manier van organisatie en uitvoering van de zorg, zowel in de eerste lijn als in het ziekenhuis, hierin een bepalende rol spelen en in veel gevallen forse aanpassing behoeven om relevante behandeleffecten te (kunnen) behalen. Zo pleiten Covinsky e.a. op basis van een meta-analyse voor het opnemen van alle kwetsbare ouderen bij de noodzaak van een ziekenhuisopname op een gespecialiseerde afdeling.[10] Eerder hadden zij al aangetoond dat circa 35% van de 70-plussers die opgenomen worden in het ziekenhuis er slechter functionerend uitkomt dan voor hun opname het geval was.[11] De groep met het hoogste risico wordt gevormd door 70-plussers met cognitieve stoornissen.

De logische vervolgstap is het definitief maken van het conceptbehandelplan door de bespreking van het plan met de patiënt en mantelzorger. Welke keuzes kunnen er gemaakt worden? Voor het bevorderen van zelfmanagement bij de patiënt en mantelzorger is competentie van de arts op het gebied van 'shared decision making' onmisbaar. Immers, vaak zijn er diverse scenario's mogelijk met elk eigen te verwachten uitkomsten en risico's. Wat optimaal past binnen het leven van de kwetsbare oudere is zonder inbreng van de cliënt/

patiënt zelf (en de mantelzorger) niet te bepalen, zeker niet als 'kwaliteit van leven' van de patiënt de leidende uitkomstmaat is. Hierbij komt nog dat het zonder meer toepassen van vigerende richtlijnen voor alle relevante problemen in de praktijk te veel tegenstrijdigheden oplevert.

Bijzondere aandacht bij dementie vraagt met name de zogenoemde 'advance care planning' (ACP),[12] zowel van belang bij acute, crisisachtige problematiek binnen een verder chronisch beloop als bij een naderend levenseinde. Bij ACP wordt geprobeerd vroegtijdig de behoeften en wensen van de kwetsbare oudere ten aanzien van toekomstige behandeling, zorg of levenseindezorg te bespreken en vast te leggen in bijvoorbeeld een behandelverklaring of schriftelijke wilsverklaring. Dit betreft bijvoorbeeld wel/niet behandeld worden in geval van een longontsteking, wel of geen ziekenhuisopname, reanimeren, thuis overlijden en dergelijke (zie voor een gedetailleerde beschrijving van 'advance care planning' hoofdstuk 17).

4.4   Niet-medicamenteuze behandeling (NMB)

De niet-medicamenteuze behandeling bij dementie speelt zich voornamelijk af op het functionele en het belevingsniveau (zie deel II en III). Van belang hierbij zijn de domeinen cognitie, stemming en gedrag, en mantelzorg. Onderzoek onder patiënten en mantelzorgers wijst uit dat zowel de patiënt met dementie als de mantelzorger de laatste twee domeinen (stemming en gedrag en mantelzorg) het belangrijkst vinden.[1] Daarnaast is er toenemend wetenschappelijk bewijs dat ontregelingen in gedrag en stemming – ook neuropsychiatrische symptomen genoemd – hierbij de hoofdrol spelen. Neuropsychiatrische symptomen blijken steeds beter te behandelen te zijn. Volgens de beschikbare richtlijnen gaat hierbij de voorkeur uit naar het starten met niet-medicamenteuze behandelingen.

Enkele van de behandelmethoden op het cognitieve domein en op het domein gedrag en stemming worden beschreven, alsmede de rol van de arts daarbij. Ook komt de behandeling en begeleiding van de mantelzorger aan de orde.

4.4.1   *Cognitief domein*

Binnen het cognitieve domein is het belangrijk om te beseffen dat ouderen met dementie nog steeds kunnen leren. Wetenschappelijk onderzoek van onder meer De Werd e.a. heeft aangetoond dat mensen met dementie tot zelfs in een gevorderd stadium van dementie nieuwe vaardigheden kunnen aanleren via het impliciete geheugen.[13] Met name de methode van 'inslijpen' door (bijna) 'foutloos' leren (Eng.: errorless learning) blijkt effectief. Dat wil zeggen dat bij het aanleren van vaardigheden fouten zo veel mogelijk worden voorkomen en gereduceerd door bijvoorbeeld stapsgewijze instructie bij een uit te voeren handeling (zoals koffiezetten) of uit te voeren gedrag (zoals leren uit de situatie te gaan bij opkomende agressieve gevoelens). Wat geleerd wordt houdt direct verband met het concrete geleerde; generalisatie naar andere gebieden blijkt slechts zeer beperkt op te treden. Een andere methode die ook werkzaam blijkt is de 'vanishing cues'-methode, waarbij gaandeweg het leerproces materiële aanwijzingen/hulpmiddelen ('cues') worden verwijderd als de (deel)handelingen eenmaal goed worden uitgevoerd.

Uit onderzoek blijkt verder dat beweging het cognitief functioneren positief kan beïnvloeden.[14] Na voldoende (relatief lichte) beweging (circa 30 minuten) presteren ouderen cognitief beter. Bovendien geldt dat bewegen op zichzelf een plezierige ervaring kan zijn en in het algemeen een gezondheidsbevorderend effect heeft. In de praktijk blijken veel patiënten zich ook goed te voelen bij geheugenspelletjes afgestemd op de individuele cognitieve mogelijkheden. Dit kan met behulp van moderne, digitale 'braintrainers' gemakkelijk worden gerealiseerd.

Daarnaast is het van belang als arts aandacht te besteden aan de effecten van de voortschrijdende cognitieve achteruitgang op het dagelijks leven; een van de kernpunten voor het stellen van de diagnose dementie. Eenmalige of op indicatie herhaalde globale cognitieve diagnostiek, bijvoorbeeld uitgevoerd in het kader van een (herhaald) screeningsonderzoek bij een geheugenpoli, geeft een goede basis, maar bij specifieke problemen in het dagelijks functioneren kan nader onderzoek noodzakelijk zijn. Ergotherapeutische diagnostiek en behandeling kunnen dan ingezet worden. Sommige geheugenpoli's bieden die mogelijkheid, maar er zijn ook veel ergotherapeuten, zelfstandig werkend of verbonden aan een zorginstelling, die deze behandeling bij mensen thuis bieden (zie ook hoofdstuk 11).

Voor de dagelijkse praktijk is het belangrijk om onderscheid te maken naar de ernst van de verschillende relevante cognitieve functiestoornissen bij de individuele patiënt. Immers, sommige functies kunnen bij de ene persoon relatief lang behouden blijven en bij de andere juist snel achteruitgaan; een voorbeeld hiervan is de taalbeheersing. Deze kan bij een oudere persoon met matige dementie nog redelijk intact zijn, terwijl ze bij jongere mensen met dementie vaak al vroeg in het proces stoornissen vertoont (met name voor wat betreft woordvinding en uitdrukkingsvaardigheid). Een onderscheid naar beginnend/licht, matig of ernstige cognitieve functiestoornissen is meestal voldoende. Voor de dagelijkse praktijk belangrijke cognitieve functies zijn: geheugen (korte en lange termijn), oriëntatie (in tijd, plaats en persoon), taalvaardigheid (expressie en begrip), praktische vaardigheden (algemene en huishoudelijke dagelijkse levensverrichtingen; ADL en HDL) en executieve functies (plannen, besluitvorming, flexibel omgaan met moeilijke situaties) (zie ook hoofdstuk 2). Afhankelijk van de cognitieve mogelijkheden en beperkingen van de patiënt kan een passend belevingsgericht omgangs- en communicatieadvies opgesteld worden.

Voor patiënten met voornamelijk beginnende of lichte beperkingen in het cognitief functioneren past een belevingsgerichte, realiteitsoriënterende benadering het beste.[15] Hierbij wordt met de patiënt gesproken in de actuele realiteit of wordt de patiënt daar naartoe begeleid. Ook de cognitieve training kan op de realiteit worden afgestemd. Belangrijk is op de emotionele reactie van de patiënt te letten. Wordt de patiënt er rustiger van en voelt hij zich goed begrepen?

Bij matige cognitieve stoornissen past een validerende benadering van de patiënt veelal het beste. Centraal daarbij staat de bevestiging van de beleving van de patiënt op dat moment, ook al wijkt die af van de actuele realiteit. In de validerende benadering gaat het om het begrip tonen voor de achterliggende emotie die de patiënt beleeft. Het is van belang die bespreekbaar te maken en daarover te communiceren.

Bij ernstig cognitieve stoornissen is het belangrijk gebruik te maken van non-verbale communicatie en hulpmiddelen; het benutten van de voorkeurszintuigen (gehoor, gezicht, tast, reuk of smaak) van de patiënt geeft de beste resultaten om in contact te komen. Deze vorm van belevingsgerichte communicatie wordt snoezelen genoemd en maakt gebruik van directe zintuiglijke prikkeling, bijvoorbeeld geuren of massage. Kennis over voorkeuren van de patiënt in het verleden, en hiervan gebruikmaken tijdens het snoezelen, geeft betere resultaten.[16]

Wanneer het cognitief disfunctioneren leidt tot specifieke concrete problemen bij activiteiten in het dagelijks leven kan een meer specifiek onderzoek in de thuissituatie door een hiertoe opgeleide ergotherapeut geïndiceerd zijn. Een dergelijk onderzoek is zowel op de patiënt als op de mantelzorger en op de leefomgeving gericht. Op basis van het onderzoek, op geleide van de behoeften en wensen van de patiënt en/of mantelzorger, worden mogelijke praktische oplossingen bedacht en (speels) getraind. Bij de training speelt de mantelzorger een belangrijke rol. De wisselwerking tussen patiënt en mantelzorger kan positief gevoed worden door het ervaren van (kleine) successen, zowel op het praktische levensvlak als op het vlak van gezamenlijke (welzijns) activiteiten en bezigheden. Uiteraard kan dit ook goed gecombineerd worden met het bezoeken van een ontmoetingscentrum voor mensen met dementie en hun mantelzorgers of laagdrempelige dagbehandeling in de wijk. Immers, naast een doelgerichte behandeling en begeleiding (waarover later meer) geven deze voorzieningen de patiënt de kans zelfstandig 'de deur uit te gaan', te vergelijken met naar het werk of naar de club gaan.

Een eventueel optredend delier, al dan niet gerelateerd aan een infectie of een operatie, vraagt speciale aandacht bij mensen met cognitieve stoornissen, zowel thuis, in de eerste lijn als in het ziekenhuis. Het herkennen van de bewustzijnsschommelingen, naast de andere cognitieve problemen, is cruciaal voor de diagnose. Delier is een uiting van het falen van de fysiologische hersenfuncties en rechtvaardigt een grondig onderzoek naar mogelijke fysieke oorzaken, zowel van onderliggende predisponerende als precipiterende, luxerende factoren. De NMB is hier vooral gericht op prikkelregulering en is flankerend aan een medicamenteuze behandeling. Een prikkelarme situatie scheppen, veel zelfzorg uit handen nemen, regelmatig (kort) bewegen/lopen vormen de basis van de NMB bij delier.

4.4.2 *Domein gedrag en stemming*

De gedrags- en stemmingsproblemen spelen een centrale rol in de ervaren lijdensdruk bij zowel patiënt als mantelzorger. Dit geldt des te meer als frequente langdurige verstoringen van de nachtrust er onderdeel van uitmaken, waarbij de resulterende oververmoeidheid en uitputting als een 'booster' werken. De benaming neuropsychiatrische symptomen (NPS) biedt het voordeel om bij matig ernstige klachten vanuit psychiatrisch perspectief te kunnen kijken naar wat er op functieniveau precies aan de hand is. Een twaalftal veelvoorkomende NPS kunnen gemeten worden met behulp van de Neuropsychiatric Inventory (NPI).[17] Dit is een vragenlijst, bij voorkeur af te nemen bij de mantelzorg/familie, die inzicht geeft in aard (bijvoorbeeld depressie, angst, agressie, hallucinaties), frequentie en ernst van de neuropsychiatrische symptomen, inclusief de impact die deze hebben op de mantelzorger/familie. Hierdoor ontstaat een beeld van het actuele NPS-profiel van een patiënt; ook kan er een totale ernstscore berekend worden. Bij het aanvragen van zorg op basis van de diagnose dementie blijkt circa 80% van de patiënten te lijden aan twee of meer relevante neuropsychiatrische symptomen.[18]

De matige tot ernstige neuropsychiatrische symptomen zijn te beschouwen als een weerspiegeling van (dreigend of duurzaam) vastgelopen copingmechanismes van de patiënt.[19,20] Deze kunnen de patiënt aanmerkelijk in het dagelijks functioneren belemmeren en tasten zijn kwaliteit van leven aan, maar ook die van de betrokken mantelzorger(s). Er is sprake van psychisch lijden met een vergrote kans op verpleeghuisopname en een negatieve invloed op het beloop van het dementieproces

Voor een werkzame NMD-behandeling van de vastgelopen copingmechanismes door de arts is het uitvoeren of laten uitvoeren van een functioneel psychiatrisch onderzoek een belangrijke voorwaarde.[19] Het gaat hierbij om onderzoek op de domeinen 'emotionele beleving', 'persoonlijkheid' en 'levensgeschiedenis' (inclusief (jeugd)trauma's) in combinatie met analyse van het systeem (mantelzorg, familierelaties). Hiervoor is de Functionele Analyselijst beschikbaar.[19] Op basis hiervan kunnen de neuropsychiatrische symptomen in hun psychologische en psychiatrische betekenis begrepen worden in dialoog met patiënt en familie.

Net zoals bij de cognitieve functiestoornissen is het belangrijk om bij de psychiatrische symptomen onderscheid te maken in de ernst van de gevolgen voor het psychisch functioneren. In welke mate zijn deze symptomen, gezien de bevindingen op de domeinen 'emotionele beleving', 'persoonlijkheid' en 'levensgeschiedenis', te duiden als 'kenmerk', 'beperking', 'probleem' of 'stoornis'. Deze inschatting vindt plaats op basis van de mate waarin de psychiatrische problemen het (zelfstandig) functioneren van de patiënt en zijn/haar systeem/familie negatief beïnvloeden. De mate van hulpbehoevendheid en de onvoorspelbaarheid zijn hierbij belangrijke criteria. Gezondheidszorgpsychologen, gespecialiseerd in ouderen, verpleegkundig specialisten geestelijke gezondheidszorg en specialisten ouderengeneeskunde met kaderopleiding psychogeriatrie kunnen hiervoor ingeschakeld worden. Belangrijk is om met deze professionals een geïntegreerde, duurzame samenwerking op te bouwen op basis waarvan de behandeling en begeleiding niet alleen vorm kunnen worden gegeven, maar ook gemonitord kunnen worden op hun effect. Hierbij dient in ieder geval helder te zijn wie de therapeutische relatie met patiënt en mantelzorger aangaat, ontwikkelt en onderhoudt (de hoofdbehandelaar) en op basis hiervan het multidisciplinaire overleg structureel belegt. Aangetoond is dat naarmate er meer GGZ-deskundigheid is ingezet (conform het Dementie Onderzoeks- en Casemanagement (DOC)-team van Geriant, Noord-Holland) het ziekteproces gunstiger beloopt voor patiënt en mantelzorger, zowel inhoudelijk als financieel.[21,22]

Veelal zijn de NMD-behandeling en begeleiding van de patiënt met gedrags- en stemmingsproblemen gebaseerd op (cognitieve) gedragstherapie met deels inzichtgevende elementen. Een combinatie met systeemtherapie is aan de orde bij relevante relatieproblematiek. Een gecombineerde gelijktijdige aanpak, gericht op patiënt en mantelzorger geeft de grootste en meest duurzame resultaten. Voor meer diepgaande beschrijving van deze aanpak wordt verwezen naar hoofdstuk 14.

Het is belangrijk om een NMD-aanpak nadrukkelijk ook op korte termijn in de eerstelijns(huisartsen)praktijk te realiseren, zeker gelet op het huidige overheidsbeleid om ouderen langer thuis te laten wonen. Dit betekent het aantrekken van de benodigde (eerder genoemde) professionals en de praktijk-voering zodanig aanpassen dat een afgesproken multidisciplinair zorg- en be-handelplan ook daadwerkelijk geïntegreerd kan worden opgesteld, uitgevoerd en gemonitord. Uiteraard kunnen hierbij de rol en inbreng van de thuiszorg/wijkverpleging niet gemist worden. Hierbij dient wel opgemerkt te worden dat ook verpleegkundigen en verzorgenden (net als de artsen) volgens recentelijk uitgevoerd onderzoek te beperkt zijn opgeleid ten aanzien van kwetsbare ou-deren.[23] Fors investeren in nascholing is dus een belangrijke voorwaarde voor een succesvolle aanpak. Overigens zijn de huidige opleidingen hard bezig de lacunes op het gebied van de gezondheidszorg voor ouderen op te heffen.

Als we kijken naar verwijzingsmogelijkheden voor gedrags- en stem-mingsproblemen bij dementie dan is een aantal instellingen van belang. Binnen de GGZ zijn verschillende vormen van ambulante teams beschikbaar, met als bekendste en effectieve vorm het reeds genoemde 'DOC'-team. Ook wordt bin-nen de GGZ poliklinisch onderzoek uitgevoerd naar diagnostiek van geheugen-problemen en dementie. Verder kan hiervoor verwezen worden naar geheu-genpoli's in ziekenhuizen of naar poli's bij verpleeghuizen. Hierbij kunnen er wel relatief grote onderlinge verschillen bestaan in de mate waarin aandacht wordt besteed aan neuropsychiatrische symptomen en systeemproblematiek, de twee probleemgebieden waar patiënt en mantelzorger het meest onder lijden. De diverse poli's geven in wisselende mate vervolgbehandeling en bege-leiding na de primaire dementiediagnostiek. Vaak kan er wel een (bij voorkeur psychiatrisch opgeleide) casemanager dementie worden ingezet. Soms kan er ook een multidisciplinair ambulant team vanuit een verpleeghuis ingeschakeld worden, inclusief paramedische behandeling en soms een verpleegkundig ge-dragsconsulent en/of vaktherapeuten, zoals muziek-, psychomotorisch of crea-tieve therapeuten (zie ook hoofdstuk 14).

Daarnaast kan verwezen worden naar ontmoetingscentra en (laag-drempelige) dagbehandelingen waar patiënten een paar dagen per week te-rechtkunnen, deels voor behandeling en begeleiding gebaseerd op een goede analyse van de individuele psychosociale problematiek, deels voor welzijn en bezigheden en deels als respijt voor de mantelzorger.

Naast mogelijkheden bij diverse algemeen psychiatrische ziekenhuizen met gespecialiseerde afdelingen voor ouderen zijn psychogeriatrische revalida-tieafdelingen binnen verpleeg- en revalidatiecentra in opkomst waar patiënten met matige tot ernstige NPS (op probleem- of stoornisniveau) gedurende circa drie maanden kunnen worden behandeld, waar nodig inclusief de systeem-/ relatieproblematiek. Bij acute situaties bestaan er mogelijkheden tot crisisopname in verpleeghuizen en langdurige BOPZ-opnames (artikel 60, RM, IBS) in algemeen psychiatrische ziekenhuizen en verpleeghuizen.

4.4.3 *De mantelzorger*

De mantelzorger is reeds meerdere keren ter sprake gekomen. Gelet op het in de nabije toekomst langer thuis wonen van patiënten met dementie neemt het belang van 'de' mantelzorger toe. Uit onderzoek blijkt dat maar zo'n 20% van de mantelzorgers de zorg redelijk aankan. Circa 80% voelt zich matig tot zwaar belast en hiervan is zelfs 20% overbelast als gevolg van de continue zorg voor de oudere met dementie. Recent onderzoek laat zien dat de belasting van de mantelzorger voornamelijk samenhangt met de ernst van de neuropsychiatrische symptomen van de patiënt en nauwelijks met de cognitieve problematiek, zoals geheugenstoornissen, en de lichamelijk zorgbehoevendheid.[24] Het belang van vroegtijdige opsporing/identificatie en behandeling van de NPS bij de patiënt is derhalve ook van groot belang voor de mantelzorger. Het gebruik van de NPI, eerder in dit hoofdstuk genoemd, helpt hierbij omdat dit instrument tevens de emotionele impact van de NPS op de mantelzorg meet.

Verwijzing naar lokale ondersteuningsmogelijkheden is eveneens van belang voor de mantelzorger. De reeds genoemde ontmoetingscentra en laagdrempelige dagbehandelingen bieden ook informatie en praktische en emotionele steun aan mantelzorgers door middel van informatiebijeenkomsten, gespreksgroepen en individueel advies over het omgaan met de oudere met dementie en mogelijk aanwezige gedrags- en stemmingsproblemen. Voorts kan men voor informatie en lotgenotencontact ook terecht bij de Steunpunten Mantelzorg en in de Alzheimercafés die worden georganiseerd door de regionale afdelingen van Alzheimer Nederland.

Voor nu en in de toekomst is het voor artsen belangrijk bij patiëntcontacten met ouderen lijdend aan dementie expliciet naar gedrags- en stemmingsproblemen te vragen en deze te signaleren en de belasting van de mantelzorger in kaart te brengen. Dit geldt des te meer in de eerstelijnspraktijk, zoals eerder gesteld. Het inrichten van de praktijkvoering om deze problematiek juist ook niet-medicamenteus te kunnen behandelen en begeleiden is een urgent aandachtspunt. Een zogenaamde combiaanpak, waarbij zowel de patiënt als de mantelzorger wordt begeleid en ondersteund, geeft zoals eerder aangegeven de beste resultaten.[20] De ingrediënten hiervoor worden in hoofdstuk 14 uitgebreider beschreven.

4.5 Tot slot

We hebben in dit hoofdstuk laten zien hoe artsen van verschillende spe-cialistische disciplines op diverse plekken in de gezondheidszorg met patiënten met beginnende cognitieve stoornissen en/of dementie in aanraking kunnen komen. Het betreft sterk verschillende situaties. Het kan hierbij primair gaan om een vraag naar diagnostiek bij ouderen met mogelijk dementie of om een vervolgonderzoek. Het komt echter ook vaak voor dat bij een noodzakelijke be-handeling van een specifieke aandoening (bijvoorbeeld een operatie of lucht-weginfectie) de patiënt tevens al aan dementie blijkt te lijden of dat een moge-lijke dementie pas blijkt tijdens de behandeling van de specifieke aandoening. Ook kan het gaan om situaties waarbinnen artsen, zoals specialisten ouderen-geneeskunde, zich voornamelijk bezighouden met de langdurige behandeling en begeleiding van ouderen met dementie en hun mantelzorgers.

Voor alle artsen geldt dat ze de basisprincipes van niet-medicamenteu-ze behandeling van cognitieve, neuropsychiatrische en systeemproblemen samenhangend met dementie moeten kunnen toepassen of hun patiënten hiervoor op een juiste manier moeten kunnen doorverwijzen. Van de niet-me-dicamenteuze behandeling van ouderen met dementie en hun mantelzorgers zijn in dit hoofdstuk de essentialia beschreven. Meer gedetailleerde informatie is te vinden in deel II en III van dit boek. Kernboodschap is dat voor effectieve multidisciplinaire hulpverlening een professionele psychiatrische opleiding en een daadwerkelijk structurele integratieve organisatievorm cruciaal zijn om de complexe en onvoorspelbare (psycho)geriatrische problematiek te kunnen be-handelen en begeleiden. Om aan de beschreven vereisten te voldoen is een grondige aanpassing van de praktijkvoering nodig vergeleken met de huidige gang van zaken met name in de eerste lijn en het ziekenhuis.

Noot

* Kwetsbaarheid is een opeenstapelingsproces van lichamelijke, psychische en/of sociale tekorten in functioneren met als gevolg een vergroting van de kans op negatieve gezondheid bestaande uit functiebeperkingen, opname, overlijden (Campen C van (red), Kwetsbare ouderen. Den Haag: Sociaal en Cultureel Planbureau; 2011).

Literatuur

1 Peeters J, Werkman W, Francke A. Dementie monitor mantelzorg. Utrecht: Nivel, 2012.
2 Bodegom D van. Inventarisatie ouderengeneeskunde in medische curricula. Leiden: Leyden Academy, 2011.
3 Campen C van. Rapport 'Kwetsbare ouderen'. Den Haag: Sociaal en Cultureel Planbureau; 2011.

4 Mistiaen P, Heins M, Stirbu-Wagner I, et al. Mensen met dementie zien de huisarts vaker: piek in contact rond het stellen van de diagnose. Ned Tijdschr Geneeskd. 2014;158:A6755.

5 Dijk PTM van, Mehr DR, Ooms ME, et al. Comorbidity and 1-year mortality risks in nursing home residents. J Am Geriatr Soc. 2005,53:660-5.

6 Hoogerduijn JG, Buurman BM, Korevaar JC, et al. The prediction of functional decline in older hospitalised patients. Age Ageing. 2012;41:381-7.

7 Luteijn F, Niemeyer J, Sipsma DH, Haar HW ter. Een differentiatie van bejaarden naar de mate van geestelijke gezondheid. Tijdschr Gerontol Geriatr. 1972;3:314-26.

8 Metzelthin SF, Rossum E van, Witte LP de, et al. Effectiveness of interdisciplinary primary care approach to reduce disability in community dwelling frail older people: cluster RCT. BMJ. 2013;347:f5264.

9 Vos AJBM de, Bakker TJEM, Vreede PL de, et al. The prevention and reactivation care program: intervention fidelity matters. BMC Health Services Res. 2013;13:29.

10 Covinsky KE, Pierluissi E, Johnston CB. Hospitalization-associated disability: 'She was probably able to ambulate, but I'm not sure'. JAMA. 2011;3006:1782-93.

11 Covinsky KE, Palmer RM, Fortinsky RH, et al. Loss of independence in activities of daily living in older adults hospitalized with medical illnesses: increased vulnerability with age. J Am Geriatr Soc. 2003;51:451-8.

12 Dening K, Jones L, Sampson E. Advance care planning for people with dementia: a review. Int Psychogeriatrics. 2011;23:1535-51.

13 Werd MM de, Boelen D, Rikkert MG, Kessels RP. Errorless learning of everyday tasks in people with dementia. Clin Interv Aging. 2013;8:1177-90.

14 Hopman-Rock M, Staats P, Tak E, Dröes R. The effects of a psychomotor activation programme for use in groups of cognitively impaired people in homes for the elderly. Int J Geriatr Psychiatry. 1999;14:633-42.

15 Kooij C van der. Gewoon lief zijn [proefschrift]. Utrecht: Lemma, 2003.

16 Weert JCM van, Dulmen AM van, Spreeuwenberg PMM, et al. Behavioral and mood effects of Snoezelen integrated into 24-hour dementia care. J Am Geriatr Soc. 2005;53:24-33.

17 Cummings J, Mega M, Gray K, et al. The Neuropsychiatric Inventory: comprehensive assessment of psychopathology in dementia. Neurology. 1994;44:2308-14.

18 Bakker T. Integrative reactivation and rehabilitation to reduce multiple psychiatric symptoms of psychogeriatric patients and caregiver burden [academisch proefschrift]. Amsterdam: Vrije Universiteit, 2010.

19 Bakker T, Sipsma D, Diesfeldt H. Psychiatrische functiestoornissen bij kwetsbare ouderen. Assen: Van Gorcum, 2010.

20 Smits C, Lange J de, Dröes RM, et al. Effects of combined intervention programmes for people with dementia living at home and their caregivers: a systematic review. Int J Geriatr Psychiatry. 2007;22:1181-93.

21 Kleemans L, Vuister J, Flameling M. Betere zorg aan huis bij dementie. Trajecthulp in Noord Holland: verbetering en besparing ineen. Med Contact. 2012;67:2352-4.

22   Verkade PJ. Handboek casemanagement bij dementia. Heerhugowaard: Geriant, 2011.

23   Schuurman D. Gerontologische en geriatrische inhoud van verpleegkunde opleidingen in Nederland. Den Haag: ZonMw, 2011.

24   Lee J van der, Bakker TJEM, Duivenvoorde H van, Dröes RM. Multivariate models of subjective caregiver burden in dementia: a systematic review. Ageing Res Rev. 2014;15:76-93.

II DEMENTIEZORG VANUIT FUNCTIONEEL PERSPECTIEF

5 BASISZORG: BEHOUD EN REACTIVERING VAN HET DAGELIJKS FUNCTIONEREN

Hilde Verbeek en Jos Schols

5.1 Inleiding

Basiszorg is een algemeen begrip dat van toepassing is op alle mensen die zorg nodig hebben. Het overstijgt specifieke ziektebeelden en vindt overal plaats, ongeacht de zorgsetting (bijvoorbeeld thuis, ziekenhuis of in het verpleeghuis). Basiszorg betreft onder andere zorg voor persoonlijke verzorging en hygiëne, aankleden, eten en drinken, mobiliteit, continentie, activiteiten, veiligheid en communicatie.[1] Vaak wordt een onderscheid gemaakt tussen zorg bij algemene activiteiten in het dagelijks leven (ADL) zoals wassen, aankleden, eten en drinken en zorg bij instrumentele activiteiten in het dagelijks leven (IADL), dat wil zeggen: de meer complexe taken nodig om zelfstandig te kunnen functioneren, bijvoorbeeld het beheren van financiën, boodschappen doen of medicatie innemen. Dit hoofdstuk gaat in op methodieken om mensen met dementie de basiszorg zo veel mogelijk zelf in eigen regie te laten doen, ondanks de toenemende beperkingen, om zo hun functionele status te optimaliseren.

Persoonsgerichte benadering

Tot in het recente verleden lag in de basiszorg voor mensen met dementie het accent op bescherming en het volbrengen van een bepaalde taak zonder rekening te houden met de belevingswereld van mensen met dementie. Het zorgen voor stond hierbij voorop in plaats van het zorgen met mensen met dementie. Daardoor hebben veel zorgverleners nu nog steeds de neiging om taken direct over te nemen in plaats van zelfredzaamheid te stimuleren. Dit is uiteraard goed bedoeld, maar mensen met dementie en hun naasten zijn hierbij maar gedeeltelijk geholpen. Op deze manier worden ze onvoldoende gestimuleerd om zelf actief te zijn en te blijven en het biedt hun bovendien onvoldoende kansen om positieve ervaringen in het dagelijks leven op te doen.

Tegenwoordig zijn waarden als autonomie, het behouden van de eigen identiteit en participatie in toenemende mate het uitgangspunt van de zorgverlening geworden. Zorgverleners gaan hierbij op zoek naar manieren om mensen met dementie en hun naasten zo veel mogelijk zelf te laten doen ondanks hun toenemende beperkingen.[2] Een persoonsgerichte benadering in het verlenen van basiszorg wordt daarom steeds belangrijker.[3] Zorgverleners hebben hierbij aandacht voor hoe mensen met dementie de zorg ervaren en stemmen de basiszorg vervolgens af op persoonlijke voorkeuren en behoeften. Dit is echter makkelijker gezegd dan gedaan. Door hun cognitieve beperkingen kunnen mensen met dementie aanrakingen van zorgverleners tijdens de basiszorg verkeerd interpreteren, bijvoorbeeld tijdens het wassen of aankleden. Ze begrijpen de situatie niet, of verkeerd, met als resultaat dat mensen met dementie zich verzetten tijdens het zorgmoment of gedragsproblemen vertonen. Door beter aan te sluiten bij de belevingswereld van mensen met dementie en hun meer regie te geven tijdens de basiszorg kan de zelfredzaamheid worden verhoogd.

Er zijn diverse strategieën die kunnen worden toegepast in de basiszorg om te voorkomen dat mensen met dementie door beperkingen in cognitie en handelen vervallen in inactiviteit, verveling of eenzaamheid. Enerzijds kunnen deze gericht zijn op het dagelijks functioneren van mensen met dementie zelf, bijvoorbeeld door reactivering, activering en de inzet van psychosociale interventies. Anderzijds kan de omgeving aangepast worden om te compenseren voor beperkingen die mensen met dementie ervaren of kan technologie worden ingezet ter ondersteuning. Dit hoofdstuk zal de diverse strategieën gericht op de basiszorg voor mensen met dementie nader toelichten. Ook wordt ingegaan op wat er nodig is om een persoonsgerichte benadering ter bevordering van zelfredzaamheid in de basiszorg toekomstbestendig te kunnen realiseren.

5.2   Reactivering in de dagelijkse zorg

Om mensen met dementie te reactiveren tijdens de dagelijkse zorg is het belangrijk fysieke activiteit en beweging zo veel mogelijk te stimuleren. Bewegen kan een positief effect hebben op de algemene conditie, fysieke gezondheid en welbevinden. Of je beweegt, hoe vaak, hoe lang en hoe snel bepaal je normaliter meestal zelf, hetgeen bijdraagt aan autonomie. Wanneer ouderen worden opgenomen in een zorginstelling bewegen ze vaak veel minder. Ze zitten vaak grote delen van de dag, hebben fysiek ook vaak meer moeite met bewegen en de ruimte waarin zij verblijven nodigt doorgaans niet echt uit om te bewegen. Bovendien worden veel handelingen al gauw overgenomen. Een pilotonderzoek uitgevoerd door TNO laat zien dat mensen in het verpleeghuis slechts vijf minuten per dag bewegen. Door inactiviteit kunnen diverse gezondheidsproblemen ontstaan of worden versterkt, zoals pijn, agitatie, ondervoeding, vallen en mobiliteit.[4]

Een benadering die erop gericht is om de functionele status zo veel mogelijk te behouden en te optimaliseren en de dagelijkse fysieke activiteit te verhogen is de 'restorative care approach', ook wel 'function-focused care' genoemd.[5] Deze benadering wordt geïntegreerd in het dagelijkse zorgproces en evalueert de mogelijkheden die mensen zelf nog hebben voor wat betreft hun functionele status. Fysiek functioneren wordt gezien als een dynamisch proces waarbij zorgverleners het functioneren van mensen kunnen bevorderen naar gelang hun functionele mogelijkheden. Bijvoorbeeld: een zorgverlener ondersteunt iemand om zelf naar de eettafel te lopen in plaats van een rolstoel te gebruiken, of ouderen worden gestimuleerd zo veel mogelijk zelf mee te helpen tijdens het aankleden of het dekken van de tafel. Oorspronkelijk is deze zorgbenadering ontwikkeld voor toepassing in intramurale zorgsettingen zoals het verpleeghuis of verzorgingshuis. Resultaten op het behoud van functionele status zijn veelbelovend.[2] Momenteel wordt implementatie in andere settings, zoals de thuissituatie en acute zorg, onderzocht. Voor mensen met cognitieve problemen en dementie is een aangepaste benadering ontwikkeld.[6]

De zorgbenadering volgens function-focused care bevat vier elementen. Allereerst wordt er een assessment gedaan waarbij zowel de persoon als zijn omgeving uitgebreid in kaart wordt gebracht. Hierbij wordt vooral onderzocht wat de functionele mogelijkheden van mensen zelf nog zijn en hoe de omgeving kan worden ingericht om bij te dragen aan reactivering. Bijvoorbeeld: is er de mogelijkheid voor mensen om naar buiten te gaan, zijn er hulpmiddelen nodig die hiervoor moeten worden ingezet en zijn er veiligheidsmaatregelen nodig? Vervolgens wordt er scholing aangeboden aan zorgverleners, ouderen zelf en hun naasten. Hierin wordt geleerd wat de voordelen zijn van een benadering volgens function-focused care, hoe je mensen met dementie kunt motiveren om zo veel mogelijk zelf te doen en op welke wijze de methodieken geïntegreerd kunnen worden in het dagelijks handelen. Daarna worden samen met de ouderen zelf doelen opgesteld die aangepast zijn aan hun mogelijkheden, wensen en behoeften. Als laatste is er continue opvolging en scholing nodig. Dit kan bijvoorbeeld door de inzet van rolmodellen in de dagelijkse zorgverlening, die het goede voorbeeld geven, helpen met ondersteuning en tips kunnen blijven geven over hoe function-focused care moet worden toegepast.

5.3 Psychosociale strategieën en activeringsstrategieën

Er is in de langdurige zorg een breed scala aan psychosociale interventies en strategieën om het functioneren en de kwaliteit van leven van mensen met dementie te verbeteren. Er zijn cognitieve, gedragsmatige, belevingsgerichte of stimulerende benaderingen. Sommige richten zich vooral op de mensen met dementie zelf, andere op de zorgverleners: mantelzorgers in de thuissituatie en verzorgenden en verpleegkundigen in zorginstellingen. Weer andere interventies richten zich op de dyade van mensen met dementie en hun zorgverlener. Diverse overzichtsstudies zijn beschikbaar die de effectiviteit van psychosociale interventies hebben onderzocht op kwaliteit van leven, functioneren en stemming, zowel in de thuiszorg[7] als in zorginstellingen.[8] Deze studies laten zien dat persoonsgerichte benaderingen effectief kunnen zijn. Educatie alleen is hierbij niet voldoende, maar juist praktische training en oefening tussen zorgverleners en mensen met dementie zijn noodzakelijk.[8] Ook programma's die actief één of meer functionele domeinen trainen (bijvoorbeeld gedragsmatig of op cognitief en ADL-gebied), lijken een positief effect te hebben.[7]

Een groot probleem in de basiszorg is dat mensen met dementie deze niet altijd accepteren en weerstand vertonen tegen dagelijkse activiteiten, zoals wassen, aankleden en eten of drinken. Dit kan leiden tot onrust en problemen in het gedrag (onder andere verbaal of fysiek agressief gedrag) van mensen met dementie en legt een hoge belasting op zorgverleners. Er zijn diverse psychosociale interventies ontwikkeld om specifieke activiteiten in de basiszorg aan mensen met dementie, zoals eten en drinken of persoonlijke hygiëne, beter en met minder weerstand te laten verlopen. Het merendeel van het onderzoek op dit terrein heeft zich gericht op psychosociale interventies in zorginstellingen zoals verpleeg- en verzorgingshuizen.[9] Een recente overzichtsstudie van 19 onderzoeken concludeerde dat bijna alle studies een vermindering van gedragsproblemen en weerstand tegen basiszorgactiviteiten vonden, ook al was de bewijskracht nog niet sterk vanwege methodologische tekortkomingen.[9] Interventies die gebruikmaakten van muziek tijdens het eten of baden/douchen, persoonsgerichte methoden om te wassen en programma's gericht op ADL-vaardigheden van mensen tijdens de ochtendzorg, blijken het meest veelbelovend. Deze interventies bevatten zowel aanpassingen in de zorgomgeving als een trainings- of scholingsprogramma voor medewerkers.

Andere strategieën zetten in op activering door een combinatie van fysieke activiteit met een sociale component.[10,11] Zo zijn er wandelclubs voor mensen met dementie, zowel voor thuiswonenden als bewoners van zorginstellingen. Hierbij leren zij onder begeleiding oefeningen te doen, wandelt men bij voorkeur in de buitenlucht en is er aandacht voor begeleiding en ondersteuning van de zorgverlener. In de thuissituatie wordt mantelzorgers bijvoorbeeld geleerd hoe ze om kunnen gaan met veranderingen in het gedrag van de persoon met dementie. In een zorginstelling leren de loopbegeleiders hoe ze mensen met dementie kunnen activeren en geïnteresseerd krijgen om daadwerkelijk mee te gaan lopen. Wetenschappelijke studies naar dit soort programma's zijn nog schaars en laten geen eenduidige resultaten zien. Bij alle activeringsstrategieën voor mensen met dementie is het belangrijk om aan te sluiten bij zo natuurlijk mogelijke activiteiten, zoals wandelen, tuinieren of het dekken van de tafel.

Opvallend is dat er voor mensen met dementie die opgenomen zijn in het ziekenhuis onvoldoende aandacht is voor een persoonsgerichte benadering van zorg en psychosociale activeringsstrategieën. Slechts enkele studies zijn hiernaar verricht en deze laten zien dat ziekenhuizen onvoldoende zijn toegerust voor het bieden van dementiezorg.[12] Zorgverleners benutten hier nauwelijks mogelijkheden om de zorg persoonsgericht aan te bieden en de ziekenhuisomgeving is onvoldoende ingericht om mensen met dementie te ondersteunen. Dit belemmert het herstel waardoor zij vaak slechter uit het ziekenhuis komen. Dit heeft grote negatieve gevolgen voor mensen met dementie en hun naasten, zoals versnelde en definitieve opname in een verpleeghuis.

5.4   Omgevingsstrategieën

De zorgomgeving zelf heeft ook een grote invloed op het dagelijks functioneren en gedrag van mensen met dementie.[13,14] Naarmate het ziekteproces vordert, worden zij steeds afhankelijker van hun omgeving, wat de invloed ervan alleen nog maar vergroot. De zorgomgeving kan ondersteunend werken door positieve gedragingen en gevoelens te stimuleren en negatieve te minimaliseren. Maar deze kan ook juist tegengesteld werken, wanneer de omgeving onvoldoende rekening houdt met de kenmerken van mensen met dementie. De zorgomgeving kan daarom gezien worden als een actieve component in het zorgproces. Dit principe wordt ook wel 'person-environment fit' genoemd waarmee bedoeld wordt dat de eisen die de omgeving stelt overeen moeten komen met de behoeften en mogelijkheden van mensen met dementie.[13] Wanneer de eisen van de omgeving de capaciteiten van mensen met dementie te boven gaan, bemoeilijkt dit hun dagelijks functioneren en verhoogt het de kans op probleemgedrag.

Omgevingsfactoren

Fysieke omgevingsfactoren die het meest bijdragen aan het functioneren van mensen met dementie zijn: ruimten van verschillende omvang en sfeer; het beperken van prikkels; het bieden van meer licht en blootstelling aan helder licht in het bijzonder; onopvallende veiligheidsmaatregelen, zoals het verbergen van deurknoppen of deuren om onrust te verminderen; toegang tot een buitenruimte en goed overzicht door bijvoorbeeld het duidelijk zichtbaar maken van toiletten om incontinentie tegen te gaan (zie ook hoofdstuk 6).[14] Een zwarte toiletbril op een wit toilet en een duidelijk contrast tussen vloeren en muren in de badkamer zorgen ervoor dat het toilet goed zichtbaar is. Wanneer de deur naar buiten dezelfde kleuren heeft als de muur of gecamoufleerd is, bijvoorbeeld als een boekenkast (door middel van een poster), wekt dit minder onrust op dan wanneer de uitgang extra opvallend is gemaakt door een duidelijk contrasterende kleur. Naast fysieke aspecten dragen ook de psychosociale aspecten (zoals de benaderingswijze) en de organisatorische aspecten (onder andere inrichting van zorgprocessen en leiderschap) van de omgeving bij aan het reactiveren van mensen met dementie en het verhogen van hun autonomie in de basiszorg.

Kleinschalige woonvormen

In het verleden is het erg moeilijk gebleken om veranderingen van de omgeving toe te passen in bestaande, traditionele zorginstellingen. De zorgomgeving was vaak niet toegerust voor de nieuwe therapeutische doelen, zoals het realiseren van meer zelfregie. Als reactie hierop zijn er de afgelopen decennia nieuwe initiatieven genomen die radicale veranderingen hebben gerealiseerd, veelal gericht op het aanbieden van zorg op kleine schaal. Er bestaan diverse soorten kleinschalige woonvormen, waarin een beperkt aantal ouderen met dementie, doorgaans zes tot acht, samenwoont in een huiselijke en herkenbare omgeving. Bewoners houden zo veel mogelijk regie over het eigen leven en worden gestimuleerd om deel te nemen aan dagelijkse activiteiten, zoals koken. Medewerkers maken onderdeel uit van het huishouden, waarbij zij meerdere taken uitvoeren (onder andere verpleegkundige, persoonlijke en huishoudelijke taken). De huiselijkheid, herkenbaarheid, het gevoel van eigen regie en het hebben van invloed op de dagelijkse gang van zaken vinden mantelzorgers en medewerkers van grote betekenis. Verzorgenden en familie vinden het ook prettig dat zij zelf, samen met bewoners, de dag kunnen indelen en hierbij niet afhankelijk zijn van regels en routines van de organisatie.[3]

Ondanks de overwegend positieve ervaringen met kleinschalige woonvormen is uit wetenschappelijk onderzoek tot op heden niet overtuigend aangetoond dat deze woonvorm meerwaarde heeft voor de kwaliteit van leven en het dagelijks functioneren van mensen met dementie.[15-17] Deze blijken in het algemeen vergelijkbaar met die van mensen met dementie in reguliere zorginstellingen te zijn. Een mogelijke verklaring is dat reguliere zorginstellingen inmiddels eveneens proberen routines te doorbreken en de zorg zo huiselijk en herkenbaar mogelijk te maken, waarbij ze in feite steeds meer kenmerken van de kleinschalige zorg overnemen. Bewoners kunnen hun eigen spullen meenemen, krijgen steeds meer regie over de inrichting van het dagelijkse leven en lange gangen worden bijvoorbeeld opgedeeld. Aan de andere kant bestaat er een grote diversiteit in kleinschalige woonvormen, en zijn er voorbeelden waarbij de traditionele werkroutines en processen nog steeds overheersen, ook in de nieuwe setting. De dagelijkse zorgbenadering is daarom van essentieel belang om het functioneren en welzijn van mensen met dementie te verbeteren. Aandacht voor de attitude van zorgverleners respectievelijk familie in combinatie met aandacht voor de zorgomgeving en goede medische zorg zijn nodig om duurzame verbeteringen te realiseren.

Zorgboerderijen

Een relatief nieuw fenomeen zijn de zorgboerderijen voor mensen met dementie, die inmiddels één van de snelst groeiende vormen van multifunctionele landbouw vormen. In Nederland zijn er ongeveer tweehonderd zorgboerderijen voor mensen met dementie. De overgrote meerderheid biedt alleen dagverzorging. Mensen met dementie komen hier in de natuur, hebben toegang tot de (verzorging van) dieren, werken mee in de moestuin en koken zelf met gewassen uit de eigen tuin. De focus in de zorg is er gericht op het stimuleren van zelfredzaamheid en het aanbieden van een zinvolle dagbesteding. Wetenschappelijk onderzoek naar effecten van zorgboerderijen voor mensen met dementie is schaars. Er zijn positieve indicaties dat dagopvang op zorgboerderijen voor ouderen met dementie leidt tot meer betrokkenheid bij activiteiten van het dagelijks leven[18] en tot beter eten en drinken.[19] Mogelijkheden voor zorgboerderijen om 24-uursverpleeghuiszorg te bieden zijn in opkomst.

5.5 Gebruik van technologie

Technologie kan een belangrijke bijdrage leveren om de basiszorg voor mensen met dementie te verbeteren; de afgelopen jaren zijn er dan ook vele toepassingen ontwikkeld om mensen met dementie en hun naasten te ondersteunen bij problemen met alledaagse activiteiten. Voorbeelden hiervan zijn externe geheugensteunen (zoals herinneringen om medicatie te nemen of afspraken te onthouden), (sociale) robotica en multimediasystemen die gebruikmaken van internet en bekende apparaten zoals een televisie of computer (zie ook hoofdstuk 8). Technologie kan mensen met dementie ondersteunen om zo lang mogelijk thuis te blijven wonen. Ook in het verpleeghuis kan technologie ingezet worden, bijvoorbeeld om het werk van zorgverleners te vergemakkelijken of door bij te dragen aan de kwaliteit van leven van mensen met dementie.

Om zelfregie in mobiliteit te faciliteren kan bijvoorbeeld gps als hulpmiddel worden ingezet. Dit stelt mensen met dementie in staat alleen naar buiten te gaan, zonder de weg kwijt te raken. Voorlopige resultaten uit onderzoek in de thuissituatie laten zien dat een gps-systeem als behulpzaam wordt ervaren door mantelzorgers, vooral voor mensen in het beginstadium van de ziekte.[20] Een klein apparaatje met drie functies werd bevestigd aan de broekriem. Allereerst stuurde het informatie over waar de persoon met dementie zich bevond naar een beveiligde website. Hiertoe had alleen de mantelzorger toegang en deze kon op de website zien waar zijn of haar naaste zich bevond. Via de tweede functie kon de persoon met dementie via één druk op de knop telefonisch contact opnemen met zijn of haar mantelzorger. Als laatste bevatte het apparaat ook een luidsprekerfunctie, waardoor de mantelzorger direct kon praten met de persoon met dementie, zonder dat deze op een knop hoefde te drukken.

Het niet meer kunnen volbrengen van de basiszorg thuis is een belangrijke reden voor mantelzorgers om te kiezen voor opname in een zorginstelling. Door slimme toepassing van technologie op maat kunnen mensen met dementie echter langer thuis wonen. Alzheimer Nederland heeft samen met het Opleidings- en ontwikkelingsfonds voor het Technisch InstallatieBedrijf (OTIB) een modelwoning geopend om dit te demonstreren. In deze woning zijn slimme, bewezen technologische toepassingen aangebracht, speciaal ontwikkeld om in de zorgvraag van mensen met dementie en hun mantelzorgers te voorzien. De woning beschikt bijvoorbeeld over persoonsbeveiliging, warm kraanwater met een maximum temperatuur van 40 °C en een wc die vanuit elk punt in de woon- en slaapkamer te zien is. Deze toepassingen worden ook wel domotica, ofwel woonhuisautomatisering, genoemd. Domotica kan zowel thuis als in zorginstellingen worden toegepast.

In zorginstellingen kan technologie worden ingezet om de autonomie en zelfredzaamheid zo veel mogelijk te behouden of te verhogen, bijvoorbeeld door het stimuleren van bewegen. Verschillende verpleeghuizen experimenteren met het gebruik van technologische hulpmiddelen om ouderen op een laagdrempelige en plezierige manier aan het bewegen te krijgen. Er is een virtuele fiets waarmee mensen door hun eigen vroegere woonomgeving kunnen fietsen zonder dat ze het verpleeghuis hoeven te verlaten (de DiFiets, mede ontwikkeld door de Stichting Bewegingsplezier voor Ouderen en Chronisch Zieken). De fiets is speciaal ontwikkeld voor mensen met dementie en bestaat uit een hometrainer, computer, beeldscherm waarop tijdens het fietsen bijvoorbeeld beelden van de eigen bekende woonomgeving kunnen worden getoond en een Wii-stick. De fiets kan zelfs vanuit een rolstoel worden gebruikt. Het fietsen roept herinneringen op van vroeger, ouderen herkennen hun eigen wijk en worden zo gestimuleerd om ook de volgende straat te willen zien of om de route af te maken. Mensen kunnen niet sturen op de fiets, maar wel sneller fietsen: de beelden worden dan versneld afgespeeld. Naast het bevorderen van beweging helpt de fiets ook om gesprekken tussen mensen met dementie, bezoeker of verzorgenden op gang te brengen. Het fietsen en de beelden van de omgeving bieden aanknopingspunten om samen over te praten. Een ander hulpmiddel is de 'interactieve vloer' die mensen met dementie non-verbaal stimuleert tot activiteiten (http://icatchmedia.nl/sport-games). Als ze bijvoorbeeld over de vloer lopen zien ze bladeren of gras bewegen of kunnen ze zelfs een potje voetballen.

5.6   Op weg naar een toekomstbestendige basiszorg

Om bovengenoemde programma's effectief te implementeren en basiszorg voor mensen met dementie toekomstbestendig en persoonsgericht te maken is een cultuuromslag nodig bij professionele en informele zorgverleners en een verandering in de organisatie van de informele zorg. Uitgangspunt hierbij is een meer gelijkwaardige relatie tussen mensen met dementie, hun mantelzorgers, zorgvrijwilligers en formele zorgverleners. De vraag is alleen hoe dit te realiseren? Competenties van zorgverleners en ondersteuning van het informele netwerk zijn hierbij van essentieel belang.

Van professionele zorgverleners wordt verwacht dat zij mensen met dementie en hun naasten zo goed mogelijk ondersteunen om de zorg zo veel mogelijk in eigen regie te laten geschieden, ondanks de toenemende beperkingen. Zorgverleners zullen veel meer dan nu het geval is moeten (leren) inspelen op de 'aanwezige capaciteiten' die ouderen bezitten en minder op het overnemen van taken. Zij zullen hierbij continu een afweging moeten maken tussen enerzijds 'goed leven', gericht op zaken als autonomie, welzijn, welbevinden van cliënten, en anderzijds 'veilig leven', gericht op het beperken van risico's en bestrijden van ziektespecifieke symptomen. In elke zorgsituatie zullen zorgverleners opnieuw de mogelijkheden van mensen met dementie en hun naasten moeten bekijken in relatie tot de gestelde wensen en doelen.

Deze nieuwe manier van werken vraagt om andere competenties van zorgverleners. Competenties betreffen het geheel van kennis, vaardigheden en attituden. De kennis over het ziektebeeld dementie, over effectieve interventies en wijze waarop de zorg het beste georganiseerd kan worden zal de komende jaren een enorme vlucht nemen. Deze kennis kan alleen op een goede manier de weg naar de praktijk vinden wanneer onderzoekers, zorgverleners, mensen met dementie en hun naasten elkaar kunnen vinden en hun kennis en ervaring kunnen uitwisselen vanuit een multidisciplinair perspectief. Een structurele samenwerking tussen kennisinstituten, zoals de universiteit of hogeschool, zorgorganisaties, Alzheimercentra en ontmoetingscentra voor mensen met dementie en hun verzorgers, kan een platform zijn om dit te bewerkstelligen. Daarnaast is het van belang om knelpunten te signaleren en deze oplossingsgericht te benaderen. Ook hierbij moet voorop staan dat er wordt gekeken naar de mogelijkheden en niet enkel naar de obstakels. Creativiteit en probleemoplossend vermogen zijn hiervoor noodzakelijk.

Mede gestimuleerd door de overheid zullen informele zorgverleners een steeds grotere rol vervullen in de basiszorg voor mensen met dementie.

Informele zorgverlening bestaat uit mantelzorgers (partner, familie, vrienden, buren en andere naasten) en vrijwilligers die zorg en ondersteuning bieden. Er zijn verscheidene nieuwe initiatieven in opkomst om informele zorgverleners meer te betrekken bij de basiszorg voor mensen met dementie, zowel thuis als in het verpleeghuis. Zo zijn er verpleeghuizen die mantelzorgers willen 'verplichten' een aantal uren per week ondersteunende zorg te verlenen, of gemeenten die buren, kinderen of de partner zorgtaken als wassen en aankleden willen laten uitvoeren vanwege sterke bezuinigingen in de thuiszorg. Dit kan echter niet zonder slag of stoot worden doorgevoerd. Het vraagt een andere inrichting van het zorgproces, waarbij zowel mantelzorgers als zorgverleners een andere rol in zullen nemen. Tevens worden er verschillende technologische hulpmiddelen ontwikkeld, zoals websites of applicaties die het informele zorgnetwerk kunnen ondersteunen door vraag en aanbod bij elkaar te brengen. Voorbeelden hiervan zijn de DementieWijzer[21] en Wehelpen (www.wehelpen.nl).

Voor mantelzorgers kan de zorg voor hun naaste een grote belasting vormen, zowel lichamelijk als geestelijk. Gelukkig komt er ook steeds meer aandacht voor de positieve aspecten van mantelzorg, zoals ervaren voldoening en plezier, betekenisgeving en een versterking van de band met de naaste. Het is een taak voor zorgverleners om mantelzorgers te versterken en op een positieve manier te betrekken bij de zorgverlening, zonder hen te dwingen. Daarbij is het van belang ook het informele netwerk van familie, vrienden, buurtgenoten en vrijwilligers in kaart te brengen en zo mogelijk te betrekken. De begeleiding en ondersteuning van het informele netwerk moeten worden afgestemd op de individuele behoeften van mantelzorgers en andere informele zorgverleners. Ook de organisatie en afstemming tussen informele en formele zorgverlening verdienen nog de nodige aandacht. Zo dient het bestaande zorgaanbod beter op elkaar afgestemd te worden, waarbij professionele zorgverleners de mogelijkheden en ondersteuning moeten krijgen om op het juiste moment, op de juiste plaats de juiste interventie toe te kunnen passen bij mensen met dementie en hun naasten. De Zorgstandaard Dementie, ontwikkeld door Alzheimer Nederland en Vilans, biedt hiervoor goede aanknopingspunten.

5.7 Conclusie

Dit hoofdstuk laat zien dat er diverse interventies zijn om mensen met dementie te (re)activeren en te ondersteunen om zo veel mogelijk in eigen regie de basiszorg uit te voeren. Ondanks afnemende capaciteiten kunnen zo toch de functionele status en het dagelijks functioneren van mensen met dementie geoptimaliseerd worden. Dit vraagt echter om een cultuurverandering in de werkwijzen van zowel professionele zorgverleners als het netwerk van informele zorgverleners. Afstemming en samenwerking tussen verschillende disciplines (ouderengeneeskunde, fysio- en ergotherapie, verpleegkunde, psychologie en activiteitenbegeleiders) en organisaties (onder andere zorg, welzijn, gemeenten) zijn hierbij van cruciaal belang. Er is hierover nadrukkelijk nog meer kennis en onderzoek nodig; ook met betrekking tot hoe programma's op een toekomstbestendige manier ingebed kunnen worden binnen bestaande (zorg)structuren voor de langdurige zorg. Daarnaast is er nog een grote lacune rondom de vormgeving van de ziekenhuiszorg voor mensen met dementie. Dit is een omgeving waar zij maar beter zo kort mogelijk kunnen verblijven.

Literatuur

1   Kitson A, Conroy T, Wengstrom Y, et al. Defining the fundamentals of care. Int J Nurs Practice. 2010;16:423-34.

2   Resnick B, Galik E, Boltz M. Function focused care approaches: literature review of progress and future possibilities. J Am Med Dir Assoc. 2013;14:313-8.

3   Verbeek H, Zwakhalen SM, Rossum E van, et al. Small-scale, homelike facilities in dementia care: a process evaluation into the experiences of family caregivers and nursing staff. Int J Nurs Stud. 2012;49:21-9.

4   Scherder EJ, Bogen T, Eggermont LH, et al. The more physical inactivity, the more agitation in dementia. Int Psychogeriatr. 2010;22:1203-8.

5   Resnick B, Gruber-Baldini AL, Galik E, et al. Changing the philosophy of care in long-term care: testing of the restorative care intervention. Gerontologist. 2009;49:175-84.

6   Galik E, Resnick B, Hammersla M, Brightwater J. Optimizing function and physical activity among nursing home residents with dementia: testing the impact of function-focused care. Gerontologist. 2014;27:162-9.

7   Leven N van 't, Prick AE, Groenewoud JG, et al. Dyadic interventions for community-dwelling people with dementia and their family caregivers: a systematic review. Int Psychogeriatr. 2013;25:1581-603.

8   Fossey J, Masson S, Stafford J, et al. The disconnect between evidence and practice: a systematic review of person-centred interventions and training manuals for care home staff working with people with dementia. Int J Geriatr Psychiatry. 2014;29:797-807.

9   Konno R, Kang HS, Makimoto K. A best-evidence review of intervention studies for minimizing resistance-to-care behaviours for older adults with dementia in nursing homes. J Adv Nurs. 2014;70:2167-80.

10 Teri L, Logsdon RG, McCurry SM. Exercise interventions for dementia and cognitive impairment: the Seattle Protocols. J Nutr Health Aging. 2008;12:391-4.

11 Prick AE, Lange J de, Scherder E, Pot AM. Home-based exercise and support programme for people with dementia and their caregivers: study protocol of a randomised controlled trial. BMC Public Health. 2011;11:894.

12 Clissett P, Porock D, Harwood RH, Gladman JR. The challenges of achieving person-centred care in acute hospitals: a qualitative study of people with dementia and their families. Int J Nurs Stud. 2013;50:1495-503.

13 Lawton MP, Nahemow L. Ecology and the aging process. Washington:

American Psychological Association, 1970.

14   Fleming R, Purandare N. Long-term care for people with dementia: environmental design guidelines. Int Psychogeriatr. 2010;22:1084-96.

15   Boekhorst S te, Depla MF, Lange Jde, et al. The effects of group living homes on older people with dementia: a comparison with traditional nursing home care. Int J Geriatr Psychiatry. 2009;24:970-8.

16   Verbeek H, Zwakhalen SM, Rossum E van, et al. Dementia care redesigned: Effects of small-scale living facilities on residents, their family caregivers, and staff. J Am Med Direc Assoc. 2010;11:662-70.

17   Rooij AH de, Luijkx KG, Schaafsma J, et al. Quality of life of residents with dementia in traditional versus small-scale long-term care settings: a quasi-experimental study. Int J Nurs Stud. 2012;49:931-40.

18   Schols JM, Schriek-van Meel C van der. Day care for demented elderly in a dairy farm setting: positive first impressions. J Am Med Direc Assoc. 2006;7:456-9.

19   Bruin SR de, Oosting SJ, Tobi H, et al. Day care at green care farms: a novel way to stimulate dietary intake of community-dwelling older people with dementia? J Nutr Health Aging. 2010;14:352-7.

20   Pot AM, Willemse BM, Horjus S. A pilot study on the use of tracking technology: feasibility, acceptability, and benefits for people in early stages of dementia and their informal caregivers. Aging Ment Health. 2012;16:127-34.

21   Roest HG van der, Meiland F, Jonker C, Dröes RM. User evaluation of the DEM-DISC. Aging Ment Health. 2010;14:461-70.

6 DE INVLOED VAN DE OMGEVING OP GEDRAG IN DE OPEENVOLGENDE FASEN VAN DEMENTIE

Anneke van der Plaats en Jos Schols

6.1 Inleiding

Dementie wordt een epidemie en de grenzen aan de zorg zijn – zeker in financiële zin – al overschreden. Die zorg betreft vooral de mensen met dementie en probleemgedrag. Desondanks blijkt probleemgedrag bij dementie nog steeds niet goed hanteerbaar. Onderzoek toont aan dat bij 86% van de opgenomen mensen met dementie gemiddeld zes soorten probleemgedragingen per persoon voorkomen, met als ergste roepgedrag, agressie en dwangmatig lopen dat niet zelden leidt tot valincidenten.[1] Ook thuis kan dergelijk gedrag al aanwezig zijn. Medicatie geeft veel nadelige bijwerkingen. De grote vraag is: wat speelt zich nu af in de hersenen waardoor demente mensen tot zulk inadequaat gedrag komen?

Uit gespreksgroepen voor mensen met dementie zelf is duidelijk geworden dat wij geen juist idee hebben over wat zich in het hoofd van mensen met dementie afspeelt. Uit deze gespreksgroepen komt een onvermoede geestelijke wereld naar voren, die niet beschreven is in de ons bekende publicaties tot nu toe. In de neurowetenschappen bestaat grote kennis op het gebied van de informatieverwerking binnen het normale en het aangedane brein. Deze kennis is door de auteur van dit hoofdstuk geconcretiseerd naar het gedrag van mensen met dementie in het dagelijks leven. Dit gedachtegoed is nog niet wetenschappelijk getoetst maar de praktische oplossingen die eruit naar voren komen, missen hun uitwerking niet, omdat de neurowetenschappen vele bruikbare, eenvoudige en efficiënte handvatten bieden.

6.2 De neurowetenschappen

De Britse neuroloog J.H. Jackson was één van de eerste onderzoekers die eind negentiende eeuw de informatieverwerking in het brein zag als een stapsgewijs proces waaraan steeds complexer aangelegde delen van de hersenen deelnemen.[2] Luria kwam door zijn ervaringen met oorlogsslachtoffers met hersenschade tot dezelfde conclusies.[3] Powers heeft door middel van theoretische berekeningen vier hiërarchisch geordende niveaus ontdekt.[4] De Nijmeegse neurowetenschapper Cools ontdekte dat de verschillende lagen elk hun eigen neurotransmittors hebben. Zodoende kon hij in 1983 het bestaan van de hiërarchische niveaus aantonen.[5] De lagere niveaus zijn minder en de hogere – in de evolutie later aangelegde niveaus – zijn meer complex en dat geldt ook voor hun respectievelijke functies. Alle niveaus zijn bij de informatieverwerking binnen het brein betrokken. De binnenkomende prikkels doorlopen de niveaus van laag tot hoog en de uitgaande prikkels van hoog naar laag. Voor een gecomprimeerde beschrijving van de niveaus binnen het brein, is gebruikgemaakt van gegevens van de onderzoeken van Cools.[5] Voor de duidelijkheid is het schema van figuur 6.1 speciaal voor dit boek ontworpen.

Laag 1 en 2 ontwikkelen zich van het eerste tot derde levensjaar en laag 3 en 4 van het derde tot 24e jaar.[6] Mensen met dementie krijgen toenemende schade in laag 3 en 4, het bovenbrein. Dat betekent dat ze niet meer goed kunnen denken. Zij hebben slechts laag 1 en 2, het onderbrein, over om alle levenssituaties waarin zij verkeren te kunnen begrijpen. Dat is onvoldoende, met name omdat situaties niet overdacht kunnen worden. Het onderbrein (laag 1 en 2) is slechts in staat om ondoordacht, emotioneel en reflexmatig te reageren.

Aanpassing van de omgeving (bouw, inrichting, manier van werken en zorgen, bejegening en de tijdsbesteding) aan de capaciteit van laag 2 zou verbetering van het gedrag kunnen geven. Dit wordt door Powers 'the control of perception' genoemd. In het hiernavolgende zal het proces van de verwerking c.q. decodering van de input van prikkels en van de programmering c.q. de executie van de output (gedrag), zoals dat op elk niveau plaatsvindt, worden beschreven.

6.3   Het ontstaan van gedrag

Het gedrag wordt geprogrammeerd op grond van de bewerking/decodering van de waarneming. Dit proces heet perceptie. Gedrag is altijd de resultante van hoe de situatie gepercipieerd/begrepen wordt. Wordt de situatie verkeerd begrepen dan is ook het gedrag niet adequaat. Aan een zo perfect mogelijke perceptie heeft elke hersenlaag een bijpassend aandeel.[7] Alle informatie komt binnen op het laagste niveau. Elk niveau heeft een taak bij het ver- en bewerken van de input. In de onderste twee lagen worden de prikkels gesorteerd, geordend en worden er reflexen gegenereerd. In laag twee ontstaat op grond van de dynamische prikkels (beweging en geluid) een beeld dat door de amygdala, ofwel 'de amandelkern', gescreend wordt waarna er bij

Het boven-, denkende en cognitieve brein	Toelichting op schema links
Situatie begrepen; plan wordt gemaakt	*Laag 4: taken plannen, starten, volhouden, bijstellen en eindigen, zelfinzicht, aanvoelen, tijdsbesef, kiezen, ADL, BDL, generalisatie enzovoort (onder andere dorsolaterale en ventromediale prefrontale schors)*
Laag 3 en 4 Intentioneel, weldoordacht en voorbedacht gedrag	
Zien van beeld, denken	*Laag 3: verwerken van statische prikkels, eigenstandig gedrag bedenken door middel van bewust gebruik van sleutelprikkels zoals emoties, geheugen en bewegingspatronen, mentale inhibitie – het afweren c.q. verzachten van niet ter zake doende prikkels – enzovoort (onder andere nucleus caudatus en nucleus accumbens)*
Het onder-, voelende en emotionele brein	
Ordenen en sorteren van prikkels	*Laag 2: handhaving homeostase, binnenkomende prikkels ordenen, concrete representatie van context met opwellen van primaire emoties (met name angst, fight or flight, lust/onlust), automatische- en taalpatronen enzovoort (onder andere amygdala/amandelkern en hippocampus/ geheugen)*
Laag 1 en 2 Ondoordacht, impulsief en emotioneel gedrag	
Binnenkomende prikkels: waarneming	*Laag 1: handhaving homeostase, pijn, honger, primitieve reflexen, (onder andere hersenstam en formatio reticularis)*

Figuur 6.1 De bij de informatieverwerking binnen het brein betrokken niveaus en hun functies.

een gevoel van onveiligheid spontane, ongecontroleerde emoties ontstaan.[8] Indien deze niet afgeremd worden door de hogere niveaus, barsten ze in alle hevigheid los. Statische prikkels (alles wat stilstaat en geen geluid geeft) kunnen in deze onderste lagen niet gepercipieerd worden. Denken is niet mogelijk in dit deel van het brein. Dat kan pas vanaf laag 3. In de hogere niveaus – 3 en

4 – is er een uitgebreid feedbacksysteem dat voortdurend toetst en hertoetst of de perceptie wel klopt met de waarneming en met mogelijke doelen van het te programmeren gedrag. Hier vindt tevens mentale inhibitie plaats, dat wil zeggen: steeds worden impulsen afgeremd en storende prikkels weggewerkt zodat adequaat, gepast gedrag kan ontstaan.[9]

Het perceptieproces geschiedt in de vorm van zogenoemde neurale representaties.[10] Dit zijn als het ware voorstellingen (concreet of abstract) van de situatie. In de lagere niveaus ontstaan vrij eenvoudige, concrete en weinig complexe neurale representaties. Pas in de hogere niveaus kan de informatie (die van de lagere niveaus doorkomt) bewerkt worden tot een fijnzinnig, genuanceerd en abstract actieplan en de mogelijke alternatieven ervan. Dit plan wordt vervolgens, onder toenemende restrictie en ook van abstract naar concreet, uitgevoerd door de lagere niveaus. De vrijheid om tot variatie op het geplande gedrag over te gaan wordt per lager niveau verder ingeperkt. De hogere systemen controleren dus steeds de lagere. Het uitstellen van behoeften en impulsen is hiervan een goed voorbeeld, aldus Cools.

In het normale brein zijn twee soorten gedrag te onderscheiden. Het meest voorkomende en gewenste, is het weldoordachte, voorbedachte gedrag dat tot stand komt door het kunnen maken van keuzes, afgestemd op de situatie en wat daarna gaat komen. Laag 3 en 4 zijn hiervoor nodig.

Het 'laag 2-gedrag' is niet voorbedacht en impulsief. Men zou het ook spontaan kunnen noemen. Het is een directe reactie op een emotie die in de amygdala ontstaat. In het 'normale' brein komt dat meestal voor bij onverwachtse situaties die een emotie oproepen en die wordt dus gegenereerd in laag 1 en 2. Er valt hier niets te kiezen en de uitingen zijn beperkt: bang, blij en bedroefd.[11] Bij mensen met dementie komt dit gedrag voortdurend voor. Door hun onvermogen tot denken kunnen zij ook niet vooruit denken, dus alles wat er gebeurt is onverwachts. In de volgende paragrafen worden de gevolgen hiervan voor het gedrag van mensen met dementie beschreven.

Het gedrag van het onderbrein, laag 1 en 2, ontstaat dus op basis van zeer eenvoudige, primitieve informatieverwerking. Het gedrag wordt eigenlijk een emotionele reactie op prikkels uit de omgeving. Men heeft geen keuze meer (zie figuur 6.1). Er is maar één soort gedrag mogelijk, namelijk de emotie die een situatie oproept. Veelal is dit angst die wordt opgeroepen omdat situaties niet meer begrepen kunnen worden met laag 3 en 4. En op angst volgt dan veelal agressie. Dit betekent derhalve dat vanuit de omgeving zodanige prikkels dienen te worden aangeboden dat het brein geen behoefte heeft om laag 3 en 4 te gebruiken.

Alles wat de persoon met dementie krijgt aangeboden vanuit de omgeving moet daarom zodanig duidelijk zijn dat de hersenen geen keuze meer hoeven/kunnen maken. Zelfs de keuze uit bijvoorbeeld vlees of kaas op brood blijkt vrijwel niet meer te doen. Verzorgers die dat weten geven gewoon één ding. Want de persoon kan vaak nog wél zeggen wat hij/zij niet wil of lust.

Wanneer een bepaald gedrag gewenst is, dienen de prikkels zodanig eenvoudig te zijn dat het brein niet anders kan doen dan alleen die ene handeling op te roepen/uit te voeren. De omgeving wordt daarmee het voornaamste sturingsmiddel voor het gedrag.[12] Wanneer de situatie voor het onderbrein onbegrijpelijk is of gemaakt wordt, volgt adequaat gedrag en omgekeerd. De prikkelverwerking in het onderbrein is relatief eenvoudig en deze eenvoud geldt voor alle mensen met dementie in meerdere of mindere mate.[13] Wat voor één mens met dementie geldt, geldt voor velen; denk maar aan hun voorkeur voor André Rieu, dierenfilms en de bekende film over Sissi. Om dit toe te lichten, het volgende.

Oliver Sacks beschrijft dat klassieke muziek en de uitgesproken jazzmuziek na de puberteit worden geleerd door het bovenbrein.[14] Het onderbrein heeft behoefte aan muziek waar een duidelijk ritme in zit en een voorspelbare melodie. Mozart zit op de grens. Er is een cd met Mozart voor kinderen die geschikt is. Dierenfilms zijn goed te interpreteren voor het onderbrein: dieren praten niet en men kan duidelijk zien waar zij mee bezig zijn. De taal is een barrière voor mensen met dementie omdat de betekenis van elk woord uit het geheugen gehaald moet worden. Films waarin de taal een ondergeschikte rol speelt zoals bij de films over Sissi, die gekenmerkt worden door veel pracht en praal, spreken daarom meer aan. Ook films van bijvoorbeeld de huwelijken van onze prinsen worden fijn gevonden. Men voelt kennelijk intuïtief aan dat het hier om prinsen en prinsessen gaat, terwijl de mensen met dementie hun namen niet kennen. Films met dieren en hun jongen werken vertederend en zijn daarom succesvol. Rieu is bij velen geliefd om zijn muziek en zijn vioolspel, waarbij hij tevens naar het publiek kijkt. De laatste dvd's over zijn optredens kunnen echter niet door mensen die moeten werken met laag 2, begrepen worden. Deze dvd laat steeds kleine stukjes van enkele seconden zien en daarvoor moet door het brein teveel gesynthetiseerd worden.

Hieronder volgt een beschrijving en analyse van de meest voorkomende gedragingen bij mensen met dementie en de fase van het ziekteproces waarin dit gedrag ontstaat.

6.4   De verschillende fasen in de dementie

Allereerst een opmerking: de hier beschreven fasen van gedrag bij dementie hoeven niet per se in deze volgorde te verlopen.

Fase 1: geheugenverlies en algemene onhandigheid

In het geheugen zitten onze herinneringen, de beelden van alle objecten om ons heen, gewoontes, bekende handelingen, bewegingspatronen en taalpatronen. Al deze herinneringen zitten als een soort taferelen/plaatjes/neurale representaties keurig op volgorde van de tijd, in een soort prentenboek met miljarden beelden. En normaliter komen er iedere dag nieuwe beelden en plaatjes bij.

Echter, vanaf het begin van de dementie komen er geen nieuwe beelden of plaatjes meer bij. Dat de dochter gisteren op bezoek is geweest, komt er niet meer in. Een nieuw voorwerp, bijvoorbeeld een Senseo-apparaat, wordt niet en nooit meer herkend. Helaas weten veel mensen met dementie niet dat ze vergeten en ze voelen zich boos worden wanneer ze gecorrigeerd, getest en verbeterd worden. Dit mechanisme heet 'falen en afweer' en zorgt voor veel ruzie met de verzorgers, die menen de persoon met dementie te helpen met corrigeren en standjes geven.[15] Vanaf het begin van de dementie heeft het geen zin om dit te doen, het helpt niet. De persoon met beginnende dementie wordt boos op degene die dit het meeste doet en dat is vaak de dichtst bijstaande mantelzorger. Tevens ziet de persoon met dementie zichzelf niet meer als een oudere persoon maar als een jongvolwassene. Praktisch gezien zal hij/zij hulp weigeren ('dat kan ik toch zelf!'). De inmiddels volwassen geworden kinderen en ouder geworden echtgenoot worden vaak niet meer herkend. Bij een blik in de spiegel of het zien van een huidige foto is er na verloop van tijd geen herkenning meer van het huidige zelf.

De automatische bewegingspatronen waarbij gedacht moet worden aan activiteiten, zoals koffie opdienen voor meerdere personen, een spijker in de muur slaan en het rollen van een sigaret, gaan stuntelig verlopen. Dit aan te zien kan voor verzorgers irritant zijn en het is dan vaak moeilijk om hier niets over te zeggen.

Fase 2: kenmerkt zich door boosheid (met soms agressie) en niet-willen

Naarmate de persoon met dementie minder kan begrijpen en denken, neemt de angst toe. In laag 2 zit de amandelkern (amygdala). Alle dieren hebben die kern ook. De amandelkern is er om in de pure natuur of dreigende omgeving gevaar te signaleren. Men zou dit gebiedje in laag 2 ook de 'angst-kern' kunnen noemen. Bij elk gevoel van falen, een moeilijke vraag, een niet-herkenbare omgeving en onverwachte gebeurtenis slaat hij aan. Zonder de relativerende werking van het bovenbrein zou ieder mens om de haverklap schrikken en dat is bij dementie dan ook vaak het geval. Dit wordt dreigingsperceptie genoemd.[16] Wat gebeurt er dan? Binnen enkele seconden verschijnen er grote hoeveelheden adrenaline in het brein en in het lichaam. Hierdoor wordt de mens c.q. het dier voor alle zekerheid voorbereid op de confrontatie met de 'vijand'.[8] Eenmaal zo ver kan een ongeremd brein nog maar twee dingen doen: vechten of vluchten. Bij dementie toont zich dit doordat men óf agressief wordt, óf medewerking weigert. Vanuit deze kennis kunnen we niet meer zeggen: wat is die cliënt agressief! De oorzaak ligt in de omgeving en misschien wel in onszelf. We waren te snel, te dwingend, te moeilijk of te onduidelijk. Of vanuit de omgeving kwamen te veel ongunstige of bedreigende prikkels. Echter, ook bij de verzorger zelf slaat bij agressie of niet-willen de amandelkern aan. Dan begint een soort strijd die we allemaal kennen en het (ver)zorgen wordt steeds meer een zware taak.

Wat te doen? Het beste is om de boosheid van een persoon met dementie op te vatten als een overdreven reactie, als teken dat zijn/haar brein het niet meer begrijpt. Niet boos worden dus! Probeer direct empathisch te worden. Ga meeleven en meevoelen, dan is er geen ruimte meer voor boosheid. Het mooiste is dat mensen met dementie dan óók empathisch terug kunnen doen. Zij kunnen heel lief zijn en ook dat is een bekend fenomeen. Vaak komt de boosheid van mensen met dementie voor ons onverwachts. Echter, er gaat altijd een schrikmoment aan vooraf. Wanneer we goed naar zijn/haar gezicht kijken kunnen we dat zien en kunnen we, door direct empathisch te worden, zelfs de boosheid voorkómen. Het is niet eenvoudig om je eigen boosheid om te zetten in empathie, maar je kunt het oefenen. Het resultaat is verbluffend positief.[17]

De amandelkern heeft ook nog een andere kant: hij wil verleid worden. Het is daarom belangrijk om bij dementie elke situatie prettig en leuk te presenteren: 'We gaan lekker eten', 'We gaan heerlijk wandelen', 'We gaan gezellig koffie drinken'. Vrijwel iedere verzorger doet dit al intuïtief.

Fase 3: het geheugen vertrekt naar vroeger en er komen taalproblemen

Taal begrijpen en spreken wordt een probleem, elk woord moet immers uit het geheugen worden gehaald. Gebruik daarom dus korte zinnen en ondersteun de woorden altijd met bijpassende gebaren.

Met het geheugen gebeurt er iets wat in de dementiezorg vaak over het hoofd gezien wordt. De reeds bestaande herinneringen/plaatjes (zie boven) verdwijnen in omgekeerde volgorde. Het geheugen rolt als het ware terug naar de neurale representaties van de kindfase tot aan de jonge volwassenheid.[18] Moderne contexten, voorwerpen, woorden en geluiden worden niet meer herkend. Dit heeft gevolgen voor de bouw en inrichting van leefruimten. Kerstballen in een schaal zijn voor mensen met dementie paaseieren, ze proberen ze op te eten en wij zeggen: 'Wat is-ie toch dement hè?' Moderne lampen worden niet herkend net zomin als luxaflex en de strakke witte muren (zie hierna bij visuele prikkels). Bij ramen tot aan de grond menen psychogeriatrische bewoners, zowel thuis als in instellingen, dat zij buiten zitten. De bouw en inrichting zullen dus ouderwets moeten zijn en liefst tijdloos zoals de ouderwetse fauteuils, ramen met vensterbanken, velours gordijnen, behang op de muur en een ouderwets toilet. Wanneer we mensen met dementie volledig hulpeloos willen maken, moeten we de leefruimte vooral zeer modern inrichten. Zij kunnen dan geen enkele doelgerichte handeling meer vinden in hun geheugen. Een ouderwetse inrichting helpt enorm om de gewenste handelingen weer te kunnen uitvoeren.[19] In een ouderwets toilet kan menig demente persoon bijvoorbeeld spontaan (dat wil zeggen via hun hersenlaag 2) de gewenste handelingen uitvoeren. In de moderne grote witte badkamers waar zich ook een toilet bevindt, staat men te schutteren en weet niet wat te doen. Datzelfde is het geval met de moderne keukentjes in instellingen. Verwacht werd dat mensen met dementie in het open afdelingskeukentje zouden gaan helpen. Echter, het moderne strakke keukenblok wordt niet meer als zodanig herkend en geen van de bewoners met dementie heeft de neiging om daar iets te gaan doen. Deze zaken betreffen vooral architecten, bouwteams en het hogere management van de instellingen. Zij weten soms van de theorie van de hersenkunde, maar toch verschijnt er steeds weer een hypermodern gebouw. De meeste zorggebouwen zijn zodanig trendy ingericht dat demente bewoners vrijwel niets herkennen en volledig onthand raken. De omgeving 'klopt' ook niet meer met het plaatje dat zij in hun hoofd hebben.[20] Het woord 'huiskamer' roept in hun herinnering het beeld op van de huiskamer bij moeder thuis. Dat oude beeld verschilt hemelsbreed met een moderne huiskamer, zowel in een instelling als thuis. Zo kan het zijn dat iemand in zijn eigen huis 'naar huis wil'. Dit is een zware last voor de verzorgenden. Voor een instelling betekent dit archetypisch/ouderwets bouwen en inrichten. Voor thuis is in de moderne huiskamer een beleefplekje, met meubels en attributen van vroeger, aan te bevelen.

Fase 4: waarin laag 2 de dienst uitmaakt en deze heel gevoelig is voor ongunstige prikkels

Statische prikkels – alles wat stilstaat en geen geluid maakt – kunnen door laag 1 en 2 niet worden verwerkt.[21] In een omgeving waar geen geluid is en waar niets beweegt, komt het demente brein acuut in een totale deprivatietoestand terecht. Dat wil zeggen dat men niet meer voelt dat men bestaat. Om wél te kunnen beleven dat men bestaat, moet de betrokkene zelf dynamische prikkels – dus beweging en/of geluid – gaan maken: roepen, zingen, mummelen, fluiten, friemelen, plukken, tikken, alsmaar lopen en dwangmatig slapen. Dit gedrag ontstaat dus niet zó maar.[22] Het komt door de stilte en de verveling.

Het is zeer problematisch, omdat het de betrokkene en/of zijn omgeving veel schade kan berokkenen.

Dit soort gedrag ontstaat in alle situaties waar geen dynamische prikkels aanwezig zijn, zoals in de eigen kamer, 's nachts alleen in bed, in een stille huiskamer met de dodelijke verveling en ook bij chronische bedpatiënten. Het wordt uiteindelijk een soort verslaving, men kan er niet meer mee ophouden. Een gericht activiteitenprogramma met veel films en dvd's (veel hersenpatiënten houden van dit passieve vermaak) is dus een must. Hierdoor kan het dwangmatige probleemgedrag worden voorkomen. De eigen kamer van de mensen met dementie wordt, wanneer daar geen geluid en/of beweging is, een onveilig oord omdat er alleen maar statische prikkels zijn. Het demente brein kan die niet verwerken. Zonder prikkelverwerking in het brein bestaat men eigenlijk niet meer. Het gevolg is dat men wegloopt uit die kamer en de gang opgaat. Indien daar óók geen dynamische prikkels zijn, moet men alsmaar doorlopen. Het uitrusten in een statisch zitje in de gang leidt opnieuw tot acute deprivatie. Men moet dus weer doorlopen: echte loopdrang dus. Indien men niet kan lopen gaat men ander dwangmatig gedrag vertonen (zoals roepen, tikken; zie boven).

De loopdrang is een veelvoorkomend en gevaarlijk probleem. Zelfs in internationale tijdschriften is te zien dat onderzoekers daar geen oplossing voor weten.[23] Om deze continue loopdrang tegen te gaan, te verminderen, of te voorkomen, worden in de gangen zogenoemde beleefplekken ingericht.[24] Die bevatten mooie, sprookjesachtige taferelen met dynamische prikkels en gekleurd licht. Dit trekt de aandacht van de 'dolers' en zij gaan daar zitten om te kijken – de zogenoemde koningshoek met films van het koningshuis – of om iets te doen – de zogenoemde werkplaats voor de mannen en de babyhoek voor de vrouwen. Hierdoor is de loopdrang te voorkomen en soms ook te stoppen.

Omgekeerd kan zo'n mooie dynamische plek mensen met dementie tot lopen verleiden: een wandelingetje erlangs met familieleden, een groepsactiviteit voor een wandelgroepje, even weg zijn uit de huiskamer enzovoort. Tegenwoordig worden in ver- en nieuwbouw de gangen weggelaten omdat die 'alleen maar tot dwangmatig loopgedrag leiden'. Men weet met dit loopgedrag geen raad en... nu moeten de gangen weg terwijl die juist van grote toegevoegde waarde kunnen zijn.

's Nachts moet men roepen of uit bed komen om te voelen dat men nog leeft. Vaak wordt slaapmedicatie gegeven, maar de oplossing zit in het aanbrengen van dynamische prikkels in de slaapkamer zoals bewegende lichtjes, projecties op het plafond of... met z'n tweeën slapen! De familie is daar echter meestal tegen. Het is de vraag of de privacy, die wij heel waardevol vinden, voor demente mensen niet de totale deprivatie inhoudt. De eigen kamers zouden zeker kleiner kunnen met een stuk schuifwand voor de nacht zodat men er dan niet alleen ligt.

Dynamische prikkels – beweging en/of geluid – zijn attractief voor het brein en laag 2 kan zelfs alleen maar dynamische prikkels verwerken. Om doelgericht te kunnen handelen hebben mensen met dementie dit soort prikkels nodig.[25] Echter, zonder de mentale inhibitie vanuit niveau 3 ontstaat er bij te veel dynamische prikkels al snel chaos in het brein. De persoon met dementie is dan niet meer in staat tot doelgericht handelen en er ontstaat ter plekke hulpbehoevendheid, onrust, agitatie en weglopen. In instellingen zijn vaak meerdere bronnen van dynamische prikkels tegelijk, zoals bewegende en/of pratende mensen, te harde stoelen, rondlopende verzorgenden, tv en gesloten glazen deuren waarachter mensen lopen. In de leef- en slaapruimte van mensen met dementie moet er daarom op gelet worden dat steeds maar één bron van dynamische prikkels 'aanstaat'. Wanneer men zelfs met één dynamische bron toch nog onrustig wordt, kan de onrust afnemen door ritalin te geven.[26]

Geluidsprikkels van achteren, dus van buiten het gezichtsveld, worden in laag 2 niet juist verwerkt en ze veroorzaken onbestemde geluiden in het hoofd van demente mensen. Men weet niet waar het geluid vandaan komt en kan het niet herkennen. Het geeft mensen met dementie een angstig gevoel en zij gaan daardoor vaak stil en gespannen zitten. Het lijkt zelfs alsof ze heel rustig zijn. Wanneer ze met iets bezig zijn, bijvoorbeeld het nemen van een hapje brood, dan stoppen ze echter meteen. Het benaderen van achteren geeft vaak een schrikreactie. Er mogen dus geen mensen met klikhakken rondlopen en er mag niet achter hen gepraat worden. In de huiskamer zal iedere bewoner zodanig moeten zitten dat hij/zij de drie dynamische prikkelbronnen, de toegangsdeur, het keukentje en de tv, kan zien. Dit heeft indringende consequenties voor het ontwerpen en inrichten van de huiskamers. Helaas heeft vaak de smaak van de architect en het management echter de voorkeur.

Veel visuele prikkels blijven 'steken' in laag 2. Het visuele beeld van mensen met dementie bevat daardoor vaak te weinig pixels waardoor de omgeving als geheel vaag wordt waargenomen.[27] Het staat inmiddels ook vast dat zij heel veel licht nodig hebben. Er dienen dus heldere, contrasterende kleuren gebruikt te worden in de leefruimten en in de materialen die men gebruikt. Ongunstige voorbeelden zijn de inrichting van huiskamers op variaties van één kleur – zoals tegenwoordig de mode is –, witte en pastelkleurige muren en de voornamelijk witte badkamers met wit toilet en witte bril. Wit wordt niet gezien als het einde van de kamer, er zal een soort visuele lambrisering aangebracht dienen te worden. Een rode stoel voor een rood gordijn wordt niet gezien evenmin als bruine poten van een stoel op een bruine vloer. Handig in dezen is dan ook de handleiding van de Bartiméus Stichting voor slechtzienden, waar ook met contrasterende kleuren gewerkt wordt.

De uitvoering van gedrag behoeft gunstige prikkels. Doelgerichte bewegingen kunnen niet meer vanzelf in het brein gevonden worden. Bewegingspatronen dienen daarom spontaan opgewekt te worden door bijvoorbeeld een ouderwetse inrichting, de juiste uitgangshouding, imiteren en via muziek en emoties. Humor, kinderen en huisdieren kunnen ook bewegingen uitlokken. Verbale commando's werken meestal niet.[28] Daarom is voldoende lopen en bewegen ook zo moeilijk te realiseren, terwijl dat nu juist van groot belang is voor de geestelijke alertheid en het in stand houden van het lopen. Voorbeeldgedrag en verleiden doen hier wonderen. Speciale prikkels kunnen een bepaald gedrag opwekken: het Wilhelmus geeft direct gedisciplineerd gedrag, belevingsgerichte looproomtes nodigen uit tot lopen. In veel instellingen is er, zoals eerder genoemd, geen loop- of bewegingsruimte meer en dat leidt uiteindelijk tot rolstoelgebruik met alle gevolgen van dien: incontinentie, hulp bij eten, afname van alertheid en dwangmatig slapen.

Een ongevoeligheid voor prikkels is te zien bij de zogenoemde 'apathische' mensen met dementie. Deze vorm van gedrag blijkt een soort meditatietoestand in het brein te zijn.[29] Daarom noemen wij deze mensen zenners. Menige hersenpatiënt overkomt dit en zij geven deze staat van 'zijn' aan als paradijselijk. Om geen prikkels te hoeven opvangen, sluiten zij vaak hun ogen zodat ze lijken te slapen. Maar zij slapen niet en hebben een helder bewustzijn. Ze kunnen alleen zijn en worden niet onrustig. Zij zijn niet storend en, buiten het mediteren, hebben hun hersenen genoeg te doen: uit bed, wassen, aankleden, eten, koffie drinken en af en toe een gesprekje voeren. In het algemeen wordt deze toestand door verzorgers als ongewenst ervaren en men gaat deze mensen dan activeren. Maar zenners ervaren dat als zeer irritant en zij willen met rust gelaten worden. Ze kunnen verkeren in een rustige ruimte met andere zenners en ze zouden ook heel lang thuis kunnen blijven. Verzorgers en behandelaren zouden van deze staat van meditatie op de hoogte dienen te zijn, zodat de negatieve connotatie verdwijnt en het gedwongen bezig moeten zijn niet meer hoeft.

Virtuele prikkels, zoals een bostafereel tegen de muur van de gang of bij de lift, worden door demente mensen als echt ervaren. Zij acteren er doelgericht en juist in, mits de inhoud herkenbaar is. Dit geeft vele kansen tot sturing van gedrag, met name het bewegen en lopen. Voorbeelden zijn het verzorgen van babypoppen, het zich als badgast gedragen in een afgesloten ruimte met een virtueel strand, het zich laten toespreken door een dochter via een dvd, lopen of fietsen in de virtuele natuur.[30] Vaak weten zij dat het 'niet echt' is maar dat kan ze 'niets schelen'.[31] Zorgverleners dienen zich wel te realiseren dat virtuele taferelen, zoals een bosgezicht in de gang, ook tot ongewenst gedrag kan leiden. Wanneer men het toilet niet kan vinden of als zodanig kan herkennen – hetgeen in instellingen vaak het geval is – biedt het virtuele bos of weiland uitkomst: men gaat daar plassen! Een tropisch palmenstrand in de gang kan mensen ook danig in verwarring brengen. De virtuele enscenering moet dus wel passend zijn.

Fase 5: palliatieve zorg, het einde

In instellingen komen mensen met dementie vaak te snel permanent op bed te liggen omdat ze onrustig worden en daarvoor te veel medicatie krijgen. Ze gaan hangen in de stoel en lopen doen ze niet of nauwelijks meer. Het bed staat in de eigen kamer waar er weinig tot geen dynamische prikkels zijn. Soms zet men de radio of tv willekeurig aan, maar het is te zien dat ze daar niet op reageren. Zoals bij de statische prikkels vermeld, komt hun brein in een sterke deprivatietoestand terecht. Het is te vergelijken met de eenzame opsluiting van gevangenen waar doelbewust geen enkele prikkel toegelaten wordt. Enkele psychiaters hebben dit vrijwillig zelf ondergaan en merkten dat zij binnen 48 uur al begonnen te hallucineren.[32]

Mensen met dementie in de palliatieve fase liggen voortdurend bewegingloos naar het plafond te staren. Vanwege de kans op decubitus liggen ze vaak op een speciale luchtmatras die drukplekken voorkomt. Deze mensen nemen een verkrampte houding aan omdat ze menen te zweven, in de lucht te hangen. Door hun ledematen stevig tegen zich aan te drukken voelen ze zichzelf nog. Deze toestand wordt foetushouding genoemd. Een foetus ligt ontspannen met het hoofd vaak gebogen in de baarmoeder. Demente patiënten in de palliatieve fase liggen verkrampt en met uitgestoken nek om nog wat prikkels op te kunnen vangen. Wanneer het hoofdkussen wordt weggehaald blijft het hoofd zweven. Jan van der Rakt geeft aan dat er in deze toestand een zeer hoge spiertonus is, terwijl een foetus die niet heeft.[33] Deze ligpositie wordt nog versterkt door de permanent horizontale houding waardoor de strekspieren die normaliter tegen de zwaartekracht werken, niet meer nodig zijn en gaan verkorten. En wat gebeurt er dan met het brein? Dat gaat hard achteruit omdat er geen zinvolle prikkels meer zijn. Sommige mensen worden zelfs doof en blind omdat er niets meer te horen en te zien is. Deze toestand kan maanden, tot meer dan een jaar duren. Uiteindelijk komen de primitieve kinderreflexen weer terug, zoals de babinski-reflex en de zuigreflex.[34] Sommigen gaan daad-werkelijk op hun duim zuigen. Deze zuigreflex verschijnt vaak als de persoon niet meer kan slikken. Door deze zuigreflex kan hij niet meer normaal eten en drinken. Een pasgeboren baby heeft ook de zuigreflex. Deze is bedoeld om de borst of de fles in één keer leeg te drinken. Het kindje ademt en slikt tegelijker-tijd en is daardoor óók niet in staat om een lepeltje appelmoes of drinken uit een tuitbeker tot zich te nemen. Er zal trouwens ook geen moeder zijn die dit vlak na de geboorte al gaat proberen. Het kind zou dit direct uitproesten. De persoon met dementie in de laatste fase doet dat ook. Helaas wordt het niet meer normaal eten en drinken opgevat als teken van de persoon dat hij dit zelf niet meer wil. De redenering van de verzorgers is dan als volgt: hij voelt dat hij gaat sterven en om dat te bespoedigen gaat hij eten en drinken weigeren. Dit zou een verstandige redenering kunnen zijn wanneer de patiënt nog beschikte over een soort denkvermogen. Echter, van zijn brein is in die fase alleen nog laag 1 over. Door hem niet meer te laten eten en drinken moet de patiënt aan verhongering en van dorst sterven. Wat hij/zij wél kan is drinken uit een fles met een lange, stevige speen. De ervaring leert dat bij het geven van de fles de persoon deze vaak in één keer uitdrinkt. In de literatuur zijn er geen artikelen die dit beschrijven maar men heeft het wel over het verschijnen van de zuig-reflex in het laatste stadium. Het geven van de fles aan een persoon met de-mentie in dit stadium is wel te zien in rapporten en filmpjes van verzorgers die dit zelf hebben waargenomen.[35] De smaak zoetzuur is theoretisch de beste.[36]

De grote vraag is: waarom belanden mensen met dementie in een in-stelling veel te vroeg permanent op bed? Wie beslist dat of wordt dat gezien als een gewone gang van zaken? In een enkel verpleeghuis wordt bewust niet voor deze vorm van palliatieve zorg gekozen. In het buitenland is dat ook vaak niet gebruikelijk, evenmin als thuis, waar 70% van de mensen met dementie sterft. De palliatieve fase zou uitgesteld en verkort kunnen worden door de volgende maatregelen.

- Niet in bed maar in de kuipstoel in de huiskamer. Kuipstoelen worden normaliter gebruikt voor minder mobiele patiënten met valgevaar. Bij dit laatste kan men overigens vraagtekens zetten.
- Geen sederende medicatie bij de terminale onrust, maar methylfeni-daat (ritalin) om de terminale onrust te verminderen en slaapstoornis-sen te verbeteren.[37]
- Een serre om in te verblijven. Hier kan voor mooie en gevarieerde prik-kels gezorgd worden.
- In bed stevige kussens langszij en tussen de benen, zodat de persoon met dementie aan de buitenkant zijn lijf kan voelen. Eventueel de ma-tras iets steviger laten zijn.

- Flesvoeding aanbieden wanneer de zuigreflex ontstaat, ook indien nog niet bedlegerig.

6.5 Discussie en conclusies

De neurowetenschappen bieden een optimistisch perspectief voor de zorg voor mensen met dementie. De wetenschappelijke literatuur beschrijft hoe verschillende gedragingen tot stand komen in termen van scheikunde, wiskunde en natuurkunde. Toch laat men zich niet veel uit over concrete gedragingen die – door middel van de aangepaste omgeving – kunnen verdwijnen of kunnen worden voorkómen. Op basis van de analyse van informatieverwerking in het onderbrein – deze is relatief simpel – kan de omgeving aangepast worden.

Ervaringen van de auteur van dit hoofdstuk laten zien dat een paar uitgangspunten vanuit de neurowetenschappen inmiddels in de praktijk zijn overgenomen. Het gaat hier bijvoorbeeld om het afdekken van glazen ramen of deuren waarachter beweging te zien is, het kleuren van witte muren en het in stand houden van een loopcircuit met virtuele beleefplekken erin. De principes en ook de interventies lijken soms zo eenvoudig dat jammer genoeg regelmatig de vraag gesteld wordt of dit nu wel echte wetenschap is.

De paradigmaswitch die gemaakt moet worden, is derhalve het belangrijkst. De gangbare overtuiging is nog vaak dat het inadequate gedrag voortkomt uit het aangedane brein van de persoon met dementie. De omgeving doet/deed er vaak niet toe. Nu blijkt de omgeving echter het belangrijkste sturingsmechanisme te zijn voor het gedrag van mensen met dementie. Deze omgeving bestaat uit drie onderdelen. De bouw en inrichting, de werkwijze van zorgen en bejegening door zorgverleners en ten slotte een goede daginvulling zodat de hersenen niet gedepriveerd raken.

De relevantie van de toegepaste neurowetenschappen voor de zorgpraktijk is zeer hoog. De zorg kan eenvoudiger wanneer deze aansluit op de beleving van het emotionele brein én op contexten uit de jeugd van mensen met dementie. Zowel hulpbehoevendheid en vallen als medicatie en fixatie kunnen verminderen of verdwijnen. Echter, het gaat dan niet om één verandering, maar om een hele set van doordachte veranderingen die bijdragen aan minder probleemgedrag van mensen met dementie. Zo krijgen hun verzorgers uiteindelijk minder te maken met dit gedrag en krijgen zij meer tijd om aan dagbesteding te doen. Vooral ook als ze op den duur zelf de juiste interventies kunnen bedenken op grond van hun kennis van het brein.

Literatuur

1 Zuidema SU. Neuropsychiatric symptoms in Dutch nursing home patients with dementia [proefschrift]. Nijmegen: Radboud Universiteit, 2007. p. 20-33.

2 Meares R. The contribution of Hughlings Jackson to an understanding of dissociation. Am J Psych. 1990;156:1850-5.

3 Luria A. The working brain. Penguin Books, 1973. p. 43-79.

4 Powers WT. Behaviour, the control of perception. Londen: Aldine de Gruyter, 1973. p. 75-90.

5 Cools AR. Brain and behaviour: hierarchy of feed back systems and control of input. In: Bateson P, Klopfer P, eds. Perspectives in ethology. New York: Plenum, 1983. p. 109-68.

6 Crone E. Het puberende brein. Amsterdam: Bert Bakker, 2008.

7 Cools AR. De juiste prikkel op het juiste moment. How to deal with cognitive disorders in dementia [reader]. Nijmegen: Postacademisch Onderwijs, Radboud Universiteit, 2000. p. 5-13.

8 Phelps EA, Anderson AK. Emotional memory: What does the amygdale do? Curr Biol. 1997;7:311-4.

9 Goldberg E. De wijsheidparadox. Amsterdam: Wereldbibliotheek, 2007. p. 54-9.

10 Ratey J. A user's guide to the brain, perception, attention and the four theaters of the brain. New York: Pantheon, 2004. p. 410-35.

11 Cools AR. Animal models of personality. In: D'Haenen HAH, Boer den JA, eds. Biological psychiatry. Vol II. Chichester: Wiley, 2002. p. 1333-50.

12 Cools AR. Dementia: a progressive disease during which the brain makes the subject increasingly dependent on environmental stimuli. Gerontechnology. 2012;11:276.

13 Plaats JJ van der. Applying GentleCare to older adults with dementia, the BOM (Brain-Environment-Methodology) meets the GentleCare concept. Dementia. 2011;10:183-5.

14 Sacks O. Musicofilia, about Alzheimer and the power of music. New York: Knopf, 2007. p. 335-49.

15 Kitwood TM. Dementia reconsidered. Maidenhead: Open University Press, 1997.

16 Jablonski RA, Thierrien B, Mahoney EK, et al. An intervention to reduce care-resistant behavior in persons with dementia during oral hygiene: a pilot study. Special Care Dentist. 2011;31:77-87.

17 Perry B. Born for love: why empathy is essential. New York: Harper Collins, 2010.

18 Buijssen H. De heldere eenvoud van dementie. Houten: Unieboek, 2011. p. 31-44.

19 Plaats JJ van der. Luria and Fozard as founders for creating suitable environments for people with dementia. Gerontechnology. 2010;9:380-7.

20 Brawley CE. Designing for Alzheimer's disease. New York: Plenum, 1997.

21 Koning SJMM de. A well designed home for Old Alice. Gerontechnology. 2012;11:277-8.

22 Cools AR. Manifestations of switching disorders in animals and men with dopamine deficit. In: Wolters EC, Scheltens P, eds. Mental dysfunctions in Parkinson's disease. Amsterdam: Vrije Universiteit, 1993. p. 49-78.

23   Cools AR. Centraal neurologische aandoeningen, leren en herleren in het perspectief van adaptatie en plasticiteit. Congres Nederlands Paramedisch Instituut, 1996. p. 23.

24   Kearns WD, Rosenberg D, West L, Applegarth SP. Attitudes and expectations of technologies to manage wandering behaviour in persons with dementia. Gerontechnology. 2009;6:89-101.

25   Plaats JJ van der. Stopping Alice from wandering and seducing her to take pleasant rests, walks and cycling tours. Gerontechnology. 2012;11:277.

26   Cools AR, et al. Basal ganglia and switching motor programs. In: McKenzie JS, et al., eds.; Max Planck Institute. The basal ganglia. New York: Plenum, 1984.

27   Rahmans S, et al. Ritalin can ameliorate abnormal risk-taking behaviour in the frontal variant of frontoremporal dementia. J Psychopharmacol. 2006;31:651-8.

28   Mihailidis A, Fernie GR. Context-aware assistive devices for older adults with dementia. Gerontechnology. 2002;2:173-88.

29   Taylor JB. My stroke of insight. Penguin Books, 2006. p. 85-95.

30   Tamura T, et al. Baby dolls as therapeutic tools for severe dementia patients. Gerontechnology. 2001;1:111-8.

31   Gelderblom GJ, Jonker P, Witte LP de. Social-robot intervention in psycho-geriatric care. Gerontechnology. 2012;11:284-9.

32   Veldhoen L, Ree F van. Eenzame opsluiting in gevangenissen en isoleercellen. Utrecht: Het Spectrum, 1980.

33   Rakt J van de. Meerwaarde van criteria foetale houding. Scholing Nederlands Paramedisch Instituut. 2014.

34   Vreeling FW, Houx PJ, Jolles J, Verhey FR. Primitive reflexes in Alzheimer's disease and vascular dementia. J Geriatr Psychiatry Neurol. 1995;8:111-7.

35   YouTube. Advanced dementia and controversal feeding from a calf teat. 2014. www.youtube.com/watch?v=xHeRaXdN2wk.

36   Wyche S. How the five senses change with age. Intelligent Health Content. 2011:08.

37   Richtlijnen Palliatieve zorg voor huisartsen. www.agora.nl.

7 ACTIVERINGSSTRATEGIEËN*

Rose-Marie Dröes en Erik Scherder

7.1 Inleiding

De afgelopen decennia is er veel onderzoek gedaan naar activerende behandelmethoden voor mensen met dementie. Sommige van deze methoden hebben tot doel de achteruitgang van het geheugen en andere cognitieve functies, zoals taal en handelen, tegen te gaan dan wel te vertragen, andere zijn er in de eerste plaats op gericht om het omgaan met de cognitieve beperkingen en de acceptatie ervan door de persoon met dementie te bevorderen.[1-4] Vaak gaat het in de praktijk echter om een combinatie van beide doelen.

Voorbeelden van methoden gericht op bevordering van het cognitief functioneren door globale of specifieke cognitieve stimulatie en oefening zijn: realiteitsoriëntatietraining, cognitieve revalidatie, cognitieve stimulatietherapie, geheugengroepen, bewegingsactivering en lichttherapie. Voorbeelden van methoden gericht op het omgaan met cognitieve beperkingen en de acceptatie ervan, zijn: reminiscentie, activiteitengroepen, psychomotorische therapie, 'validation' en gedragstherapie. In dit hoofdstuk laten we een aantal van deze methoden de revue passeren.

7.2 Van algemene cognitieve stimulatie tot persoonsgerichte benaderingen

In de periode van 1970 tot 1990 lag de nadruk in de behandeling van mensen met dementie op het individueel of in groepsverband oefenen van vaardigheden en het (re)activeren van cognitieve functies, bijvoorbeeld door middel van cognitieve stimulatie en realiteitsoriëntatietraining. Daarbij werd ervan uitgegaan dat mensen met een lichte vorm van dementie nog steeds de mogelijkheid hebben om informatie op te slaan en dat zij dus baat kunnen hebben bij stimulering van hun cognitieve reservecapaciteit.[5] Doordat echter geringe effecten werden bereikt met louter cognitieve stimulatie en de herhaalde confrontatie met de eigen beperkingen vaak ook een negatieve uitwerking had op de oudere met dementie, is sinds de jaren negentig de focus gaandeweg verschoven naar meer belevingsgerichte, psychosociale benaderingen, zoals psychomotorische therapie, activiteitengroepen, 'validation therapy' en reminiscentie. Deze benaderingen beogen de persoon met dementie niet alleen te ondersteunen en te begeleiden bij het omgaan met de cognitieve gevolgen van de ziekte, maar vooral ook met de emotionele en sociale gevolgen. Streven is met deze methoden in de eerste plaats de communicatie en het contact met mensen met dementie in stand te houden, zodat wordt voorkomen dat zij in een sociaal isolement raken en vereenzamen. De activiteiten worden daarom zo goed mogelijk afgestemd op hun individuele mogelijkheden en belevingswereld. Psychomotorische therapie, activiteitengroepen en reminiscentietherapie zijn vooral geschikt voor mensen met lichte tot matige dementie, terwijl validation toepasbaar is voor de ernstigere stadia. Elk van deze benaderingen lijkt haar waarde te hebben voor de cognitieve, emotionele en/of sociale aanpassing, zo blijkt uit onderzoek.[1,6-8]

De afgelopen tien jaar is er, mede vanwege de vorderingen in de vroegdiagnostiek, in Europa (onder meer in Engeland, Frankrijk, Italië en Spanje) en in de Verenigde Staten weer een opleving van het onderzoek naar cognitieve stimulatie. Echter, de methoden trachten nu beter aan te sluiten bij de variatie in individuele behoeften, wensen en cognitieve capaciteiten van mensen met dementie. De resultaten zijn hoopgevend. Cognitieve stimulatie op deze leest geschoeid blijkt tot (enige) verbetering van het cognitief functioneren te kunnen leiden, met name bij beginnende tot matige dementie.[9]

We beschrijven hier enkele veel toegepaste methoden, te weten cognitieve revalidatie, cognitieve training, cognitieve stimulatietherapie (cst), geheugengroepen, bewegingsprogramma's en psychomotorische therapie, en reminiscentie. Voor elk van deze methoden geven we op basis van wetenschappelijk onderzoek weer in hoeverre er aanwijzingen zijn dat ze een gunstige uitwerking kunnen hebben op het geheugen en/of andere cognitieve functies, dan wel op andere aspecten van het dagelijks functioneren van mensen met dementie.

7.3   Cognitieve revalidatie en cognitieve training

Cognitieve revalidatie (Eng.: *cognitive rehabilitation*) wordt gedefinieerd als: 'elke interventiestrategie of -techniek die beoogt cliënten of patiënten, en hun familie, in staat te stellen om met beperkingen veroorzaakt door schade aan het brein te leven, om te gaan, ze te verminderen of te accepteren' (citaat uit Wilson, p. 487).[10] Centraal staat het identificeren van voor de persoon relevante doelen en het ontwerpen en implementeren van strategieën om deze doelen te bereiken.[11] Bij een progressieve ziekte, zoals de ziekte van Alzheimer, zullen de doelen met de tijd uiteraard veranderen en moeten worden bijgesteld. In de vroege stadia van dementie ligt de nadruk doorgaans op het omgaan met cognitieve beperkingen, zoals geheugen- en oriëntatieproblemen, en de impact ervan op het dagelijks leven en relaties (zoals deelname aan activiteiten, sociale participatie). Mensen bezitten dan vaak nog de mogelijkheid nieuwe informatie te leren, het geleerde vast te houden, hun praktische vaardigheden te verbeteren en hun gedrag aan te passen. Dit komt omdat sommige geheugenfuncties intact zijn, zoals het impliciete of procedurele geheugen. Hoewel het bij beginnende dementie wel moeilijker is om nieuwe informatie op te nemen, blijken eenmaal opgeslagen herinneringen toch redelijk behouden te worden. En dat betekent dat, bij juiste begeleiding, verbetering van het geheugen en dagelijks functioneren in principe mogelijk is.[12]

Clare beschrijft hoe geheugenproblemen bij beginnende dementie door middel van cognitieve revalidatie kunnen worden aangepakt:[11]

a   door voort te bouwen op aanwezige geheugenvaardigheden: het gaat hier om het blijven oefenen van algemene dagelijkse levensverrichtingen (ADL) en andere vaardigheden door gestructureerde oefeningen/activiteiten aan te bieden. Hierbij moet de persoon worden begeleid door aanwijzingen die verbaal, door middel van plaatjes, gebaren of op schrift kunnen worden aangeboden. Deze aanwijzingen kunnen geleidelijk worden weggelaten wanneer de activiteit routine wordt ('vanishing cue'-technieken). Bij het aanbieden van informatie kunnen de volgende methoden behulpzaam zijn:
   – bij het geven van informatie meerdere facetten benoemen;
   – ezelsbruggetjes gebruiken om de informatie te onthouden;
   – onthouden door herhaald oefenen met steeds langere tussenpozen om geleerde informatie op te roepen ('spaced retrieval');
   – kans op fouten maken verminderen, door steeds opnieuw de correcte informatie te geven als de persoon twijfelt ('errorless learning').

b   door te compenseren voor geheugenstoornissen: om het geheugen te ondersteunen kunnen hulpmiddelen worden gebruikt, zoals een kalender of agenda, en een geheugen- of levensboek waarin men belangrijke persoonlijke informatie kan terugvinden. Verder kunnen op kasten of deuren stickers of bordjes worden aangebracht met de functie of inhoud ervan. Ten slotte kunnen lijstjes gemaakt worden hoe een praktische taak moet worden uitgevoerd, zoals koffie zetten of de wasmachine bedienen. Dit soort hulpmiddelen heeft uiteraard alleen zin als de persoon begrijpt waar ze voor dienen en hij/zij ze met regelmaat gaat gebruiken, zodat het gewoonte wordt. De omgeving kan het gebruik stimuleren door de persoon eraan te helpen herinneren. Wanneer het gebruik van het hulpmiddel geleidelijk aan routine wordt, zal deze stimulans gaandeweg minder nodig zijn.

Cognitieve revalidatie wordt zowel individueel, met familieleden als in een groep en als onderdeel van bredere psychosociale interventies toegepast. De laatste jaren wordt het ook door middel van computerprogramma's aangeboden.[13,14] Daarbij kunnen naast professionals, ook mantelzorgers, vrienden of vrijwilligers een rol spelen. Er zijn uitgebreide richtlijnen beschreven voor cognitieve revalidatie,[11] zoals dat de behandeling:

- zich moet richten op individuele doelen die realistisch, praktisch relevant en betekenisvol zijn voor de persoon;
- gebaseerd moet zijn op de beoordeling van individuele cognitieve vermogens, waaronder geheugenvaardigheden en -problemen, mede op basis van observatie van het functioneren in het dagelijks leven;
- gebaseerd moet zijn op overeenstemming tussen cliënt en therapeut over de doelen van de interventie en de toe te passen methoden.

In een eerste (ongecontroleerde) studie onder zes mensen met de ziekte van Alzheimer waren er aanwijzingen dat de hierboven beschreven methode tot enige verbetering kan leiden van alledaagse geheugenproblemen.[15] Uit recenter onderzoek, waarin het effect van cognitieve revalidatie bij mensen met lichte Alzheimer en/of vasculaire dementie (n=23) in een gerandomiseerde gecontroleerde trial (RCT) werd vergeleken met 'ontspanningsoefeningen' (n=24) en 'geen behandeling' (n=22), bleek dat degenen die cognitieve revalidatie hadden ontvangen (acht sessies, conform de methode hierboven beschreven) beter presteerden op de vooraf door hen gestelde persoonlijke doelactiviteiten (zoals het onthouden van karweitjes in en rond het huis, leren een mobiele telefoon te gebruiken, geconcentreerd blijven bij het koken) en ook tevredener waren.[16] Wanneer een mantelzorger bij de interventie betrokken was presteerden mensen beter dan wanneer er geen mantelzorger deelnam. Dit kwam doordat er tussen de therapiesessies frequenter werd geoefend als de mantelzorger ook bij de behandeling betrokken was. Bij de mantelzorgers was de kwaliteit van leven toegenomen. De gedragsveranderingen bij de personen met dementie werden overigens ondersteund door MRI-gegevens (meer activiteit in bepaalde hersengebieden) die voor een deel van de mensen beschikbaar waren. Na zes maanden follow-up presteerde de cognitieve revalidatiegroep beter op een geheugentest. Een dergelijke verbetering op functionele taken en geheugen, ook bij follow-up na drie maanden, werd eerder ook al gevonden door Loewenstein e.a. die een rehabilitatieprogramma van 24 sessies onderzochten.[17] Zij meldden overigens geen generaliserend effect op andere neuropsychologische maten te hebben gevonden als gevolg van de training.

In meerdere studies zijn er aanwijzingen gevonden dat cognitieve training een positieve uitwerking kan hebben op het geheugen (met name 'recall') en de aandacht van mensen met (alzheimer)dementie.[18,19] In de jaren tachtig van de vorige eeuw werden al verscheidene gecontroleerde studies naar realiteitsoriëntatietraining (ROT) verricht en deze toonden effecten aan op cognitie, meer specifiek op geheugen en oriëntatie, na acht tot twaalf weken training.[20] Later onderzoek toonde aan dat langer durende programma's (8-40 weken) effectiever zijn dan kortdurende programma's (4 weken) in het tegengaan van cognitieve achteruitgang en uitstel van verpleeghuisopname.[21] De recentelijk onderzochte combinatiebehandeling van ROT en bewegen met daarnaast anti-alzheimermedicatie (donepezil), leverde al na drie weken een significante verbetering op de MMSE op vergeleken met medicatie alleen.[22] Na twee maanden, waarin de mantelzorgers de therapie thuis voortzetten, was de verbetering in MMSE nog steeds aanwezig. De werkzaamheid van technieken, zoals 'errorless learning', 'spaced retrieval', 'vanishing cues' en externe geheugenhulpmiddelen (bijvoorbeeld een agenda) is eveneens in onderzoek bevestigd.[23]

Yu e.a. concluderen op basis van een uitgebreide literatuurreview dat cognitieve training in de beginstadia van de ziekte van Alzheimer de cognitie, activiteiten van het dagelijks leven en de besluitvorming verbetert.[9] De interventies zijn effectiever als ze gestructureerd plaatsvinden, zich richten op specifieke door de dementie aangetaste functies en de individuele restcapaciteit, of worden gecombineerd met cognitieverbeterende medicatie. De effecten zijn over het algemeen middelgroot.

De afgelopen jaren zijn ook enkele eerste studies gedaan naar het effect van computerondersteunde cognitieve trainingsprogramma's. In een kleine (n=6), niet-gecontroleerde Amerikaanse studie bijvoorbeeld waren er aanwijzingen dat een intensief, zes weken durend cognitief trainingsprogramma bij ouderen met een matig tot ernstige dementie tot algemene verbetering van de cognitieve functies kan leiden, inclusief het kortetermijngeheugen.[24] In een Spaanse studie werd in een RCT met [46] mensen met een lichte vorm van alzheimerdementie het effect van het multimedia cognitief stimulatieprogramma 'Smartbrain' (frequentie 3x20 min/week gedurende 24 weken) in combinatie met een dagelijks psychostimulatieprogramma (8 uur/dag in dagbehandeling) en het gebruik van cholinesteraseremmers (groep 1) vergeleken met dagbehandeling in combinatie met cholinesteraseremmers (groep 2) en het gebruik van alleen cholinesteraseremmers (groep 3).[13] Na twaalf weken werden voor de beide combinatiebehandelingen (1 en 2) verbeteringen op de cognitie (ADAS-Cog en MMSE) aangetoond vergeleken met de medicatiegroep (3). Deze effecten hielden voor groep 1 stand tot en met de follow-up na 24 weken. Groep 2 scoorde na

24 weken alleen nog beter op de MMSE dan groep 3. Dit lijkt erop te wijzen dat het aanbieden van computerondersteunde cognitieve stimulatie in combinatie met traditionele activering door dagbehandeling en anti-alzheimermedicatie effectiever is dan medicatie alleen en de effecten van traditionele activerende dagbehandeling vergroot. Gezien het feit dat het hier nog slechts om enkele studies gaat zijn hier nog geen harde conclusies te trekken over de werkzaamheid van deze trainingsprogramma's. Verder onderzoek hiernaar is wenselijk.

7.4   Cognitieve stimulatietherapie in groepsverband

Cognitieve stimulatietherapie (CST) is een korte therapie voor mensen met lichte tot matige dementie, gebaseerd op de theoretische concepten van realiteitsoriëntatietraining en cognitieve stimulatie. In CST zijn de bewezen effectieve elementen van deze twee methoden gecombineerd.[25] CST onderscheidt zich van cognitieve revalidatie door de meer globale benadering die zowel op het cognitief functioneren (onder meer aandacht, oriëntatie, geheugen, visueel constructieve vermogens, uitvoerende functies en vloeiend woordgebruik) is gericht als op het psychosociaal functioneren (zelfvertrouwen, motivatie, socialisatie en affectieve toestand). De therapie wordt bovendien doorgaans in een groep (of samen met de mantelzorger) uitgevoerd en de activiteiten bestaan niet in de eerste plaats uit het oefenen van situaties/activiteiten waarin specifieke cognitieve vaardigheden vereist zijn, zoals het geval is bij cognitieve revalidatie, of het trainen van cognitieve functies, zoals bij cognitieve training.

De therapie zoals in Engeland door Spector e.a. ontwikkeld beslaat veertien sessies van 45 minuten gedurende een periode van zeven weken, waarin activiteiten worden uitgevoerd aan de hand van thema's, zoals: kindertijd, lopende zaken, voeding, getallenspelletjes, quiz, woordassociatie/gesprek, geluid, creatief zijn, fysieke spelletjes, oriëntatie, categoriseren van voorwerpen, gebruik van geld, bekende gezichten en woordspelletjes.[25] De activiteiten worden op een stimulerende en plezierige manier aangeboden door iemand die getraind is in de methode van CST, volgens een vast stramien (introductie/afscheid, warming-up- en cooling-down-activiteit en een bekende activiteit zoals een liedje; de hoofdactiviteit is elke week anders). Er wordt gebruikgemaakt van verschillende media en zintuiglijke stimuli om de communicatie te bevorderen en denkprocessen te stimuleren. Bijvoorbeeld bij het thema kindertijd kunnen snoepjes, liedjes en spelletjes worden gebruikt.

Kernprincipes zijn:

- mensen op een gevoelige manier, en wanneer gepast, oriënteren;
- meer gericht op informatieverwerking en meningen dan feitelijke kennis impliciet leren;

- multisensorische stimulatie;
- flexibele activiteiten die aansluiten bij behoeften en mogelijkheden van de groep;
- gebruik van reminiscentie (als hulpmiddel om te focussen op het hier-en-nu);
- vormen en versterken van sociale relaties.[25]

Dit CST-programma werd in verscheidene studies onderzocht. Eerst in een gerandomiseerde gecontroleerde trial waaruit bleek dat CST vergelijkbare gunstige effecten op cognitie had bij mensen met de ziekte van Alzheimer als cholinesteraseremmers. Door de verbeterde cognitie bleek ook de kwaliteit van leven van de mensen met dementie die CST ondergingen toe te nemen.[26] Om die reden wordt de therapie in Engeland sinds 2006 voor mensen met lichte tot matige dementie aanbevolen in de zogenoemde NICE Guidelines. Later is ook een onderhoudsvorm van dit Engelse CST-programma ('Maintenance CST') onderzocht, eerst in een gecontroleerde pilot, waarbij CST na de standaardperiode van zeven weken nog eens 16 weken werd vervolgd met een frequentie van eenmaal per week.[27] Ook hier bleek het CST-programma een significante cognitieve verbetering (MMSE) op te leveren. Vervolgens in een grote gerandomiseerde gecontroleerde trial bij 236 mensen met dementie, die na de eerste zeven weken CST nog eens 24 wekelijkse bijeenkomsten volgden. In dit laatste onderzoek werden significante verbeteringen in kwaliteit van leven en algemene dagelijkse levensverrichtingen (ADL) bij de CST-deelnemers gevonden, en bij personen die naast CST ook acetylcholinesteraseremmers kregen werd ook een verbetering van de cognitie (MMSE) gevonden.[28]

Ook in verscheidene Franse studies naar vergelijkbare cognitieve stimulatieprogramma's werden positieve effecten op cognitie gevonden.[5] Zo presteerden de deelnemers aan een zeven weken durend stimulatieprogramma na afloop beter op een geheugentest waarbij ze een boodschappenlijstje moesten reproduceren en moesten onthouden waar objecten in een huis waren geplaatst. In een RCT naar CST werden positieve effecten op het episodisch geheugen en het zich herinneren van een woordenlijst gevonden, alsmede op de oriëntatie voor ruimte en tijd. Ten slotte werd in onderzoek van Vidal e.a. na deelname aan CST een significante vooruitgang (2 punten) op de MMSE gevonden en een trend van minder problemen in het dagelijks functioneren.[29]

Uit Italiaans onderzoek kwam naar voren dat globale cognitieve stimulatie door recreatieve activiteiten meer effect had op gedragsproblemen en vaardigheden in dagelijkse activiteiten dan specifieke cognitieve training van het procedureel geheugen voor activiteiten van het dagelijks leven en cognitieve revalidatie van functies.[30] De mantelzorgers van de globale stimulatiegroep bleken bij follow-up na zes maanden bovendien minder stress te ervaren.

Een recent verschenen systematische overzichtsstudie gebaseerd op vijftien RCT's bevestigt dat cognitieve stimulatieprogramma's een gunstig effect hebben op de cognitie van mensen met lichte tot matige dementie en dat deze effecten groter zijn dan die van medicatiegebruik.[31]

7.5 Geheugengroepen voor mensen met beginnende dementie

Geheugengroepen hebben tot doel mensen met beginnende dementie te ondersteunen bij hun geheugenproblemen door hen verscheidene strategieën en technieken te leren (veelal gebaseerd op de principes van cognitieve revalidatie), zodat ze hun leven zo veel mogelijk kunnen blijven leiden zoals ze gewend waren. Bijvoorbeeld het leren gebruikmaken van hulpmiddelen zoals kalenders, een timer, dictafoon en basistechnieken voor het onthouden en weer oproepen van herinneringen in verschillende situaties. De verwachting is dat als men deze technieken heeft aangeleerd, men ze ook in andere situaties zal gebruiken. De geheugengroepen zijn geschikt voor mensen die beseffen dat ze geheugenproblemen hebben, gemotiveerd zijn om daar iets aan te doen en in staat zijn om te communiceren in een groepssetting. Daarnaast is het een voordeel als de mantelzorger thuis helpt met het oefenen met de geadviseerde hulpmiddelen.

Geheugengroepen worden wijdverspreid toegepast, onder meer vanuit geheugenpoliklinieken, revalidatiecentra, GGZ-instellingen, kruiswerk en alzheimerafdelingen. Burnham beschrijft hoe het werken in een groep op verschillende manieren voordelig kan zijn voor mensen met beginnende dementie: het kan helpen het zelfvertrouwen op te bouwen en bevordert het sociaal contact, maar daarnaast wordt men in de groep ook gestimuleerd oplossingen voor problemen te zoeken en zal men beseffen dat men niet de enige is die geheugenproblemen heeft.[32] Hierdoor leert men de eigen situatie accepteren, zal men bemoediging ondervinden, successen kunnen delen met anderen, alsook mislukkingen, zonder dat men zich ervoor hoeft te schamen. Bevestiging van anderen in de groep zal de zelfwaardering vergroten. Ten slotte biedt de groepssetting de gelegenheid om de geleerde vaardigheden en technieken in een niet-bedreigende omgeving te oefenen.

De werkwijze in de geheugengroep die Burnham beschrijft is als volgt: nadat men is gevraagd te bedenken welke vaardigheden men het liefst wil behouden, wordt men aangemoedigd specifiek die vaardigheden te oefenen. De kerntechnieken die in verschillende situaties worden aangeleerd zijn: herhaling, regelmatig herinneringen oproepen, associatie met iets of iemand die men al kent, gebruik van rijm, alliteratie, gebruik van hulpmiddelen en gebruikmaken van gewoontes. Daarnaast worden de deelnemers gestimuleerd na te gaan welk soort informatie (bijvoorbeeld tekst, plaatjes, geluid) hen het beste helpt om iets te onthouden en weer op te roepen uit het geheugen. De lesmaterialen zijn in eenvoudige taal opgesteld en met veel toelichtende plaatjes en men wordt aangemoedigd deze met een familielid of vriend te bespreken. De geheugengroep komt zes- tot twaalfmaal bijeen, afhankelijk van de behoefte van de deelnemers, en wordt bij voorkeur begeleid door twee begeleiders (bijvoorbeeld psycholoog, ergotherapeut, sociaal psychiatrisch verpleegkundige). Voor deelname en na afloop wordt iedere deelnemer thuis bezocht om te kijken hoe het aangeleerde thuis kan worden toegepast en hoe de familie c.q. mantelzorger daarbij hulp kan bieden. Daarbij wordt dan tevens het cognitief functioneren getest en de kwaliteit van leven, zodat veranderingen hierin kunnen worden waargenomen.

Casestudies laten zien dat er met deze geheugengroepen vooruitgang kan worden geboekt in cognitieve (proces)vaardigheden en het effectief gebruik van hulpmiddelen in het dagelijks leven, waardoor men weer meer zelfstandig(er) kan functioneren.[32] Ook uit enkele wetenschappelijke studies blijkt dat geheugengroepen succesvol kunnen zijn bij beginnende dementie, in de zin dat men leert hulpmiddelen en strategieën te gebruiken en dat er enige stabilisering optreedt in het cognitief functioneren, zoals bijvoorbeeld gemeten met de MMSE, en de stemming van deelnemers verbetert.[33] Uit onderzoek is tevens gebleken dat zelf gegenereerde aanwijzingen/associaties ('cues') beter helpen bij het onthouden en oproepen van herinneringen dan door anderen (hulpverleners/mantelzorgers) bedachte aanwijzingen.[34] Dit pleit voor de hierboven beschreven, op het individu afgestemde werkwijze in geheugengroepen.

De zogenoemde Kopgroepen die we in Nederland kennen zijn niet in de eerste plaats bedoeld voor het aanleren van geheugentechnieken, maar veeleer als lotgenotencontact voor mensen met beginnende dementie om te leren omgaan met, en accepteren van, geheugen- en andere cognitieve problemen.[35] Ook bij deze groepen is enig ziekte-inzicht wel nodig om deel te kunnen nemen. In de Kopgroepen worden gesprekken gevoerd, ervaringen uitgewisseld en aan lichaamsbeweging gedaan (psychomotorische therapie). De Kopgroep wordt begeleid door psychologen, sociaal psychiatrisch verpleegkundigen, maatschappelijk werkers en psychomotorisch therapeuten. Op dit moment worden verspreid over Nederland ongeveer dertig tot vijfendertig Kopgroepen aangeboden. Ze worden georganiseerd door GGZ-instellingen, dagbehandelingen in verpleeghuizen en door ontmoetingscentra. Het aanbod is nog niet in elke regio beschikbaar. Er is nog geen effectonderzoek naar de werkzaamheid van de Kopgroepen gedaan.

7.6 Bewegingsprogramma's en psychomotorische therapie

Bewegingsprogramma's worden bij mensen met dementie vanuit verschillende therapeutische perspectieven toegepast. De programma's die gebaseerd zijn op een *cognitief en/neurofysiologisch perspectief,* kunnen het beste worden gekarakteriseerd als functietraining. Ze maken over het algemeen gebruik van bewegingsactiviteiten uit de sfeer van de lichamelijke opvoeding, fitnesstraining, sport en spel. Door regelmatige lichaamsbeweging beoogt men de hersenfuncties te stimuleren en neurofysiologische c.q. pathofysiologische processen gunstig te beïnvloeden.[36] De 'use it or loose it'-theorie past goed in dit perspectief.

De programma's die op een holistisch perspectief zijn gebaseerd richten zich op het herstel van het zogenaamde bio-psycho-socio-systeem. Ze hanteren naast bewegingsoefeningen om de zelfexpressie, het zelfbeeld en de zelfwaardering te bevorderen, ook muziek, ademhalingsoefeningen, informele gesprekken en voedingsonderwijs als therapeutische middelen. De gedragstherapeutische bewegingsprogramma's zijn gebaseerd op leertheoretische principes (leren door de positieve consequentie van bepaald gedrag). Ze maken gebruik van verbale beloning en spelletjes met intrinsieke beloning (zoals kegelen en doelschoppen) om mensen te (re)activeren en gedrag bij te sturen. Psychodynamisch (interactioneel) georiënteerde bewegingsprogramma's (psychomotorische therapie) gaan ervan uit dat gedrags- en stemmingssymptomen bij dementie (zoals angstig, agressief en depressief gedrag) mede een gevolg zijn van psychologische reacties van mensen met dementie op hun cognitieve stoornissen, de verliezen die zij ervaren vanwege de dementie en de moeite die zij hebben om hiermee om te gaan. Ze bieden daarom voornamelijk bewegingsactiviteiten, waarbij de deelnemers weer een zekere mate van succes en vertrouwen in zichzelf en anderen kunnen ervaren.[37] Zo wordt een appèl op hen gedaan om (weer) contact met de omgeving aan te gaan en wordt het emotioneel evenwicht hersteld. Afhankelijk van het stadium van dementie wordt extra aandacht besteed aan het bieden van emotionele steun (lichte dementie), veiligheid (matige dementie) en zintuiglijke prikkels en lichamelijk contact (ernstige dementie).

Uit een in 2004 gepubliceerde systematische review en meta-analyse van RCT's naar het effect van beweging op mensen met dementie en gerelateerde cognitieve stoornissen (n=2020) blijkt dat regelmatige lichaamsbeweging, zoals wandelen, stoeloefeningen, dansen, krachttraining en fietsen op een fietsergometer, naast effect op fitness (cardiovasculair, BMI), fysieke functies (kracht en flexibiliteit), dagelijks functioneren (ADL) en positief gedrag ook effect kan hebben op cognitieve functies, zoals aandacht, executieve functies en taal.[38] De gevonden effecten op gezondheidsgerelateerde fysieke fitness waren middelgroot tot groot,[39] en voor cognitieve, functionele en gedragsmaten over het algemeen middelgroot (d=0,5). Ook latere studies laten effect zien van bewegen op ADL[40, 56] en cognitie.[41, 56]

Een onderzoek (RCT) uitgevoerd in België toonde een significante verbetering aan op cognitie (3 punten hoger op MMSE) bij mensen met dementie die drie maanden dagelijks een half uur deelnamen aan bewegen op muziek.[42] Een recent, in Engeland uitgevoerde RCT laat zien dat ouderen met de ziekte van Alzheimer reeds na zes weken deelname aan (anaerobe) bewegingsactiviteiten verbeterden in aandacht, visueel geheugen en werkgeheugen vergeleken met een controlegroep die op deze aspecten achteruit was gegaan.[43]

Ook uit verscheidene (niet-gerandomiseerde) gecontroleerde studies is in het verleden gebleken dat eenvoudige (anaerobe) bewegingsactiviteiten al een positieve invloed kunnen hebben op het globaal cognitief functioneren van ouderen met dementie, en meer specifiek: het onmiddellijke geheugen, de herkenning, 'word fluency' (vloeiend taalgebruik) en het logisch geheugen.[3] Deze laatste effecten zijn overigens alleen dírect na de bewegingsactiviteiten waargenomen, alleen het effect op 'word fluency' blijkt ook de dagen erna nog aanwezig. Naast de studies waarin positieve effecten werden gevonden van bewegen op cognitie zijn er ook studies waarin deze effecten niet werden bevestigd. Zo bleek in een recente meta-analyse wandelen bij gezonde ouderen een verbetering te geven in de executieve functies, terwijl deze verbetering bij ouderen met cognitieve stoornissen uitbleef.[44]

Bewegingsactivering, als vorm van psychomotorische groepstherapie, is in een RCT op haar effectiviteit bij begeleidings- en verzorgingsbehoevende ouderen met de ziekte van Alzheimer (n=40) in drie verpleeghuizen in Nederland onderzocht.[6,37] De experimentele groep ontving (7 maanden, 3 weken, 45 min) psychomotorische therapie, terwijl een controlegroep in dezelfde periode met eenzelfde frequentie activiteitenbegeleiding kreeg aangeboden. Deelnemers aan de psychomotorische groepstherapie hadden gaandeweg relatief minder emotionele symptomen: begeleidings- en licht verzorgingsbehoevende deelnemers waren tevredener en de meer verzorgingsbehoevende deelnemers waren minder agressief en 's nachts minder onrustig. Tijdens de therapiebijeenkomsten werden ook statistisch significante verbeteringen gevonden van geheugen, levendigheid en initiatief. De in deze studie gevonden effecten op het emotioneel evenwicht zijn in meerdere studies, waarin eenvoudige sporten/of spelactiviteiten of fysieke trainingsoefeningen werden aangeboden, bevestigd.[38,45,46] Hetzelfde bewegingsactiveringsprogramma als onderzocht door Dröes werd in een RCT bij mensen met cognitieve stoornissen op meerzorgafdelingen van verzorgingshuizen onderzocht door Hopman e.a.[47] Daarbij werden verbeteringen aangetoond op cognitie en sociaal gedrag.

7.7   Reminiscentie

Bij reminiscentie worden gesprekken gevoerd over activiteiten, gebeurtenissen en ervaringen uit het verleden. De gesprekken kunnen een-op-een of in groepen plaatsvinden. Daarbij wordt vaak gebruikgemaakt van video's, foto's, knipsel- en plakboeken en levensverhaalboeken om het geheugen te stimuleren. Doel van reminiscentie is een plezierige activiteit te bieden en een middel om met anderen te blijven communiceren. Daarnaast kan het gezamenlijk herinneringen ophalen ook herkenning en emotionele steun bieden (ook voor de mantelzorger) bij het verwerken van de veranderingen c.q. verliezen die men doormaakt als gevolg van de dementie. De methode is met name bij oudere mensen in de beginstadia van dementie bruikbaar, wanneer zij ondanks de problemen met het kortetermijngeheugen nog relatief gemakkelijk herinneringen uit het verleden kunnen ophalen.

De studies naar *reminiscentie in groepsverband* voor mensen met dementie laten positieve effecten op zowel het sociale, cognitieve als emotionele vlak zien, zoals: bevordering van de interesse, de interactie, het sociale gedrag en het algemeen cognitief functioneren en afname van gedrags- en stemmingsproblemen (onder andere agitatie, agressie, onrust en depressie).[7,48] Ook zijn er aanwijzingen voor een gunstige werking op het gevoel van eigenwaarde, de acceptatie van het verleden en het heden, en de toekomstverwachting van mensen met dementie. Bij individuele toepassing van reminiscentie zijn er aanwijzingen dat reminiscentie een gunstige uitwerking heeft op sociaal gedrag, agressie, het identiteitsgevoel en het plezier. Bij personen met ernstige cognitieve beperkingen is een toename van de betrokkenheid op de omgeving waargenomen.[7]

Woods e.a. geven in een systematische review in 2005 aan dat er tot dan toe slechts vier kleine RCT's, van betrekkelijk lage kwaliteit, naar het effect van reminiscentietherapie op mensen met dementie waren gedaan.[49] Hieruit bleek dat vier tot zes weken na de behandeling een significante verbetering op cognitie en stemming werd bereikt, alsmede een vermindering van stress bij de mantelzorgers die aan de groepen deelnamen. De mantelzorgers gaven ook aan dat de personen met dementie thuis beter functioneerden. Na 2005 werden vijf grotere RCT's uitgevoerd, waarvan sommige de verbeteringen in cognitie en/of stemming bevestigen, maar de resultaten zijn niet eenduidig.[48] Zo werden in drie studies (RCT) respectievelijk uitgevoerd in Taiwan (n=102),[50] Iran (n=49)[51] en Engeland (n=115),[52] significante verbeteringen op onder meer de MMSE, de Cornell Scale for Depression en de Geriatric Depression Scale gevonden, terwijl in een kleinere RCT in Japan onder mensen met vasculaire dementie (n=60) geen effect op cognitief functioneren noch op gedrag werd waargenomen.[53] In een vijfde zeer grote multicenter RCT (n=488) in Engeland naar het effect van reminiscentiegroepen voor mensen met dementie samen met hun mantelzorgers (3 maanden wekelijkse bijeenkomsten, 7 maanden maandelijkse bijeenkomsten) werden geen effecten aangetoond voor wat betreft kwaliteit van leven, autobiografisch geheugen en dagelijks functioneren.[54] Een negatief bijeffect was bovendien dat de deelnemende mantelzorgers angstiger werden en meer stress ervoeren. Om die reden lijken gemeenschappelijke reminiscentiegroepen voor mensen met dementie en mantelzorgers vooralsnog niet aan te raden.

7.8 Tot slot

In dit hoofdstuk werd ingegaan op enkele activerende behandelmethoden waar mensen met dementie baat bij kunnen hebben omdat ze een gunstige uitwerking lijken te hebben op het geheugen, andere cognitieve functies en/of het dagelijks functioneren en aldus de kwaliteit van leven van mensen met dementie mogelijk positief kunnen beïnvloeden. Sommige van de beschreven methoden blijken mensen met dementie ook te kunnen helpen bij het accepteren van en omgaan met hun cognitieve beperkingen, het bewaren van een emotioneel evenwicht en het in contact blijven met anderen in hun omgeving.

Het bewijsmateriaal voor het effect van de beschreven methoden op cognitie en dagelijks functioneren is de afgelopen jaren toegenomen en is hoopgevend.[3] Voor cognitieve training in de zin van realiteitsoriëntatietraining, cognitieve stimulatietherapie in groepsverband en bewegingsprogramma's is tot nog toe de meeste evidentie. De effecten zijn middelgroot en vergelijkbaar met (en soms zelf groter dan) de effecten op cognitie van anti-alzheimermiddelen, met als voordeel dat ze niet de bijwerkingen geven die deze middelen hebben. Enkele studies tonen aan dat een combinatiebehandeling van cognitieve stimulatie en acetylcholinesteraseremmers betere effecten te zien geeft dan medicatie alleen. Verder onderzoek hiernaar is wenselijk. Reminiscentiegroepen blijken naast een positief effect op cognitie vooral een positieve uitwerking te hebben op de stemming van mensen met dementie, zo blijkt uit meerdere studies.[48] De effectiviteit van gemeenschappelijke reminiscentiegroepen voor mensen met dementie en hun mantelzorgers is niet aangetoond en ze worden, gezien de (mogelijk) negatieve uitwerking op mantelzorgers, niet aangeraden.

Andere methoden die mogelijk ook een gunstig effect kunnen hebben op het cognitief functioneren of de cognitieve achteruitgang mogelijk kunnen

vertragen, zoals activerende dagbehandelingsprogramma's, activiteitengroepen, validation-therapie, normaliseren van de woonomgeving, kleinschalige
woonvoorzieningen, lichttherapie en ondersteunende technologie, werden hier
niet in detail besproken. Het onderzoek hiernaar, voor zover verricht, laat over
het algemeen zien dat er nog (te) weinig bewijs voorhanden is om conclusies
over de effectiviteit van deze methoden op cognitie te trekken.[4,55] Ook hier
geldt dat meer wetenschappelijk onderzoek wenselijk is.

Noot
*   Delen van dit hoofdstuk zijn eerder in het Engels gepubliceerd in Dröes RM,
    Roest HG van der, Mierlo LD van, Meiland FJM. Memory problems in dementia:
    Adaptation and coping strategies and psychosocial treatments. Expert
    Rev Neurother. 2011;11:1769-82, © 2011, Informa Healthcare. Adapted with
    permission of Informa Healthcare.

Literatuur
1   Mierlo LD van, Roest HG van der, Meiland FJM, Dröes RM. Personalized
    dementia care; proven effectiveness of psychosocial interventions in
    subgroups. Ageing Res Rev. 2010;9:163-83.
2   Dröes RM, Mierlo LD van, Roest HG van der, Meiland FJM. Focus and
    effectiveness of psychosocial interventions for people with dementia in
    institutional care settings from the perspective of coping with the disease.
    Nonpharmacol Ther Dement. 2010;1:139-61.
3   Dröes RM, Roest HG van der, Mierlo LD van, Meiland FJM. Memory problems
    in dementia: Adaptation and coping strategies and psychosocial treatments.
    Expert Rev Neurother. 2011;11:1769-82.
4   Vernooij-Dassen M, Vasse E, Zuidema S, et al. Psychosocial interventions for
    dementia patients in long-term care. Int. Psychogeriatrics. 2010;22:1121-8.
5   Cantegreil-Kallen I, Rotrou J de, Rigaud AS. Cognitive stimulation for people with
    mild cognitive impairment and early dementia. In: Moniz-Cook E, Manthorpe
    J. eds. Early psychosocial interventions in dementia. Londen: Jessica Kingsley,
    2009. p. 81-92.
6   Dröes RM. In beweging; over psychosociale hulpverlening aan demente ouderen
    [proefschrift]. Amsterdam: Vrije Universiteit, 1991.
7   Finnema E, Dröes RM, Ribbe M, Tilburg W van. The effects of emotion-oriented
    approaches in the care for persons suffering from dementia; a review of the
    literature. Int J Geriatr Psychiatry. 2000;15:141-61.
8   Lange J de. Dealing with dementia. Effects of integrated emotion-oriented
    care on adaptation and coping of people with dementia in nursing homes; a
    qualitative study as part of a randomized clinical trial [proefschrift]. Erasmus
    Universiteit Rotterdam. Utrecht: Trimbos-instituut, 2004.
9   Yu F, Rose KM, Burgener SC, et al. Cognitive training for early-stage Alzheimer's
    disease and dementia. J Gerontological Nursing. 2009;35:23-9.
10   Wilson BA. Cognitive rehabilitation: how it is and how it might be. J Int
    Neuropsychol Soc. 1997;3:487-96.

11   Clare L. Working with memory problems. In: Moniz-Cook E, Manthorpe J, eds. Early psychosocial interventions in dementia. Londen: Jessica Kingsley, 2009. p. 73-80.

12   Dirkse R, Kessels R, Hoogeveen F, Dixhoorn I van. (Op)nieuw geleerd, oud gedaan. Utrecht: Kosmos, 2011.

13   Tárraga L, Boada M, Modinos G, et al. A randomised pilot study to assess the efficacy of an interactive, multimedia tool of cognitive stimulation in Alzheimer's disease. J Neurol Neurosurg Psychiatry. 2006;77:1116-21.

14   Franco M, Jones K, Woods B, Gomez P. Gradior; A personalised computer-based cognitive training programme for early intervention in dementia. In: Moniz-Cook E, Manthorpe J, eds. Early psychosocial Interventions in dementia. Londen: Jessica Kingsley, 2009. p. 93-105.

15   Clare L, Wilson BA, Carter G, et al. Intervening with everyday memory problems in dementia of Alzheimer type: an errorless learning approach. J Clin Exp Neuropsychol. 2000;22:132-46.

16   Clare L, Linden DE, Woods RT, et al. Goal-oriented cognitive rehabilitation for people with early-stage Alzheimer disease: a single-blind randomized controlled trial of clinical efficacy. Am J Geriatr Psychiatry. 2010;18:928-39.

17   Loewenstein DA, Acevedo A, Czaja SJ, Duara R. Cognitive rehabilitation of mildly impaired Alzheimer disease patients on cholinesterase inhibitors. Am J Geriatr Psychiatry. 2004;12:395-402.

18   Zanetti O, Zanieri G, Giovanni G, et al. Effectiveness of procedural memory stimulation in mild Alzheimer's disease patients: a controlled study. Neuropsychol Rehabil. 2001;11:263-72.

19   Davis RN, Massman PJ, Doody RS. Cognitive intervention in Alzheimer disease: a randomized placebo-controlled study. Alzheimer Dis Assoc Disord. 2001;15:1-9.

20   Spector A, Davies S, Woods B, Orrell M. Reality orientation for dementia: a systematic review of the evidence of effectiveness from randomized controlled trials. Gerontologist. 2000;40:206-12.

21   Metitieri T, Zanetti O, Geroldi C, et al. Reality orientation therapy to delay outcomes of progression in patients with dementia. A retrospective study. Clin Rehabil. 2001;15:471-8.

22   Giordano M, Domingues LJ, Vitrano T, et al. Combination of intensive cognitive rehabilitation and denepezil therapy in Alzheimer's disease (AD). Arch Gerontol Geriatr. 2010;51:245-9.

23   Grandmaison E, Simard M. A critical review of memory stimulation programs in Alzheimer's disease. J Neuropsychiatry Clin Neurosci. 2003;15:130-44.

24   Mate-Kole CC, Fellows RP, Said PC, et al. Use of computer assisted and interactive cognitive training programmes with moderate to severely demented individuals: a preliminary study. Aging Mental Health. 2007;11:485-95.

25   Spector A, Thorgrimsen L, Woods B, et al. Efficacy of an evidence-based cognitive stimulation therapy programme for people with dementia: randomised controlled trial. Br J Psychiatry. 2003;183:248-54.

26   Woods B, Thorgrimsen L, Spector A, et al. Improved quality of life and cognitive stimulation therapy in dementia. Aging Mental Health. 2006;10:219-26.

27   Orrell M, Spector A, Thorgrimsen L, Woods B. A pilot study examining the

effectiveness of maintenance Cognitive Stimulation Therapy (MCST) for people with dementia. Int J Geriatr Psychiatry. 2005;20:446-51.

28   Orrell M, Aguirre E, Spector A, et al. Maintenance cognitive stimulation therapy for dementia: single-blind, multicentre, pragmatic randomised controlled trial. Br J Psychiatry. 2014;204:454-61.

29   Vidal JC, Laveille-Letan S, Fleury A, De Rotrou J. Stimulation cognitive et psychosociale des patients déments en institution. Revue Gériatr. 1998;23:199-204.

30   Farina E, Mantovani F, Fioravanti R, et al. Evaluating two group programmes of cognitive training in mild-to-moderate AD: is there any difference between a 'global' stimulation and a 'cognitive-specific' one? Aging Mental Health. 2006;10:211-8.

31   Woods B, Aguirre E, Spector AE, Orrell M. Cognitive stimulation to improve cognitive functioning in people with dementia. Cochrane Database Syst Rev. 2012;2:CD005562.

32   Burnham M. Memory groups for people with early dementia. In: Moniz-Cook E, Manthorpe J, eds. Early psychosocial interventions in dementia. Londen: Jessica Kingsley, 2009. p. 106-13.

33   Ermini-Fünfschilling D, Meier D. Memory training: an important constituent of milieu therapy in senile dementia. Z Gerontol Geriatr. 1995;28:190-4.

34   Lipinska B, Backman L, Mantyla T, Viitanen M. Effectiveness of selfgenerated cues in early Alzheimer's disease. J Clin Exp Neuropsychol. 1994;16: 809-19.

35   Lange J de, Verbeek M. De kopgroep. Een behandelgroep voor mensen met dementie. Utrecht: Trimbos-instituut, 2009.

36   Lange-Asschenfeldt C, Kojda G. Alzheimer's disease, cerebrovascular dysfunction and the benefits of exercise: form vessels to neurons. Exp Gerontol. 2008;43:499-504.

37   Dröes RM. Psychomotor group therapy for demented patients in the nursing home. In: Miesen B, Jones G, eds. Care-giving in dementia II. Londen: Routledge, 1997. p. 95-118.

38   Heyn P, Abreu BC, Ottenbacher KJ. The effects of exercise training on elderly persons with cognitive impairment and dementia: a meta-analysis. Arch Phys Med Rehab. 2004;85:1694-704.

39   Blankevoort CG, Heuvelen MJ van, Boersma F, et al. Review of effects of physical activity on strength, balance, mobility and ADL performance in elderly subjects with dementia. Dement Geriatr Cogn Disorders. 2010;30:392-402.

40   Rolland Y, Pillard F, Klapouszczak A, et al. Exercise program for nursing home residents with Alzheimer's disease: a 1-year randomized, controlled trial. J Am Geriatr Soc. 2007;55:158-65.

41   Coelho FG, Santos-Galduroz RF, Gobbie S, Stella F. Systematized physical activity and cognitive performance in elderly with Alzheimer's dementia: a systematic review. Rev Bras Psiquiatr. 2009;31:163-70.

42   Winckel A van de, Feys H, Weerdt W de, Dom R. Cognitive and behavioural effects of music-based exercises in patients with dementia. Clin Rehabil. 2004;18:253-60.

43   Yáguez L, Shaw KN, Morris R, Matthews D. The effects on cognitive functions of

a movement-based intervention in patients with Alzheimer's type dementia: a pilot study. Int J Geriatr Psychiatry. 2011;26:173-81.

44 Scherder E, Scherder R, Verburgh L, et al. Executive functions of sedentary elderly may benefit from walking: a systematic review and meta-analysis. Am J Geriatr Psychiatry. 2014;22:782-91.

45 Alessi CA, Yoon EJ, Schnelle JF, et al. A randomised trial of a combined physical activity and environmental intervention in nursing home residents: Do sleep and agitation improve? J Am Geriatr Soc. 1999;47:748-91.

46 Williams CL, Tappen RM. Effect of exercise on mood in nursing home residents with Alzheimer's disease. Am J Alzheimers Dis Other Demen. 2007;22:389-97.

47 Hopman-Rock M, Staats PGM, Tak ECPM, Dröes RM. The effects of a psychomotor activation programme for use in groups of cognitively impaired people in homes for the elderly. Int J Geriatr Psychiatry. 1999;14:633-42.

48 Testad I, Corbett A, Aarsland D, et al. The value of personalized psychosocial interventions to address behavioral and psychological symptoms in people with dementia living in care home settings: a systematic review. Int Psychogeriatr. 2014;26:1083-98. Erratum in: Int Psychogeriatr. 2014;26:1099.

49 Woods B, Spector A, Jones C, et al. Reminiscence therapy for dementia. Cochrane Database Syst Rev. 2005;(2):CD001120.

50 Wang JJ. Group reminiscence therapy for cognitive and affective function of demented elderly in Taiwan. Int J Geriatr Psychiatry. 2007;22:1235-40.

51 Karimi H, Dolatshahee B, Momeni K, et al. Effectiveness of integrative and instrumental reminiscence therapies on depression symptoms reduction in institutionalized older adults: an empirical study. Aging Ment Health. 2010;14:881-7.

52 Haslam C, Haslam SA, Jetten J, et al. The social treatment: the benefits of group interventions in residential care settings. Psychol Aging. 2010;25:157-67.

53 Ito T, Meguro K, Akanuma K, et al. A randomized controlled trial of the group reminiscence approach in patients with vascular dementia. Dement Geriatr Cogn Disord. 2007;24:48-54.

54 Woods RT, Bruce E, Edwards RT, et al. REMCARE: reminiscence groups for people with dementia and their family caregivers – effectiveness and cost-effectiveness pragmatic multicentre randomised trial. Health Technol Assess. 2012;16):v-xv, 1-116.

55 Forbes D, Blake CM, Thiessen EJ, et al. Light therapy for improving cognition, activities of daily living, sleep, challenging behaviour, and psychiatric disturbances in dementia. Cochrane Database Syst Rev. 2014;2:CD003946.

56 Bossers WJR, Physical excercise and dementia. Proefschrift, Rijksuniversiteit Groningen. 2014.

8 TECHNOLOGISCHE HULPMIDDELEN IN DE ZORG VOOR MENSEN MET DEMENTIE

Franka Meiland en Luc de Witte

8.1 Inleiding

Mensen met dementie krijgen in de loop van het ziekteproces in toenemende mate problemen op verschillende terreinen, zoals bij het boodschappen doen, koken, de zelfverzorging en de oriëntatie in tijd en ruimte. Om veilig en op een zo prettig mogelijke manier thuis te kunnen blijven wonen zijn ondersteuning en zorg nodig. Die kunnen worden geboden door de directe omgeving, familie, vrienden, buren (ofwel 'mantelzorgers', voor zover aanwezig), en door professionele zorgverleners en andere dienstverleners. Dit is echter geen eenvoudige zaak. De problemen zijn vaak complex, lang niet altijd voorspelbaar en kunnen tot grote onzekerheid – met name bij de mantelzorgers – leiden over de vraag 'of het wel goed gaat met de persoon met dementie'. Technologie kan hier een belangrijke rol spelen. Er zijn veel hulpmiddelen beschikbaar die mensen met dementie kunnen ondersteunen bij het behoud van zelfredzaamheid, en er is in toenemende mate ook technologie beschikbaar die mantelzorgers en professionele hulpverleners kan helpen of die het zorgproces als geheel kan ondersteunen. Voor de meeste mensen is het terrein van hulpmiddelen en technologie onbekend, in ieder geval onvoldoende bekend om te weten wat in een bepaalde situatie een nuttige oplossing is. Dat geldt niet alleen voor de gemiddelde burger, maar ook voor zorgprofessionals.

In dit hoofdstuk geven we een overzicht van technologische hulpmiddelen die gedurende het ziekteproces van dementie een ondersteunende rol kunnen spelen. Dit overzicht is niet compleet. Dat kan ook niet, omdat de technologie zich snel ontwikkelt en er inmiddels veel hulpmiddelen bestaan. Wat we beogen is een introductie te bieden op dit terrein, en een aantal handvatten aan te reiken om in individuele situaties gericht naar mogelijke oplossingen te zoeken.

Zoals gezegd is het terrein van hulpmiddelen en technologie erg groot. Om orde te scheppen in deze veelheid aan technologie wordt wel een onderscheid gemaakt in ondersteunende technologie (meestal aangeduid als hulpmiddelen) en zorgtechnologie. Dit onderscheid is niet hard, maar het verschil zit hem in het doel van het gebruik: ondersteunende technologie beoogt vooral het individu te ondersteunen bij de zelfredzaamheid, terwijl zorgtechnologie in de eerste plaats is ontworpen om zorgverleners of het zorgproces te ondersteunen. Wij richten ons in dit hoofdstuk vooral op de ondersteunende technologie. Hiervoor bestaat een internationaal breed geaccepteerde definitie: 'Ondersteunende technologie is elk product (inclusief apparaten, uitrusting, instrumenten en computerprogrammatuur), speciaal vervaardigd of algemeen verkrijgbaar, dat wordt gebruikt door of voor personen met functioneringsproblemen om te participeren, om lichaamsfuncties/anatomische eigenschappen en activiteiten te beschermen, ondersteunen, trainen, meten of vervangen, of om stoornissen, beperkingen in activiteiten of participatieproblemen te voorkomen.[1] Voor zorgtechnologie is zo'n definitie er nog niet. Wij zien zorgtechnologie als iedere technologische oplossing die kan bijdragen aan de kwaliteit en/of efficiëntie van de uitvoering van zorg.

We beschrijven hierna eerst kort welke behoeften aan ondersteuning in de loop van het ziekteproces kunnen ontstaan. Voor elk van deze behoeften geven we vervolgens voorbeelden van hulpmiddelen en technologie die hieraan tegemoet zouden kunnen komen. Vervolgens gaan we kort in op de vraag wat er bekend is over de effectiviteit van deze oplossingen en schetsen we enkele belangrijke ontwikkelingen in de technologie die voor de toekomst van de dementiezorg van belang kunnen zijn. Ten slotte geven we een aantal bronnen waar meer informatie te vinden is over de mogelijkheden van hulpmiddelen en technologie in de zorg voor mensen met dementie.

8.2 Behoeften aan ondersteuning in verschillende fasen van het dementieproces

Dementie is een syndroom met een progressief beloop. Dit betekent dat de symptomen gedurende het ziekteproces zullen verergeren en de persoon met dementie steeds meer moeilijkheden zal ondervinden in het dagelijks functioneren. Dit heeft bijvoorbeeld gevolgen voor het runnen van het huishouden, het ondernemen van recreatieve activiteiten, het onderhouden van sociale contacten en de persoonlijke verzorging.[2,3] Aangezien dementie (nog) niet te genezen is, zullen mensen met dementie zo goed mogelijk moeten leren omgaan met hun functionele beperkingen en deze waar mogelijk compenseren, zodat zij optimaal zelfstandig kunnen blijven functioneren en verpleeghuisopname kan worden voorkomen of uitgesteld. Hierbij kan de zorg gericht zijn op het direct beïnvloeden van de functionele beperkingen, bijvoorbeeld door cognitieve training, of op het compenseren voor de beperkingen met hulpmiddelen, zoals een agenda met herinneringen of een rollator. Ook kan de omgeving geleerd worden beter om te gaan met de functionele beperkingen van hun naaste. In deze gevallen kan, naast de gebruikelijke hulpmiddelen en interventies, ook ondersteunende technologie worden ingezet, zoals digitale cognitieve training, automatische geheugensteuntjes in een digitale agenda en domotica (woonhuistechnologie). Welke technologische hulpmiddelen kunnen worden ingezet, hangt af van de fase van dementie, de behoeften die zich in de betreffende fasen voordoen en de wensen van de betrokkenen.

Hieronder beschrijven wij drie fasen van dementie vanuit het perspectief van de functionele beperkingen die daarbij op de voorgrond staan en de ondersteuningsbehoeften die daaruit voortvloeien. Uiteraard doorlopen niet alle mensen met dementie deze fasen op dezelfde wijze, met dezelfde behoeften. Dit hangt onder meer af van het type dementie, de voorgeschiedenis, eventuele multimorbiditeit, wat iemand belangrijk vindt voor zijn kwaliteit van leven, de omgeving enzovoort.

We zullen een globaal overzicht geven van de stadia van dementie, gebaseerd op de Global Deterioration Scale* van Reisberg e.a.[4] Vervolgens zullen we aangeven aan welke hulpmiddelen of zorgtechnologie betrokkenen kunnen denken om ondersteuning te bieden bij de functionele beperkingen in de verschillende fasen van dementie. Zoals in de inleiding al is aangegeven, is dit overzicht niet uitputtend. Het geeft wel een beeld van wat er op dit moment mogelijk is.

Beginnende/lichte dementie

In de beginfase van dementie staan geheugenproblemen op de voorgrond. Dit blijkt bijvoorbeeld uit het moeite hebben om recente gebeurtenissen te herinneren, het vergeten van afspraken, de weg naar vroeger bekende adressen niet kunnen vinden, niet op namen kunnen komen of het kwijtraken van spullen. Geleidelijk kunnen er ook problemen ontstaan met het uitvoeren van complexere taken, zoals de financiële administratie en reizen met het openbaar vervoer. Ook kan de persoon met dementie zelf minder initiatieven nemen dan voorheen (zie ook hoofdstuk 2).

In deze beginfase staan behoeften aan geheugensteuntjes en aan informatie over het ziektebeeld en zorg- en ondersteuningsmogelijkheden op de voorgrond.[5] Deze geheugensteuntjes kunnen bijvoorbeeld herinneringen aan afspraken zijn of aanwijzingen voor het kunnen uitvoeren van complexere activiteiten. Anderen willen hun cognitieve vaardigheden trainen in de hoop zo de geheugenachteruitgang te vertragen. Vanwege het verminderde initiatief kan er ook behoefte zijn aan aansporing bij het ondernemen van activiteiten en het onderhouden van sociale contacten.

Matig ernstige dementie

In de middenfase van dementie nemen de geheugenproblemen dusdanig toe dat iemand niet meer zonder hulp kan functioneren. De persoon met dementie weet adressen van naasten niet meer en er is ook desoriëntatie in tijd en plaats.

Mensen met dementie in deze fase kunnen vooral behoefte hebben aan hulp bij de oriëntatie in tijd en plaats. Vanwege de toegenomen geheugenproblemen kan er ook behoefte zijn aan maatregelen om de veiligheid in de thuissituatie te vergroten.

(Zeer) ernstige dementie

In deze laatste fase ondervindt de persoon met dementie problemen met algemene dagelijkse levensactiviteiten (aan- en uitkleden, wassen, eten) en kan hij/zij incontinent worden. Herinneringen aan gebeurtenissen uit het recente en het vroegere verleden zijn afwezig of fragmentarisch. Het dagnachtritme raakt verstoord en er kunnen zich persoonlijkheids- en emotionele veranderingen voordoen. In het zeer ernstige stadium zijn het spraakvermogen en de psychomotorische functies aangetast, waardoor men zich bijvoorbeeld niet meer zelf kan voeden (zie ook hoofdstuk 2). In dit stadium zal doorgaans een opname in een verpleeghuis hebben plaatsgevonden. De behoeften richten zich dan met name op veiligheidsmaatregelen en op ondersteuning bij het uitvoeren van basale activiteiten, zoals eten, wassen en aankleden. Ook is er vanwege de afgenomen mogelijkheden om zelf activiteiten te ondernemen, behoefte aan gepaste dagactiviteiten.

In tabel 8.1 wordt een overzicht gegeven van de belangrijkste behoeften in de drie onderscheiden fasen van het dementieproces. Hierna worden voorbeelden beschreven van beschikbare oplossingen voor elk van deze behoeften in de onderscheiden fasen.

8.3 Voorbeelden van ondersteunende technologie in de verschillende fasen

Technologie bij beginnende/milde dementie

Geheugensteuntjes. Er zijn verschillende digitale agenda's op de markt, waar herinneringen aan afspraken of suggesties voor het uitvoeren van activiteiten en het onderhouden van sociale contacten kunnen worden ingevoerd.

	Beginnend/licht	Matig ernstig	(Zeer) ernstig
geheugensteuntjes	XX	X	
informatie	XX	X	
hulp bij uitvoeren van complexe activiteiten	XX		
cognitieve training	XX		
hulp bij de oriëntatie	X	XX	
veiligheidsmaatregelen		XX	XX
(re)activering	XX	XX	XX
hulp bij basiszorg		X	XX

Tabel 8.1 Overzicht van behoeften in verschillende fasen van het dementieproces

Zo is er bijvoorbeeld het programma Out of Memory, dat gratis van de website van Alzheimer Nederland (www.alzheimer-nederland.nl) kan worden gedownload op een computer. Dit programma bevat een digitale klok, kalender en een fotoalbum. De afspraken in de kalender kunnen worden ingevoerd door mantelzorgers van mensen met dementie of betrokken zorgprofessionals, zoals een thuiszorgmedewerker. Ook voor op de iPad (en andere tablets) zijn diverse apps ontwikkeld, bijvoorbeeld de pictoplanner, waarmee afspraken kunnen worden ingepland.

Wanneer het klokkijken moeilijker wordt, kunnen speciale klokken worden aangeschaft, zoals een 'sprekende' klok (door op een knop te drukken wordt de tijd gemeld) en speciale eenvoudige, duidelijke klokken met datumaanduiding.

Ter herinnering aan het innemen van medicijnen zijn speciale medicijndispensers ontwikkeld, die een signaal afgeven wanneer een pil moet worden ingenomen.

Om spullen in huis terug te kunnen vinden, zoals sleutels of een portemonnee, kan een zogenoemde 'item locator' worden gebruikt. Er zijn verschillende versies beschikbaar. De terug te vinden voorwerpen moeten wel een 'tag' bevatten. Zodra bijvoorbeeld een afbeelding van het voorwerp wordt ingedrukt, wordt een geluidssignaal gegeven, waarmee het voorwerp kan worden gevonden. Het geluidssignaal stopt automatisch als het voorwerp wordt gepakt.

Informatie. Om mensen met dementie, mantelzorgers en andere betrokkenen te informeren over wat dementie inhoudt, hoe je ermee kunt omgaan en welke zorg- en ondersteuningsmogelijkheden er zijn, zijn er diverse informatieve websites ontwikkeld. Voorbeelden zijn de Alzheimer Assistent (www.

alzheimerassistent.nl), de star-onlinecursus over dementie (deze bevat onder meer informatie, kennistests, oefeningen, films en online communities: http://courses.startraining.eu/index.php?lang=nl), de DementieWijzer (gepersonaliseerde informatie over zorg- en ondersteuningsmogelijkheden voor veelvoorkomende problemen en behoeften), de websites van Alzheimer Nederland (www.alzheimer-nederland.nl/informatie) en van Moderne Dementiezorg (www.moderne-dementiezorg.nl). Beter begrijpen wat het is om dementie te hebben, kan door de Alzheimer Experience. Dit is een online, interactieve mediaproductie waarin het leven van een persoon met Alzheimer gevolgd wordt, gezien door de ogen van de patiënt zelf. Het verhaal is opgebouwd rondom 22 gefilmde scènes waarbij wordt gefocust op belevingen die typisch zijn voor mensen met Alzheimer. De Alzheimer Experience is multiperspectief, wat wil zeggen dat de kijker op elk gewenst moment kan kiezen voor het perspectief van een andere persoon in de film (bijvoorbeeld mantelzorger of professional) (www.alzheimerexperience.nl).

Met behulp van virtuele technieken is het ook mogelijk zelf te ervaren wat dementie is, bijvoorbeeld in de Into D'mentia mobiele simulatiecabine (www.intodementia.nl). Hier kunnen mantelzorgers en professionele hulpverleners zelf in de rol van een persoon met dementie kruipen en allerlei functionele beperkingen, alsook de emotionele impact daarvan, aan den lijve ervaren, waardoor zij meer begrip krijgen voor mensen met dementie en daardoor mogelijk ook betere ondersteuning kunnen bieden.

Op de website 'Praten over gezondheid' kun je onder meer ervaringen lezen en zien van mensen met dementie (www.pratenovergezondheid.nl/dementie).

Het verkrijgen van toegang tot digitale medische informatie door mensen met dementie of mantelzorgers staat nog in de kinderschoenen. Aan het Alzheimercentrum van het VUmc is een experiment gaande met een Digitaal Alzheimercentrum, waar patiënten met dementie medische informatie kunnen inzien en neurologen kunnen raadplegen via een e-consult (www.alzheimercentrum.nl/patienten/het-portaal).

Niet specifiek voor dementie, maar voor kwetsbare ouderen, hun mantelzorgers en hun hulpverleners is het Zorg- en WelzijnsInfoPortaal (ZWIP) (www.zwip.nl). Het ZWIP is bedoeld om de communicatie- en informatievoorziening en de eigen regie te verbeteren. Diverse partijen kunnen hierin overleggen over de situatie en geleverde zorg en er kan voorlichtingsmateriaal worden ingezien.

Hulp bij het uitvoeren van complexe activiteiten. Door gerichte aanwijzingen te geven kunnen mensen met dementie stap voor stap worden geholpen bij het uitvoeren van complexe activiteiten, zoals het zetten van een kopje koffie of het doen van de was. Deze aanwijzingen kunnen via video, foto's of geluidsfragmenten worden gegeven op verschillende hardware, zoals een tablet, computer of de tv. Hierbij kan ook gebruik worden gemaakt van sensoren, zodat het systeem detecteert of een handeling heeft plaatsgevonden en de volgende instructie kan worden gegeven. Uiteraard is het hierbij belangrijk dat de aanwijzingen zijn afgestemd op de vaardigheden en persoonlijke situatie van de persoon met dementie, dus bijvoorbeeld in hoeverre iemand verbale instructies kan begrijpen en welk type koffiezetapparaat hij/zij gebruikt. Ook moet worden gekeken of de wijze van instrueren past bij de persoon met dementie: is het bijvoorbeeld beter de instructie door een vertrouwde naaste in te laten spreken of wekt dit juist gevoelens van verwarring of achterdocht op?

De apparatuur moet intuïtief te bedienen zijn, maar in de praktijk zal de persoon met dementie doorgaans wel nog geleerd moeten worden de apparatuur te gebruiken. Het verdient daarom aanbeveling hier al in een vroeg stadium mee te starten. Mantelzorgers kunnen dit hun naaste leren en de ergotherapeut kan hierbij adviseren.

Cognitieve training. Voor het trainen van het geheugen zijn diverse spellen en programma's te gebruiken. Voorbeelden hiervan zijn geheugenspellen op de website van Neurocampus (www.neurocampus.com) of van Cognifit (www.cognifit.com/nl). Een ander voorbeeld is de BrainTrainerPlus, een spelcomputer met een aanraakscherm en spelletjes waarmee ouderen spelenderwijs hun geheugen activeren (www.izovator-healthgames.nl/braintrainerplus. htm).

Hulp bij oriëntatie. Bij beginnende problemen met de oriëntatie in de omgeving kunnen diverse navigatiesystemen ondersteuning bieden. Deze kunnen worden geïnstalleerd op een mobiele telefoon of er is speciale hardware beschikbaar voor in de auto, op de fiets of tijdens het wandelen. Diverse apps kunnen (gratis of voor een klein bedrag) worden gedownload, zoals Google Maps, Co-Rider of de Fiets!-app.

(Re)activering. Om mensen met dementie te (re)activeren kunnen in de digitale agenda's/kalenders (zie boven bij geheugensteuntjes) geheugensteuntjes worden ingevoerd voor het ondernemen van activiteiten, zoals bij een vriend op bezoek gaan of tuinieren. Een activiteit die in toenemende mate populair is onder ouderen, is exergaming, een combinatie van exercise (training) en gaming (zie hierna bij (re)activering bij matig ernstige dementie).

Technologie bij matig ernstige dementie

Geheugensteuntjes. In aanvulling op de eerder genoemde geheugen-steuntjes kan in deze fase ook een fototelefoon nuttig zijn. Diverse uitvoeringen zijn beschikbaar. Op deze telefoons worden de contacten door middel van foto's weergegeven en na het drukken op een foto wordt de betreffende persoon gebeld.

Informatie. De eerder genoemde websites kunnen ook in deze fase behulpzaam zijn voor vragen en problemen, bijvoorbeeld bij vragen over veiligheidsmaatregelen in en om het huis (www.domoticawonenzorg.nl).

Hulp bij oriëntatie. Als mensen met dementie alleen op pad zijn en de weg niet terug kunnen vinden, kunnen zij getraceerd worden met behulp van ondersteunende technologie. Een voorbeeld hiervan is de Zorgriem. Dit is een klein apparaatje dat de persoon met dementie bij zich heeft aan zijn riem en dat is voorzien van een gps-ontvanger en -zender. Mantelzorgers en professionele zorgverleners kunnen (na inloggen) met een eigen computer, tablet, telefoon en/of alarmcentrale de persoon met dementie terugvinden. Dergelijke systemen zijn ook in andere vormen ontwikkeld, bijvoorbeeld in de vorm van een zorghorloge ('watch over me', www.hesticare.com/diensten/watch-over-me; 'Vivago', www.vivago.nl).

Veiligheidsmaatregelen. Ter bevordering van de veiligheid zijn er systemen waarmee met een druk op de knop alle apparatuur in huis wordt uitgeschakeld. Ook ongelukken tijdens het koken kunnen worden voorkomen door verschillende technologieën, zoals systemen waarbij de gastoevoer automatisch stopt als de vlam is uitgegaan, en kookduurbegrenzers die ervoor zorgen dat de kookplaat na een bepaalde periode automatisch uitschakelt.

Om valincidenten of dwaalproblemen te voorkomen kan de route naar het toilet voorzien worden van automatische belichting, zodat de persoon met dementie naar de juiste plek wordt geleid. Hierbij wordt gebruikgemaakt van sensortechnologie. Door detectie van beweging worden de lampen geleidelijk geactiveerd of gedeactiveerd.

(Re)activering. Voor mensen met dementie die zich niet gemakkelijk buitenshuis kunnen bewegen vanwege valgevaar of dwaalgedrag, kan exergaming een manier zijn om op een plezierige wijze lichamelijk actief te blijven. Er zijn verschillende vormen van exergaming op de markt, bijvoorbeeld toepassingen waarbij je terwijl je fietst op een hometrainer of wandelt op een loopband een gefilmde omgeving ziet. Als je sneller fietst gaat de film ook sneller zodat je

je echt buiten waant. Er zijn ook andere beweegspellen, bijvoorbeeld volleybal-len, bowlen, tennissen en tuinieren. Voorbeelden van exergaming-apparatuur zijn Silverfit, Wii-fit, Expressofiets en de DiFiets (zie www.silverfit.nl, www.embeddedfitness.nl, www.stichting-boz.nl).

Andere reactiveringstoepassingen zijn digitale, op de persoon afgestem-de fotoboeken (om een leuke activiteit samen met anderen te doen of om met een meer therapeutisch oogmerk reminiscentieactiviteiten te doen) en allerlei spellen (aangepaste spellen voor mensen met dementie op de computer of ta-blet). Voor reminiscentieactiviteiten in instellingen wordt ook de verhalentafel toegepast (www.verhalentafel.nl). Dit is een meubel waarop in kleine groepjes historisch beeldmateriaal kan worden bekeken of filmpjes naar eigen keuze. Een andere toepassing is 'Klessebessers' (www.klessebessers.nl). Dit is een groepsactiviteit waarbij een telefoon, een radio, een koffer en een televisie (zo-genoemde Klessebessers) verspreid in een kring staan. Elke 'Klessebesser' kan op een eigen manier herinneringen prikkelen, bijvoorbeeld door versjes, liedjes, voorwerpen en filmfragmenten. Zo kunnen de mensen gezellige momenten beleven met elkaar.

Technologie bij (zeer) ernstige dementie

Veiligheidsmaatregelen. Met behulp van diverse (draadloze) sensoren en camera's in een woning of in een zorginstelling kan het gedrag van personen met dementie automatisch worden geobserveerd. Voor deze monitoring wor-den steeds meer draadloze sensoren gebruikt die in diverse ruimten kunnen worden aangebracht. Hiermee kan het dagelijks functioneren van de persoon met dementie worden gemonitord. De mantelzorgers of professionele zorgver-leners kunnen op hun pc of smartphone een overzicht inzien van dit functione-ren: hoe vaak heeft iemand 's nachts het bed verlaten, heeft iemand het toilet bezocht, de koelkast gebruikt en dergelijke? Het systeem leert gaandeweg wat normaal gedrag is voor de betreffende persoon en kan daardoor afwijkingen van dit normale gedrag ontdekken. Deze afwijkingen kunnen bijvoorbeeld dui-den op een valincident of achteruitgang in functioneren. Wanneer het systeem afwijkend gedrag signaleert geeft het automatisch een alarm af aan de zorg-verlener, die vervolgens camerabeelden van de betreffende locatie kan bekijken of telefonisch contact kan opnemen met een cliënt of bewoner om na te gaan of er sprake is van een noodsituatie waarvoor aanvullende acties ondernomen moeten worden. Van dit soort systemen zijn er verschillende in gebruik, zowel in de thuissituatie als in zorginstellingen. Voorbeelden zijn Quietcare® of UAS ('unattended autonomous surveillance', www.domoticawonenzorg.nl/dwz/Alarmsysteem-in-woning-(UAS).html).

Om te voorkomen dat personen met dementie gaan dwalen en om toch hun bewegingsvrijheid te bevorderen, zijn er ook systemen die het mogelijk maken dat de persoon met dementie zich vrij kan bewegen in bepaalde ruimten terwijl deuren naar andere ruimten automatisch sluiten. Dit wordt ook wel een leefcirkel genoemd. De persoon met dementie krijgt dan een 'tag' met een sensor om in de vorm van een armband, broche of ketting, die sommige deuren wel en andere niet zal openen.

Ook kan in dit stadium van dementie de eerder genoemde automatische belichting van de route worden gebruikt om nachtelijke desoriëntatie, dwaalgedrag en valincidenten te voorkomen.

(Re)activering. Om het affectief en sociaal functioneren van mensen met dementie te bevorderen, kan ook gebruik worden gemaakt van knuffelrobots. Een bekend voorbeeld is Paro, een babyzeehond met tactiele sensoren waarmee hij kan reageren op aanrakingen en geluiden (http://wetenschap.infonu. nl/diversen/88992-de-paro-de-robotknuffel-vermindert-stress-bij-dementerenden.html). Paro reageert door het openen en sluiten van de ogen, door geluiden te maken of door bewegingen met de staart. Paro wordt inmiddels in verscheidene instellingen in Nederland gebruikt. Andere voorbeelden zijn de robothond (www.robots.nu/robothond/), kat Venus (www.youtube.com/ watch?v=MNPHzSWrnAU) en de dinosaurus Pleo (www.pleoworld.com en www.robots.nu).

Ook zijn er diverse digitale spellen voor mensen met dementie, bijvoorbeeld beweegactiviteiten waarbij gebruikgemaakt wordt van muziek en reminiscentiemateriaal zoals persoonlijke foto's (bijvoorbeeld Silverfit Alois, www. silverfit.nl).

Hulp bij basiszorg. Ondersteuning bij het uitvoeren van dagelijkse activiteiten kan worden geboden via de stap-voor-stap instructie (zie ook boven, hulp bij het uitvoeren van complexe activiteiten in de eerste fase). Deze vorm van ondersteuning kan ook worden toegepast bij mensen met matige tot ernstige dementie in een zorgvoorziening, zoals het geven van instructies voor het handen wassen.[6]

Geïntegreerde systemen. Naast bovengenoemde voorbeelden van ondersteunende technologie voor verschillende behoeften zijn er ook geïntegreerde systemen die voor een variatie aan behoeften kunnen worden ingezet. Een voorbeeld hiervan is de PAL4 (Personal Assistant 4 Life). Dit is een aanraakscherm met daarop een agenda met automatische herinneringen aan activiteiten, levensalbum met foto's, filmpjes, muziek en (geheugen)spelletjes. Ook kan de persoon met dementie zelf informatie opzoeken, videocontact met anderen maken, onder wie professionele zorgverleners of de mantelzorger. Ook kan een dagboek worden ingevuld door bezoekers. De mantelzorger kan dit thuis op zijn eigen computer weer bekijken.

8.4 Wat weten we over de effectiviteit van ondersteunende technologie voor mensen met dementie?

Een belangrijk probleem bij de implementatie van technologische hulpmiddelen of zorgtechnologie is dat er nog maar weinig bekend is over de (kosten)effectiviteit ervan, terwijl ze wel gepaard gaat met relatief hoge startinvesteringen. Heel anders dan voor medicijnen of bepaalde therapievormen is er over technologische hulpmiddelen en zorgtechnologie nauwelijks goed onderzoek beschikbaar. Voor zover er wel onderzoek gedaan is, gaat het veelal om kleine studies met niet-vergelijkbare resultaten, omdat verschillende effecten onderzocht zijn met gevarieerde, niet-uniforme meetinstrumenten en methoden. Toch is het potentieel van hulpmiddelen en technologie groot, en de meeste publicaties laten veelbelovende resultaten zien met betrekking tot de effecten. Voorbeelden zijn bevordering van de bewegingsvrijheid, slaap, tijdsoriëntatie en kwaliteit van leven, het bieden van meer structuur, verminderen van gevoelens van angst en onveiligheid, vermindering van belasting van mantelzorgers en een toename van hun zelfvertrouwen.[7-10] Uit onderzoek bleek bijvoorbeeld dat een digitale agenda voor een mevrouw met dementie 'heel veel zekerheid' gaf. Haar dochter: 'Dat zegt ze ook, ik ben zo blij, dan kijkt ze op dat scherm en weet ze weer welke dag het is en wat ze moet doen.' Beide dochters hielden vanaf hun eigen computer de agenda van hun moeder bij en waren ervan overtuigd dat hun moeder dankzij deze digitale agenda nog thuis kon blijven wonen. Een andere mantelzorger meldde over een valdetectiesysteem: 'Maar met dit systeem weet ik dat als ze valt en ze kan niet bij de telefoon om mij te bellen, dan is er iemand die een voordeursleutel heeft en die er in kan. En dat geeft mij veel meer rust.'[11]

Over de kosteneffectiviteit zijn de resultaten minder veelbelovend; vaak blijkt dat de inzet van technologie met extra kosten gepaard gaat, terwijl de gehoopte efficiëntiewinst niet gehaald wordt. Dit heeft deels te maken met de kwaliteit van de studies naar kosteneffectiviteit, maar daarnaast vooral ook met het feit dat de technologie veelal 'boven op' de normale zorg komt en men het in de praktijk niet aandurft om de zorg daadwerkelijk zodanig te veranderen dat technologie voor een deel in plaats van de gebruikelijke professionele zorg wordt ingezet. Een goed voorbeeld daarvan is de toepassing van leefstijlmonitoring. De sensorsystemen die hiervoor gebruikt worden, kunnen het gedrag van een thuiswonende persoon met dementie monitoren en daaruit afleiden hoe het gaat met deze persoon, en op geleide daarvan zo nodig alarmen genereren. Het maximale effect wordt gerealiseerd als de zorgorganisatie alleen contact opneemt met een cliënt als het systeem aangeeft dat dat nodig is, en dus niet daarbuiten als alles goed gaat. Die stap durven zorgprofessionals en organisaties nog niet te maken, omdat de kaders hiervoor nog onvoldoende duidelijk zijn. Zo is bijvoorbeeld niet duidelijk hoe betrouwbaar en stabiel de technologie moet zijn voordat deze mag worden ingezet in de zorg en wie er verantwoordelijk is als de techniek faalt.[12]

Om de toepassing van hulpmiddelen en technologie optimaal te kunnen 'richten' is het van belang dat bij de ontwikkeling ervan in een vroeg stadium de mensen met dementie, mantelzorgers en professionele hulpverleners (de zogenoemde eindgebruikers) zo veel mogelijk zelf worden betrokken. Het is belangrijk met hun behoeften, wensen, beperkingen en mogelijkheden rekening te houden. Dit betekent onder meer dat de hulpmiddelen zo veel mogelijk intuïtief te gebruiken moeten zijn, instructies duidelijk en passend voor de gebruiker moeten zijn (gesproken teksten, beelden of combinaties hiervan, letter- en beeldgrootes eenvoudig aan behoeften aan te passen) en bijvoorbeeld niet kinderachtig of stigmatiserend moeten zijn.[13] Tot op heden worden mensen met dementie nog onvoldoende betrokken bij de ontwikkeling van ondersteunende technologie.[14] Ook is voor een bredere toepassing ervan gedegen onderzoek naar de effecten van essentieel belang. We roepen dan ook iedereen op die iets met technologie doet in relatie tot de zorg voor mensen met dementie, om aandacht te besteden aan participatie van eindgebruikers bij de ontwikkeling, inzet en systematische evaluatie, en de resultaten daarvan te delen met anderen.

8.5   Toekomstige ontwikkelingen

Technologie ontwikkelt zich snel en er wordt veel onderzoek gedaan naar nieuwe mogelijkheden. In het Europese onderzoeksprogramma AAL (Ambient Assisted Living) wordt bijvoorbeeld door veel partijen gewerkt aan heel innovatieve oplossingen voor het ondersteunen van mensen met beperkingen, onder wie mensen met dementie. In de naaste toekomst komen daardoor zeker nieuwe mogelijkheden op de markt. Veel is te verwachten van de volgende drie ontwikkelingen.

- *Integratie van allerlei oplossingen in ict-platforms.* Op dit moment zijn de meeste beschikbare oplossingen 'stand alone'-toepassingen voor specifieke behoeften. Het huidige aanbod is daardoor erg versnipperd, met allerlei oplossingen die een eigen infrastructuur behoeven en apart aangestuurd moeten worden. Een belangrijke ontwikkeling is dat er steeds meer gedacht en gewerkt wordt vanuit digitale platforms, waarop een aantal verschillende toepassingen kunnen functioneren.

Dit is het best te vergelijken met de huidige smartphone, waarop een groot aantal 'apps' gedownload kan worden, als die tenminste aan de juiste technische basiseisen voldoen. Een dergelijke benadering maakt het mogelijk om op geleide van de individuele behoefte van mensen een bepaald pakket aan toepassingen te gebruiken dat per persoon en gedurende het dementieproces kan variëren. Zeker bij dementie heeft zo'n aanpak grote voordelen, omdat het ziektebeeld grillig verloopt, de problemen in aard en ernst sterk veranderen over de tijd en omdat er grote verschillen zijn in de mate waarin, en het tempo waarmee mensen nieuwe technologie adopteren. Er zijn reeds enkele voorbeelden van dergelijke platformoplossingen, maar dit zal zich nog veel verder ontwikkelen (zie bijvoorbeeld www.cubigo.com of www.Pal4.nl).

- *Slimme sensorsystemen*. Op het gebied van sensortechnologie zijn er veel ontwikkelingen. Sensoren worden steeds kleiner, er kan steeds meer gemeten worden, sensoren kunnen met elkaar communiceren en door slimme 'zelflerende' systemen kunnen signalen van sensoren steeds efficiënter en zonder tussenkomst van mensen geanalyseerd en geïnterpreteerd worden. De toepassingsmogelijkheden voor sensoren in de zorg zijn in principe legio. Het voor de dementiezorg belangrijkste terrein, waar de meeste behoefte aan oplossingen bestaat, is dat van de monitoring, ofwel het 'in de gaten houden' van mensen. Daarbij kan het gaan om het monitoren van allerlei lichaamsfuncties (bijvoorbeeld hartritme, bloeddruk of temperatuur), het monitoren van gedrag (bijvoorbeeld de mate van lichamelijke activiteit, slaappatroon, eetgedrag, toiletgang en dergelijke) en het waarnemen van relevante zaken in de omgeving van mensen (bijvoorbeeld kamertemperatuur, licht, geluid, deurbewegingen, aanwezigheid van mensen of obstakels in de omgeving). Door de toepassing van kunstmatige intelligentie kunnen dergelijke systemen op basis van sensordata en/of camerabeelden zelf situaties interpreteren en beoordelen of er wel of geen hulp nodig is, en vervolgens die hulp ook zelfstandig inschakelen. Met leefstijlmonitoring wordt in Nederland al de nodige ervaring opgedaan, maar op dit gebied is nog veel te verwachten.
- *Zorgrobots*. Er wordt wereldwijd enorm geïnvesteerd in de ontwikkeling van robots voor de zorg. De eerste toepassingen zijn inmiddels bekend in de dementiezorg. Voorbeelden zijn de al genoemde Paro-robotzeehond en eetrobots. Maar veel andere zijn in ontwikkeling. Globaal gaat het om twee typen toepassingen: sociale robots die vooral bedoeld zijn om een interactie aan te gaan met mensen (zoals Paro) en robots die zelfstandig taken kunnen vervullen. Deze beide typen worden ook ge-

combineerd. Ook zullen er robots beschikbaar komen die mensen 'in de gaten kunnen houden' en op geleide van de gegevens die ze verkrijgen de gebruiker suggesties doen of adviseren, bijvoorbeeld om iets te eten of te drinken, en die indien gewenst actief taken kunnen uitvoeren en eventueel een zorgprofessional of mantelzorger kunnen waarschuwen. Veel mensen kunnen zich hier nog weinig bij voorstellen, maar er zijn veel van dergelijke robots in ontwikkeling en ze zullen binnen vijf tot tien jaar hun intrede in de praktijk doen.

Wat deze ontwikkelingen in de technologie precies voor de zorgpraktijk zullen opleveren, is nog niet duidelijk, maar zeker is dat deze technologie eraan komt en ook veel sneller dan veel mensen denken. Daarom is het verstandig om vanuit de zorgpraktijk met een open blik naar deze ontwikkelingen te kijken en er mede voor te zorgen dat er goed bruikbare en effectieve oplossingen komen die gebaseerd zijn op de behoeften in de zorg. Dit kan bijvoorbeeld door mee te werken aan experimenten met deze technologie en elkaar over de bevindingen hiermee te informeren. Tevens moet aandacht besteed worden aan de ethische en andere vragen die het gebruik van dergelijke technologie oproept. Hierbij kan gedacht worden aan veranderingen in de relatie tussen zorgverlener en cliënt, mogelijke aantasting van de privacy versus toegenomen vrijheid, de beschikbaarheid van ondersteunende technologie voor een breed publiek en dergelijke.[12,15]

8.6   Tot slot

De hoofdboodschap van dit hoofdstuk is dat hulpmiddelen en technologie een belangrijke rol kunnen spelen bij de zorg en ondersteuning van mensen met dementie en hun naasten. In de praktijk worden deze mogelijkheden nog onvoldoende benut, onder andere omdat de kennis erover versnipperd en soms niet beschikbaar is. Met dit hoofdstuk hopen we een indruk te hebben gegeven van de manier waarop technologie ingezet kan worden in de zorg en de lezer geprikkeld te hebben om die mogelijkheden te benutten.

Vrijwel alle disciplines in de zorg hebben hiermee te maken, maar waarschijnlijk de wijkverpleegkundige/casemanager het meest. Die vervult immers meestal een sleutelrol in de zorg, zowel in de uitvoering als de coördinatie en is ook veelal de verbinding tussen 'patiënt' en mantelzorgers enerzijds en zorgprofessionals anderzijds. De verpleegkundige/casemanager kan het systeem rond de patiënt informeren over en begeleiden bij het leren gebruiken van ondersteunende technologie. Wil hij/zij dit goed kunnen doen, dan betekent dit dat ook in de opleiding van deze zorgverleners een prominentere plaats gewenst is voor de toepassing van ondersteunende technologie in de (dementie) zorg. Daarnaast is van belang dat allerlei dienstverleners rond dementie in de welzijnssector en zorgverleners in de eerste- en tweedelijnsgezondheidszorg goed worden geïnformeerd over de mogelijkheden en meerwaarde van ondersteunende technologie. Op die manier zullen steeds meer mensen met dementie en hun mantelzorgers ervan kunnen profiteren.

Noot

* Deze schaal wordt veel gebruikt om het stadium van dementie in te schatten (zie ook pp. 44-46). Op basis van observaties worden de cognitieve en functionele capaciteit beoordeeld. De GDS bevat zeven stadia: in stadium 1 zijn geen cognitieve stoornissen aanwezig, terwijl mensen in stadium 2 en 3 respectievelijk vergeetachtig worden en (op het werk en in hun sociale omgeving) minder gaan presteren. In stadium 4 tot en met 7 is sprake van een volledig dementiesyndroom in lichte tot zeer ernstige vorm. Voor de indeling in technologische hulpmiddelen in de verschillende stadia hebben we een onderscheid gemaakt in de beginstadia lichte cognitieve stoornissen en beginnende dementie (respectievelijk GDS 3-4), matig ernstige dementie (GDS 5) en de (zeer) ernstige stadia (GDS 6-7).

Literatuur

1   ISO9999. www.iso.org/iso/catalogue_detail.htm?csnumber=50982.
2   Verbrugge L, Jette AM. The disablement process. Soc Sci Med. 1994;38:1-14.
3   Gill TM. Assessment of function and disability in longitudinal studies. J Am Geriatr Soc. 2010;58:308-12.
4   Reisberg B, Ferris SH, De Leon MJ, Crook T. The Global Deterioration Scale for assessment of primary degenerative dementia. Am J Psychiatry. 1982;139:1136-9.
5   Roest HG van der, Meiland FJM, Comijs HC, et al. What do community-dwelling people with dementia need? A survey of those who are known to care and welfare services. Int Psychogeriatr. 2009;21:949-65.
6   Mihailidis A, Boger JN, Craig T, Hoey, J. The COACH prompting system to assist older adults with dementia through handwashing: an efficacy study. BMC Geriatr. 2008;8:28.
7   Buettner LL, Yu F, Burgener SC. Evidence supporting technology-based interventions for people with early-stage Alzheimer's disease. J Gerontol Nurs. 2010;36:15-9.
8   Lauriks S, Reinersmann A, Roest HG van der, et al. Review of ICT-based services for identified unmet needs in people with dementia. Ageing Res Rev. 2007;6:223-46.
9   O'Keeffe J, Maier J, Freiman MP. Assistive technology for people with dementia and their caregivers at home: what might help. Final report. North Carolina: RTI International, 2010.
10   Topo P. Technology studies to meet the needs of people with dementia and their caregivers: a literature review. J Appl Gerontol. 2009;28:5-37.
11   Meiland FJM, Hattink B, Dröes RM, Karkowski I. Rosetta trial evaluation report, D7.2. Amsterdam: VUmc, 2012.

12   Niemeijer A, Depla M, Frederiks B, Hertogh C. Toezichthoudende domotica, een handreiking voor zorginstellingen. Amsterdam: VUmc, 2012.

13   Meiland FJM, Boer ME de, Hoof J van, et al. Functional requirements for assistive technologies for people with cognitive impairments. In: Wichert R, Laerhoven K van, Gelissen J, eds. Constructing ambient intelligence: AmI 2011 Workshops CCIS vol 277, Heidelberg: Springer, 2012. p. 146-51.

14   Span M, Hettinga M, Vernooij-Dassen M, et al. Involving people with dementia in the development of supportive IT applications: a systematic review. Aging Res Rev. 2013;12:535-51.

15   Alzheimer Europe. Ethical issues in practice – the ethical issues linked to the use of assistive technology in dementia care, 2012. www.alzheimer-europe.org/Ethics/Ethical-issues-in-practice/ The-ethical-issues-linked-to-the-use-of-assistive-technology-in-dementia-care.

Relevante websites over hulpmiddelen en ondersteunende technologie
www.alzheimer-nederland.nl/informatie/leven-met-dementie/hulp-bij-dementie/hulpmiddelen-bij-dementie.aspx
www.hulpmiddeleninfo.be/kw/geheugen/kw_geheugen.pdf
www.dementheek.nl/hulpmiddelen/?p=5
www.zorgriem.nl
www.domoticawonenzorg.nl
www.hulpmiddelenwijzer.nl/zoeken-naar-een-hulpmiddel
www.modernedementiezorg.nl/hulpmiddelen.php
www.vumc.nl/afdelingen/Amsterdam-Center-on-Aging/informatieen materialen/Tebestellenmaterialen/Factsheet-functionele-eisen-ICT
http://zorginnovatie.hr.nl/PageFiles/83595/Dementie%20en%20Technologie.pdf

III EFFECTIEVE HULP BIJ DEMENTIE VANUIT BELEVINGSPERSPECTIEF

9 UITEINDELIJK GAAT HET OM BEHOUD VAN KWALITEIT VAN LEVEN

Rose-Marie Dröes en Debby Gerritsen

9.1 Inleiding

In deel III van dit boek staat het belevingsperspectief centraal. Behandeling en begeleiding vanuit het belevingsgerichte perspectief, ook wel het psychosociale perspectief genoemd, richt zich op het bijstaan van mensen met dementie en hun omgeving bij het omgaan met de gevolgen van dementie met als uiteindelijk doel behoud van hun kwaliteit van leven en voorkoming c.q. behandeling van ontregelingen van het dagelijks leven. Belangrijke vragen daarbij zijn: Hoe beleven mensen hun dementie? Hoe gaan zij ermee om? Welke psychologische en sociale factoren zijn hierop van invloed?

Pas de laatste decennia is er in toenemende mate aandacht voor hoe mensen met dementie hun beperkingen in het dagelijks leven beleven en ermee omgaan, en bij welke hulp zij emotioneel en sociaal gebaat zijn. Voor die tijd werd er stilzwijgend vanuit gegaan dat mensen met dementie zichzelf niet bewust waren van hun cognitieve beperkingen, laat staan dat zij beseften dementie te hebben.[1]

Omgaan met dementie: verschillende theoretische gezichtspunten

Een van de eerste auteurs die over het omgaan met dementie schreef, nu bijna veertig jaar geleden, was Verwoerdt.[2] Anders dan zijn tijdgenoten, die veranderingen in het gedrag bij mensen met dementie primair toeschreven aan de hersendegeneratie, verklaarde Verwoerdt vanuit een psychodynamisch perspectief psychologische veranderingen en gedragsveranderingen bij dementie als uitingen van de stress die deze mensen ervaren en de manier waarop zij daarmee omgaan (= coping).[1] Hij onderscheidde drie soorten defensieve copingstrategieën: allereerst strategieën die erop gericht zijn situaties die angst opwekken te beheersen en te controleren (bijvoorbeeld dwanggedachten, dwangmatig gedrag, overcompensatie), strategieën waarmee de dreiging buiten het bewustzijn wordt gehouden (bijvoorbeeld onderdrukking, ontkenning en projectie) en regressieve strategieën, zoals zich terugtrekken, regressie en opgeven. In de psychotherapeutische behandeling van mensen met dementie zou het vooral gaan om empathisch begrip voor het huidige emotionele leven van de persoon met dementie.

Een andere auteur die in die tijd over het omgaan met dementie schreef was Gainotti.[3] Hij ontdekte een verband tussen de mate waarin mensen met dementie confabuleren en hun persoonlijkheid: mensen die voordat zij dementie kregen een sterk geweten hadden gehad en voor wie onafhankelijkheid, prestige en superioriteit centrale waarden in hun leven waren geweest, bleken beduidend vaker te confabuleren. Daarom beschouwde hij confabulatie als een teken van reorganisatie of coping in plaats van desintegratie, zoals tot dan toe gebruikelijk was. Cohen e.a. beschreven, geïnspireerd door Kübler-Ross en gebaseerd op vele klinische interviews met mensen met de ziekte van Alzheimer, een aantal opeenvolgende fasen die mensen met de ziekte van Alzheimer doormaken met bijbehorende psychologische reacties:[4]

- vóór de diagnose: erkenning van klachten en symptomen en bezorgdheid;
- tijdens de diagnose: ontkenning;
- na de diagnose: boosheid, schuld en verdriet, coping, rijping en afstand kunnen nemen.

In de jaren daarna deden Kiyak en Borson onderzoek bij thuiswonende mensen met dementie.[5,6] Zij vonden dat acceptatie de meest voorkomende manier van omgaan met de ziekte was, maar ook dat mensen (bij moeilijke situaties) veel vaker emotiegerichte copingstrategieën gebruikten, zoals boos worden, bitter of haatdragend zijn, dan probleemgerichte of oplossingsgerichte copingstrategieën en hoop.

Om te begrijpen hoe mensen reageren op hun dementie en hoe zij omgaan met de gevolgen ervan zijn de afgelopen decennia verscheidene theoretische verklaringsmodellen gehanteerd.[7,8] Zo gebruikte Feil,[9] de grondlegster van de 'validation'-benadering, het ontwikkelingsstadiamodel van Erikson[10] om gedesoriënteerd en regressief gedrag van ouderen met dementie te verklaren als gedrag dat voortvloeit uit onopgeloste psychische problemen in eerdere levensstadia. Hall en Buckwalter[11] ontwikkelden het Progressively Lowered Stress Threshold (PLST)-model, dat was gebaseerd op de copingtheorieën van Lazarus en Selye.[12] Het PLST-model beschrijft hoe de stressdrempel lager wordt naarmate de dementie voortschrijdt, waardoor mensen gaandeweg het dementieproces eerder stress zullen ervaren. Het model vraagt daarmee aandacht voor de invloed van de (zorg)omgeving op beleving en gedrag van de persoon met dementie. Ook in latere modellen, zoals het persoonsgerichte zorgmodel van Kitwood[13] en het 'unmet needs'-model van Cohen-Mansfield,[14] worden sociale en omgevingsfactoren gebruikt om gedragsveranderingen van mensen met dementie te verklaren. Miesen beschrijft eveneens het belang van de omgeving.[15] In zijn onderzoek naar bepaald gedrag dat vaak voorkomt bij mensen met dementie in verpleeghuizen, namelijk ouderfixatie en het naar huis willen om voor de kinderen te zorgen, gebruikt hij de gehechtheidstheorie van Bowlby als verklaringsmodel. Het genoemde gedrag zou te verklaren zijn als gehechtheidsgedrag dat optreedt als reactie op gevoelens van onveiligheid, veroorzaakt door de cognitieve achteruitgang en doordat men zich niet thuis voelt in het verpleeghuis.

Dröes introduceerde het adaptatie-copingmodel om de cognitieve, emotionele en sociale aanpassing bij mensen met dementie te beschrijven en om veranderingen in hun gedrag en stemming te verklaren.[8,16] Zij onderzocht of algemene adaptieve taken, zoals eerder beschreven door Moos en Tsu[17] voor acute en chronische lichamelijke ziekten, ook golden voor mensen met dementie. Het ging om taken zoals het leren omgaan met eigen beperkingen, behoud van een emotioneel evenwicht en een positief zelfbeeld en het onderhouden van sociale relaties. In een reeks interventie- en observationele studies werd inderdaad bevestigd dat deze adaptieve taken ook relevant zijn voor mensen met lichte tot matige dementie en dat een deel van de gedrags- en stemmings-veranderingen als copinggedrag kan worden verklaard.[16,18] Dit blijkt ook uit latere interviewstudies met mensen met dementie, waarin zij aangeven hoe zij omgaan met de veranderingen in hun leven als gevolg van de dementie.[19-21]

De stem van mensen met dementie

Tot het midden van de jaren negentig van de vorige eeuw was het merendeel van de publicaties over omgaan met dementie nog uitsluitend gebaseerd op klinische observaties van professionals.[2,22] Slechts enkele publicaties doen verslag van systematische empirische studies.[5,16,23] Je kunt je afvragen waarom het omgaan met dementie in het verleden zo zelden onderwerp van empirisch onderzoek is geweest, in tegenstelling tot het omgaan met andere chronische ziekten zoals kanker, hart- en vaatziekten en reumatische aandoeningen. Waarom werd de stem van mensen met dementie niet gehoord? Een van de redenen hiervoor is, ongetwijfeld, dat algemeen werd aangenomen dat mensen met dementie zich door de cognitieve achteruitgang niet bewust waren van hun ziekte en dat het onderwerp 'omgaan met dementie' dus niet voor hen speelde, met als gevolg dat het door de omgeving ook niet te berde werd gebracht.[1] Dit geloof werd waarschijnlijk ook gevoed door de collectieve angst voor progressieve cognitieve achteruitgang en het verliezen van je verstand in onze samenleving waarin intellectuele capaciteiten nog steeds een van de hoogste waarden is. Wat is er dan geruststellender dan te denken dat je er tenminste geen besef van zal hebben! Genoemde redenen zullen er zeker toe hebben bijgedragen dat het tot zo'n vijftien jaar geleden ongewoon was om openlijk met mensen met dementie over hun ervaringen te spreken. Als zij zelf zich niet bewust waren van hun ziekte, waarom dan het risico lopen hun ervan bewust te maken door de ziekte met hen te bespreken?

Hoewel dementie nog steeds niet volledig uit de taboesfeer is, en nog niet eens zo lang geleden uit een Nederlandse studie bleek dat meer dan de helft van de huisartsen de diagnose alleen met de echtgenoot of mantelzorger bespreekt en niet met de persoon met dementie,[24] is er in de laatste vijftien jaar ook veel veranderd in de zorg en in het onderzoek. De Alzheimercafés,[25] de ontmoetingscentra voor mensen met dementie en hun verzorgers,[26,27] de Kopgroepen[28] en de Odensehuizen[29] zijn voorbeelden van initiatieven die mensen met dementie, familieleden en professionals helpen om het taboe te doorbreken en om de ziekte openlijk met elkaar te bespreken.

Met deze ontwikkelingen is ook het empirisch onderzoek waarin mensen met dementie werden geïnterviewd over hun ervaringen met de ziekte en hun manier van omgaan met verliezen, toegenomen. Dankzij deze kwalitatieve studies hebben we veel meer inzicht gekregen in de beleving van mensen met dementie en de copingstrategieën die zij gebruiken om, ondanks alle verliezen die zij doormaken, een emotioneel evenwicht, sociaal contact en een zelfgevoel te behouden.[19,30-33] De studies hebben ook inzicht opgeleverd in de positieve en negatieve invloed die de omgeving (informele en professionele verzorgers, sociaal netwerk) kan hebben op het copingproces.[18,34]

Zorg die aansluit op de individuele beleving
Mede door het toenemend inzicht in de manier waarop mensen hun dementie beleven en omgaan met de gevolgen ervan, is ook de belangstelling voor hoe zij zo goed mogelijk kunnen worden ondersteund in hun dagelijks leven de afgelopen jaren aanzienlijk toegenomen. Denk bijvoorbeeld aan ontwikkelingen op het gebied van persoonsgerichte en belevingsgerichte zorg, maar ook aan de groeiende belangstelling voor de toepassing van ondersteunende technologie (zoals domotica) om mensen met dementie in staat te stellen zo lang mogelijk in hun eigen huis en omgeving te blijven wonen met een aanvaardbare kwaliteit van leven.[35] Vele belevingsgerichte interventies werden ontwikkeld, zoals reminiscentie, validation, psychomotorische therapie, mu-

ziektherapie, snoezelen en geïntegreerde belevingsgerichte zorg. Deze bieden handvatten om mensen met dementie te ondersteunen bij het accepteren van en omgaan met de gevolgen van de ziekte en beogen de kwaliteit van leven te optimaliseren.

9.2 Kwaliteit van leven

Effectief de kwaliteit van leven verhogen is onmogelijk zonder te weten waar de kwaliteit van leven van mensen met dementie uit bestaat. Hoewel het gebruik van de term 'kwaliteit van leven' in de gezondheidszorg een verschuiving weerspiegelt van het denken in termen van 'de dokter weet wat goed is voor de patiënt' naar 'wat wil en vindt de patiënt zelf?' is veel onderzoek naar kwaliteit van leven bij dementie niet gebaseerd op de inschatting van de persoon met dementie zelf.[36] Ook geldt dit voor veel van de meetinstrumenten die hierbij worden toegepast. Dit was aanleiding voor de multidisciplinaire werkgroep Kwaliteit van Leven van de Leo Cahnstichting – een stichting die tot voor enige jaren geleden onderzoek bevorderde op het terrein van de psychopathologie bij ouderen – om onderzoek te verrichten naar wat mensen met dementie zelf belangrijk vinden voor hun kwaliteit van leven. De werkgroep vergeleek dit vervolgens met wat er in de literatuur over kwaliteit van leven bekend was en wat zorgprofessionals aangaven belangrijk te vinden voor kwaliteit van leven van mensen met dementie.[37]

De interviews en focusgroepen met mensen met dementie leverden twaalf domeinen van kwaliteit van leven op (tabel 9.1). De meeste van deze domeinen waren in vergelijkbare termen terug te vinden in de literatuur. Maar de werkgroep identificeerde ook enkele nieuwe domeinen: 'zelfbeschikking en

Affect
Zelfwaardering/zelfbeeld
Gehechtheid
Sociaal contact
Plezier beleven aan activiteiten
Gevoel voor esthetiek in de leefomgeving
Lichamelijke en geestelijke gezondheid
Financiële situatie
Zelfbeschikking en vrijheid
Spiritualiteit
Veiligheid en privacy
Nuttig zijn/zingeving

Tabel 9.1 Domeinen van kwaliteit van leven volgens mensen met dementie[37]

vrijheid', 'spiritualiteit', 'veiligheid en privacy' en 'nuttig zijn/zingeving'. Ze bevatten thema's en uitspraken van mensen met dementie die niet in de andere domeinen waren onder te brengen.

Uitspraken op grond waarvan het domein 'zelfbeschikking en vrijheid' is geformuleerd zijn bijvoorbeeld:

'Dat je jezelf kunt zijn', 'Dat je onafhankelijk bent', 'Het is erg vervelend wanneer je iets moet doen wat je niet wilt', 'Als je geen tijd meer hebt voor jezelf' en 'Niet meer mogen autorijden' of 'Je vrijheid kwijt zijn'.

Uitspraken die verwezen naar het belang van spiritualiteit waren bijvoorbeeld:

'Ik leef nog en dat is iets om dankbaar voor te zijn' en 'Het geloof; altijd naar de kerk gaan: als je zonden niet worden vergeven ga je niet naar de hemel'.

Ten aanzien van 'veiligheid en privacy' werden bijvoorbeeld de volgende uitspraken gedaan door verpleeghuisbewoners:

'Het feit dat vreemden in mijn kamer kunnen komen... Ik ben alles kwijt' en 'Het geroddel, praten over anderen, gemene dingen over je zeggen, leugens, list en bedrog'.

Het belang van 'nuttig zijn/zingeving' voor de kwaliteit van leven bleek uit uitspraken als:

'Dat je anderen kunt vrolijken' en 'Dat je anderen kunt helpen'.

Dat zorgbehoevende ouderen het belangrijk vinden om nuttig te kunnen zijn komt ook naar voren in andere publicaties over kwaliteit van leven[38,39] en de literatuur over persoons- en relatiegerichte zorg.[13,40,41] Een recent overzichtsartikel van Perales e.a. laat zien dat het 'gevoel van nuttig zijn' inmiddels ook vaker is terug te vinden als belangrijk domein in meetinstrumenten voor kwaliteit van leven.[42] Hoewel stemming, sociale interactie, plezier in activiteiten/

gevoel voor esthetiek en zelfwaardering/zelfbeeld de meest voorkomende domeinen zijn, blijken de domeinen 'gevoel van nuttig zijn', cognitie, activiteiten, gezondheid en leefomstandigheden eveneens relatief vaak vertegenwoordigd te zijn in kwaliteit-van-leven-meetinstrumenten. Opvallend is dat de domeinen 'zelfbeschikking en vrijheid' en 'veiligheid en privacy' blijkbaar nog steeds weinig voorkomen in de huidige meetinstrumenten voor kwaliteit van leven bij dementie, hoewel het laatstgenoemde domein wel in meetinstrumenten voor kwaliteit van leven van verpleeghuisbewoners voorkomt.[43]

Uit het onderzoek van Dröes e.a. bleek verder dat de zorgverleners – in antwoord op de vraag wat zij belangrijk vonden voor de kwaliteit van leven van de persoon met dementie – geen kwaliteit-van-leven-aspecten noemden die verwezen naar 'gevoel voor esthetiek van de leefomgeving', 'financiële situatie', 'nuttig zijn/zingeving' en 'spiritualiteit'.[37] Bovendien bleken de uitspraken van de zorgverleners minder specifiek of concreet dan die van mensen met dementie op de domeinen 'gehechtheid', 'sociale contacten', 'plezier beleven aan activiteiten', 'gevoel voor esthetiek van de leefomgeving' en 'lichamelijke en geestelijke gezondheid'. Bijvoorbeeld: bij activiteiten noemden mensen met dementie specifieke activiteiten die bijdragen aan hun kwaliteit van leven, zoals in de natuur zijn, lezen en iets ondernemen samen met de partner, terwijl de zorgprofessionals activering en stimulatie in algemene termen noemden. Een ander voorbeeld is dat, hoewel beide partijen aangeven dat 'sociaal contact' belangrijk is voor kwaliteit van leven bij dementie, mensen met dementie zelf ook specificeren welk type contacten zij vooral belangrijk vinden (kinderen en kleinkinderen, het hebben van liefdesrelaties, intieme contacten en echte vrienden). Ook bij het domein 'lichamelijke en geestelijke gezondheid' komt een verschil in specificiteit naar voren: verpleeghuisbewoners benoemen spontaan, en tot in detail, welke aspecten van gezond en ziek zijn hun kwaliteit van leven (zouden) beïnvloeden, terwijl zorgverleners alleen in globale termen aangeven dat het belangrijk is dat in de basisbehoeften wordt voorzien.[37]

Toen de werkgroep vervolgens de voor mensen met dementie belangrijke domeinen van kwaliteit van leven voorlegde aan professionele zorgverleners en hun vroeg in welke mate zij zich op deze domeinen richtten in hun dagelijkse werkzaamheden, bleek dat zij zich op tien van de twaalf domeinen (redelijk) veel richtten. Voor twee domeinen hadden zij duidelijk minder aandacht: de 'financiële situatie' en 'nuttig zijn/zingeving'.[44] Als we dit vergelijken met de bevinding uit het eerste deelonderzoek, waarin zorgverleners de domeinen 'gevoel voor esthetiek van de leefomgeving', 'financiële situatie', 'nuttig zijn/zingeving' en 'spiritualiteit' niet noemden als belangrijk voor de kwaliteit van leven bij mensen met dementie, kunnen we concluderen dat twee daarvan in het geheel niet op het netvlies van zorgverleners lijken te staan. Met name voor het domein 'nuttig zijn/zingeving' is dit een belangrijke bevinding; het domein 'financiële situatie' werd slechts genoemd door enkele mensen met dementie en zou mogelijk minder relevant kunnen zijn.[44]

Zoals eerder aangegeven wordt het belang van 'nuttig zijn/zingeving' bij dementie steeds vaker benadrukt in de literatuur. Het is daarnaast bij uitstek een behoefte waaraan in het dagelijks leven relatief makkelijk tegemoet gekomen kan worden. Mensen kunnen bijvoorbeeld een bijdrage leveren aan huishoudelijke of organisatorische zaken (de post ophalen, tafel dekken) en elkaar of hun partner of zorgverlener helpen.[44]

Naar aanleiding van de twee studies concludeerde de werkgroep dat mensen met dementie en hun professionele zorgverleners een ander (belevings)perspectief van kwaliteit van leven lijken te hebben.[44] Dit verschil in perspectief werd eerder ook al door Kane e.a. beschreven en zien we ook terug in de literatuur over mantelzorgers.[45] Illustratief hiervoor is de stelselmatige bevinding dat mantelzorgers de kwaliteit van leven van de persoon met dementie lager inschatten dan de persoon met dementie zelf.[46,47]

Deze verschillen in perspectief hebben uiteraard implicaties voor de zorgverlening: het is belangrijk om je als zorgprofessional te realiseren dat jouw visie over wat goed en belangrijk is voor de kwaliteit van leven van een cliënt weleens kan verschillen van die van de cliënt zelf. Dit geldt ook voor de visie van de mantelzorger. Het kan dan ook een hele uitdaging zijn om uitgaande van de verschillende perspectieven een zorg- en begeleidingsplan op te stellen waar alle betrokkenen tevreden mee zijn. Vertrekpunt daarbij zal echter steeds moeten zijn de behoeften, wensen, voorkeuren en mogelijkheden van de persoon met dementie. Door de zorg daarop te richten zal de kwaliteit van leven van de persoon met dementie toenemen.

9.3   Omgaan met de gevolgen van dementie: adaptatie en coping
Uit de tot op heden uitgevoerde observationele studies en studies waarin mensen met dementie zelf werden ondervraagd door middel van interviews blijkt dat de kwaliteit van leven van mensen met dementie mede beïnvloed wordt door de problemen (en successen) die zij ervaren bij het omgaan met, en de aanpassing aan, de gevolgen van hun ziekte.[16,18-21,23,48] We zien deze invloed van het adaptatie- en copingproces ook bij andere chronische ziekten.[17] Met name de aanpassing op de volgende terreinen speelt een belangrijke rol bij het, steeds opnieuw, vinden van een evenwicht:
* het omgaan met de eigen beperkingen;
* het handhaven van een emotioneel evenwicht;

- het behoud van een positief zelfbeeld;
- het omgaan met de onzekere toekomst;
- het ontwikkelen en onderhouden van sociale relaties;
- het ontwikkelen van een adequate zorgrelatie met zorgverleners;
- het omgaan met de nieuwe (institutionele) woonomgeving.

We lichten deze zogenoemde adaptieve taken hieronder toe aan de hand van citaten uit de interviewstudies waar we eerder al naar refereerden (zie ook referentie 49 en hoofdstuk 10).

Omgaan met de eigen beperkingen:

'Ik probeer het onder controle te houden. Ik probeer manieren te vinden om zaken niet te vergeten (...). Ik probeer alles op te schrijven in mijn agenda en ernaar te kijken. Als ik eraan denk om ernaar te kijken.'[50]
'Ik verzin verhalen om de gaten (in mijn geheugen) op te vullen; ik vecht tegen het geheugenverlies en probeer het onder controle te houden.'[51]

Handhaven van een emotioneel evenwicht:

'In het begin was het zo erg. Ik kon niet geloven dat ik die dingen deed. Ik voelde me zo stom en wilde er met niemand over praten.'[51]
'Ik maak er doorgaans maar een grapje over (...). Anders gaat het mijn leven beheersen.'[52]

Behoud van een positief zelfbeeld:

'Mijn status is weg... je bent niet meer nodig.'[19]
'Toch zijn er vast anderen die slechter af zijn dan ik. Ik wil maar zeggen, in ieder geval, op je 87e vergeet je nu eenmaal sommige dingen, toch?'[52]

Omgaan met de onzekere toekomst:

'Nou, ik ben van plan de rest van mijn leven bij mijn man en mijn zoon te blijven en van elk moment volop te genieten tot ik de zon niet meer zie ondergaan.'[53]

'Ik denk veel over doodgaan. Ergens moet een streep getrokken worden...
als het tijd is om te gaan, wanneer het leven geen kwaliteit meer
heeft.'[53]

Ontwikkelen en onderhouden van sociale relaties:

'Ik trek me terug, omdat ik me niet meer betrokken voel bij waarover zij
spreken'[54]
'Ik heb het niemand verteld. Ik denk dat ze me anders zullen behandelen
(...).'[52]

Ontwikkelen van een adequate zorgrelatie met zorgverleners:

'Het is zijn vriendelijkheid, altijd geduldig en de manier waarop hij zich
gedraagt tegen de patiënt (...). Je bent iemand, ook naar mij toe, dat
heeft hij mij heel duidelijk laten merken, en daarom vind ik hem aardig.'[52]

Omgaan met de nieuwe (institutionele of zorg)omgeving:

'Toen ik voor het eerst hier kwam [in dagbehandeling] was ik doodsbang.
Ik dacht dat ze me daar wilden houden. Begrijp je wat ik bedoel? Je
bent niet aan die dingen gewend, toch, als je voor het eerst...? En toen
raakte ik eraan gewend en nu kom ik graag. Dat dacht ik toen ik hier voor
het eerst kwam. Ik dacht: "Oh, ze hebben me in een tehuis gestopt. Ze
hebben me te pakken." Begrijp je wat ik bedoel?'[55]

Dat het aanpassingsproces met gevoelens van stress gepaard kan gaan
blijkt uit sommige van deze citaten, maar ook uit het feit dat mensen in de
genoemde interviewstudies op elk van de onderscheiden adaptatieterreinen
wel een aantal copingstrategieën noemen die zij gebruiken om emotioneel in
evenwicht te blijven. Voorbeelden zijn: ontkennen, vermijden van sociale contacten, confabuleren, een façade ophouden, extern attribueren van problemen
en gebruik van humor.[16,19-21,31,49]

Ook is duidelijk dat mensen heel verschillend kunnen reageren op de
veranderde omstandigheden en dat dit te maken heeft met hoe zij concrete veranderingen ervaren of, met andere woorden, welke betekenis zij eraan

154

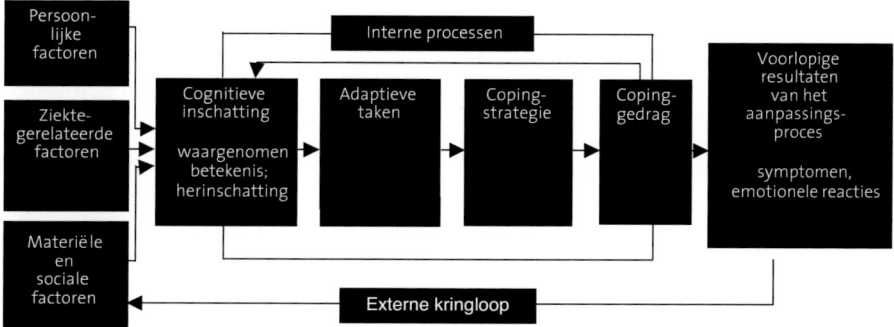

Figuur 9.1   Het adaptatie-copingmodel.
Bron: Dröes, In Beweging; over psychosociale hulpverlening aan demente
ouderen [proefschrift]. Amsterdam: Vrije Universiteit, 1991.

geven. Een persoon die jarenlang uitstekend heeft gefunctioneerd als boekhouder zal zenuwachtig worden van het feit dat het hem niet meer lukt om
zelfs eenvoudige rekensommen op te lossen, terwijl een huisvrouw misschien
eerder de kluts kwijtraakt als zij in haar eigen keuken de weg niet meer vindt.
Persoonsfactoren, zoals de persoonlijkheid en de levensgeschiedenis, maar ook
specifieke beperkingen als gevolg van de dementie of andere ziekten die men
heeft en materiële en sociale omstandigheden waarin de persoon verkeert
(zoals alleenwonend of met een partner, wel of niet voldoende zorg krijgen),
bepalen mede hoe veranderingen worden beleefd.

In het adaptatie-copingmodel wordt dit proces van aanpassing en coping en de factoren die hierop van invloed kunnen zijn in schema weergegeven
(figuur 9.1).

Door systematisch na te gaan met welke adaptatieterreinen de gedrags-
of stemmingsveranderingen van de persoon met dementie mogelijk verband
houden (psychosociale diagnose), kan worden overwogen bij welke hulp- of
begeleidingsstrategie de persoon baat zou kunnen hebben en kan een actieplan (of zorgleefplan) worden opgesteld. Na verloop van tijd dient een evaluatie
plaats te vinden waarbij wordt gecheckt of de acties het gewenste resultaat
hebben opgeleverd.

De in deze paragraaf geschetste adaptatieterreinen spelen ook een rol
voor mantelzorgers, maar dan uiteraard vanuit hun eigen perspectief. Ook de
mantelzorger zal moeten leren omgaan met de beperkingen van de persoon
met dementie, zelf weer een emotioneel evenwicht moeten vinden, een positief zelfbeeld moeten bewaren, actie moeten ondernemen om zijn sociaal
netwerk te behouden, moeten leren omgaan met hulpverleners en moeten
leren leven met een onzekere toekomst (zie hoofdstuk 18).

9.4   Vormen van psychosociale begeleiding en behandeling

Begeleiding en behandeling vanuit belevings- of psychosociaal perspectief dienen meerdere doelen. Psychosociale interventies zijn in grote lijnen gericht op a) het stimuleren van de persoon met dementie in zijn functioneren, en/of op b) het ondersteunen bij verliesverwerking en bij het omgaan met, en de aanpassing aan, de gevolgen van dementie op de eerder genoemde adaptatieterreinen. De hiernavolgende hoofdstukken laten zien dat dit op verschillende manieren vorm kan worden gegeven. Ze beschrijven effectieve methoden voor elk van de genoemde adaptatieterreinen, zoals gebleken in de praktijk of uit onderzoek.

Bij het inzetten van psychosociale begeleiding of behandeling is het belangrijk steeds uit te gaan van de individuele kenmerken, mogelijkheden en voorkeuren van de persoon met dementie en diens context, bijvoorbeeld de leeftijd, ernst van de dementie, betrokkenheid van mantelzorger, voorkeur voor een individuele of groepsgerichte benadering en woonlocatie (thuis of in een instelling).

Stimulering

Stimulering van de persoon met dementie in zijn functioneren kan zich richten op de cognitie, op zintuigen, op het uiten van emoties, op deelname aan individuele of groepsactiviteiten en op lichamelijke activering. Voorbeelden van cognitieve stimulering zijn de realiteitsoriëntatiebenadering en het foutloos leren. Een bekende methode van zintuigstimulering is snoezelen. Het uiten van emoties wordt bevorderd door reminiscentie-interventies, muziekactiviteiten en -therapie, en creatieve activiteiten en creatieve therapie. Deelname aan activiteiten en lichamelijke activering zijn doelen van bijvoorbeeld de plezierige-activiteitenmethode en bewegingstherapie.

Verwerking en adaptatie

Verwerking en aanpassing richt zich bijvoorbeeld op het omgaan met beperkingen door vermindering van cognitie en het verlies van sociale rollen, op acceptatie van de dementie en het verwerken van het verleden. Voorbeelden van interventies zijn dierbare-herinneringentherapie, waarin mensen met (lichte) dementie kunnen worden behandeld voor depressieve klachten door hen te trainen in het ophalen van specifieke, positieve herinneringen; ondersteunende therapie, waarin mensen met dementie worden gestimuleerd hun gevoelens te uiten en daarin bevestigd worden, en ondersteuningsgroepen of Kopgroepen. Het leren omgaan met beperkingen en de emoties die daarmee gepaard gaan staat ook centraal in de psychomotorische therapie. Ook psycho-educatie kan een belangrijke rol hebben bij verwerking.

Naast bovenstaande specifieke interventies zijn er benaderingswijzen die een combinatie en/of integratie van bovenstaande interventies behelzen. Zo is er de geïntegreerde belevingsgerichte zorgbenadering die staat voor een combinatie van verschillende interventies die worden geïntegreerd in de dagelijkse zorg, en daarmee een omvattende zorgbenadering is. Het gecombineerde ondersteuningsprogramma van ontmoetingscentra biedt mensen met dementie en hun mantelzorgers een scala van belevingsgerichte activiteiten aansluitend bij de behoeften, mogelijkheden en wensen van de deelnemers. Mediatieve therapie, waarbij de hulpverlener de problemen van de persoon met dementie behandelt door mediatoren in te schakelen (mensen die belangrijk zijn voor de persoon met dementie), is een interventie die in verpleeghuizen veel wordt toegepast: de psycholoog coacht dan het zorgteam in het toepassen van een combinatie van verschillende psychosociale interventies bij individuele personen met dementie.[56]

9.5 Betrokkenen bij de psychosociale hulpverlening thuis en in zorgsettingen

Zoals de voorgaande paragraaf heeft geschetst, bestaan er meerdere soorten psychosociale interventies die met verschillende doeleinden worden toegepast. Er zijn interventies voor mensen die net de diagnose hebben gehad en mensen die ernstige dementie hebben, voor mensen die thuis wonen – al dan niet met partner – en mensen die in een verpleeghuis wonen, voor mensen die relatief jong dementie hebben gekregen en voor mensen van 85 jaar. Dit impliceert dat er allerlei informele en professionele hulpverleners direct of indirect bij psychosociale interventies zijn betrokken. Denk aan partners, familieleden en andere mantelzorgers, casemanagers, huisartsen, sociaal psychiatrisch verpleegkundigen, psychologen, verzorgenden, activiteitenbegeleiders, ergotherapeuten, fysiotherapeuten, logopedisten, specialisten ouderengeneeskunde en verschillende medisch specialisten, zoals geriaters, neurologen en psychiaters. Psycho-educatie, alsmede praktische, emotionele en sociale ondersteuning van de mantelzorger, bijscholing van professionals en bevordering van samenwerking tussen professionals op dit psychosociale vlak zijn dan ook uitermate belangrijk.

Voor mantelzorgers zijn inmiddels verschillende interventies ontwikkeld gericht op educatie, zoals DementieOnline (www.dementieonline. nl), STAR-training (www.startraining.eu), Into D'mentia (www.intodmentia. nl), de Alzheimer Experience (www.alzheimerexperience.nl) en de Alzheimer Assistent (www.alzheimerassistent.nl). Voor informatie, praktische en emotionele steun van mantelzorgers zijn er, naast lotgenotengroepen, tegenwoordig Dementelcoaches die telefonische ondersteuning op afstand bieden. Voor de dyade persoon met dementie en mantelzorger bestaan tevens interventies, zoals de eerder genoemde ontmoetingscentra, familiegesprekken na de diagnose, Alzheimercafés, gedragstherapie, ergotherapie thuis en video-interventie.

Maar ook de professionele hulpverleners zelf zijn een belangrijk doel van interventie! Ook voor hen is bijscholing op het terrein van psychosociale aspecten van zorg en hulpverlening wenselijk. Goede voorbeelden op dit gebied zijn de jaarlijkse trainingen voor personeel van ontmoetingscentra, de minor psychogeriatrie georganiseerd door het gelijknamige lectoraat van de Haagse Hogeschool, de kaderopleiding psychogeriatrie voor specialisten ouderengeneeskunde van Gerion (VUmc) en digitale cursussen, zoals de STAR-training die naast een serie basis- en vervolgmodules voor mantelzorgers, vrijwilligers en leken, ook een reeks modules voor professionals biedt.

Hoewel persoons- en emotiegerichte hulpverlening aan mensen met dementie al jaren het doel is en veel hulpverleners volgens deze principes willen werken, moet gezegd worden dat de huidige gezondheidszorg zich nog te weinig richt op de krachten en sterke punten van patiënten en zeker niet op hun behoefte aan wederkerigheid in het contact, de behoefte om anderen iets te geven en zich nuttig te kunnen voelen (zie hoofdstuk 12).[41] Ook in zorginstellingen blijkt het niet eenvoudig voor zorgverleners en management om de focus te verleggen van aanbodgerichte zorg naar zorg gestuurd vanuit de individuele behoeften, wensen en voorkeuren van bewoners.[44] Interventies om zorgverleners te helpen het psychosociale perspectief in hun handelen te integreren zijn dus belangrijk en nodig. Educatie is hierbij essentieel, maar zeker ook ondersteuning bij het daadwerkelijk toepassen van (al) geleerde vaardigheden in de dagelijkse praktijk.

9.6 Tot slot

Samengevat gaat het bij effectieve hulp vanuit belevingsperspectief om begeleiding en zorg op maat die gericht is op de individuele persoon met dementie en uitgaat van zijn of haar mogelijkheden, behoeften en wensen. In dit hoofdstuk hebben we getracht duidelijk te maken dat het belangrijk is hierbij goed te luisteren naar de persoon met dementie zelf: wat is voor hem/haar belangrijk in zijn/haar leven? Waar leeft deze persoon van op? Wat is lastig voor hem/haar en hoe kan hij/zij daarbij praktisch en emotioneel worden ondersteund? Er zijn vele psychosociale methoden die hierbij kunnen worden ingezet. Ook hebben we gezien dat hulp vanuit het belevingsperspectief zich niet beperkt tot een beroepsgroep, maar dat eigenlijk iedereen die bij de zorg voor mensen met dementie betrokken is, van mantelzorger tot medisch specialist, hieraan zijn steentje kan bijdragen. Hier is nog veel te winnen door goede educatie en 'coaching on the job'. Daarnaast is het belangrijk om in de begeleiding en zorg gebruik te maken van kennis over 'wat helpt bij wie?'. Mensen met dementie verschillen immers in de beperkingen die zij hebben, hoe zij hiermee omgaan, leeftijd, type dementie, geslacht, het wel of niet hebben van gedrags- of stemmingsproblemen en hun sociale netwerk. Al deze factoren kunnen een rol spelen bij de effectiviteit van interventies (zie de digitale Informatiedesk Effectieve zorg & behandeling bij dementie; www.vumc.nl/afdelingen/infor-matiedesk-dementiezorg). Door deze kennis te benutten zal de zorg optimaal kunnen bijdragen aan de kwaliteit van leven van de individuele persoon met dementie. En dat is toch waar het uiteindelijk om gaat.

Literatuur

1   Dröes RM. Insight in coping with dementia; listening to the voice of those who suffer from it. Aging Ment Health. 2007;11:115-8.
2   Verwoerdt A. Clinical geropsychiatry. Baltimore: Williams & Wilkins, 1976.
3   Gainotti G. Confabulation of denial in senile dementia. Psychiatr Clin. 1975;8:99-108.
4   Cohen CI, Teresi J, Holmes D. Social networks and adaptation. Gerontologist. 1985;25:297-304.
5   Kiyak HA. Adaptation among elderly persons with Alzheimer's disease. Bethesda: National Institute on Aging, 1988.
6   Kiyak HA, Borson S. Coping with chronic illness and disability. In: Ory MG, Abeles RP, Lipman PD, eds. Aging, health and behavior. Londen: Sage, 1992.
7   Finnema E, Dröes RM, Ribbe M, Tilburg W van. A review of psychosocial models in psychogeriatrics; implications for care and research. Alzheimer Dis Assoc Disord. 2000;14:68-80.
8   Dröes RM, Mierlo LD van, Meiland FJM, Roest, HG van der. Memory problems in dementia: Adaptation and copingstrategies, and psychosocial treatments. Expert Rev Neurother. 2011;11:1769-82.
9   Feil N. V/F Validation: the Feil method. Cleveland: Feil Productions, 1982.
10 Erikson EH. Childhood and society. New York: Norton, 1963.
11 Hall GR, Buckwalter KC. Progressively lowered stress threshold: A conceptual model for care of adults with Alzheimer's disease. Arch Psychiatr Nurs. 1987;1:399-406.
12 Lazarus RS, Folkman S. Stress, appraisal, and coping. New York: Springer, 1984.
13 Kitwood T. Dementia reconsidered, the person comes first. Maidenhead: Open University Press, 1997.
14 Cohen Mansfield J. Nonpharmacologic interventions for inappropriate behaviors in dementia. Am J Geriatr Psychiatry. 2001;4:361-81.
15 Miesen B. Gehechtheid en dementie [proefschrift]. Nijmegen: Radboud Universiteit, 1990.
16 Dröes RM. In Beweging; over psychosociale hulpverlening aan demente ouderen [proefschrift]. Amsterdam: Vrije Universiteit, 1991.
17 Moos RH, Tsu VD. The crisis of physical illness: An overview. In: Moos RH, ed. Coping with physical illness. New York: Plenum, 1977.
18 Lange J de. Dealing with dementia. Effects of integrated emotion-oriented

care on adaptation and coping of people with dementia in nursing homes; a qualitative study as part of a randomized clinical trial [proefschrift]. Rotterdam: Erasmus Universiteit, 2004.

19   Clare L. We'll fight it as long as we can: coping with the onset of Alzheimer's disease. Aging Mental Health. 2002;6:139-48.

20   Steeman E, Godderis J, Grypdonck M, et al. Living with dementia from the perspective of older people: Is it a positive story? Aging Mental Health. 2007;11:119-30.

21   Boer ME de, Hertogh CMPM, Dröes RM, et al. Suffering from dementia: the patient's perspective; An overview of the literature. Int Psychogeriatrics. 2007;19:1021-39.

22   Verdult R. Dement worden: Een kindertijd in beeld. Belevingsgerichte begeleiding van dementerende ouderen. Nijkerk: Intro, 1993.

23   Cotrell L, Lein L. Awareness and denial in the Alzheimer's disease victim. J Gerontol Soc Work. 1993;19:115-32.

24   Hout HP van, Vernooij-Dassen MJ, Jansen DA, Stalman WA. Do general practitioners disclose correct information to their patients suspected of dementia and their caregivers? A prospective observational study. Aging Mental Health. 2006;10:151-5.

25   Miesen B, Jones GMM. The Alzheimer Café concept: A response to the trauma, drama and tragedy of dementia. In: Jones GMM, Miesen BML, eds. Caregiving in dementia: Research and applications (Vol. III). Hove: Brunner-Routledge, 2004. p. 307-34.

26   Dröes RM, Breebaart E, Meiland FJM, et al. Effect of Meeting Centres Support Program on feelings of competence of family carers and delay of institutionalization of people with dementia. Aging Mental Health. 2004;8:201-11.

27   Dröes RM, Meiland FJM, Schmitz M, Tilburg W van. Effect of combined support for people with dementia and carers versus regular day care on behaviour and mood of persons with dementia: results from a multi-centre implementation study. Int J Geriatr Psychiatry, 2004;19:1-12.

28   Mourik A, Haex P. Geen theekransje: Een gespreksgroep voor mensen met dementie. Denkbeeld: Tijdschr Psychogeriatrie. 2005;17:14-7.

29   Nouws H. Tussen deur en drempel. Kansen voor een inloophuis voor mensen met dementie en hun familie- en vriendenkring in Amsterdam. Amersfoort: Ruimte voor zorg, 2007.

30   Keady J, Gilliard J. The early experience of Alzheimer's disease: Implications for partnership and practice. In: Adams T, Clarke C, eds. Dementia care: Developing partnerships in practice. Londen: Ballière Tindall, 2001. p. 227-56.

31   Steeman E, Casterle BD de, Godderis J, Grypdonck M. Living with early-stage dementia: a review of qualitative studies. J Adv Nurs. 2006;54:722-38.

32   Dijkhuizen M van, Clare L, Pearce A. Striving for connection: Appraisal and coping among women with early stage Alzheimer's disease. Dementia. 2006;5:73-94.

33   Boer ME de, Dröes RM, Jonker C, et al. Thoughts on the future. The perspectives of people with early-stage Alzheimer's disease and the

implications for advance care planning. AJOB Prim Res. 2012;3:14-22.
34   Kooij CH van der. Gewoon lief zijn? Het maieutisch zorgconcept en het invoeren van geïntegreerde belevingsgerichte zorg op psychogeriatrische verpleeghuisafdelingen [proefschrift]. Amsterdam: Vrije Universiteit, 2003.

35   Lauriks S, Reinersmann A, Roest H van der, et al. Review of ICT-based services for identified unmet needs in people with dementia. Ageing Res Rev. 2007;6:223-46.

36   Jonker C, Gerritsen DL, Bosboom PR, Steen JT van der. A model for quality of life measures in patients with dementia: lawton's next step. Dement Geriatr Cogn Disord. 2004;21:159-64.

37   Dröes RM, Boelens-van der Knoop E, Bos J, et al. Quality of life in dementia in perspective; an explorative study of variations in opinions among people with dementia and their professional caregivers, and in literature. Dementia. 2006;5:533-58.

38   Guse LW, Masesar MA. Quality of life and successful aging in long-term care: perceptions of residents. Issues Ment Health Nurs. 1999;20:527-39.

39   Byrne-Davis LMT, Bennet PD, Wilcock GK. How are quality of life ratings made? Toward a model of quality of life in people with dementia. Qual Life Res. 2006;15:855-65.

40   Nolan MR, Davies S, Brown J, et al. Beyond 'person-centered' care: a new vision for gerontological nursing. J Clin Nurs. 2004;13:45-53.

41   Vernooij-Dassen M, Leatherman S, Rikkert MO. Quality of care in frail older people: the fragile balance between receiving and giving. BMJ. 2011;342:d403.

42   Perales J, Cosco TD, Stephan BC, et al. Health-related quality-of-life instruments for Alzheimer's disease and mixed dementia. Int Psychogeriatr. 2013;25:691-706.

43   Kane RA, Kling KC, Bershadsky B, et al. Quality of life measures for nursing home residents. J Gerontol. 2003;58:240-8.

44   Gerritsen DL, Dröes RM, Ettema TP, et al. Kwaliteit van leven bij dementie; opvattingen onder mensen met dementie, hun zorgverleners en de literatuur. Tijdschr Gerontol Geriatr. 2010;41:241-55.

45   Kane RL, Rockwood T, Hyer K, et al. Rating the importance of nursing home residents' quality of life. J Am Geriatr Soc. 2005;53:2076-82.

46   Edelman P, Fulton BR, Kuhn D, Chang CH. A comparison of three methods of measuring dementia-specific quality of life: perspectives of residents, staff, and observers. Gerontologist. 2005;45:27-36.

47   Novella JL, Jochum C, Jolly D, et al. Agreement between patients' and proxies' reports of quality of life in Alzheimer's patients. Qual Life Res. 2001;10:443-52.

48   Roest HG van der, Meiland FJM, Comijs HC, et al. What do community dwelling people with dementia need? A survey among those who are known by care and welfare services. Int Psychogeriatr. 2009;21:949-65.

49   Roest HG van der, Meiland FJM, Maroccini R, et al. Subjective needs in people with dementia. a review of the literature. Int Psychogeriatr. 2007;19:559-92.

50   Gillies BA. A memory like clockwork: accounts of living through dementia. Aging Mental Health. 2000;4:366-74.

51   Keady J, Nolan M. The dynamics of dementia: Working together, working

separately, or working alone? In: Nolan M, Lundh U, Grant G, Keady J, eds. Partnerships in family care: Understanding the caregiving career. Maidenhead: Open University Press, 2003. p. 15-32.

52   Langdon SA, Eagle A, Warner J. Making sense of dementia in the social world: A qualitative study. Soc Sci Med. 2007;64:989-1000.

53   Page S, Keady J. Sharing stories: a meta-ethnographic analysis of 12 autobiographies written by people with dementia between 1989 and 2007. Ageing Soc. 2010;30:511.

54   Holst G, Hallberg I. Exploring the meaning of everyday life for those suffering from dementia. Am J Alzheimers Dis Other Demen. 2003;18:359-65.

55   Reid D, Ryan T, Enderby P. What does it mean to listen to people with dementia? Disabil Soc. 2001;16:377-92.

56   Hamer T. Gedragstherapie en mediatieve behandeling. In: Pot AM, Kuin Y, Vink M, red. Handboek ouderenpsychologie. Utrecht: De Tijdstroom, 2007. p. 315-27.

10 OMGAAN MET DEMENTIE: BELEVINGSGERICHTE BEGELEIDING EN ZORG IN DE VERSCHILLENDE STADIA VAN DEMENTIE*

Evelyn Finnema, Cora van der Kooij en Rose-Marie Dröes

10.1 Inleiding

De confrontatie met dementie en de gevolgen daarvan in het dagelijks leven kunnen als (zeer) stressvol worden ervaren, zowel door de persoon die het overkomt als door zijn omgeving. Het adaptatie-copingmodel biedt een kader om het proces van aanpassing aan de gevolgen van dementie, de problemen die mensen daarbij kunnen ervaren en de daaruit voortvloeiende ondersteuningsbehoeften in kaart te brengen.[1] Het model biedt zo handvatten voor het stellen van een psychosociale diagnose. Zo'n diagnose is richtinggevend voor het vormgeven van de psychosociale begeleiding/behandeling. De bedoeling van deze begeleiding is om mensen te helpen leren omgaan met de gevolgen van de dementie. Het model is ook een handvat om de werkzaamheid van de begeleiding te evalueren.

In de afgelopen decennia werd het model niet alleen binnen de psychogeriatrische verpleeghuiszorg gebruikt.[1-3] Het is bijvoorbeeld ook met positief resultaat toegepast in ondersteuningsprogramma's voor thuiswonende ouderen met dementie en hun mantelzorgers, zoals de ontmoetingscentra[4] en in laagdrempelige psychogeriatrische dagbehandelingen met mantelzorgondersteuning.[5] Het model is bovendien goed bruikbaar gebleken als theoretisch raamwerk in onderzoek naar de effectiviteit van zorgmethoden bij ouderen met dementie.[6-11]

In dit hoofdstuk gaan we allereerst in op de achtergrond en inhoud van het adaptatie-copingmodel en op de vraag hoe dit model richting kan geven aan het hulpverleningsproces. Vervolgens behandelen we de belangrijkste uitgangspunten en werkwijzen van geïntegreerde belevingsgerichte zorg in de verschillende fasen van dementie.[12] Ten slotte gaan we meer in detail in op de

Adaptieve taken	Domeinen van adaptatie
• omgaan met de eigen invaliditeit • ontwikkelen van een adequate zorgrelatie met het personeel	cognitieve of mentale adaptatie
• handhaven van een emotioneel evenwicht • behoud van een positief zelfbeeld • voorbereiden op een onzekere toekomst	emotionele adaptatie
• omgaan met de (nieuwe) woonomgeving • ontwikkelen en onderhouden van sociale relaties	sociale adaptatie

Tabel 10.1 Adaptieve taken en domeinen van adaptatie bij chronische ziekte in het algemeen en bij dementie[1,14]

adaptieve taken zoals beschreven in het adaptatie-copingmodel: we lichten toe hoe deze aanleiding kunnen geven tot ontregelingen in het gedrag en de stemming en hoe geïntegreerde belevingsgerichte zorg deze ontregelingen tracht te voorkomen, te verminderen dan wel op te heffen.

10.2   Het adaptatie-copingmodel

Het adaptatie-copingmodel (zie figuur 9.1) is gebaseerd op de coping-theorie van Lazarus en Folkman[13] en de door Moos en Tsu[14] onderscheiden adaptieve taken bij chronische ziekte (tabel 10.1). Een van de belangrijkste uitgangspunten van het adaptatie-copingmodel is het continue streven van mensen naar evenwicht. Wanneer mensen geconfronteerd worden met veranderingen in hun leven, leidt dit tot een verstoring van het bestaande evenwicht. Door bewust, maar vaker nog onbewust, met deze veranderingen om te gaan proberen mensen de balans te hervinden. Volgens Dröes geldt dit ook voor mensen met dementie. Zij kunnen echter door hun cognitieve beperkingen mentaal, emotioneel en sociaal extra moeite hebben om zich aan te passen aan de veranderingen die zij doormaken.

Dröes beschrijft welke copingstrategieën mensen met dementie lijken te hanteren bij het omgaan met de adaptieve taken.[1] Zij geeft aan hoe stemmings- en gedragsproblemen, zoals agressief, depressief en angstig gedrag, inactiviteit en sociaal geïsoleerd gedrag, mogelijk geïnterpreteerd kunnen worden als (falend) copinggedrag. Als de problemen minder worden kan er wellicht gesproken worden van een toename van cognitieve of mentale, emotionele dan wel sociale adaptatie of van een mix daarvan. De manier waarop mensen met omstandigheden omgaan kan daarbij wisselen. Zo is het goed voorstelbaar dat een oudere met dementie die pas is opgenomen in het verpleeghuis zich de ene keer passief en ongeïnteresseerd opstelt als hij wordt uitgenodigd deel te nemen aan activiteiten en de andere keer verkennend en enthousiast. Ook lijkt het niet zo te zijn dat het gebruik van een bepaalde copingstrategie automatisch verwijst naar de ene of de andere adaptieve taak. Zo kan het ver- kleinen van de eigen leefwereld erop duiden dat iemand moeite heeft met de eigen invaliditeit (men verkleint immers de kans dat men tegen de eigen be- perkingen aanloopt), maar ook met het onderhouden van zijn sociaal netwerk.

Hoewel de verschillende adaptieve taken theoretisch goed van elkaar te scheiden zijn, is uit het gedrag van de persoon met dementie dus niet altijd direct op te maken met welke adaptieve taak hij het moeilijk heeft. Een goede interpretatie van het gedrag (ofwel de 'psychosociale diagnose') berust daarom altijd op een combinatie van kennis over de persoon, diens levensgeschiedenis, zijn persoonlijke beleving van de situatie en zijn functionele mogelijkheden, een analyse van de sociale en materiële omstandigheden waarin het gedrag zich voordoet en inzicht in de gehanteerde copingstrategie(ën). Hierbij kan een onderscheid gemaakt worden tussen probleemgerichte en emotiegerichte copingstrategieën. Probleemgerichte copingstrategieën richten zich op het oplossen van de problemen die de spanning hebben veroorzaakt en op het herstellen van een gevoel van controle. Voorbeelden hiervan zijn: het zoeken van relevante informatie en oplossingen bedenken, het mentaal voorberei- den op de gevolgen van de ziekte en het aanleren van nieuwe vaardigheden. Emotiegerichte copingstrategieën zijn vooral gericht op het verminderen van de emotionele spanning die de ziekte met zich meebrengt, bijvoorbeeld: ver- mijdingsgedrag, bagatelliseren van de ernst van de ziekte, afstand nemen en selectieve aandacht.[1,10]

Het aanpassingsproces is complex en dynamisch en bovendien interac- tioneel, waarmee wordt bedoeld dat de voortdurende interactie met de omge- ving het (coping)gedrag beïnvloedt (externe kringloop; zie figuur 9.1). Dit biedt openingen voor de beïnvloeding van gedrags- en stemmingsontregelingen door belevingsgerichte zorg en specifieke psychosociale begeleidingsmetho- den (zie hoofdstukken 11 tot en met 17).

Werken vanuit het adaptatie-copingmodel gaat als volgt (figuur 10.1): Na het constateren van ontregelingen in gedrag en stemming (crisis, incidenteel wankel evenwicht of reeds langer bestaande neerwaartse spiraal) wordt het primaire doel van de begeleiding of hulpverlening geformuleerd: opheffen van de crisis, stabiliseren van het evenwicht of doorbreken van de neerwaartse spi- raal. Vervolgens start het diagnostisch onderzoek door per adaptieve taak na te gaan of de persoon met dementie hiermee moeite heeft, of lijkt te hebben, en of de gedrags- of stemmingsveranderingen hierdoor mogelijk zouden kunnen

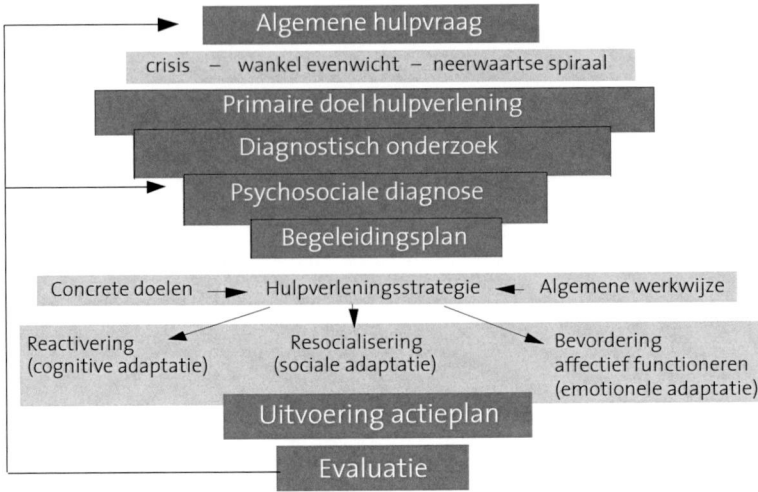

Figuur 10.1 *Het hulpverleningsmodel voor mensen met dementie met psychosociale problematiek ter bevordering van aanpassing aan de gevolgen van dementie.*[1]

worden verklaard (psychosociale diagnose). Op basis hiervan wordt vervolgens overwogen welke begeleidings- of hulpverleningsstrategie het meest geschikt is voor de persoon in kwestie. Dröes onderscheidt drie strategieën: reactivering, resocialisering en bevordering van het affectief functioneren. Daarbij richt de eerste zich met name op de mentale adaptatie, de tweede op de sociale adaptatie en de derde op de emotionele adaptatie (tabel 10.1). Uitgaande van deze algemene begeleidingsstrategie (of combinatie van strategieën wanneer er ondersteuningsbehoeften zijn op meerdere adaptatieterreinen) kan een concreet actieplan (of zorgleefplan) worden opgesteld. Na verloop van tijd dient een evaluatie plaats te vinden waarbij wordt gecheckt of de acties het gewenste resultaat hebben opgeleverd.

10.3 Fasen van beleving bij dementie volgens geïntegreerde belevingsgerichte zorg

Geïntegreerde belevingsgerichte zorg is erop gericht mensen met dementie te ondersteunen door zo goed mogelijk op hun individuele belevingswereld en behoeften af te stemmen. Daarbij kan gebruik worden gemaakt van verschillende belevingsgerichte methodieken. De volgende definitie geeft goed de breedte van deze zorgbenadering weer:

'Geïntegreerde belevingsgerichte zorg is het op de individuele persoon met dementie afgestemde, geïntegreerde gebruik van belevingsgerichte benaderingswijzen en communicatieve vaardigheden, rekening houdend met zijn gevoelens,

behoeften en lichamelijke en psychische beperkingen, met als doel dat hij zo veel ondersteuning ervaart bij de aanpassing aan de gevolgen van de ziekte en de eventuele verpleeghuisopname, dat hij zich daadwerkelijk geborgen voelt en in staat is zijn gevoel van eigenwaarde te behouden.'[12]

Ik-beleving en gedrag in relatie tot de ernst van dementie

In de geïntegreerde belevingsgerichte zorg wordt uitgegaan van vier opeenvolgende belevingsfasen van dementie, die elk met die beleving samenhangend specifiek gedrag laten zien: de bedreigde-ik-beleving, de verdwaalde-ik-beleving, de verborgen-ik-beleving en de verzonken-ik-beleving.[12]

In de fase van de bedreigde-ik-beleving verliezen mensen hun greep op zichzelf en hun omgeving. Zij krijgen problemen met het onthouden en het denken. Het veilige gevoel over zichzelf in de continuïteit van verleden, heden en toekomst raakt ontworteld. De mate waarin mensen zich bewust zijn van de problemen die door hun dementie ontstaan verschilt.

In de fase van de verdwaalde-ik-beleving raakt de persoon als het ware verdwaald in een eigen werkelijkheid. Gebeurtenissen uit het verleden verliezen hun lineaire samenhang, de ordening wordt steeds meer gevoelsmatig.

De verborgen-ik-beleving, de derde fase, kenmerkt zich door een schijnbare afgeslotenheid en ontoegankelijkheid. Het lijkt alsof de dementerende zich terugtrekt in een eigen, innerlijke, tijdloze wereld. Contact maken is echter nog wel mogelijk. In deze fase is de persoon daarvoor bij uitstek afhankelijk van initiatief van de mensen om hem heen.

In de fase van de verzonken-ik-beleving reageert de persoon met dementie wel op zijn omgeving, maar lijkt er geen contact en wisselwerking meer, alleen reacties zoals ontspanning of een glimlach.

Algemene zorgbehoeften en zorgdoelen in de verschillende fasen van beleving

Het onderscheiden van met de ik-beleving samenhangende gedragsbeelden (tabel 10.2) als aanwijzing voor de stadia van dementie is bedoeld als een hulpmiddel waarmee zorgverleners de individuele zorg*behoeften* kunnen inschatten. Er worden vijf algemene zorgbehoeften onderscheiden (figuur 10.2):

- het kunnen voldoen aan de basale lichamelijke behoeften;
- veiligheid en structuur;
- contact en saamhorigheid;
- nuttig kunnen zijn, plezier hebben;
- zelfrespect en persoonlijke groei.

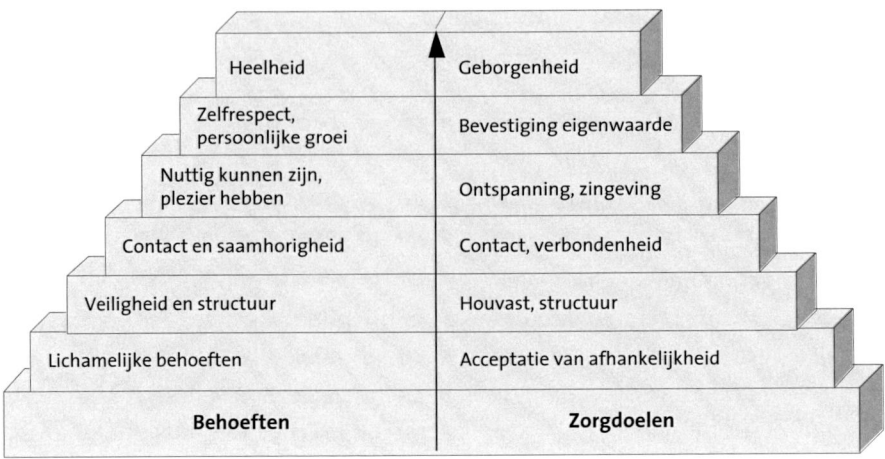

Behoeften	Zorgdoelen
Heelheid	Geborgenheid
Zelfrespect, persoonlijke groei	Bevestiging eigenwaarde
Nuttig kunnen zijn, plezier hebben	Ontspanning, zingeving
Contact en saamhorigheid	Contact, verbondenheid
Veiligheid en structuur	Houvast, structuur
Lichamelijke behoeften	Acceptatie van afhankelijkheid

Figuur 10.2 Maslows behoeftenhiërarchie aangepast aan de gevolgen van dementie en de bijbehorende zorgdoelen.[12]

Deze zorgbehoeften zijn ontleend aan de behoeftenhiërarchie van Maslow en aangepast voor dementie op basis van onder andere beschrijvingen van Verwoerdt,[15,16] Feil,[17] Cohen e.a.[18] en Kitwood en Bredin.[19] De hierop aansluitende algemene zorgdoelen worden omschreven als (figuur 10.2):

- acceptatie van afhankelijkheid;
- het ervaren van houvast;
- het ervaren van verbondenheid;
- het ervaren van zingeving en ontspanning;
- het ervaren van waardering en bevestiging.

10.4 Werkwijzen in de verschillende stadia van dementie en fasen van beleving

De genoemde zorgbehoeften en zorgdoelen zijn voor elke belevingsfase relevant, maar vragen in elke fase om een andere werkwijze. Uitgangspunt voor het handelen en het contact maken is steeds de ervaringswereld van de persoon met dementie. Daarbij wordt gebruikgemaakt van methoden en technieken uit verschillende belevingsgerichte benaderingen. Medewerkers van het zorgteam zoeken net zo lang naar een benaderingswijze totdat zij waarnemen dat de persoon met dementie zich duidelijk beter voelt. Wat 'beter' in het individuele geval betekent is te omschrijven aan de hand van de specifieke behoeften en het specifieke gedrag van de betreffende persoon. Alle zorgverleners die met deze persoon te maken hebben zijn betrokken bij dit 'zoekend reageren'. Veel momenten van écht contact ontstaan door de relatie die medewerkers met bewoners ontwikkelen. Benaderingswijzen zijn daarbij een hulpmiddel en een bron van mogelijkheden.[12,20]

Adaptieve taak	Geïntegreerde belevingsgerichte zorg
Omgaan met de eigen invaliditeit	Persoon met dementie helpen omgaan met beperkingen, hem 'prothetisch' ondersteunen en stimuleren handelingen te doen die hij (nog) wel kan.
Ontwikkelen van een adequate zorgrelatie met het personeel	Empathisch handelen en in de zorg gebruikmaken van levensgeschiedenis van persoon met dementie. Acceptatie van de mens zoals hij was en nu is.
Handhaven van een emotioneel evenwicht	Emoties respecteren en bevestigen dan wel afzwakken (zoekend reageren). Aanbieden van prettige zintuiglijke prikkels (muziek, lekker eten enzovoort).
Behoud van een positief zelfbeeld	Bevorderen eigenwaarde van persoon met dementie door hem positieve gebeurtenissen te laten herinneren en hem te stimuleren activiteiten te doen die hij nog kan.
Voorbereiden op/omgaan met een onzekere toekomst	Begrip tonen voor gevoelens van persoon over heden en toekomst en hem activiteiten aanbieden die het hier en nu zinvol maken.
Omgaan met de verpleeghuisomgeving	Persoon zich thuis laten voelen en tegengaan hospitalisatie, onder andere door hem gewoontes te laten handhaven en ontwikkelen en hem te betrekken bij recreatieve activiteiten.
Ontwikkelen en onderhouden van sociale relaties	Aansluiten bij behoefte van persoon aan contacten en hem stimuleren meerdere sociale rollen te vervullen.

Tabel 10.2 Werkwijze van geïntegreerde belevingsgerichte zorg ter ondersteuning van de verschillende adaptieve taken bij dementie

Werkwijze in fase 1: bedreigde-ik-beleving

Acceptatie van afhankelijkheid. Mensen in de bedreigde-ik-beleving zijn doorgaans vrij goed in staat om, op hun eigen manier, voor zichzelf te zorgen. In deze eerste fase van dementie is het de kunst om te ondersteunen 'met de handen op de rug'.

Ervaren van houvast. Een belangrijk doel in deze fase is mensen met dementie te helpen houvast te ervaren: een vaste dagindeling, het handhaven van vertrouwde gedragsregels, een eigen plaats, het ondersteunen van de persoon in diens normen en waarden, het ontwikkelen en/of handhaven van rituelen en gewoontes (bijvoorbeeld 's ochtends met een klein groepje koffiedrinken of de krant lezen), zorgen voor voldoende herkenningspunten, zoals een eigen stoel in de huiskamer.

Ervaren van verbondenheid. Mensen in de bedreigde-ik-beleving lijken anderen af te weren en buiten te sluiten. Tegelijk hebben zij anderen wel nodig om zich veilig te voelen en contact te maken. Door de lichaamstaal van de persoon te spiegelen en daarbij zekerheid, interesse en respect te tonen wordt de kans groter dat de persoon zich begrepen voelt. Dat is dan een basis voor contact.

Ervaren van waardering. Het gevoel van eigenwaarde wordt versterkt door in een dag- of weekprogramma een appèl te doen op persoonlijke kwaliteiten, door vertrouwde handelingen en sociale rollen te activeren en door mensen bijvoorbeeld te vragen om voor te lezen, te helpen bij huiselijke en huishoudelijke bezigheden, en een andere persoon raad te geven of te troosten.

Ervaren van bevestiging. De persoon met dementie beleeft zichzelf in deze fase zoals voorheen en doet krampachtig moeite om dat zo te houden. Zorgverleners kunnen de persoon hierbij steunen door 'gewoon' te doen en niet (steeds) te corrigeren of te confronteren, en alleen waar nodig te ondersteunen met geheugenfeiten of woorden.

Werkwijze in fase 2: verdwaalde-ik-beleving

Acceptatie van afhankelijkheid. Verloren gegane vermogens behoeven een prothetische benadering en omgeving en geleidelijke overname van handelingen die tot faalangst leiden. Het ondersteunen van het geheugen van de persoon door het aanreiken van informatie over hemzelf en van woorden die hij niet kan vinden vraagt om tact van de zorgverlener. Het heeft in deze fase geen zin om over feiten of woorden in discussie te gaan. Daardoor voelt men zich algauw gecorrigeerd en gekleineerd.

Ervaren van houvast. De persoon met dementie ontleent houvast aan structuur, vertrouwde gezichten, rituelen, voorwerpen, oriëntatiepunten en aan ondersteuning van het vermogen zelf te kiezen en te beslissen.

Ervaren van verbondenheid. Met mensen in de verdwaalde-ik-beleving is contact vaak nog heel goed mogelijk. Mensen in deze fase nemen zelf initiatief tot contact en als de reactie goed is ontstaat er wederkerigheid en interactie van gevoelens. Woordvindingsproblemen vormen geen belemmering om gesprekken te voeren. De gesprekspartner reikt woorden aan of vat samen wat is besproken.

Ervaren van waardering. Voor mensen in deze fase spelen levensthema's en verliezen een belangrijke rol. Het praten over die thema's, individueel of in groepsverband, kan een gevoel van bevestiging, inzicht, genoegdoening of bevrediging bewerkstelligen. Als iemand gedurende zijn leven geen positieve zelfperceptie heeft opgebouwd en weinig goede relaties heeft gekend, kan het gedrag in deze fase moeilijk hanteerbaar zijn.

Ervaren van bevestiging. De perceptie van de eigen identiteit raakt door de gaten in het geheugen verbrokkeld. Zorgverleners kunnen het identiteitsgevoel van de persoon bevestigen door hem daarop aan te spreken en door bevredigende activiteiten uit het verleden waar mogelijk in te passen in zijn huidige leven. Daarbij is wel enige voorzichtigheid geboden. Een te groot appèl op wie men vroeger was, wat men vroeger kon of waarin men vroeger plezier had, kan in de huidige situatie juist confronterend en daarmee belastend zijn.

Werkwijze in fase 3: verborgen-ik-beleving

Acceptatie van afhankelijkheid en houvast. In deze fase is de persoon met dementie volledig afhankelijk van anderen geworden. Wanneer hij die anderen vertrouwt zal hij dit gemakkelijker accepteren. Zorgverleners dienen dit vertrouwen op te bouwen, onder meer door zorghandelingen steeds op eenzelfde manier uit te voeren en door zichzelf herkenbaar te maken, bijvoorbeeld door de toon in de stem, de wijze van begroeten en dagelijkse rituelen.

Ervaren van verbondenheid. Ook voor contact is men in deze fase afhankelijk van het initiatief van anderen. Soms helpt oogcontact om de persoon nabijheid en intimiteit te laten ervaren, soms is het voldoende om een tijdje naast hem te gaan zitten. Degene die hem zo nabij is kan voor hem iemand uit zijn levensgeschiedenis symboliseren. Wie dat precies is, doet er niet toe. De verbale techniek die wordt gebruikt is die van 'meerduidigheid':[17] 'Wat prettig hè?', 'Wat hebt u het toch druk', 'Is het zo erg?' De persoon voelt zich dan mogelijk *begrepen zonder verplichting tot uitleg.*

Ervaren van waardering. Contactmogelijkheden zijn er door gedrag en repeterende bewegingen te spiegelen, repeterende woorden en klanken te herhalen en lichamelijk en zintuiglijk ervaren te activeren. Daarin dient de zorgverlener respect, warmte en begrip te tonen.

Ervaren van bevestiging. Hoewel het gevoel voor wie ze zelf zijn bij mensen in de verborgen-ik-beleving waarschijnlijk vaag is, blijken ze wel gevoelig voor een appèl op hun identiteit. Het is daarom belangrijk om ook in deze fase van de levensgeschiedenis van mensen met dementie op de hoogte te zijn.

Werkwijze in fase 4: verzonken-ik-beleving

Acceptatie van afhankelijkheid en houvast. Van mensen in de fase van de verzonken-ik-beleving werd vroeger gezegd dat ze in een vegetatief stadium verkeerden. De zorg beperkte zich dan tot het lichaam. In geïntegreerde belevingsgerichte zorg wordt de dagelijkse verzorging ook gebruikt om de persoon te koesteren en prettige gewaarwordingen te bezorgen. Mensen met sterke spierspanning en contracturen zijn gemakkelijker te helpen met behulp van bijvoorbeeld principes uit de PDL-benadering (zie noot hoofdstuk 3) en ze reageren goed op ontspannende massage. De persoon in deze fase van beleving reageert vooral op lichamelijke en zintuiglijke prikkels, die onder meer kunnen worden aangereikt door middel van snoezelen, aromatherapie en muziek.

10.5 Hoe geïntegreerde belevingsgerichte zorg de adaptatie kan bevorderen

De hier beschreven werkwijze van geïntegreerde belevingsgerichte zorg in verschillende stadia van dementie c.q. beleving beoogt bij te dragen aan de cognitieve, emotionele en sociale adaptatie van mensen met dementie.[10,21] We lichten dit hier toe voor elk van de zeven adaptieve taken (zie tabel 10.1). Uitgangspunt hierbij is dat het adaptie-copingmodel zoals hier beschreven en geïntegreerde belevingsgerichte zorg settingonafhankelijk zijn. Ze zijn zowel goed toepasbaar in de thuissituatie en in dagvoorzieningen als in intramurale settingen zoals kleinschalig wonen en het verpleeghuis.

10.5.1 *Geïntegreerde belevingsgerichte zorg en cognitieve adaptatie*
Omgaan met de eigen invaliditeit

Een dementiesyndroom wordt in de eerste plaats gekenmerkt door cognitieve beperkingen (zoals geheugen- en oriëntatieproblemen, taal-, handelings- en herkenningsproblemen en abstract denken). Het accepteren van en omgaan met die beperkingen in het dagelijks leven vergt voortdurende aanpassing van de persoon met dementie. Veelal wordt aangenomen dat mensen met dementie slechts in beperkte mate in staat zijn om zich aan te passen. Maar dat alle vaardigheden hiertoe niet zonder meer zijn verdwenen, weten we inmiddels door succesvolle methodieken als 'foutloos leren' (Eng.: *errorless learning*).[22-24]

Ook uit interviewstudies, zoals beschreven in hoofdstuk 9, weten we dat mensen met dementie allerlei manieren vinden om met hun beperkingen om te gaan. Voorbeelden van copingstrategieën die veelvuldig worden gebruikt zijn: obsessief en dwangmatig gedrag, in de vorm van onder meer extreme netheid en loopdrang, ontkenning, zoals blijkt uit het confabuleren en het ontkennen van de cognitieve beperkingen, vermijden, waarmee wordt bedoeld vermijden van situaties waar men de fout in kan gaan, en regressie, vermindering van interesse en initiatief, toename van egocentriciteit, afhankelijk gedrag en motorische passiviteit (www.pratenovergezondheid.nl).[1,25-27]

Een regressieve copingstrategie kan gepaard gaan met onzekerheid, achterdocht, storend gedrag en zogenoemde 'excess disabilities' (hiermee wordt bedoeld dat de persoon beperkter functioneert in het dagelijks leven dan je zou verwachten op grond van zijn beperkingen en mogelijkheden).[1,18]

Wat doet geïntegreerde belevingsgerichte zorg?

In het kader van het zorgdoel 'accepteren van de afhankelijkheid' biedt geïntegreerde belevingsgerichte zorg mensen ondersteuning bij het omgaan met de beperkingen die de ouderdom en dementie met zich meebrengen. In de opeenvolgende fasen van ik-beleving staan daarbij de volgende strategieën centraal:

- fase 1: ondersteunen 'met de handen op de rug'; vermijden van confrontatie met onvermogens die de invaliditeit manifest maken;
- fase 2: het bieden van prothetische ondersteuning door woorden en feiten aan te reiken en door geleidelijke overname van handelingen;
- fase 3: het opbouwen van vertrouwen bij (totale) overname van handelingen, maar vrije keuze blijven stimuleren en respecteren;
- fase 4: het aanbieden van lichamelijke en zintuiglijke prikkels.

Door steeds uit te gaan van datgene wat de persoon met dementie prettig lijkt te vinden en hier in de zorg op aan te sluiten, wordt de oudere in zijn unieke individuele zijn bevestigd.[12]

Wanneer de persoon met dementie wordt aangesproken op en bevestigd in zijn mogelijkheden, mag verwacht worden dat hij minder (overmatig) regressief omgaat met zijn beperkingen, wat zal leiden tot een vermindering van 'excess disabilities' (bijvoorbeeld overmatig afhankelijk of passief gedrag).

Ontwikkelen van een adequate zorgrelatie met het personeel

Naast de ondersteuning die hij van familie of uit zijn sociale netwerk ontvangt is de persoon met dementie voor de benodigde hulp en steun ook vaak afhankelijk van professionele zorgverleners. Thuis zijn dit bijvoorbeeld medewerkers van de thuiszorg en in het verpleeghuis verzorgenden. Een van de voorwaarden voor het ontwikkelen van een adequate zorgrelatie met hen, althans bezien vanuit het perspectief van de persoon met dementie, is het hebben van vertrouwen in de zorgverleners. Dit vertrouwen zal doorgaans vanzelf ontstaan wanneer de persoon ervaart dat zorgverleners aanvoelen wat hij zelf nog kan en wat niet. Hij merkt dat zij bereid zijn hem te helpen bij de handelingen en activiteiten die hij niet meer beheerst en hem de gelegenheid geven zo veel mogelijk zelf te kiezen en te bepalen. Wanneer dit vertrouwen er is zullen mensen meestal geen moeite meer hebben om de geboden hulp te aanvaarden. Men voelt zich gerespecteerd als autonoom persoon die hulp behoeft om zichzelf te kunnen handhaven.

Waar mensen met dementie, zowel thuis als in het verpleeghuis, echter mee te maken krijgen zijn de dagelijkse wisselingen van zorgverleners. Dit bemoeilijkt het ontwikkelen van een vertrouwensband. Twee copingstrategieën die mensen met dementie gebruiken om met deze situatie om te gaan zijn *regressie* en *verzet*.[1,11] Regressie wordt in dit geval gekenmerkt door een conformerende, hulpeloze en lijdzame houding: om de (anonieme) zorgverleners gunstig te stemmen en verzekerd te zijn van zorg stelt de oudere zich tegenover iedere zorgverlener onderdanig en hulpeloos op. Hij vertoont zogezegd 'good patient behaviour'. Een van de negatieve bijwerkingen van deze strategie is de zogenoemde aangeleerde hulpeloosheid,[28-30] die uiteindelijk tot depressie kan leiden.

Het ontbreken en uitblijven van een adequate zorgrelatie kan ook leiden tot verzet om de situatie alsnog onder controle te krijgen. Dit uit zich bijvoorbeeld in geagiteerd, agressief, opstandig en oncoöperatief gedrag ten opzichte van zorgverleners, ofwel 'bad patient behaviour'. Omdat dit negatieve gedrag de relatie niet ten goede zal komen, is de kans groot dat deze copingstrategie leidt tot een neerwaartse spiraal van wederzijds onbegrip en uiteindelijk ook uitmondt in depressie en apathie.

Wat doet geïntegreerde belevingsgerichte zorg?

Geïntegreerde belevingsgerichte zorg besteedt in het kader van het zorgdoel 'ervaren van houvast' expliciet aandacht aan het ontwikkelen van een goede zorgrelatie tussen mensen met dementie en zorgverleners. Daarbij staan in de eerste drie fasen van ik-beleving de volgende strategieën centraal:

- fase 1: het bieden van veiligheid door bijvoorbeeld een warme woonomgeving en het ontwikkelen en handhaven van rituelen;
- fase 2: het bieden van structuur door vertrouwde gezichten, vertrouwde ruimten en herkenbare oriëntatiepunten (thuis en in intramurale settingen);
- fase 3: vertrouwen opwekken door zo veel mogelijk dezelfde verzorgende toe te wijzen aan bepaalde personen (persoons-/bewonertoewijzing) en door zorghandelingen en procedures volgens een vast stramien uit te voeren.

Voor alle fasen geldt dat het belangrijk is dat de zorgverleners zich verdiepen in de levensgeschiedenis van de persoon en proberen zich zo goed mogelijk in te leven in hun ervaringswereld. De technieken die daarbij worden gebruikt, zijn ontleend aan reminiscentie (met de persoon praten over het verleden aan de hand van oude foto's of voorwerpen) en aan de validationbenadering (empathische communicatie): goed luisteren naar de woorden die iemand gebruikt, proberen onuitgesproken behoeften die uit het gedrag blijken onder woorden te brengen, handelingen en houding van de persoon met dementie spiegelen en meegaan in diens bewegingsritme.[12]

174

Wanneer de persoon met dementie door deze belevingsgerichte begeleiding vertrouwen krijgt in de zorgverlener en houvast ervaart zal hij zich mogelijk minder regressief (onderdanig en hulpeloos) opstellen en zich minder tegen degenen die hem zorg bieden verzetten.

10.5.2 *Geïntegreerde belevingsgerichte zorg en emotionele adaptatie*
Handhaven van een emotioneel evenwicht
De veranderingen die dementie in het leven van mensen teweegbrengt kunnen het emotionele evenwicht danig verstoren. De dementie brengt cognitieve stoornissen met zich mee, toenemende afhankelijkheid van anderen, inperking van het sociale netwerk en mogelijk een noodgedwongen verhuizing naar het verpleeghuis. De verhuizing scheidt de dementerende van familie en vrienden. Copingstrategieën die ouderen met dementie lijken te gebruiken om het verdriet, de angst en onzekerheid die hiermee gepaard gaan onder controle te houden zijn:[1,17] overcompensatie en antifobisch gedrag, zoals blijkt uit geagiteerd, agressief en vijandig gedrag, onderdrukking, in de vorm van dwaalgedrag en manisch gedrag, depressie met projectieve kenmerken (dwingend, geagiteerd, beschuldigend) en depressie met regressieve kenmerken (zich terugtrekken, apathisch en overmatig afhankelijk gedrag). De strategie 'onderdrukking' kan wanneer er te weinig activiteit en afleiding zijn voor de persoon met dementie gemakkelijk leiden tot (nachtelijke) onrust. Begeleidende symptomen van respectievelijk de 'regressieve en projectieve depressie' zijn verdrietig en agressief gedrag. Een deel van deze copingstrategieën is bevestigd in interviewstudies met mensen met dementie (zie hoofdstuk 9). Andere meer positieve strategieën die in deze studies worden genoemd zijn het gebruik van humor, expressie van emoties en vermijden van situaties die negatieve emoties kunnen opwekken (www.pratenovergezondheid.nl).[25-27]

Wanneer het met de genoemde strategieën uiteindelijk toch niet lukt een emotioneel evenwicht te bewaren kan iemand alsnog belanden in een depressie of angstig worden.

Wat doet geïntegreerde belevingsgerichte zorg?
In geïntegreerde belevingsgerichte zorg wordt in het kader van het zorgdoel 'ervaren van waardering' en de aandachtsgebieden 'gevoelsmatig ervaren' en 'zintuiglijk ervaren' veel aandacht besteed aan het affectief functioneren van mensen met dementie.[12,20] Algemeen principe daarbij is het bevestigen van gevoelens van angst, blijheid, verdriet en boosheid door deze te benoemen, waardoor mensen zich begrepen voelen. Deze werkwijze is afkomstig uit de validation-benadering. In sommige gevallen helpen verzorgenden ook om gevoelens te beheersen of in banen te leiden, door bijvoorbeeld gebruik te

maken van humor, relativering of confrontatie, of door de bewoner met rust te laten. Dit is verder uitgewerkt in het concept van het 'zoekend reageren' en het 'liefdevol begrenzen'.[12,20]

In de opeenvolgende fasen van ik-beleving worden de volgende strategieën gebruikt om de persoon met dementie te laten ervaren dat hij gewaardeerd wordt:

- fase 1: appèl doen op persoonlijke kwaliteiten;
- fase 2: individueel en in groepsverband gesprekken voeren over levensthema's en verliezen;
- fase 3: respect en warmte tonen;
- fase 4: de persoon met dementie in de dagelijkse zorg koesteren en prettige gewaarwordingen laten ervaren.

De vierde strategie wordt uiteraard niet uitsluitend in de laatste fase gebruikt. Steeds wordt nagegaan waar mensen van genieten om daar vervolgens in de zorg aandacht aan te schenken. Denk aan het laten luisteren naar bepaalde muziek, het aanbieden van lekker eten en het laten ruiken van prettige geurtjes. Deze werkwijze is gebaseerd op de principes van zintuigactivering/snoezelen.

Deze *belevingsgerichte werkwijze* zal mensen met dementie helpen een emotioneel evenwicht te bewaren, waardoor minder geagiteerd, onrustig, afhankelijk, depressief en angstig gedrag zal voorkomen.

Behoud van een positief zelfbeeld

Aandoeningen die gepaard gaan met blijvende functionele beperkingen vragen om aanpassing van het zelfbeeld. Vindt er geen aanpassing van het zelfbeeld plaats dan kan de persoon dit ervaren als een verstoring van zijn identiteit. Dit zal begrijpelijkerwijs een negatieve impact hebben op zijn algehele stemming. Uitgaande van deze redenering is het goed voorstelbaar dat sommige mensen met dementie, namelijk degenen die zich frequent terugtrekken in het verleden of het heden ontkennen, dit doen omdat ze moeite hebben met hun door de dementie aangetaste zelfbeeld. Copingstrategieën die mensen met dementie lijken te gebruiken om een aanvaardbaar zelfbeeld te behouden zijn: *ontkennen*, zoals blijkt uit confabuleren en het in gedachten leven in het (actieve) verleden, *vermijden* van situaties waarin men geconfronteerd wordt met het eigen onvermogen, *projectie*, zoals naar voren komt in beschuldigen van anderen, *zich terugtrekken in de eigen fantasiewereld*, zoals onder meer blijkt uit positief gekleurde verhalen over vroeger, en *depressie*, in dit geval als een probleemgerichte strategie om aandacht en bevestiging van anderen in de omgeving te ontvangen. Afname van de genoemde copinggedragingen en een toename van tevredenheid met de huidige situatie wijzen daarentegen op acceptatie en aanpassing van het zelfbeeld (www.pratenovergezondheid. nl).[1,25-27,31]

Wat doet geïntegreerde belevingsgerichte zorg?

Binnen geïntegreerde belevingsgerichte zorg wordt in het kader van het zorgdoel 'ervaren van bevestiging' getracht het gevoel van eigenwaarde van mensen met dementie te bevorderen en daarmee hun zelfbeeld gunstig te beïnvloeden.[12] In de opeenvolgende fasen van ik-beleving worden daartoe de volgende strategieën gebruikt:

- fase 1: de persoon met dementie op een 'gewone' wijze benaderen, in zijn waarde laten en niet (steeds) corrigeren of confronteren, alleen waar nodig ondersteunen met geheugenfeiten of woorden;
- fase 2: de persoon met dementie, voor zover dit hem niet confronteert of overvraagt, bevestigen in zijn (huidige) identiteit door bevredigende activiteiten uit het verleden waar mogelijk in te passen in zijn huidige leven thuis of in andere woon- en zorgsettingen. In deze fase is het ook mogelijk herinneringen waar de persoon mee komt te herwaarderen ('life review') zonder te verwachten dat deze verwerking beklijft.
- fase 3: een appèl doen op zijn identiteit door samen met de persoon met dementie, bijvoorbeeld aan de hand van oude foto's of bekende voorwerpen, herinneringen op te halen over positieve gebeurtenissen uit zijn verleden;
- fase 4: in deze laatste fase van ik-beleving is de werkwijze beperkt tot het laten ervaren van prettige gewaarwordingen, omdat wordt aangenomen dat de persoon met dementie dan geen identiteitsbeleving meer heeft.

De in de verschillende fasen gebruikte technieken zijn ontleend aan de realiteitsoriënterende benadering, de validation-benadering, reminiscentie en snoezelen.

Verwacht mag worden dat de aandacht die binnen geïntegreerde belevingsgerichte zorg wordt besteed aan identiteitsbeleving (in het verleden en het heden) en de acties die worden ondernomen om mensen succes te laten ervaren, een positieve uitwerking zullen hebben op het zelfbeeld. Ze zullen bijdragen aan een aangepast zelfbeeld en behoud van het gevoel van eigenwaarde. In termen van gedrag en stemming betekent dit dat verwacht mag worden dat de persoon met dementie minder vaak de eerder genoemde copinggedragingen zal vertonen en tevredener zal zijn met zijn huidige situatie.

Voorbereiden op een onzekere toekomst

De negatieve prognose van dementie en de toenemende beperkingen maken de toekomst voor mensen met dementie erg onzeker: het is onduidelijk in hoeverre en hoe snel zij afhankelijk worden van anderen, of deze anderen de zorg op zich kunnen en willen nemen, of zij in hun eigen huis kunnen blijven wonen enzovoort. Deze onzekerheid kan bovendien gepaard gaan met angst voor de naderende dood.

Het *zich terugtrekken in het verleden* en *ontkennen* zijn ook hier regelmatig gebruikte copingstrategieën (www.pratenovergezondheid.nl).[1,27,31] Men gaat de confrontatie met het heden en de toekomst niet aan. Degenen die dit wel doen kunnen het verlies gaandeweg accepteren. Gebeurt dit al in een vroegtijdig stadium dan kunnen zij in overleg met hun partner of familie de nodige maatregelen treffen (zoals een schriftelijke wilsverklaring opstellen en 'advance care planning') voor als zij in een ernstiger stadium terechtkomen en niet meer in staat zijn om zelf beslissingen te nemen.[31] Het doormaken van de eigen achteruitgang en het besef aan een progressieve ziekte te lijden kan er echter ook toe leiden dat mensen de moed opgeven, omdat zij het leven niet meer als zinvol beschouwen. Het niet meer willen eten en de voorkeur om te liggen zijn hiervan signalen. Sommige mensen zullen bij hun huisarts een verzoek om euthanasie doen.

De steun die mensen ervaren vanuit hun geloof of door anderen in de directe omgeving kan ertoe bijdragen dat zij minder angstig zijn en beter in staat zijn om de verliezen die zij doormaken te aanvaarden.

Wat doet geïntegreerde belevingsgerichte zorg?

In het kader van het zorgdoel 'het spiritueel ervaren en de zingeving' wordt binnen de geïntegreerde belevingsgerichte zorg ondersteuning geboden bij het aanvaarden van de verliezen die mensen doormaken en bij het voorbereiden op het levenseinde. Ook wordt ervoor gezorgd dat de tijd plezierig kan worden besteed, dat men zich nuttig kan voelen en de behoefte aan religiositeit kan vervullen.[12]

Om de verliezen te helpen aanvaarden praten de zorgverleners met name in de eerste twee fasen van ik-beleving (bedreigde-ik-beleving en verdwaalde-ik-beleving) met de persoon met dementie over de manier waarop hij zijn huidige situatie ervaart en tonen zij begrip en medeleven wanneer de persoon angstig is of de zin van het leven niet meer inziet. Om te inventariseren aan welke activiteiten of geloofsbeleving de persoon met dementie zin ontleent doet de zorgverlener navraag bij de persoon zelf en bij zijn familie. Naast lezen of het luisteren naar muziek zijn activiteiten, zoals naar de kerk gaan, een bijbelgroep bezoeken of samen liederen zingen, bezigheden die in de geïntegreerde belevingsgerichte zorg worden toegepast om mensen steun en nieuwe energie te geven. Het handhaven van vaste gewoontes, zoals bidden voor het eten en slapen gaan, heeft eenzelfde functie. Dit is ook bij personen met dementie in de verborgen-ik-beleving en zelfs bij mensen in de verzonken-ik-beleving nog goed toepasbaar.

Deze belevingsgerichte werkwijze zal veelal leiden tot een positievere houding ten opzichte van de eigen situatie en een vermindering van angst en onzekerheidsgevoelens.

10.5.3 *Geïntegreerde belevingsgerichte zorg en sociale adaptatie*
Omgaan met de verpleeghuisomgeving

De verhuizing naar een verpleeghuis brengt een aantal ingrijpende veranderingen in het leven van de persoon met dementie met zich mee: hij verliest zijn vertrouwde omgeving en een groot deel van zijn bewegingsvrijheid en privacy; de rol van verpleeghuisbewoner vergt aanpassing aan de in het verpleeghuis geldende waarden, normen en leefregels, en men wordt geacht verschillende behandelingen te ondergaan. Ouderen lijken verschillende copingstrategieën te gebruiken om met de stress die de verpleeghuisopname tot gevolg kan hebben om te gaan:[1] ontkenning, zoals blijkt uit leven in het verleden, onderdrukking, te herkennen aan eufoor en opgelucht gedrag, beheersing en controle van de nieuwe omgeving, zoals te zien aan afwachtend of juist verkennend gedrag en actieve deelname aan georganiseerde activiteiten, en expressie van gevoelens (opstandig, geagiteerd en agressief gedrag). De besloten wereld van het verpleeghuis heeft bovendien als gevaar dat bewoners na verloop van tijd hospitaliseren. Hospitaliseren kan worden opgevat als een vorm van regressieve coping met een omgeving waar men geen invloed op heeft of denkt te hebben. Men onderwerpt zich aan de geldende normen en regels, en aan de organisatie en de vertegenwoordigers daarvan (personeel). Deze regressie versterkt het dementiebeeld en kenmerkt zich onder andere door passiviteit, afhankelijk en onderdanig gedrag, apathie en sociaal geïsoleerd gedrag.

Wat doet geïntegreerde belevingsgerichte zorg?

Geïntegreerde belevingsgerichte zorg biedt de persoon met dementie in het kader van de zorgdoelen 'ervaren van houvast, waardering en bevestiging' en het aandachtsgebied 'sociaal ervaren' ook begeleiding bij het omgaan met de verpleeghuisomgeving.[12] De gedachtegang is dat bewoners zich beter zullen thuis voelen in het verpleeghuis wanneer zij zich veilig voelen, hun waarden en normen worden gerespecteerd en zij bevredigende bezigheden en contacten hebben die aansluiten bij hun belevingswereld.

In de eerste drie fasen van ik-beleving worden de volgende strategieën gebruikt om de genoemde doelen te bereiken:

- fase 1: bewoners activeren om sociale rollen op zich te nemen en stimuleren deel te nemen aan huishoudelijke en (re)creatieve activiteiten, helpen om oude gewoontes en leefritme te handhaven door de zorg daarop aan te passen, helpen om nieuwe gewoontes in de nieuwe woonomgeving te ontwikkelen, zorgen voor voldoende herkenningspunten;
- fase 2: bespreken van gevoelens omtrent verliezen (zoals de eigen woning kwijt zijn) en stimuleren deel te nemen aan bevredigende (re)creatieve activiteiten, afgestemd op de mogelijkheden van bewoners en hun belevingswereld;
- fase 3: in het directe contact met een bewoner warmte bieden en begrip en respect tonen.

Van mensen in de vierde fase van de verzonken-ik-beleving wordt aangenomen dat zij geen besef meer hebben van hun verblijf in het verpleeghuis en wordt aan deze adaptieve taak dus ook geen specifieke aandacht meer geschonken.

De hiervoor beschreven werkwijze is deels ontleend aan ideeën aangaande normalisering van de woonomgeving, deels aan de validation-benadering (bespreken van levensthema's, sociale rollen) en de realiteitsoriënterende benadering (krant lezen, structuur brengen in bezigheden, herkenningspunten). Om na te gaan welke activiteiten door bewoners als betekenisvol worden ervaren wordt navraag gedaan bij de persoon zelf en bij de familie. Om de huiselijkheid te bevorderen zal de verzorgende bijvoorbeeld in de huiskamer afwassen, strijken, koffie zetten of knopen aanzetten. Ze zal bewoners hierin passief, of zelfs actief, betrekken door hen te vragen mee te helpen. Ook ontspanningsactiviteiten zoals kaarten en zingen worden door verzorgenden begeleid.

Door deze belevingsgerichte werkwijze zullen mensen vaker ook zelf activiteiten ontplooien en zullen zij participeren in georganiseerde activiteiten in het verpleeghuis, waardoor hospitalisatieverschijnselen verminderen of worden voorkomen.

Ontwikkelen en onderhouden van sociale relaties

Het hebben van dementie gaat op den duur onherroepelijk gepaard met veranderingen in het sociale leven. Sociale contacten die er waren veranderen, vervagen of gaan verloren. De communicatie raakt verstoord. Niet alleen door de cognitieve stoornissen van de persoon met dementie, die het in stand houden van relaties bemoeilijken, maar ook omdat anderen vaak niet goed weten hoe ze met de (veranderde) persoon met dementie moeten omgaan. Wanneer er een verhuizing naar het verpleeghuis plaatsvindt, betekent dit bovendien een fysieke scheiding van familie, vrienden en kennissen.

Om vereenzaming na opname in het verpleeghuis te voorkomen is het belangrijk dat men er nieuwe contacten opdoet en het gevoel heeft iets voor anderen te kunnen betekenen. Tekenen dat de persoon met dementie na opname in het verpleeghuis een nieuw sociaal netwerk probeert op te bouwen zijn bijvoorbeeld het actief deelnemen aan sociale activiteiten en functioneren in verschillende sociale rollen, zoals gesprekspartner, keukenhulp, tafeldekker, koffieschenker, vriend(in), tafelgenoot, biljartmaatje. In de praktijk zien we echter ook veel sociale passiviteit zoals slapen, wegsoezen, weinig initiatief en sociaal contact onder verpleeghuisbewoners. Het is niet ondenkbaar dat deze sociale passiviteit een vorm van *regressieve coping* (zich terugtrekken) is met de sociaal depriverende omgeving (instituutsregels, patiëntenrol, hoge sociale dichtheid).[1]

Wat doet geïntegreerde belevingsgerichte zorg?

In het kader van het zorgdoel 'ervaren van verbondenheid' wordt ingespeeld op de behoefte van mensen aan sociaal contact. Daarbij wordt zowel gebruikgemaakt van informatie over hun huidige sociaal functioneren als over het functioneren in het verleden. Was iemand vroeger graag alleen of meer een gezelschapsmens? Hoe is dat nu? Zit men graag in een groepje of liever afgezonderd in een eigen hoekje? Deze informatie kan helpen bij het vinden van bijvoorbeeld een geschikte plaats in de huiskamer van het verpleeghuis, mogelijke nieuwe vrienden, geschikte activiteiten en de rol van de persoon met dementie daarin. Het stimuleren van de persoon met dementie om deel te nemen aan activiteiten is gericht op het continueren van oude en/of ontwikkelen van nieuwe contacten. Zo kunnen mensen worden gestimuleerd om bepaalde sociale rollen te vervullen (bijvoorbeeld koffie-inschenker, kaartpartner, danspartner, lid van een zangclub). Deze werkwijze is gebaseerd op de validation-benadering. Voorbeelden van groepsbijeenkomsten zijn de validation-groep,[17] de belevingsgroep,[12] de geheugengroep, de reminiscentiegroep, de bijbelclub en de kookgroep. Ook mensen in de verborgen-ik-beleving kunnen genieten van groepsbijeenkomsten door er te zijn en door mee te lachen, te ruiken en te luisteren.

In de opeenvolgende fasen van ik-beleving worden in het persoonlijke contact bovendien de volgende strategieën gebruikt om mensen een gevoel van verbondenheid te laten ervaren:

- fase 1: begrip tonen voor de gevoelens (spanning, boosheid, angst) van de persoon met dementie en zekerheid, interesse, respect en nabijheid uitstralen;

- fase 2: sociale initiatieven van de persoon met dementie beantwoorden, helpen om de lijn van het gesprek vast te houden en empathische communicatie;
- fase 3: activiteiten aanbieden die verleiden tot contact met de omgeving (onder meer muziek en beweging); het spiegelen van houding en beweging van de persoon en oogcontact helpen om af te stemmen op diens gevoelens en nodigen uit tot het delen van gevoelens;
- fase 4: contact door middel van lichamelijke en zintuiglijke prikkels en aanraking.

Door deze belevingsgerichte werkwijze zullen mensen met dementie contact blijven aangaan met anderen in hun omgeving en zich mogelijk minder vaak in zichzelf terugtrekken.

10.6 Tot slot

In dit hoofdstuk hebben we gezien hoe de geïntegreerde belevingsgerichte zorg mensen met dementie begeleiding en ondersteuning biedt op verschillende adaptatieterreinen en welke strategieën zij hiertoe hanteert in de verschillende (belevings)stadia van dementie c.q. fasen van ik-beleving. We hebben getracht duidelijk te maken hoe je als zorgverlener kunt herkennen of iemand moeite heeft met de mentale, emotionele en sociale aanpassing en hoe je vanuit de belevingsgerichte zorg hierbij ondersteuning kan bieden. Mensen met dementie zullen hierdoor minder stress ervaren en er zullen minder gedrags- en stemmingsontregelingen optreden.

Noot

*   Dit hoofdstuk is een bewerking en update van Finnema EJ, Dröes RM, Kooij CH van der, Ribbe MW, Tilburg W van. The adaptation-coping model as a theoretical framework for research on emotion-oriented care among nursing home residents with dementia. In: Finnema EJ. Emotion-oriented care in dementia. A psychosocial approach [proefschrift]. Amsterdam: Vrije Universiteit, 2000. p. 85-122.

Literatuur

1   Dröes RM. In Beweging, over psychosociale hulpverlening aan demente ouderen. Proefschrift. Utrecht: De Tijdstroom, 1994 (2e druk).

2   Dröes RM. Psychomotor group therapy for demented patients in the nursing home. In: Miesen BML, Jones GMM, eds. Care-giving in dementia, Research and applications, Vol. 2. Londen: Routledge, 1997. p. 95-118.

3   Hertogh CPM. Functionele geriatrie. Probleemgerichte zorg voor chronisch zieke ouderen. Maarssen: Elsevier/De Tijdstroom, 1997.

4   Dröes RM, Ganzewinkel J van. Draaiboek ontmoetingscentra voor mensen met

dementie en hun verzorgers. Amsterdam: Vrije Universiteit, 2005.

5   Haeften-van Dijk M van, Dröes RM, Hoek L van, Meiland F.
Draaiboek laagdrempelige psychogeriatrische dagbehandeling met
mantelzorgondersteuning. Amsterdam: afdeling Psychiatrie, VUmc, 2014.

6   Dröes RM, Breebaart E, Tilburg W van, Mellenbergh GJ. The effect of
integrated family support versus day care only on behavior and mood of
patients with dementia. Int Psychogeriatr. 2000;12:99-116.

7   Dröes RM, Breebaart E, Meiland FJM, et al. Effect of Meeting Centres
Support Programme on feeling of competence of family caregivers and
delay of institutionalization of people with dementia. Aging Mental Health.
2004;8:201-11.

8   Dröes RM, Meiland FJM, Schmitz M, Tilburg W van. Effect of combined support
for people with dementia and carers versus regular day care on behaviour and
mood of persons with dementia: results from a multi-centre implementation
study. Int J Geriatr Psychiatry. 2004;19:1-12.

9   Dröes RM, Meiland FJM, Schmitz M, Tilburg W van. Effect of the Meeting
Centres Support Programme on informal carers of people with dementia:
Results from a multi-centre study. Aging Mental Health. 2006;10:112-24.

10   Finnema EJ, Dröes RM, Kooij CH, et al. The adaptation-coping model as
theoretical framework for research on emotion-oriented care among
nursing home residents with dementia. In: Finnema E. Emotion-oriented
care in dementia; A psychosocial approach [proefschift]. Amsterdam: Vrije
Universiteit, 2000.

11   Lange J de. Omgaan met dementie. Het effect van geïntegreerde
belevingsgerichte zorg op adaptatie en coping van mensen met dementie
in verpleeghuizen; een kwalitatief onderzoek binnen een gerandomiseerd
experiment. Rotterdam: Ersmus Universiteit, 2004.

12   Kooij CH van der. Gewoon lief zijn? Het maieutisch zorgconcept en het
invoeren van geïntegreerde belevingsgerichte zorg op psychogeriatrische
verpleeghuisafdelingen [proefschrift]. Amsterdam: Vrije Universiteit, 2003.

13   Lazarus RS, Folkman S. Stress, appraisal and coping. New York: Springer, 1984.

14   Moos RH, Tsu VD. The crisis of physical illness: an overview. In: Moos RH, ed.
Coping with physical illness. New York: Plenum, 1977.

15   Verwoerdt A. Clinical geropsychiatry. Baltimore: Williams & Wilkins, 1976.

16   Verwoerdt A. Individual psychotherapy in senile dementia. In: Miller NE, Cohen
GD, eds. Aging, Vol. 15. New York: Raven, 1981.

17   Feil N. De Validation-methode in de praktijk. Utrecht: Lemma, 1994.

18   Cohen D. Psychopathological perspectives: differential diagnosis of
Alzheimer's disease and related disorders. In: Poon LW, ed. Handbook of clinical
memory assessment of older adults. Washington: American Psychological
Association, 1986. p. 81-8.

19   Kitwood T, Bredin K. A new approach to the evaluation of dementia care. J Adv
Health Nurs Care. 1992;1:41-60.

20   Kooij CH van der. Een glimlach in het voorbijgaan. De ervarings- en
belevingswereld van verzorgenden in zingevend perspectief. Serie Voor het
hart in de zorg. www.zorgtalentproducties.nl, Apeldoorn, 2004.

21   Finnema E, Dröes RM, Ribbe M, Tilburg W van. A review of psychosocial models in psychogeriatrics; implications for care and research. Alzheimer Dis Assoc Disord. 2000;14:68-80.

22   Clare L. Working with memory problems: cognitive rehabilitation in early dementia. In: Moniz-Cook E, Manthorpe J; INTERDEM-network, eds. Psychosocial interventions in early stage dementia; a European evidence-based text. Londen: Jessica Kingsley, 2008.

23   Dirkse R, Dixhoorn I van, Hoogeveen F, Kessels R. (Op)nieuw geleerd, oud gedaan. Utrecht: Kosmos, 2011.

24   Werd M de, Boelen D, Kessels R. Foutloos leren bij dementie. Een praktische handleiding. Den Haag: Boom Lemma, 2013.

25   Clare L. We'll fight it as long as we can: coping with the onset of Alzheimer's disease. Aging Mental Health. 2002;6:139-48.

26   Clare L. Managing threats to self: awareness in early stage Alzheimer's disease. Soc Sci Med. 2003;57:1017-29.

27   Steeman E. The lived experience of older people living with early-stage dementia [proefschrift]. Leuven: Katholieke Universiteit, 2013.

28   Spruytte N, Van Audenhove CH, Lammertyn F. Als je thuis zorgt voor een chronisch ziek familielid. Onderzoek over de mantelzorg voor dementerende ouderen en voor psychiatrische patiënten. Leuven: Garant, 2000.

29   Flannery RB. Treating learned helplessness in the elderly dementia patient: preliminary inquiry. Am J Alzheimers Dis Other Demen. 2002;17:345-9.

30   Miesen B. Zorg om mensen met dementie. Houten: Bohn Stafleu van Loghum, 2012.

31   Boer ME de. Advance directives in dementia care. Perspectives of people with Alzheimer's disease, elderly care physicians and relatives [proefschrift]. Amsterdam: Vrije Universiteit, 2011.

32   Praten over gezondheid (webpagina). www.pratenovergezondheid.nl. Geraadpleegd 12 juni 2014.

11 HULP BIJ HET OMGAAN MET DE EIGEN BEPERKINGEN

Maud Graff

'Kijk eens hoe gelukkig hij er uitziet, nu hij weer kan tuinieren. En ik voel me ook niet meer zo hulpeloos. Ik weet nu hoe ik hem het beste kan begeleiden. Daarnaast heb ik nu ook meer tijd voor mijn eigen activiteiten.' (uitspraak van een mantelzorger)

11.1 Inleiding

Problemen die bij dementie optreden in het geheugen, het gedrag en het nemen van initiatief, leiden vaak tot beperkingen in het uitvoeren van dagelijkse en sociale activiteiten. Deze beperkingen zijn van grote invloed op het welzijn en de kwaliteit van leven van mensen met dementie en hun mantelzorgers. Ongeveer 70% van de mensen met dementie woont thuis met ondersteuning van een mantelzorger, meestal familieleden.[1] De meeste mantelzorgers zijn partners (70%) of dochters (28%) van mensen met dementie. Ongeveer 750.000 mantelzorgers leveren deze zorg voor meer dan 8 uur per week en gedurende meer dan drie maanden, 150.000 tot 200.000 mantelzorgers geven daarbij aan een hoge zorglast te ervaren.[2] Het is daarom van belang om effectieve en efficiënte interventies in te zetten die de beperkingen in het uitvoeren van dagelijkse en sociale activiteiten bij mensen met dementie kunnen verminderen, hun welzijn en kwaliteit van leven kunnen vergroten en die de draaglast van de mantelzorgers verminderen.

Daarnaast is het van belang om met deze interventies efficiënter gebruik te maken van de schaarser wordende gezondheidsvoorzieningen.[2] Diverse studies hebben aangetoond dat persoonsgerichte psychosociale interventies bij dementie die zich zowel op mensen met dementie als op hun mantelzorgers richten, begeleiding bieden bij het omgaan met de cognitieve beperkingen, zorg op maat leveren en samen met cliënt en mantelzorger haalbare doelen opstellen, het meest effectief zijn.[3-10] Er is meer en meer behoefte aan deze persoonsgerichte interventies die participatie van mensen met dementie in dagelijkse en sociale activiteiten mogelijk (blijven) maken, ter voorkoming van sociale exclusie en vermindering van kwaliteit van leven van mensen met dementie en hun mantelzorgers.[1]

Voorbeelden van interventies die zich richten op het omgaan met beperkingen als gevolg van dementie zijn (zie ook de digitale Informatiedesk Effectieve zorg & behandeling bij dementie, VUMC):

- de cognitief motorische interventie waarbij cognitieve functietraining wordt gecombineerd met ADL-training en psychomotorische oefeningen;[4]
- cognitieve training waarbij a) het toepassen van meervoudige geheugenstrategieën wordt geoefend en door feedback getracht wordt het zelfvertrouwen te bevorderen,[11] of b) cognitieve training wordt gegeven om de aandacht te stimuleren;[12]
- cognitieve rehabilitatie waarbij onder andere technieken als foutloos leren worden toegepast;[13]
- cognitieve stimulatietherapie waarbij het procedurele geheugen bij het uitvoeren van dagelijkse activiteiten, zoals wassen, aankleden en een boterham smeren, wordt getraind;[14]
- psychomotorische therapie waarbij mensen in bewegingssituaties worden geactiveerd gebruik te maken van hun cognitieve en sociale mogelijkheden en de gelegenheid worden geboden succes en plezier te ervaren;[15]
- ergotherapie aan huis waarin mensen leren omgaan met geheugenbeperkingen in dagelijkse en sociale activiteiten.[16]

In dit hoofdstuk wordt beschreven hoe ergotherapie mensen met dementie en hun mantelzorgers kan helpen leren omgaan met de beperkingen die het gevolg zijn van dementie.

11.2   Ergotherapie

Ergotherapie bij ouderen met dementie en hun mantelzorgers aan huis (kortweg: het EDOMAH-programma) is een persoonsgerichte en tevens systeemgerichte interventie die zich richt op het omgaan met de eigen beperkingen en het vergroten en behoud van de participatie van mensen met dementie en hun mantelzorgers in betekenisvolle activiteiten in de eigen omgeving.[16] Deze ergotherapie-interventie richt zich enerzijds op het coachen en trainen van de persoon met dementie in het effectief inzetten van de aanwezige capaciteiten, vaardigheden en strategieën in betekenisvolle dagelijkse en sociale activiteiten met gebruikmaking van aanpassingen in de materiële en sociale omgeving. Anderzijds richt de interventie zich op het coachen en trainen van de mantelzorger in het effectief ondersteunen van de oudere met dementie in betekenisvolle activiteiten door het versterken van de probleemoplossing en effectief inzetten van de copingstrategieën en begeleidingsvaardigheden van de mantelzorger.

Theoretische kaders zijn het Model van het menselijk handelen (Model of Human Occupation (MOHO),[17] het Etnografisch framework[18] en de Consultmethode[19] (zie paragraaf 11.6).

Uit onderzoek blijkt dat veel mensen met dementie na deze aanpak beter in staat zijn betekenisvolle dagelijkse en sociale activiteiten uit te voeren en daarbij minder behoefte hebben aan hulp. Veel mantelzorgers voelen zich na afloop van deze interventie beter in staat en competenter om hun naaste te begeleiden in dagelijkse en sociale activiteiten. Ook is bij beiden de kwaliteit van leven en stemming verbeterd en zijn hun gezondheidsklachten verminderd.[20,21] Mensen met dementie worden door de begeleiding die de mantelzorger biedt en de aanpassingen in de omgeving gestimuleerd en ondersteund om betekenisvolle activiteiten weer geheel of gedeeltelijk zelf uit te voeren. Dit leidt tot een vermindering van de door hen ervaren beperkingen.

11.3 Doelgroep, focus en doel van de interventie

De EDOMAH-interventie is gericht op mensen met dementie die thuis wonen en de beschikking hebben over een mantelzorger die minimaal eenmaal per week voor hen zorgt. Hun cognitieve functioneren betreft lichte tot matige dementie, met een score tussen de 10 en 24 op de Mini Mental State Examination (MMSE). Mantelzorgers zijn diegenen die direct betrokken zijn bij de zorg van een persoon met dementie. Dit kunnen partners, familieleden, buren, vrienden of vrijwilligers zijn.

De ergotherapie-interventie aan huis (het EDOMAH-programma) richt zich zowel op de persoon met dementie als op diens mantelzorger. De therapie richt zich bij mensen met dementie op het verminderen van hun beperkingen en op toename van hun participatie in betekenisvolle activiteiten. Bij de mantelzorger richt de interventie zich op het vergroten van hun probleemoplossend vermogen en copingvaardigheden in complexe dagelijkse en sociale situaties.

Om de doelen bij de oudere met dementie te bereiken worden zij enerzijds gecoacht en getraind om effectief de eigen capaciteiten, vaardigheden en strategieën in te zetten in betekenisvolle dagelijkse en sociale activiteiten en daarbij gebruik te maken van aangebrachte aanpassingen in de materiële en sociale omgeving ter compensatie van hun cognitieve achteruitgang. Anderzijds worden deze doelen aangepakt door de mantelzorgers te coachen in effectieve probleemoplossing en het effectief begeleiden van de persoon met dementie, en door hierbij de materiële en sociale omgeving aan te passen aan de vaardigheden en strategieën van de persoon met dementie en de mantelzorger. Daarnaast heeft de mantelzorger doorgaans ook eigen doelen: naast het effectiever leren begeleiden van de naaste, wil de mantelzorger vaak ook meer ruimte voor eigen activiteiten en begeleiding in het omgaan met de ervaren zorglast. Deze doelen worden in de ergotherapie aangepakt door het coachen van de mantelzorger in effectieve probleemoplossing en het inzetten van effectieve copingstrategieën om de eigen doelen te bereiken.

De keuze van betekenisvolle activiteiten voor de ergotherapie-interventie zijn gebaseerd op de motivatie, behoeften, interesses, waarden, gewoontes, rollen en wensen van de persoon met dementie en de mantelzorger. Hun wensen voor de ergotherapie-interventie worden door middel van narratieve technieken in gesprekken individueel vastgesteld. Narratieve technieken zijn technieken waarbij het verhaal van de persoon zelf centraal staat en waarbij de persoon zelf de leiding heeft in het gesprek. In de ergotherapie-interventie wordt een narratief gesprek apart met de persoon met dementie en met de mantelzorger alleen gevoerd. De ergotherapeut luistert aandachtig naar dit verhaal en vraagt door naar feiten, voorbeelden en vooral naar belevingen en betekenissen van het vertelde voor deze persoon. Zij vat tussentijds samen in de taal van de persoon, zonder interpretaties hieraan te geven, waarbij zij verifieert of zij dit goed begrepen heeft. Op deze wijze wordt een beeld verkregen van wie deze persoon is, wat hij of zij gewend is en/of belangrijk, interessant en waardevol vindt en waarom. De betekenissen en belevingen van activiteiten, rollen, gebeurtenissen, wensen en behoeften van een persoon worden op deze wijze in kaart gebracht. Vervolgens worden er doelen opgesteld voor de ergotherapie-interventie in een gezamenlijk overleg tussen de oudere met dementie, de mantelzorger en de ergotherapeut. Hier wordt bij de uitvoering van het plan van aanpak gezamenlijk aan gewerkt.

In deze persoonsgerichte, en tevens systeemgerichte, interventie staan de persoon met dementie en de mantelzorger centraal in het ontdekken en vaststellen van de voor hen meest betekenisvolle activiteiten, de wijze waarop zij deze activiteiten gewend waren uit te voeren of graag zouden willen uitvoeren en de problemen die zij daarbij ondervinden door de cognitieve beperkingen van de persoon met dementie. De mantelzorger staat centraal als expert van de eigen zorgsituatie. Complexe zorg- en handelingssituaties worden samen met de mantelzorger geanalyseerd, er worden gezamenlijk oplossingen op maat gezocht die vervolgens in de concrete situatie door de persoon met dementie en mantelzorger samen worden uitgetest en geëvalueerd.

11.4 De rol van de ergotherapeut

De ergotherapeut heeft in deze interventie meerdere rollen, namelijk de rol van coach, supervisor en trainer. Als coach begeleidt zij de mantelzorger in het doorlopen van de probleemoplossingscyclus en het vinden van oplossingen op maat volgens de Consultmethode. Als supervisor en trainer traint zij zowel de persoon met dementie als de mantelzorger in de uitvoering van betekenisvolle activiteiten waarbij wordt geoefend om aanwezige capaciteiten, vaardigheden en handelingsstrategieën effectief in te zetten en gebruik te maken van aanpassingen op maat in de eigen omgeving. Dat wil zeggen dat er aanpassingen en geheugensteuntjes worden aangebracht in huis, maar ook dat de mensen uit de directe omgeving van de persoon adviezen ontvangen hoe om te gaan met de geheugenbeperkingen van de persoon met dementie.

11.5 Ergotherapie in de verschillende settingen
De extramurale setting

Ergotherapie volgens het EDOMAH-programma wordt extramuraal aangeboden, zowel vanuit instellingen als vanuit private ergotherapiepraktijken, aan thuiswonende mensen met dementie en hun mantelzorgers. De interventie bestaat uit tien behandelingen aan huis die binnen vijf tot tien weken worden toegepast en worden vergoed uit de basisverzekering van de oudere met dementie. In complexe situaties worden er aanvullende behandelingen uit de basisverzekering van de mantelzorger vergoed. Het EDOMAH-programma is een interventieprogramma bedoeld voor toepassing aan huis, maar delen uit deze methode kunnen ook worden toegepast in de intramurale setting van verzorgings- en verpleeghuizen. Verwijzers naar ergotherapie zijn artsen (huisartsen, geriaters, neurologen en specialisten ouderengeneeskunde), geheugenpoliklinieken, dagbehandelingen en zorgcentra; zowel somatische als geestelijke gezondheidszorg.[16]

De intramurale setting

In het geval de diagnostiek rondom de dementie nog niet helder is en/of er sprake is van meervoudige problematiek kan onderzoek op de geheugenpoli, geriatrisch dagcentrum en/of opname in een ziekenhuis plaatsvinden. De ergotherapie is hier als onderdeel van het multidisciplinaire team betrokken bij het stellen van de diagnose dementie en geeft advies over de mogelijkheid en wijze waarop het functioneren in de thuissituatie al dan niet veilig is en hoe het functioneren en de kwaliteit van leven geoptimaliseerd kunnen worden door middel van ergotherapiebehandeling. Daarnaast regelt de ergotherapie dat het verblijf in het ziekenhuis zo aangenaam mogelijk is en kan daartoe aanpassingen en voorzieningen in de omgeving aanbrengen in overleg met de persoon met dementie en de familie. Voor de diagnostiek rondom dementie worden observaties in de intramurale setting uitgevoerd. Voor advies omtrent de mogelijkheid tot thuis wonen gaan ergotherapeuten samen met cliënten naar de thuissituatie om hun handelen in betekenisvolle activiteiten in een voor hen vertrouwde omgeving te beoordelen. Wanneer thuis wonen haalbaar lijkt, wordt rond de periode van ontslag de extramurale EDOMAH-behandeling aan huis gestart.

Wanneer de ernst van de dementie toeneemt kan het zijn dat de oudere met dementie in een verpleeghuis of gespecialiseerd verzorgingshuis wordt opgenomen. De ergotherapie wordt hier vergoed vanuit de AWBZ-verzekering. Ergotherapie in deze intramurale setting is eveneens cliëntgericht en stelt zich ook hier ten doel om de persoon met dementie zo optimaal mogelijk te laten functioneren in de eigen context. Hierbij gaat de ergotherapeut eveneens uit van de persoonlijke levensgeschiedenis van de persoon, gesprekken met mantelzorgers en verzorging en de observaties die zij uitvoert.

Algemene doelstellingen van de ergotherapie in zorginstellingen zijn: het stimuleren en mogelijk maken van contact en van deelname aan betekenisvolle activiteiten, het behoud van de eigen regie, het uiten van gevoelens en emoties en het bieden van veiligheid. Ergotherapie analyseert het levensverhaal, de wensen en behoeften van de persoon, observeert de mogelijkheden en stimuleert de intacte handelingsstrategieën, leert de verpleging en verzorging om door aanpassing van de activiteit en de omgeving voor de fysieke, cognitieve en emotionele en gedragsbeperkingen van de persoon te compenseren, hoe deze persoon het beste te benaderen en draagt deze informatie ook over aan de familie.

Om een optimale emotionele begeleiding, ontspanning en welzijn te bereiken, veiligheid te bieden en de persoon beter te leren kennen worden hierbij ook verschillende belevingsgerichte technieken gehanteerd, zoals *snoezelen* (aanbieden van aangename sensorische prikkels in een ruimte zonder andere prikkels van buitenaf; dit kunnen ontspannende muziek, heerlijke geuren, mooie kleuren en prettig licht, aangename temperatuur, zachte materialen, mooie beelden en warmte zijn), *validation* (meegaan in de realiteit en emoties van de persoon) en *warme zorg* (lichamelijke en emotionele warmte bieden in de zorg aan de persoon). Daarnaast wordt gezorgd voor het aanbieden van voor de persoon *betekenisvolle aangepaste activiteiten* uit het dagelijks leven, in een veilige, aangename, stimulerende en aangepaste omgeving. De omgeving wordt hierbij aangepast aan de wensen en fysieke, cognitieve, emotionele gedragsbeperkingen van de persoon die daarbij veiligheid ervaart en optimaal wordt gestimuleerd. De mogelijkheden van de persoon worden optimaal benut en waar nodig gecompenseerd.

Ergotherapie past dus enerzijds de omgeving aan en geeft anderzijds therapie om de persoon met dementie zo optimaal mogelijk te stimuleren de eigen regie te nemen, zich prettig te voelen en zijn mogelijkheden te benutten, hem daarbij optimaal te begeleiden, waarna advies en overdracht aan verpleging en verzorging plaatsvindt. Verpleging en verzorging worden gecoacht om deze persoonsgerichte aanpak voort te zetten en de persoon met dementie zich zo prettig mogelijk te laten voelen, optimaal te stimuleren en te begeleiden en zijn kwaliteit van leven te vergroten en/of te behouden.

11.6 Klinische toepassing van het EDOMAH-programma

A Fase van probleeminventarisatie en analyse

In deze fase wordt het verhaal van de oudere met dementie, van de mantelzorger en van de ergotherapeut in kaart gebracht. Dit gebeurt door het afnemen van de narratieve interviews bij de persoon met dementie en de mantelzorger en het doen van observaties van het handelen van beide personen in voor hen betekenisvolle activiteiten. Voor het narratieve interview met de persoon met dementie wordt het Occupational Performance History Interview (OPHI-II) gebruikt.[22] Voor het narratieve interview met de mantelzorger het etnografisch interview.[18]

De verhalen verkregen uit de narratieve interviews met de persoon met dementie en met de mantelzorger worden geanalyseerd in relatie tot hun behoeften, interesses, waarden, gewoontes, rollen en motivatie voor betekenisvolle activiteiten. Het proces wordt afgerond met het vaststellen van de door hen aangegeven problemen in het omgaan met de beperkingen en hun wensen tot verandering in voor hen betekenisvolle activiteiten. Deze informatie wordt aangevuld met de analyses uit de observaties van de ergotherapeut van de uitvoering van de betekenisvolle activiteiten. Daarbij worden de motorische en procesvaardigheden en de strategieën die de persoon met dementie toepast bij het uitvoeren van dagelijkse activiteiten in kaart gebracht en geanalyseerd, alsook de copingstrategieën van de mantelzorger en de communicatie- en interactiestrategieën van beiden. Deze fase bestaat uit vier interventiesessies van een uur.

B Fase van doelbepaling en plan van aanpak

De doelen van de ergotherapie worden gebaseerd op de verhalen van de persoon met dementie, van de mantelzorger en van de ergotherapeut uit fase A. De doelen worden door hen gezamenlijk geformuleerd in de vorm van relevante en haalbare doelen. Vervolgens wordt een prioritering gegeven en worden de belangrijkste drie tot vijf doelen voor de ergotherapie-interventie gekozen. Deze fase vindt plaats binnen een interventiesessie van een uur.

C Fase van implementatie van het plan van aanpak

Interventies die in deze fase worden uitgevoerd zijn interventies op maat, aangepast aan de mogelijkheden en beperkingen van zowel de persoon met dementie als de mantelzorger en van de woon- en sociale omgeving. Deze fase bestaat uit vijf interventiesessies in maximaal vijf weken tijd. De volgende benaderingen, of combinaties van benaderingen, worden toegepast.

- De revalidatiebenadering. De persoon met dementie voert taken uit op een manier die hij gewend is en leert door training in dagelijkse activiteiten om te gaan met zijn beperkingen door de juiste vaardigheden en strategieën hierbij in te zetten.

- De cognitieve gedragsbenadering. De mantelzorger leert door cognitief-emotionele training in dagelijkse activiteiten om te gaan met de cognitieve beperkingen en gedragsverandering van de persoon met dementie en leert effectieve probleemoplossing in praktische situaties toe te passen. De mantelzorger leert hierbij de persoon met dementie effectief te begeleiden in betekenisvolle activiteiten. Het doel is om de competentie van de mantelzorger te vergroten door de mantelzorger te 'empoweren' zijn/haar mogelijkheden en die van de persoon met dementie optimaal te benutten en daarmee de participatie in betekenisvolle activiteiten te vergroten en de zorglast te verminderen. Mantelzorgers leren door middel van voorlichting en ervaring in de praktijk welke invloed dementie heeft op cognitie, het gedrag en het dagelijks handelen van hun naaste en leren effectieve probleemoplossing toe te passen evenals technische vaardigheden (taakvereenvoudiging, communicatievaardigheden, hoe de omgeving aan te passen), uitgaande van de capaciteiten, vaardigheden en handelingsstrategieën van de persoon met dementie.

- De compensatiebenadering. De persoon met dementie leert hoe hij zijn eigen strategieën kan aanwenden, bijvoorbeeld verbaliseren en hardop herhalen van de juiste volgorde van de stappen waaruit een handeling en/of activiteit is opgebouwd, om op een effectieve manier te compenseren voor zijn cognitieve achteruitgang. De mantelzorger leert samen met de ergotherapeut de omgeving effectief aan te passen, bijvoorbeeld door deze te vereenvoudigen door middel van afbakening en het weglaten van voorwerpen; door het plaatsen van visuele en/of auditieve aanwijzingen en geheugensteuntjes en door de juiste voorwerpen in beeld te plaatsen. Daarnaast kunnen geschreven stappenplannen op de plek van de activiteit worden geplaatst waarin de volgorde van stappen waaruit de activiteit is opgebouwd beschreven staat. We geven een voorbeeld: de ergotherapeut of mantelzorger leert de persoon met dementie hoe een tuinactiviteit uit te voeren door effectief gebruik te maken van diens aanwezige (intacte) handelingsstrategieën, bijvoorbeeld door eerst een stap hardop te benoemen die moet worden uitgevoerd in de activiteit, vervolgens te stimuleren om zich heen te kijken of er aanwijzingen of aanpassingen in de omgeving te vinden zijn en daarna te luisteren naar verbale opdrachten die de mantelzorger geeft, vervolgens deze opdrachten op te volgen en gebruik te maken van de aanpassingen en aanwijzingen of instructies in de omgeving.

11.7 Evidence-based practice

Door deze ergotherapie-interventie leren mensen met dementie en hun mantelzorgers beter omgaan met de geheugenstoornissen, de beperkingen in activiteiten en sociale participatieproblemen van de persoon met dementie. Het effect van ergotherapie kan het beste worden vastgesteld door evaluatie van de kwaliteit van het handelen van de persoon met dementie en de mantelzorger en door na te gaan of de vooraf gestelde doelen zijn bereikt.[7] Bijvoorbeeld of de persoon met dementie met ondersteuning van de mantelzorger en/of aanpassingen in de materiële en/of sociale omgeving in staat is de betekenisvolle activiteit(en) een paar keer per week uit te voeren. De therapie kan ertoe leiden dat de persoon met dementie de activiteit(en) vaker uitvoert en/of tevredener is met zijn handelen in deze activiteit(en). Dit kan resulteren in een afname van de behoefte aan hulp van de persoon met dementie en een toename van het gevoel van competentie en afname van de zorglast van de mantelzorger, alsmede een betere stemming en kwaliteit van leven van beiden.[18,20,21]

Het EDOMAH-programma werd op methodische wijze ontwikkeld en op effectiviteit geëvalueerd volgens de fasen van de Medical Research Council (MRC-model).[23] De eerste fase uit dit model, de fase van interventieontwikkeling, volgde de methode van effectieve richtlijnontwikkeling. Volgens deze methode werd eerst uitgebreid literatuuronderzoek gedaan naar effectieve ergotherapie en andere psychosociale interventies bij dementie. Vervolgens werden zowel nationaal als internationaal experts geconsulteerd. Hierna werden consensusrondes met deskundigen gehouden (mantelzorgers, professionele zorgverleners, welzijnswerkers en onderzoekers). Hierin werden telkens delen van de conceptrichtlijn vastgesteld tot de conceptrichtlijn gereed was. Vervolgens werd deze in de praktijk uitgetest en bijgesteld op basis van reflectie op het eigen handelen en feedback van deskundigen op video-opnames uit de praktijk. Als laatste stap van de ontwikkelfase werden de kwaliteit en bruikbaarheid van de interventie geëvalueerd onder ergotherapeuten, studenten en docenten ergotherapie. Na een positieve evaluatie was de EDOMAH-richtlijn definitief ontwikkeld.

In de tweede fase van het MRC-model werd een kwalitatieve studie uitgevoerd waarin de meest succesvolle componenten van de EDOMAH-interventie werden vastgesteld.[24] Op basis van beschrijving en kwalitatieve analyse van ergotherapiedossiers van drie succesvolle EDOMAH-behandelingen worden de belangrijkste componenten voor succes met betrekking tot inhoud en proces van de behandeling vastgesteld. In de derde fase werd het onderzoeksdesign voor de effectstudie uitgetest op haalbaarheid in een pilotstudie (n=12 mensen met dementie en hun mantelzorgers[25]) en werd in de vierde fase de effectiviteit vastgesteld in een gerandomiseerd gecontroleerd onderzoek (n=135 mensen met dementie en hun mantelzorgers). De EDOMAH-interventie werd effectief bevonden in Nederland, zoals eerder beschreven in dit hoofdstuk.[20,21] Succesvolle EDOMAH-behandeling werd gedefinieerd als een klinisch relevante verbetering op zowel het dagelijks functioneren van de persoon met dementie (uitvoering van dagelijkse activiteiten en behoefte aan hulp) als het gevoel van competentie van de mantelzorger.[26] Deze resultaten bevestigden de eerdere bevindingen uit ergotherapieonderzoek.[18,27] Ergotherapie aan huis bij mensen met dementie en hun mantelzorgers werd bovendien kosteneffectief bevonden[26] in termen van een significant hoge proportie van succesvolle behandelingen en een afname van kosten voor zorgconsumptie vanuit een maatschappelijk perspectief.

11.8 Nationale en crossnationale implementatie
Implementatie in Nederland
Het gezondheidszorgbeleid met betrekking tot mensen met dementie richt zich op bevordering van de-institutionalisatie van zorg,[28] hetgeen overeenkomt met de wens van mensen met dementie om zo lang mogelijk thuis te blijven wonen, ervan uitgaande dat, wanneer de dementie verder achteruitgaat, opname in een verpleeghuis wellicht onvermijdelijk is. In Nederland werken ongeveer 3800 ergotherapeuten die zowel in de eerste lijn als in instellingen werkzaam zijn.[29] De meeste mensen met dementie wonen thuis met ondersteuning van een mantelzorger (70%). De EDOMAH-interventie is bij hen en hun hulpverleners steeds vaker bekend en wordt steeds vaker naar tevredenheid ingezet. Echter, er zijn momenteel niet voldoende ergotherapeuten werkzaam om alle thuiswonende mensen met dementie en hun mantelzorgers die problemen ervaren bij het omgaan met de beperkingen in dagelijkse activiteiten, te behandelen. Opleiding van meer ergotherapeuten is hiervoor nodig, eventueel ondersteund door verzorgenden in de laatste fase van de EDOMAH-interventie. De positieve resultaten van het EDOMAH-project vormden de aanleiding om een landelijk implementatieproject in Nederland op te zetten.[30] Bij dit project waren 45 organisaties met hun ergotherapeuten, ma-

nagers en verwijzers betrokken. Ergotherapeuten ontvingen een implementa-
tietraining, namen deel aan regionale overleggroepen, werden op de werkplek
gecoacht en kregen een digitaal patiëntendossier aangereikt waarin zij stapsgewijs door de interventie werden geleid. Verwijzers en managers ontvingen
informatie via websites en nieuwsbrieven en werden gemotiveerd om naar
het EDOMAH-programma te verwijzen en te faciliteren in de praktijk. Na afloop bleek het aantal verwijzingen naar het EDOMAH-programma significant
toe te nemen en waren netwerken in diverse regio's van Nederland ontstaan.
Implementatie kost echter veel tijd en vraagt om goede implementatie- en
communicatievaardigheden van de ergotherapeuten en intensieve samenwerking in interdisciplinaire netwerken. De bevindingen uit het implementatieonderzoek zijn gebruikt om de implementatie en toepassing van het EDOMAH-
programma in Nederland te optimaliseren. Inmiddels beschikt elke regio in
Nederland over een EDOMAH-coach en regionale werkgroepen. Er zijn momenteel ruim vijfhonderd ergotherapeuten door middel van een vierdaagse gecer-
tificeerde post-hbo-cursus in dit EDOMAH-programma geschoold. Ergotherapie
Nederland heeft EDOMAH als het programma bij dementie geadviseerd onder
al haar leden. Ruim de helft van de ergotherapeuten die thuiswonende cliënten met dementie krijgt verwezen behandelt momenteel volgens het EDO-
MAH-programma, hetgeen in de toekomst alleen maar zal toenemen vanuit
het oogpunt van verdergaande implementatie van EDOMAH, de toenemende
vergrijzing en deïnstitutionalisering.

Internationaal

De afgelopen jaren heeft het implementatieproject zich uitgebreid naar
Duitsland en Engeland. In Duitsland werd de interventie bovendien opnieuw
op haar effect geëvalueerd bij mensen met dementie en mantelzorgers. In tegenstelling tot de bevindingen in Nederland werden in Duitsland geen positieve effecten aangetoond.[31] Mogelijke oorzaken van deze discrepantie zijn een
te korte voorbereidingstijd (de Duitse ergotherapeuten hadden de EDOMAH-
vaardigheden nog niet goed in de vingers) en het niet goed aansluiten bij de
Duitse cultuur en gezondheidszorg (de interventie was hier niet specifiek aan
aangepast). Om meer inzicht te krijgen in de voorwaarden voor implementatie
en effectiviteit van het EDOMAH-programma in een andere Europese cultuur
wordt nu in een vijfjarig onderzoeksproject in Engeland onderzocht hoe de interventie aan de Engelse cultuur en gezondheidszorg kan worden aangepast.
Op dit moment is het EDOMAH-programma vertaald in vijf verschillende talen
(Nederlands, Duits, Frans, Engels en Italiaans) en zijn ergotherapeuten in diverse Europese landen in het EDOMAH-programma geschoold.

Achtergrondinformatie. Meneer Smits is 71 jaar oud, heeft verminderde mobiliteit door heupproblematiek en de ziekte van Parkinson. Hij woont met zijn vrouw in een gelijkvloerse bungalow. De geriater heeft medegedeeld dat de heer Smits lichte dementie heeft en heeft hen beiden naar de ergotherapie verwezen. De behandelvraag luidt: 'Graag uw ergotherapeutisch advies en training ten aanzien van uitvoeren en begeleiden dagelijkse activiteiten.'

Fase van probleeminventarisatie en -analyse

Kennismaking. De heer Smits geeft aan dat alles trager gaat, hij heeft moeite om zich tot activiteiten te zetten en is wel eens vergeetachtig. Mevrouw Smits heeft rugklachten en geeft aan niet goed te weten hoe haar man het beste te begeleiden. Ze realiseert zich dat de dementie de vergeetachtigheid en andere problemen veroorzaakt heeft. Ze vindt het moeilijk om hiermee om te gaan en raakt snel geïrriteerd. Daarom wil mevrouw graag ergotherapie. De ergotherapeut bespreekt met ieder van hen apart hun levensgeschiedenis, betekenisvolle activiteiten en problemen die zich daarbij voordoen en observeert hen tijdens een eenvoudige kookactiviteit en het tafeldekken .

Doelbepaling

De ergotherapeut vat de gesprekken en observaties samen.

Samenvatting gesprekken: interesses van meneer Smits zijn: tuinieren, zingen in het koor, koken, huishoudelijke activiteiten, houtbewerken, paardrijden, vrienden bezoeken, spelletjes met de kleinkinderen. Mevrouw Smits interesses zijn: het maken van bloemdecoraties, vrienden bezoeken, spelletjes met kleinkinderen, fitnessen, koken. *Observatie ergotherapeut*. De heer Smits kijkt goed om zich heen en gebruikt de spullen die mevrouw heeft klaargezet. Het kost veel tijd maar hij is in staat zelf de tafel te dekken en thee te zetten. Mevrouw moest hem wel op de waterkoker wijzen. Ze gaf veel instructies ineens, maar daar reageerde meneer niet op. Korte opdrachten komen goed over. Globale doelen van de heer Smits: 'het hebben van een betekenisvol leven' en 'zo lang mogelijk in eigen huis wonen'; van mevrouw Smits: 'weten hoe haar man het beste te motiveren en begeleiden', 'meer tijd voor eigen activiteiten hebben' en 'zo lang mogelijk thuis wonen en zelf voor haar man zorgen'.

Specifiekere doelen zijn:

- Mevrouw Smits: 'Mijn man effectief begeleiden zodat hij initiatief neemt om activiteiten uit te voeren, ik de omgeving zo kan inrichten dat hij hiertoe actie onderneemt en we geen ruzie krijgen.'
- Mevrouw Smits: 'Dagelijks tijd om bloemdecoraties te maken of een vriendin te bellen.'

- De heer Smits: 'Dagelijks "whiteboard" en agenda gebruiken.'
- De heer Smits: 'Zelfstandig tuinieren' Dat wil zeggen: waarbij door echtgenote instructies/aanpassingen zijn aangebracht in de omgeving.
- De heer Smits: 'Dagelijks zelfstandig schoonmaken van groenten en aardappelen voor de maaltijd.'
- Beiden: 'Wekelijks gezamenlijk bezoeken van vrienden op een manier waarbij we ons beiden goed voelen.' Dat wil zeggen dat hij zich niet overvleugeld voelt door zijn vrouw en zij de mogelijkheid heeft vrienden apart te spreken.

Fase van implementatie plan van aanpak
De ergotherapie-interventies zijn de volgende.

- De heer Smits tijdens het tuinieren en schoonmaken van de groente trainen om effectief gebruik te maken van zijn intacte handelingsstrategieen en van instructies, geheugensteuntjes en vereenvoudigde omgeving;
- Voorlichting aan mevrouw Smits over de mogelijkheden en beperkingen van haar man in het dagelijks leven aan de hand van voorbeelden. Mevrouw wil graag alles onder controle houden maar zal haar man ook de ruimte moeten geven om zelf activiteiten in zijn eigen tempo uit te voeren.
- Interventies om de coping en probleemoplossing van mevrouw Smits te verbeteren. Samen met haar observeert de ergotherapeut een voor de heer Smits belangrijke activiteit en bespreekt welke handelingsstrategieën intact zijn en effectief kunnen worden ingezet en welke gewoontes, waarden en emoties een rol spelen bij uitvoering van deze activiteit. De ergotherapeut vraagt: Hoe kunt u bereiken dat het tuinieren (de agenda, het groente schoonmaken) goed verloopt en u weer tijd voor uzelf krijgt? Wat heeft u eerder geprobeerd en wat zou nu een oplossing zijn? Oplossingen: 1) samen vooraf bepalen wat de heer Smits de volgende dag in de tuin wil gaan doen; 2) mevrouw geeft dit in de agenda en op het whiteboard aan op geschikte tijd; 3) mevrouw zorgt dat zij vooraf in de tuin duidelijk zichtbaar met roodwitte tape af zal zetten welk gedeelte van de tuin hij kan gebruiken; 4) mevrouw plaatst op de route en de gereedschappen instructies en aanwijzingen voor volgorde en uitvoering van handelingen. Ze zal hem alleen wijzen op het whiteboard en de agenda, daarna uitnodigen voor de tuinactiviteit en alleen reageren als hij om hulp vraagt met 'wat denk je zelf, kijk eens goed om je heen'. Mevrouw Smits gaat deze oplossing toepassen en de volgende keer zullen de ergotherapeut en de heer en mevrouw Smits samen evalueren hoe het gaat.

Evaluatie. De evaluatie is positief. Het blijkt te werken. Mevrouw Smits geeft aan zich niet meer hulpeloos te voelen en handvatten te hebben hoe meneer Smits te begeleiden. Ze durft ook andere situaties in dagelijkse activiteiten op te lossen. De heer Smits is tevreden en blij om weer zelf activiteiten te kunnen uitvoeren. Mevrouw Smits heeft nu meer tijd en ruimte voor haar eigen activiteiten zoals het maken van bloemdecoraties terwijl haar man in de tuin of keuken bezig is.

11.10 Conclusie

Ergotherapie ondersteunt en 'empowert' mensen met dementie en hun mantelzorgers om op een effectieve manier om te gaan met hun beperkingen. Hierdoor wordt het voor hen mogelijk om (weer) te participeren in betekenisvolle activiteiten in hun eigen omgeving en zo optimaal mogelijk thuis of in de instelling te blijven wonen. Uit onderzoek blijkt dat ergotherapie aan huis leidt tot een verbetering van het dagelijks functioneren, de stemming, gezondheidstoestand en de kwaliteit van leven van mensen met dementie en hun mantelzorgers en tot verbetering van het gevoel van competentie en gevoel van controle van hun mantelzorgers.

Literatuur
1   Alzheimer Nederland. Zorgstandaard Dementie. Utrecht: 2011.
2   Gezondheidsraad. Raad voor de Volksgezondheid en Zorg (RVZ). Arbeidsmarkt en zorgvraag. Achtergrondstudies. Den Haag: RVZ, 2006.
3   Brodaty H, Green A, Koschera A. Meta-analysis of psychosocial interventions for caregivers of people with dementia. J Am Geriatr Soc. 2003;51:657-64.
4   Olazarán J, Reisberg B, Clare L, et al. Nonpharmacological therapies in Alzheimer's disease: a systematic review of efficacy. Dement Geriatr Cogn Disord. 2010;30:161-78.
5   Smits CH, Lange J de, Dröes RM, et al. Effects of combined intervention programmes for people with dementia living at home and their caregivers: a systematic review. Int J Geriatr Psychiatry. 2007;22:1181-93.
6   Spijker A, Vernooij-Dassen M, Vase E, et al. Effectiveness of non-pharmacological interventions in delaying the institutionalization of patients with dementia: a meta analysis. J Am Geriatr Soc. 2008;56:1116-28.
7   Scobbie L, Wyke S. Identifying and applying psychological theory to setting and achieving rehabilitation goals. Clinical Rehab. 2009;23:321-33.
8   Dröes RM, Roest HG van der, Mierlo L van, Meiland FJ. Memory problems in dementia: adaptation and coping strategies and psychosocial treatments. Expert Rev Neurother. 2011;11:1769-81.
9   Mierlo LD van, Meiland FJM, Roest HG van der, Droës R. Personalised caregiver support: effectiveness of psychosocial interventions in subgroups of caregivers of people with dementia. Int J Geriatr Psychiatry. 2012;27:1-14.
10 Informatiedesk Effectieve zorg & behandeling bij dementie, VUmc. www.

vumc.nl/afdelingen/informatiedesk-dementiezorg. Geraadpleegd 22 juli 2014.

11   Cahn-Weiner DA, Malloy PF, Rebok GW, Ott BR. Results of a randomized placebo-controlled study of memory training for mildly impaired alzheimer's disease patients. Appl Neuropsychol. 2003;10:215-23.

12   Davis RN, Massman PJ, Doody RS. Cognitive intervention in Alzheimer disease: a randomized placebo-controlled study. Alzheimer Dis Assoc Disord. 2001;15:1-9.

13   Clare L, Wilson BA, Carter G, et al. Intervening with everyday memory problems in dementia of Alzheimer type: an errorless learning approach. J Clin Exp Neuropsychol. 2000;22:132-46.

14   Zanetti O, Zanieri G, Di Giovanni G, et al. Effectiveness of procedural memory stimulation in mild Alzheimer's disease patients: A controlled study. Neuropsychol Rehabil. 2001;11:263-72.

15   Dröes RM. Psychomotorische therapie voor ouderen met dementie. In: Pot AM, Broek P, Kok R, red. Gedrag van slag; gedragsproblemen bij ouderen met dementie. Houten: Bohn Stafleu van Loghum, 2001. p. 57-60.

16   Graff MJL, Melick M van, Thijssen M, et al. Ergotherapie aan huis bij ouderen met dementie en hun mantelzorgers. EDOMAH programma. Houten: Bohn Stafleu van Loghum, 2010.

17   Kielhofner G. Model of human occupation: theory and application, 4th ed. Baltimore: Williams & Wilkins, 2008.

18   Gitlin LN, Hauck WW, Dennis MP, Winter L. Maintenance of effects of the home environmental skill-building programme for family care givers and individuals with Alzheimer's disease and related disorders. J Gerontol A Biol Med Sci. 2005;60:368-74.

19   Uden M van. Het adviesproces en consultmodel. Post-HBO cursus: adviseren over zorg en begeleiding. Amsterdam: HvA, 1998.

20   Graff MJL, Vernooij-Dassen MJM, Thijssen M, et al. Effects of community occupational therapy in patients with dementia: A randomised controlled trial. BMJ. 2006;333:1196.

21   Graff MJL, Vernooij-Dassen MJM, Thijssen M, et al. Effects of community occupational therapy in caregivers of patients with dementia: a randomised controlled trial. J Gerontol Med Sci A. 2007;62:1002-9.

22   Kielhofner G, Mallinson T, Crawford C, et al. A user's manual for the occupational performance history interview (Version 2.1) (OPHI-II). Chicago: University of Illinois, 2004.

23   Campbell M, Fitzpatrick R, Haines A, et al. Framework for design and evaluation of complex interventions to improve health. BMJ. 2000;321:694-6.

24   Graff MJL, Vernooij-Dassen MJFJ, Zajec J, et al. Occupational therapy improves the daily performance and communication of an older patient with dementia and his primary caregiver: a case study. Dementia. 2006;5:503-32.

25   Graff MJL, Vernooij-Dassen MJFJ, Hoefnagels WHL, et al. Occupational therapy at home for older individuals with mild to moderate cognitive impairments and their primary caregivers: a pilot study. Occup Ther J Res. 2003;23:155-64.

26   Graff MJL, Adang EMM, Vernooij-Dassen MJM, et al. Community occupational therapy for older patients with dementia and their caregivers: a cost-

effectiveness study. BMJ. 2008;336:134-8.

27   Steultjens EMJ, Dekker J, Bouter L, et al. Occupational therapy for community dwelling elderly people: A systematic review. Age Ageing. 2004;33:453-60.

28   Ministerie van Wonen, Ruimtelijke ordening & Ministerie van Gezondheid, Welzijn en Sport. Beter thuis in de maatschappij. Action plan: samenwerking op wonen, welzijn en zorg 2007-2011. Den Haag: Ministerie VROM & VWS, 2007.

29   NIVEL-rapport. Overzicht van ergotherapeuten in Nederland. Utrecht: NIVEL, 2012.

30   Döpp CM, Graff MJ, Olde-Rikkert MG, et al. Determinants for the effectiveness of implementing an occupational therapy intervention in routine dementia care. Implement Sci. 2013;8:131.

31   Voigt-Radloff S, Graff MJL, Reinhart L, et al. Why did an effective Dutch complex psycho-social intervention for people with dementia not work in the German health care context? Lesson learned from a process evaluation alongside a multi-centre RCT. BMJ Open. 2011;1:e000094.

12 HULP BIJ HET VINDEN VAN EEN BALANS TUSSEN REGIEBEHOUD EN AFHANKELIJKHEID

Myrra Vernooij-Dassen en Jacomine de Lange

12.1 Inleiding

Een persoon met dementie verliest in meer of mindere mate de regie over de sociale omgeving en communicatie. Ook de controle over het praktisch handelen wordt minder. Zo wordt hij steeds afhankelijker van anderen. Hoe moet je je staande houden met deze beperkingen? Wat betekent dit voor de naaste omgeving?

De interactie met mensen met dementie is een van de grootste uitdagingen bij deze ziekte. Het is ook de grote kans om de kwaliteit van leven voor de patiënt van vandaag te verbeteren.

In de interactie vindt een rolverschuiving plaats van een onafhankelijk persoon tot een persoon die steeds meer van anderen afhankelijk wordt en die zorg, of minstens toezicht, nodig heeft. De rollen in de familie gaan daarmee ook verschuiven en de familie krijgt hiermee een nieuwe rol als mantelzorger, naast die als familielid.

Zowel de persoon met dementie als de familie moet vormen vinden hoe om te gaan met het verlies aan cognitieve, functionele en sociale vermogens. Professionele hulpverleners kunnen hierbij ondersteuning bieden. Er is inmiddels veel kennis beschikbaar over manieren om deze vermogens zo lang mogelijk in stand te houden door bijvoorbeeld ergotherapie en door persoonsversterkende strategieën gericht op eigen regie uit de persoonsgerichte zorgbenadering toe te passen.

Door het verlies aan cognitieve, functionele en sociale vermogens treden echter ook andere problemen op. De waardigheid en de autonomie van de persoon met dementie komen op het spel te staan en de speelruimte van de familie wordt ingeperkt. Het bereiken van een balans tussen regie en afhankelijkheid beperkt zich daarom niet tot de persoon met dementie, maar vergt ook balanceerkunst van de familie. Hierbij kunnen de belangen van de partijen uiteenlopen.

Hoe met deze problemen om te gaan? In het bereiken van de balans tussen regie en afhankelijkheid kunnen theoretische concepten en hypothesen richting geven, zoals het concept *waardigheid*. Behoud van waardigheid onderstreept het belang van het niet worden ervaren als een last voor anderen en het nuttig willen zijn voor anderen. Autonomie kan bijdragen tot waardigheid. Autonomie verwijst naar leven volgens je eigen vrije wil, ook als de gezondheid achteruit gaat. Zowel autonomie als waardigheid duiden erop dat mensen niet alleen hulp willen ontvangen, maar ook van waarde willen zijn voor anderen. Dit reflecteert de norm van wederkerigheid in onze maatschappij.

Wij schetsen in dit hoofdstuk de problemen die mensen met dementie en de familie kunnen ervaren bij het vinden van een balans tussen regie en afhankelijkheid, en de rol die Wederkerigheid AUtonomie en Waardigheid (WAUW) hierbij spelen. Eerst komen de problemen van de persoon met dementie en de familie in het omgaan met de veranderde situatie ten gevolge van de dementie aan bod, vervolgens gaan we in op de manier waarop de balans tussen regiebehoud en afhankelijkheid in de zorgrelatie met verzorgenden (zowel in verpleeghuizen als thuis) kan worden vormgegeven. Tot slot bespreken we enige interventies om tot een balans tussen regiebehoud en afhankelijkheid te komen, rekening houdend met waardigheid, autonomie en wederkerigheid.

12.2 Problemen van de persoon met dementie met het handhaven van waardigheid en autonomie

Het handhaven van waardigheid is een kernprobleem voor mensen met dementie. De persoon met dementie vecht om zijn waardigheid te handhaven.[1] 'Wat stel ik nu nog voor', verwoordt de vertwijfeling die kan optreden. Dit levert zowel intrapsychische als sociale uitdagingen op.[1] De strijd om het handhaven van de waardigheid wordt vaak eenzaam gevoerd. Ondanks het afnemen van het taboe op dementie is het nog steeds niet gewoon om over gevoelens veroorzaakt door het verlies aan vermogens te praten. Mensen met dementie zijn bang hun autonomie te verliezen en hun mogelijkheden om zich uit te drukken.[2] Ze zijn bang om buitenspel te worden gezet, om niet meer mee te tellen.

In het niet meer meetellen speelt wederkerigheid een grote rol. Een van de vormen van stigmatisering van mensen met dementie is dat zij niet meer geacht worden om bij te dragen.[3] Dit is een vorm van sociale uitsluiting. Mensen met dementie zijn inderdaad vaak niet meer in staat hetzelfde terug te geven als ze ontvangen. Zij kunnen echter nog veel geven en doen dit ook. Het probleem is dat pogingen om bij te dragen door anderen vaak niet als zodanig worden erkend. Bijvoorbeeld wanneer de persoon met dementie probeert zich zo normaal mogelijk te gedragen als er bezoek is, maar daarna terugvalt, wordt dit door de echtgenoot vaak afgedaan als façadegedrag. In plaats van een beloning van de inspanning en het gunnen van rust na een topprestatie wordt de poging gedegradeerd en voelt de echtgenoot zich vaak beledigd. 'Voor de anderen kan hij het wel.'

Niet alleen getroosten mensen met dementie zich vaak grote inspanningen om zo goed mogelijk te functioneren, ook het tonen van blijdschap met bezoek of waardering tonen voor de ander zijn vormen van wederkerigheid. Dit maakt het zorgen bevredigend. Het waarderen van de inspanningen van mensen met dementie kan op zijn beurt weer bijdragen tot het handhaven van waardigheid.

12.3 Balans van de mantelzorger: doen wat je kunt en laten wat je niet kunt

Voor de naaste omgeving betekent dementie dat de gewone relatie langzamerhand steeds meer een verzorgende relatie wordt. Niet alleen de persoon met dementie moet zich aanpassen aan de nieuwe omstandigheden, ook de familie moet vormen vinden hoe om te gaan met zijn verlies aan cognitieve, functionele en sociale vermogens.

De meeste mensen met dementie beschikken over een sociale omgeving die de zorg op zich neemt. Ondanks alle berichtgeving over de individualistische samenleving blijkt de zorg voor mensen met dementie voornamelijk door de familie te worden gedragen. De zorg voor ouderen wordt ook vooral door ouderen gedragen. Zeventig procent van de mensen met dementie woont thuis, en de periode van aanvang van de ziekte tot verpleeghuisopname is gemiddeld 4,5 jaar. Gemiddeld wordt 20 uur per week mantelzorg verleend.[4] Naasten van mensen met dementie helpen bij dagelijkse activiteiten zoals boodschappen doen en het huishouden en helpen bij aankleden. In de Nederlandse cultuur hoort het wassen van de persoon met dementie daar duidelijk niet bij.[5]

De zorg voor mensen met dementie is zwaar en wordt door zorgende familieleden en andere mantelzorgers zowel als belastend als verrijkend ervaren. De mate waarin varieert enorm. Als belastend worden, onder meer, het verlies van kenmerken van de vroegere relatie ervaren,[4] gedragsproblemen, dreigende opname in een verpleeghuis en beperkingen in het omgaan met het eigen netwerk van de mantelzorger. De zorg heeft ook gevolgen voor de lichamelijke conditie van mantelzorgers. In vergelijking met leeftijdsgenoten hebben verzorgende familieleden vaker stoornissen van het immuunsysteem, lijden zij vaker aan depressie en hebben zij een grotere overlijdenskans. Aan de andere kant ontlenen mantelzorgers rechtstreeks voldoening uit het zorgen voor de persoon met dementie en uit de waardering die ze hiervoor krijgen.[4]

Om ervoor te zorgen dat mantelzorgers emotioneel in balans blijven is het van groot belang signalen te herkennen waar ondersteuning en begeleiding nodig zijn. Zo moet gelet worden op het gevoel van competentie van de mantelzorger. Gevoel van competentie betreft de beleving van de problemen in de omgang met de persoon met dementie; de waardering van zichzelf als mantelzorger en de ruimte die de mantelzorger ervaart voor een eigen leven naast de zorg.[6] In de beleving van de problemen in de omgang met de persoon met dementie speelt wederkerigheid een grote rol. Als men het gevoel heeft door de persoon met dementie te worden gewaardeerd is het heel bevredigend: 'Ze bedankt me iedere avond voor de goede zorg.' Omgekeerd is het gevoel van de mantelzorger dat incidentele zorg door buitenstaanders meer wordt gewaardeerd dan de eigen constante zorg fnuikend. De waardering van zichzelf als mantelzorger stimuleert de waardigheid van de mantelzorger. Vooral het besef dat men een moeilijke taak goed vervult. De ruimte voor een eigen leven bevechten is vooral voor echtgenoten heel moeilijk. Bij kinderen doet zich vaak een conflict voor met het uitvoeren van taken voor het eigen gezin. Als de zorg intensief is heeft de mantelzorger ook vaak niet meer de energie om iets anders te verzinnen dan zorgen en weet men zich geen raad met de tijd die over is als de persoon met dementie bijvoorbeeld naar de dagbehandeling is.[7] Vaak is het te moeilijk om als mantelzorger zelf de balans te bewaken. Men wil vaak ook geen hulp vragen omdat men zichzelf vooral ziet als iemand die zorg verleent en niet als iemand die hulp nodig heeft en omdat men denkt toch niet geholpen te kunnen worden.[7] Begrijpelijk: het is ook tegenstrijdig: jezelf als hulpbehoevende moeten zien terwijl je juist sterk moet zijn als mantelzorger om de zorg op je te kunnen blijven nemen.

12.4 Omgaan met waardigheid en autonomie in het verpleeghuis

Hoe krijg je als persoon met dementie de hulp die je nodig hebt op de manier zoals jij die wenst? Uit een kwalitatief onderzoek naar adaptatie en coping van mensen met dementie in verpleeghuizen kwamen drie factoren naar voren die de zorgrelatie beïnvloeden:[8]

- autonoom of afhankelijk willen zijn;
- goed of slecht kunnen inschatten van de eigen mogelijkheden en beperkingen;
- op zichzelf gericht zijn versus op de relatie met de verzorgende gericht zijn.

Dit resulteerde in drie categorieën bewoners. De eerste categorie (gewenst autonomen en gewenst afhankelijken) was in balans, ze kregen de hulp die ze wilden. Bewoners in de tweede categorie (onwetenden en onzekeren) waren in wankel evenwicht en de derde categorie (ongewenst afhankelijken en ongewenst autonomen) was niet in balans.

De *gewenst autonomen* waren mensen die duidelijk aangaven wat ze wilden. Ze hadden inzicht in hun eigen mogelijkheden en beperkingen. Ze schakelden de verzorgenden in wanneer ze hulp nodig hadden. Ze gingen soepel met de hulp om, voelden zich vrij om te controleren en te becommentariëren en onderwierpen zich niet. Als ze iets echt niet wilden, deden ze dat ook niet. Ze waren op zichzelf gericht en niet op de relatie. Zo bleven ze autonoom. Bij hen stond waardigheid en autonomie centraal.

De *gewenst afhankelijken* gaven duidelijk aan dat ze geholpen wilden worden. Hun waardigheid stond voorop. Een deel van hen genoot van de hulp en het contact met de verzorgenden. Ze uitten hun dankbaarheid door ze een zoen te geven of door vriendelijke woorden. Hier was duidelijk sprake van wederkerigheid. Anderen ondergingen de hulp passiever en reageerden er meer gelaten op. Ze waren minder gericht op de relatie met de verzorgenden, maar kregen wel de hulp die ze nodig hadden.

Bij deze beide groepen was er een balans tussen regiebehoud en afhankelijkheid.

Bij de volgende twee groepen was er sprake van een wankel evenwicht. De *onwetenden* waren bewoners die niets durfden te vragen of niet wisten dat ze iets konden vragen. Ze berustten erin dat ze niet kregen wat ze wensten. De *onzekeren* waren onzeker over hun mogelijkheden en vroegen vaak om bevestiging. Ze zochten voortdurend contact met, en steun bij, verzorgenden en onderwierpen zich gemakkelijk. Bij deze laatste groep was de waardigheid in het geding.

Veel *ongewenst afhankelijken* waren bewoners die geen hulp wilden maar daarbij hun mogelijkheden overschatten. Bij lang aandringen door verzorgenden reageerden ze met afwijzing of verzet. Een ander deel van deze groep protesteerde aanvankelijk maar ze gaven zich na veel aandringen toch gewonnen. Zij hechtten veel waarde aan een goede relatie met de verzorgenden. Een ander deel wist niet goed hoe het vragen om hulp in te kleden zodat het meer op commanderen leek, waardoor de relatie met de verzorgenden verstoord werd. Zij waren op zichzelf gericht en niet op de relatie met de verzorgenden. Ze gebruikten de verzorgenden instrumenteel. Sommigen leden erg onder hun afhankelijkheid en waren bang dat ze niet de hulp zouden krijgen die ze nodig hadden. Bij de groep ongewenst afhankelijken stond de waardigheid eveneens op het spel. Ze vonden dat ze zelf in staat waren tot onafhankelijkheid maar anderen dachten daar anders over.

Tot slot waren er de *ongewenst autonomen,* bewoners die duidelijk aangaven dat ze hulp wilden, maar het toch niet voor elkaar kregen om hulp te krijgen. Volgens de verzorgenden onderschatten deze bewoners hun eigen mogelijkheden en konden ze veel meer zelf dan ze aangaven. De relatie met de verzorgenden was daardoor wisselend goed en slecht. Ook hier stond de waardigheid van de persoon met dementie op het spel en was er nauwelijks sprake van wederkerigheid.[8]

Implicaties voor de zorgpraktijk in het verpleeghuis

De implicatie voor verzorgenden en verpleegkundigen is dat het bij mensen met dementie niet zonder meer gaat om het versterken van de autonomie, maar veeleer om het versterken van de autonomie waar gewenst, het aansluiten bij de mogelijkheden en beperkingen van een persoon zodat iemands waardigheid niet op het spel komt te staan, en vooral ook het investeren in een goede relatie met bewoners bij wie dat niet vanzelf gaat door oog te hebben voor wat de ander te bieden heeft. Ook hier geldt: door wederkerigheid zal de zorgrelatie verbeteren.

12.5   Omgaan met waardigheid en autonomie thuis

Wie neemt de regie binnen de relatie van de thuiswonende persoon met dementie, diens familie en de verzorgende? Dit is onderzocht in kwalitatief onderzoek met vijftien casestudies.[9] Er bleken drie typen zorgrelaties te kunnen worden onderscheiden tussen mensen met dementie en mantelzorgers:

* eigen regie behouden;
* regie overgeven met passief verzet;
* regie toevertrouwen aan de mantelzorger.

Dit onderscheid komt in grote lijnen overeen met de hierboven beschreven categorieën van verpleeghuisbewoners: de gewenst autonomen en de ongewenst en gewenst afhankelijken. In het onderzoek van Klingeman e.a. is niet alleen de positie van de persoon met dementie beschreven, maar ook de rol van de familie en de dilemma's die verzorgenden daarbij ervaren.

Bij het type zorgrelatie 'eigen regie behouden' gaat het, net als bij de gewenst autonomen, om een persoon met dementie die duidelijk kenbaar maakt wat hij of zij wil en daarmee zijn of haar waardigheid behoudt. De mantelzorger ondersteunt hem of haar daarbij en geeft ook duidelijk de eigen grenzen aan. Doorgaans is de relatie goed en is er sprake van wederkerigheid. De mantelzorger heeft doorgaans een ondersteunende zorgstrategie.[10] De verzorgende kan beiden hierin ondersteunen. Maar het kan ook voorkomen dat de verzorgende het niet eens is met het ondersteunen van de eigen regie bij de persoon met dementie en vindt dat (een deel van) de regie van de persoon met dementie overgenomen moet worden, omdat er in haar beleving anders onveilige situaties dreigen. Hierdoor kan strijd ontstaan tussen de mantelzorger en de verzorgende.[9]

Bij het type zorgrelatie 'regie overgeven met passief verzet' heeft de mantelzorger de regie overgenomen, terwijl de persoon met dementie het daar niet helemaal mee eens is. In zekere zin wordt zijn waardigheid daarmee aangetast. Dit lijkt op de eerder beschreven ongewenst afhankelijken, maar het protest ten opzichte van de mantelzorger is zwakker. Passief verzet blijkt bijvoorbeeld uit het negeren van de mantelzorger en het ontstaan van conflicten. De mantelzorger heeft vaak een confronterende (niet-adaptieve) zorgstijl. Hij of zij is nogal eens ongeduldig of geïrriteerd. De mantelzorger confronteert de persoon met dementie met wat hij verkeerd doet of negeert zijn gedrag. Vaak begrijpt de mantelzorger de achtergrond van het gedrag niet.[10] Verzorgenden gaan hier op verschillende manieren mee om. In het ene geval accepteert de verzorgende de regie van de mantelzorger omdat die overeenkomt met haar eigen idee hierover en probeert ze de persoon met dementie zo veel mogelijk te steunen. In het andere geval accepteert de verzorgende weliswaar de regie van de mantelzorger maar eigenlijk vindt ze dat de persoon met dementie meer regie zou moeten hebben. Een derde mogelijkheid is dat zij de persoon met dementie steunt in het herwinnen van de regie (en daarmee zijn of haar waardigheid) en dat zij probeert de relatie tussen de mantelzorger en de persoon met dementie te verbeteren door hen oog te laten krijgen voor wederkerigheid.[9]

Bij het laatste type zorgrelatie 'regie toevertrouwen aan de mantelzorger' is er sprake van overgave van de persoon met dementie aan de mantelzorger. Hij of zij accepteert de afhankelijkheid en geniet van de relatie. Dit komt overeen met de categorie gewenst afhankelijken in het verpleeghuis. Doorgaans is de relatie tussen de persoon met dementie en de mantelzorger hecht en is er duidelijk sprake van wederkerigheid. De inzet van de mantelzorger is groot, waardoor risico op overbelasting en stress op de loer ligt. Ze heeft doorgaans een verzorgende zorgstijl.[10] De verzorgende zal beiden zo veel mogelijk steunen, maar ook met de mantelzorger zoeken naar oplossingen om stress en belasting te verminderen.[9]

Implicaties voor de zorgpraktijk

Wat kan de verzorgende doen? Het is allereerst zinvol om na te gaan wat er speelt in de relatie tussen de persoon met dementie, mantelzorger en verzorgende. Dat vraagt een open, niet-oordelende houding van de verzorgende. Daarnaast moeten verzorgenden kennis hebben van copingstijlen van mensen met dementie en van de mogelijke betekenis van het gedrag van een persoon met dementie en de rolopvatting van de mantelzorger. Kritiekpunten over en weer moeten besproken kunnen worden. Om dit inzicht te verwerven kan gebruikgemaakt worden van de Vragenlijst Professionele Zorgrelatie waarbij verzorgenden nagaan hoe de persoon met dementie en de mantelzorger de gevolgen van de dementie beleven.[9]

12.6 Psychosociale interventies en wederkerigheid, autonomie en waardigheid

Psychosociale interventies kunnen bijdragen tot het vinden van een balans tussen regiebehoud en afhankelijkheid door rekening te houden met de principes van wederkerigheid, autonomie en waardigheid, Veel (effectieve) interventies maken gebruik van deze principes. Wij lichten hier een aantal voorbeelden toe: Toepassen van persoonsversterkende strategieën gericht op eigen regie uit de persoonsgerichte zorg; ergotherapie bij ouderen met dementie en hun mantelzorgers aan huis (EDOMAH),[11] 'shared decision making' of gezamenlijke besluitvorming,[12] en de Kopgroep voor mensen met dementie.[13]

Het belang van waardigheid bij dementie heeft geleid tot het formuleren van 'de tien principes van waardigheid' door de Zuid-Australische Gezondheidszorgorganisatie. In haar blog beschrijft Kate Swaffer, die zelf sinds tien jaar leeft met dementie, deze principes en stelt zij vast dat nog een lange weg te gaan is.[14] Enkele van deze principes zijn: steun mensen met dementie met hetzelfde respect als waarmee je zelf zou willen worden behandeld, behandel iedere persoon als een individu door persoonsgerichte zorg te geven, en geef mensen met dementie het maximale niveau van onafhankelijkheid, keuzes en controle.

Persoonsgerichte zorg

Het doel van persoonsgerichte zorg is om mensen als volwaardig persoon te blijven zien ondanks hun geheugenstoornissen en de beperkingen die daarvan het gevolg zijn. Het versterken van iemands waardigheid staat centraal.[15,16]

Binnen de persoonsgerichte zorg wordt gesproken van persoonsversterkende en persoonsondermijnende strategieën. Persoonsversterkende strategieën sluiten aan bij de behoeften van de persoon met dementie en verhogen zo het welbevinden. Persoonsondermijnende strategieën ontkennen of negeren die behoeften en maken dat iemand zich niet als persoon benaderd voelt en zich steeds verder terug gaat trekken. Deze laatste strategieën moeten zo veel mogelijk vermeden worden. Vaak worden deze strategieën onbewust toegepast door verzorgenden. Zo wordt tegen mensen die graag autonoom willen blijven vaak gezegd: 'Nee, wij helpen u wel, u kunt het niet meer zo goed.' En tegen mensen die gewenst afhankelijk zijn, zeggen verzorgenden: 'Nee, u kunt het best zelf!'

Verzorgenden in verpleeghuizen moeten daarom nagaan of de bewoner laat blijken dat hij of zij de regie wil behouden en of hij of zij ergens wel of geen hulp bij wil hebben. Op basis van deze observaties kunnen zij kiezen voor een autonomieversterkende strategie of juist een strategie die de gewenste afhankelijkheid versterkt.

Een ondermijnende strategie bij gewenste afhankelijkheid is bijvoorbeeld iemand dwingen zichzelf aan te kleden, terwijl hij om hulp vraagt. Bij gewenste autonomie is dat bijvoorbeeld iemand storen in waar hij of zij mee bezig is of het brood voor iemand klaarmaken terwijl hij dat graag zelf zou willen doen. Maar ook een (te) hoog tempo aanhouden zodat iemand niet de kans krijgt zijn eigen gang te gaan is een ondermijnende strategie.

Autonomieversterkende strategie	Gewenste afhankelijkheidsversterkende strategie
• een ontspannen sfeer creëren	• een ontspannen sfeer creëren
• informeren naar wensen en behoeften en daarbij aansluiten	• informeren naar wensen en behoeften en daarbij aansluiten
• keuzes laten maken	• zorgen voor een goede relatie zodat de persoon met dementie vertrouwen krijgt om zich over te geven
• een langzaam tempo aanhouden	
• duidelijke instructie geven	
• complimentjes geven	
• de kans geven zich te concentreren op de taak	• respectvol bejegenen, niet betuttelen
• hulpmiddelen toepassen die autonoom handelen mogelijk maken	• niet de regie overnemen, alleen de taak
• ondersteuning geven zodat iemand weer zelf verder kan	• niet het accent leggen op het resultaat (schoon en netjes), maar op het proces (prettig, veilig en vertrouwenwekkend)
• ingaan op commentaar bij verzet	
• samenwerken	
• humor gebruiken	• begripvol bejegenen
	• laten zien wat wel kan

Tabel 12.1 Strategieën ter versterking van de autonomie en de gewenste afhankelijkheid[15-17]

EDOMAH: Ergotherapie bij ouderen met dementie en hun mantelzorgers aan huis

Ergotherapie ondersteunt de persoon met dementie en diens familie door bestaande capaciteiten zo goed mogelijk te gebruiken en te compenseren voor functionele achteruitgang. Hierbij speelt het inventariseren van problemen en wensen van de persoon met dementie een belangrijke rol. Zij vormen het uitgangspunt van de interventie. Ergotherapie coacht mantelzorgers in het erkennen van de inspanningen en de prestaties van de persoon met dementie. De werkwijze van EDOMAH is in detail beschreven in hoofdstuk 11. Een voorbeeld van toepassing van EDOMAH, na inventarisatie van problemen en wensen, is de uitkomst dat de persoon met dementie graag in de tuin werkt, maar de mantelzorger erg teleurgesteld is over zijn manier van tuinieren. De ergotherapeut stelt niet alleen aanpassing van tuingereedschap voor, maar bespreekt ook de teleurstelling van de mantelzorger. Hierdoor wordt het probleem van de mantelzorger duidelijker en worden verwachtingen bijgesteld. Het resultaat is dat niet langer een nette tuin het doel van het tuinieren van de persoon met dementie is, maar een goede middag samen waarin de persoon met dementie zijn hobby kan uitvoeren zonder te hoeven presteren. Zijn autonomie wordt hier gerespecteerd door rekening te houden met zijn wens om te tuinieren, zijn waardigheid wordt gerespecteerd door geen prestaties te vragen die hij niet kan leveren en hij krijgt de gelegenheid tot wederkerigheid door een haalbare bijdrage te leveren aan het onderhoud van de tuin en aan een plezierige middag samen.

Ergotherapie bleek in staat te zijn het functioneren en de kwaliteit van leven van de personen met dementie te verbeteren alsook het gevoel van competentie en de kwaliteit van leven van de mantelzorgers.[11] Een vergelijkbare interventie in Duitsland, waarbij de ergotherapeuten er echter niet in slaagden de problemen en wensen bij mensen met dementie te inventariseren omdat de dementieproblemen door hen niet als zodanig werden erkend, bleek niet effectief te zijn.[18] Erkenning van de problemen door de persoon met dementie is dus een noodzakelijke voorwaarde voor deze vorm van ergotherapie. Ergotherapie, mits goed toegepast, kan bijdragen tot het ondersteunen van wederkerigheid, autonomie en waardigheid en daarmee tot een balans tussen regiebehoud en afhankelijkheid.

Gezamenlijke besluitvorming

Gezamenlijke besluitvorming binnen het netwerk van mensen met dementie biedt mensen met dementie de gelegenheid om mee te beslissen over belangrijke dingen, bijvoorbeeld naar de dagopvang gaan of naar een andere woonvorm. Zij nemen deel aan het proces van het definiëren van problemen, het afwegen van opties en het nemen van een gewogen besluit.[12] Lange tijd was het uitgangspunt dat de persoon met dementie hier niet toe in staat zou zijn. Recentelijk is echter onderzocht wat de mogelijkheden zijn van deelname van personen met dementie aan gezamenlijke besluitvorming. Hieruit bleek dat het wel degelijk mogelijk is, mits daarbij niet alleen rekening wordt gehouden met verbale maar ook met non-verbale uitingen.[2] Mensen met dementie blijken vooral zeer goed in staat om duidelijk te maken wat zij niet willen, bijvoorbeeld ten aanzien van de beslissing over deelname aan dagbehandeling. Door de persoon met dementie te betrekken bij gezamenlijke besluitvorming krijgt hij de gelegenheid bij te dragen tot wederkerigheid, wordt rekening gehouden met zijn wensen en autonomie en wordt de waardigheid bevorderd.

De Kopgroep

Een Kopgroep is een doorlopende groep voor mensen met beginnende dementie die wekelijks of tweewekelijks bij elkaar komt onder begeleiding van twee professionele begeleiders. Mensen blijven bij de groep zolang ze er iets aan hebben. Zij praten met elkaar over wat de ziekte voor hen betekent en wat de gevolgen ervan zijn voor hun dagelijks leven. Vast onderdeel van de bijeenkomsten is het doen van bewegingsoefeningen. Bewegen helpt om in contact te komen met het lichaam en om los te komen en daarna gemakkelijker te kunnen praten. Het programma bestaat uit koffie drinken met een kort gesprek, bewegingstherapie en een gesprek over de gevolgen van dementie voor het dagelijks leven en hoe daarmee om te gaan.[13]

(Mens)waardigheid staat centraal in de Kopgroep. In een Kopgroep leren mensen met dementie om beter om te gaan met dingen die niet meer goed gaan en te blijven doen wat ze nog wel kunnen. Ze krijgen handvatten aangeboden om met de gevolgen van de ziekte om te gaan, ondersteuning bij de verwerking van hun verdriet en pijn en ze ervaren begrip van lotgenoten.

Er is nog geen wetenschappelijk onderzoek naar het effect van de Kopgroep gedaan. De deelnemers geven zelf als meerwaarde aan dat ze zich begrepen voelen omdat ze merken dat anderen dezelfde moeilijkheden hebben als zij. Daardoor kunnen ze ook iets voor elkaar betekenen (wederkerigheid). Volgens de begeleiders neemt de onzekerheid af en het zelfvertrouwen toe en durven mensen meer voor zichzelf op te komen.[13] Daarmee is de Kopgroep een veelbelovende best practice.

12.7 Maatschappelijke ontwikkelingen en wederkerigheid, autonomie en waardigheid

Tot nu toe hebben we waardigheid en autonomie beschouwd vanuit persoonlijk perspectief. Ze zijn echter ook in hoge mate cultureel bepaald.

Autonomie is een belangrijke westerse waarde, terwijl dit in meer collectieve culturen minder op de voorgrond staat. De balans tussen regiebehoud en afhankelijkheid zal daarmee ook verschillen tussen culturen. In de Indonesische cultuur bijvoorbeeld ligt de nadruk meer op familiezorg en staat individuele autonomie minder op de voorgrond.[19]

De waardering voor zorg en voor wederkerigheid, autonomie en waardigheid is bovendien niet statisch. In Nederland wordt momenteel beleidsmatig een grote verschuiving in gang gezet van verzorgingsmaatschappij naar participatiemaatschappij. De laatste stimuleert sociale cohesie en het onafhankelijk zijn van de staat. De persoonlijke verantwoordelijkheid wordt gestimuleerd zonder staatssteun. Wel is ondersteuning van lokale overheden mogelijk (www.ministerievws.nl).

Deze verschuiving houdt in dat mensen met dementie meer afhankelijk zullen worden van hun sociale omgeving. Dit kan nadelige gevolgen hebben als zij hierdoor het gevoel krijgen in het krijt te staan bij de familie. Aandacht voor wederkerigheid wordt hiermee extra belangrijk. Tegelijkertijd kan de participatiemaatschappij ook belangrijke andere veranderingen teweegbrengen in het nationale waardepatroon. Mantelzorgers geven nu al veel steun aan mensen met dementie. Binnen de participatiemaatschappij zou meer waardering kunnen komen voor deze steun. Als het bieden van mantelzorg meer als 'normaal' wordt gezien, kan ook in de werksfeer hier meer rekening mee worden gehouden. We kunnen leren van landen waarin familiezorg voorop staat. Daar bestaat grote maatschappelijke waardering voor hen die zorg verlenen en is het een schande als je het niet doet. Maatschappelijke waardering voor mantelzorg kan bijdragen tot meer waardigheid van de mantelzorger. Die hoeft het zorgen voor de persoon met dementie dan niet meer als gestolen uren van de baas of het gezin te beschouwen.

12.8 Conclusie

Dementie is een uitdaging voor behoud van autonomie. Mensen met dementie, familie en professionele hulpverleners moeten vormen vinden om wederkerigheid, autonomie en waardigheid te behouden in een afhankelijke situatie.

De toepassingen van de principes van wederkerigheid, autonomie en waardigheid (WAUW) in de dagelijkse zorg en in psychosociale interventies kunnen bijdragen tot de balans tussen het houden van regie en afhankelijkheid.

Rekening houden met WAUW draagt bij tot verhoging van de kwaliteit van leven.

WAUW heeft universele kenmerken, maar is ook in hoge mate cultureel bepaald en wordt beïnvloed door persoonlijke eigenschappen van mensen met dementie, mantelzorgers en professionele hulpverleners. In die zin is het ook van belang persoonsgerichte benaderingen toe te passen.

De invulling van wederkerigheid, autonomie en waardigheid kan voor mensen verschillen. Mensen met dementie prefereren autonomie niet altijd boven afhankelijkheid. Zorgverleners moeten nagaan welke voorkeur iemand met dementie heeft en hoe ze daarbij kunnen aansluiten.

Literatuur

1   Johannessen A, Möller A. Experiences of persons with early-onset dementia in everyday life: a qualitative study. Dementia (London). 2013;12:410-24.
2   Groen-van de Ven L, Smits C, Jukema J, et al. Living in the present and preparing for the future: The dynamic, temporal and interactive process of Shared Decision-Making in dementia care networks (in voorbereiding).
3   Gove DM. GPs, stigma and the timely diagnosis of dementia: a qualitative exploration [thesis]. University of Bradford, 2012.
4   Spijker A. Systematic care for caregivers of people with dementia in community mental health services [proefschrift]. Nijmegen: Radboud Universiteit, 2013.
5   Boer A de, Klerk M. Informele zorg – Een literatuurstudie naar mantelzorg en vrijwilligerswerk in de zorg. Den Haag: Sociaal en Cultureel Planbureau, 2013.
6   Vernooij-Dassen MJ, Felling AJ, Brummelkamp E, et al. Assessment of caregiver's competence in dealing with the burden of caregiving for a dementia patient: a Short Sense of Competence Questionnaire (sscq) suitable for clinical practice. J Am Geriatr Soc. 1999;47:256-7.
7   Vernooij-Dassen M, Joling K, Hout H van, Mittelman MS. The process of family-centered counseling for caregivers of persons with dementia: barriers, facilitators and benefits. Int Psychogeriatr. 2010;22:769-77.
8   Lange J de. Omgaan met dementie, het effect van geïntegreerde belevingsgerichte zorg op adaptatie en coping van mensen met dementie in verpleeghuizen; een kwalitatief onderzoek binnen een gerandomiseerd experiment [proefschrift] Rotterdam: Erasmus Universiteit, 2004.
9   Klingeman C, Coppoolse K, Lange J de. Dementie en regie; de zorgrelatie tussen cliënten met dementie, hun mantelzorgers en thuiszorgprofessionals. Rotterdam: Academische Werkplaats Dementie, Kenniscentrum Zorginnovatie, Hogeschool Rotterdam, 2012. www.kenniscentrumzorginnovatie.nl.
10 Vugt ME de, Stevens F, Aalten P, Verhey FR. Hebben verzorgende familieleden invloed op probleemgedrag bij dementie? Tijdschr Gerontol Geriatr. 2005;36:10-7.
11 Graff MJ, Vernooij-Dassen MJ, Thijssen M, et al. Community based occupational therapy for patients with dementia and their care givers: randomised controlled trial. BMJ. 2006;333:1196.
12 Elwyn G, Dehlendorf C, Epstein RM, et al. Shared decision making and motivational interviewing: achieving patient-centered care across the spectrum of health care problems. Ann Fam Med. 2014;12:270-5.
13 Lange J de, Veerbeek M. De kop-groep, een behandelgroep voor mensen met

dementie. Utrecht: Trimbos-instituut/Alzheimer Nederland, 2009.

14   www.kateswaffer.com.

15   Willemse B, Smit D, Lange J de, Pot AM. Is de zorg persoonsgericht? De Monitor
      Woonvormen Dementie (1). Denkbeeld. 2013;25:22-4.

16   Brooker D, Surr C. Dementia Care Mapping; principles and practice. University
      of Bradford: Bradford Dementia Group, 2005.

17   Kitwood T. Dementia reconsidered: the person comes first. Buckingham: Open
      University Press, 1997.

18   Voigt-Radloff S, Graff M, Leonhart R, et al. Why did an effective Dutch
      complex psycho-social intervention for people with dementia not work in
      the German healthcare context? Lessons learnt from a process evaluation
      alongside a multicentre RCT. BMJ Open. 2011;1:e000094.

19   Effendy C, Vissers K, Tejawinata S, et al. Dealing with symptoms and issues of
      hospitalized patients with cancer in Indonesia: the role of families, nurses, and
      physicians. Pain Pract. 2014 May 26 [Epub ahead of print].

13 HULP BIJ HET ONDERHOUDEN VAN SOCIALE RELATIES

Marijke van Haeften-van Dijk en Petra Boersma

13.1 Inleiding en leeswijzer

Sociale contacten zijn belangrijk voor mensen, zowel voor hun persoonlijk als maatschappelijk functioneren.[1,2] Voor mensen met dementie is dit niet anders, ook zij geven aan dat sociaal contact voor hen een van de belangrijkste behoeften is.[3] Met de voortschrijding van dementie neemt echter het vermogen om zelfstandig sociale relaties te onderhouden af. Dementie leidt vaak tot desoriëntatie in plaats, waardoor men de deur niet meer uit durft. Problemen met het herkennen van personen bemoeilijken eveneens de sociale contacten. Gesprekken verlopen vaak moeizamer doordat iemand vanwege de geheugenproblemen moeite heeft met het abstract denken en informatie uit eerdere gesprekken alweer is vergeten. Ook problemen met eenvoudige handelingen zoals het inschenken van een kopje koffie kunnen gevoelens van schaamte of onzekerheid teweegbrengen waardoor iemand met dementie geneigd kan zijn zich terug te trekken.

Vanwege de genoemde beperkingen is het nodig dat mensen met dementie adequaat ondersteund worden bij het onderhouden van sociale relaties. Afhankelijk van de fase van dementie en de woonsituatie (thuis of in een zorginstelling) zal hieraan op een andere manier invulling kunnen worden gegeven. Familie, vrienden en kennissen (ofwel: het sociale systeem) en de samenleving als geheel kunnen een belangrijke hulpbron zijn voor mensen met dementie bij het onderhouden van sociale relaties. Daarnaast zijn er verschillende effectieve voorzieningen en interventies die mensen met dementie kunnen helpen om sociale relaties te behouden. Omdat sociaal contact een basisbehoefte is voor mensen met dementie zal het behoud hiervan door effectieve ondersteuning substantieel bijdragen aan hun kwaliteit van leven.

In dit hoofdstuk beschrijven wij eerst wat mensen met dementie zelf aangeven met betrekking tot hun behoefte aan sociaal contact. Daarna gaan we in op de mogelijkheden tot sociaal contact in de verschillende fasen van dementie. Vervolgens beschrijven wij het risico op sociaal isolement bij mensen met dementie. Tot slot behandelen wij enkele effectieve interventies die bedoeld zijn om sociale contacten van en met mensen met dementie te bevorderen. Wij maken daarbij een onderscheid tussen interventies die zich richten op de persoon met dementie zelf, de mantelzorger(s) en het sociale systeem, de zorgprofessional, en de samenleving.

13.2 Behoefte van mensen met dementie om sociale contacten te behouden

Contact met de familie blijkt bij mensen met dementie in alle fasen en in alle woonsituaties een heel belangrijk thema én van grote invloed op de kwaliteit van leven van de persoon met dementie.[4,5] Uit een literatuurreview over ervaren behoeften onder thuiswonende mensen met dementie blijkt dat sociaal contact een belangrijke behoefte is.[3] Cahill en Diaz-Ponce deden onderzoek naar hoe mensen in verschillende stadia van dementie, woonachtig in het verpleeghuis, hun kwaliteit van leven ervaren en wat belangrijk voor hen is.[5] Uit interviews met 61 mensen met dementie kwam naar voren dat zij sociaal contact met familie, medewerkers en medebewoners als een van de vier belangrijkste aspecten beschouwen voor hun kwaliteit van leven. Vooral het contact met familie was zeer belangrijk voor hen.[5]

13.3 Mogelijkheden tot sociale relaties in de verschillende fasen van dementie

In elke fase van de ziekte zal de persoon met dementie op een andere manier contact aangaan met zijn omgeving.[6] Van der Kooij (zie ook hoofdstuk 10) beschrijft vier verschillende belevingsfasen van dementie: 'het bedreigde-ik', 'het verdwaalde-ik', 'het verborgen-ik' en 'het verzonken-ik'.[6] Gedurende de fase van 'het bedreigde-ik' verliest de persoon met dementie de grip op zichzelf en op zijn/haar omgeving.

Tijdens de fase van 'het verdwaalde-ik' verliest de persoon met dementie zich in een individuele realiteit. De fase van 'het verborgen-ik' wordt gekarakteriseerd door schijnbare isolatie en ontoegankelijkheid. In de laatste fase, 'het verzonken-ik', reageert de persoon met dementie niet meer op zijn/haar omgeving en lijkt er geen sprake meer te zijn van interactie en gevoelens. De BUPA Foundation onderscheidt ook vier stadia van dementie.[7,8] Deze stadia worden beschreven in termen van gedrag en komen grofweg overeen met de verschillende stadia van Van der Kooij die de stadia in termen van 'zelfbeleving'

heeft beschreven.[6] Het is overigens zeker niet zo dat iedere persoon met dementie deze stadia op dezelfde manier doorloopt en ook is het niet zo dat alle
mensen met dementie op dezelfde manier communiceren.

Elk stadium vraagt van de persoon met dementie zelf én van diens omgeving, de mantelzorger(s), de zorgprofessional en de samenleving als geheel,

Fase dementie volgens Van der Kooij[6]	Fase dementie volgens BUPA Foundation[7,8]	Communicatie-mogelijkheden	Communicatietips
het bedreigde-ik	geheugenverlies en verwarring	de persoon met dementie neemt nog initiatief tot contact en er is sprake van wederkerigheid in het contact.	• het gesprek eenvoudig houden (langzaam spreken, korte zinnen, geen open vragen) • geduldig zijn • de belevingswereld van de persoon met dementie proberen te accepteren i.p.v. te corrigeren (dit vermindert angst)
het verdwaalde-ik	gedrags-veranderingen	de persoon met dementie neemt initiatief tot contact en er is sprake van wederkerigheid in het contact	• help de persoon met dementie controle te houden (zoek taken/activiteiten waardoor zij zich waardevol voelen en waar zij plezier in hebben) • geef duidelijke en bruikbare aanwijzingen • wees flexibel in het contact maken (zoek het juiste moment en pas jezelf aan als dat nodig is) • weet wanneer het beter is enige afstand te nemen (bijv. bij momenten van verbale/fysieke agressie) • zoek hulp bij het verzorgen van de persoon met dementie, niemand kan het alleen

het verborgen-ik	greep op het heden verliezen	het is nog mogelijk om contact te hebben, er kan ook sprake zijn van wederkerigheid in het contact; het initiatief wordt niet meer door de persoon met dementie genomen	• stap in de wereld van de persoon met dementie (bevestig de beleving van de persoon met dementie, ook wel 'valideren' genoemd, dat creëert gemoedsrust bij de persoon met dementie) • maak contact zowel verbaal maar ook non-verbaal; een glimlach of een gebaar kan heel waardevol zijn voor de persoon met dementie
het verzonken-ik	lichamelijke kwetsbaarheid en afhankelijkheid	initiatief tot contact wordt niet meer door de persoon met dementie zelf genomen en er is niet of nauwelijks sprake van wederkerigheid in het contact	• wees fysiek aanwezig (houd bijvoorbeeld zijn/haar hand vast, omhelzen, strelen) • visuele aanwijzingen (angst in de ogen, gespannen houding, versnelde ademhaling) kunnen helpen om de emoties van de persoon met dementie te begrijpen

Tabel 13.1 Fasen van dementie en de mogelijkheden voor communicatie

telkens andere inspanningen en aanpassingen om sociale relaties en/of sociale contacten in stand te houden. In tabel 13.1 staan de verschillende fasen beschreven met de daarbij behorende communicatiemogelijkheden en tips om de communicatie met een persoon met dementie te optimaliseren.

13.4 Risico op sociaal isolement van mensen met dementie

Ondanks de behoefte om sociaal betrokken te blijven, lopen mensen met dementie een groot risico om sociaal geïsoleerd te raken. In een studie in Engeland onder thuiswonende mensen met dementie gaf 39% van de respondenten aan zich eenzaam te voelen, tegenover 24% van de respondenten zonder diagnose dementie van dezelfde leeftijd. Van de alleenwonende mensen met dementie gaf zelfs 62% aan dat zij zich eenzaam voelden. Uit hetzelfde onderzoek blijkt dat 70% van de mensen met dementie door gebrek aan zelfvertrouwen stopt met activiteiten, 39% slechts één keer per week buiten komt en 50% de buurt vermijdt omdat zij zich gehinderd voelen door hun eigen beperking.[9]

Er zijn verschillende redenen waardoor een persoon met dementie in een sociaal isolement kan raken. Deze kunnen gelegen zijn in kenmerken van:

- het ziektebeeld dementie en hoe iemand hiermee omgaat;
- de sociale omgeving;
- de woonsituatie;
- de maatschappelijke omgeving van de persoon met dementie. Hieronder lichten we dit toe.

Het geheugenverlies als gevolg van de dementie kan beperkend zijn in het onderhouden van sociale contacten. In veel gevallen vermindert het vermogen zich te oriënteren in tijd en plaats, waardoor het zelfstandig bezoeken van familie, vrienden en kennissen wordt belemmerd. Een andere reden voor verminderd sociaal contact kan zijn dat er sprake is van afasie (een taalstoornis waarbij men moeite heeft met spreken en/of begrijpen) of de geheugenproblemen veroorzaken dat men de gesprekken moeilijk volgt of snel weer vergeet.

> Davis (man, 53 jaar oud, diagnose dementie sinds zeven maanden, thuiswonend, getrouwd) schrijft in een autobiografie over zijn ziekte: 'In mijn huidige situatie zijn er momenten waarin ik me normaal voel. Op andere momenten kan ik niet volgen wat er om mij heen gebeurt; als een gesprek te snel gaat, van de ene naar de andere persoon, ben ik voordat ik het weet buitengesloten van wat er om mij heen gebeurt – en blijf ik alleen achter in een menigte.'[10]

Dementie kan gepaard gaan met apraxie (een stoornis waarbij men moeite heeft met het uitvoeren van bepaalde handelingen) waardoor eenvoudige taken moeilijk uitgevoerd kunnen worden. Dit kan leiden tot schaamte of onzekerheid waardoor een persoon met dementie minder contact zoekt met familie, vrienden en kennissen.[9] Ook kan men een drempel ervaren om nog deel te nemen aan het maatschappelijk leven in de vorm van bijvoorbeeld vrijwilligerswerk of deelname aan lokale (sport)verenigingen.

> Een 71-jarige vrouw met Alzheimer, woonachtig in een verzorgingshuis, legt uit hoe haar geheugenverlies haar onzeker maakt: 'Nou, misschien doe je wel iets verkeerd en dan zeggen mensen: Oh, kijk haar, ze kan dit niet en ze kan dat niet.'[11]

Daarnaast speelt ook de leeftijd een rol bij de vermindering van het aantal sociale contacten: dementie komt vaker voor op oudere leeftijd, een periode waarin het sociale netwerk doorgaans vanzelf kleiner wordt door het overlijden van leeftijdsgenoten.

Een tweede belangrijke reden die mensen met dementie zelf aangeven voor verminderd sociaal contact heeft te maken met hoe hun familie en vrienden tegen hen aankijken en met hen omgaan. In diverse studies gaven mensen aan dat hun vrienden of kennissen zich anders tegenover hen gingen gedragen en dat zij zich buitengesloten voelden en onvoldoende betrokken werden in belangrijke beslissingen over bijvoorbeeld de zorg die ze krijgen.[12]

Partners, familie, vrienden en kennissen ervaren zelf ook gevoelens van ongemak of onvermogen in het omgaan met de veranderingen die zij zien bij hun naaste. Van der Vugt onderzocht de effecten van gedragsveranderingen bij mensen met dementie op de relatie van echtparen.[13] Uit dat onderzoek bleek dat apathie de grootste negatieve impact heeft op de relatie. Het daaruit voortkomende gebrek aan wederkerigheid in de communicatie tussen partners is moeilijk om mee om te gaan. Daarnaast kan de zorg voor een naaste met dementie een grote belasting voor de mantelzorger met zich meebrengen. Het is voor hen vaak moeilijk tijd en energie voor sociale contacten over te houden.[14] Een mantelzorger gaf in een studie van Loos en Bowd[15] aan dat de lange ziekteduur ook invloed heeft op de hoeveelheid sociale contacten:

> Echtgenoot van iemand met Alzheimer: 'Het duurt zo lang, dat je vrienden stoppen met bellen.'[15]

Ook de woonsituatie is bepalend voor de mate van sociaal contact. Het maakt veel uit of de persoon met dementie samenwoont met zijn/haar partner en omringd wordt door zorgzame kinderen, buren en andere familie/vrienden of wanneer deze alleen woont.

Tot slot spelen maatschappelijke factoren een rol bij het ontstaan van een sociaal isolement bij mensen met dementie. Er heerst nog vaak een taboe op dementie en er is over het algemeen nog veel onbekendheid met de ziekte.[9] Dit verhoogt de drempel voor mensen met dementie om deel te blijven nemen aan het maatschappelijk leven. Ondanks hun wens om actief en betrokken te blijven en iets bij te dragen, geven mensen met dementie aan dat zij moeite hebben om actief te blijven participeren in de maatschappij. Naarmate de ziekte vordert, wordt het moeilijker om sociale rollen in familie en het maatschappelijk leven te blijven vervullen en soms worden rollen hun ook ontnomen. Tegelijkertijd komen er in de meeste gevallen weinig nieuwe rollen voor in de plaats.[16]

13.5 Effectieve interventies gericht op het behouden van sociale relaties

In de afgelopen decennia zijn er allerlei psychosociale interventies ontwikkeld en onderzocht om de kwaliteit van leven van mensen met dementie te bevorderen.[17] Het stimuleren van sociale contacten wordt als een van de belangrijke eigenschappen van psychosociale interventies voor mensen met dementie beschouwd.[18] Voorbeelden van interventies waarin het contact met familie en vrienden, het onderlinge contact tussen bewoners in zorgsettingen of het contact met degenen die hen verzorgen wordt gestimuleerd, zijn interventies waarin muziek of huisdieren worden gebruikt om het gesprek op gang te brengen.[17] Ook in reminiscentie, waarbij gezamenlijk herinneringen worden opgehaald over vroeger, staat de conversatie centraal. Aan de hand van attributen, foto's, muziek en geuren die referen aan het verleden wordt, meestal rond een bepaald thema, een gesprek op gang gebracht.[19] Dankzij ontwikkelingen in de ICT wordt het makkelijker om te communiceren met familie, vrienden en kennissen op afstand via eenvoudige pictofoons, beeldtelefoon, mobiele telefoons, touchscreens en andere applicaties via internet. Uit onderzoek blijkt dat ook psychosociale interventies waarin het bevorderen van sociaal contact niet de primaire focus is, een positief effect kunnen hebben op de sociale interactie van mensen met dementie. Zo is muziektherapie (individueel of in een groep) niet alleen een zinvolle bezigheid, maar stimuleert ze tegelijk ook de sociale interactie en sociale vaardigheden.[17] Andere interventies die het sociale contact bevorderen zijn psychomotorische therapie en snoezelen. Ook blijkt genormaliseerd wonen in kleinschalige zorgvoorzieningen positief bij te dragen aan de sociale contacten van mensen met dementie.[17]

Interventies die erop gericht zijn sociaal contact met mensen met dementie te bevorderen kunnen grofweg worden ingedeeld in interventies gericht op het contact tussen de persoon met dementie en zijn/haar sociale systeem, interventies gericht op het bevorderen van het contact tussen zorgprofessionals en mensen met dementie en interventies ontwikkeld met het oog op een 'dementievriendelijke samenleving'. We geven voor elke categorie enkele voorbeelden van uit wetenschappelijk onderzoek gebleken effectieve interventies.

Interventies gericht op de persoon met dementie en het sociale systeem

In deel I van dit boek is beschreven hoe verschillende ziekten kunnen leiden tot een dementiesyndroom. Het proces van achteruitgang kan jaren duren. Daarvan brengt de persoon met dementie het merendeel thuis door. Het aantal mensen met dementie verdubbelt de komende decennia terwijl de vergrijzing van de samenleving als geheel met zich mee zal brengen dat er steeds minder een beroep gedaan kan worden op professionele en geïnstitutionaliseerde zorg. Mantelzorgers zullen daarom, nog meer dan voorheen en ook langer dan voorheen, de zorg in de thuissituatie voor een persoon met dementie op zich moeten nemen. Onderzoek wijst uit dat het ondersteunen van zowel de persoon met dementie als zijn/haar mantelzorger(s) het meest effectief is om mantelzorgers te helpen bij hun zorgtaak en de kwaliteit van leven van mensen met dementie te bevorderen.[20] En uiteraard wordt ook het versterken van de sociale netwerken rondom de persoon met dementie en de mantelzorger steeds belangrijker.[21]

Vanuit deze achtergrond zijn in Nederland bijvoorbeeld de Ontmoetingscentra voor mensen met dementie en hun mantelzorgers opgericht. Dit zijn laagdrempelige centra in de wijk waarin mensen met dementie elkaar ontmoeten en deel kunnen nemen aan creatieve en recreatieve activiteiten. Er is in de ontmoetingscentra speciale aandacht voor bewegingsactiviteiten. Voor mantelzorgers zijn er gespreksgroepen en informatiebijeenkomsten. Uit herhaald onderzoek is gebleken dat deelnemers aan Ontmoetingscentra vergeleken met mensen met dementie die een reguliere dagbehandeling in het verpleeghuis bezoeken, na zeven maanden een hogere zelfwaardering hebben en minder gedragsproblemen vertonen, met name minder niet-sociaal gedrag en minder inactief gedrag. Mantelzorgers voelden zich competenter om de zorg op zich te nemen, en bleken ook langer in staat om de zorg thuis vol te houden.[22]

Een interventie gericht op versterking van het sociale systeem rondom een persoon met dementie is psycho-educatie. De mantelzorger ontvangt informatie over het ziektebeeld dementie en wordt getraind in praktische vaardigheden om de dagelijkse zorgtaken zo goed en effectief mogelijk te volbrengen. De psycho-educatie is er op gericht om de communicatie en samenwerking in de familie te verbeteren door de mantelzorger(s) en familie eenzelfde reëel beeld te geven van de (mate van) de beperking(en) van de persoon met dementie. De mogelijkheden van samenwerking tussen de verschillende familieleden worden besproken zodat zij in staat zijn steeds weer oplossingen te vinden voor nieuwe problemen die het ziektebeeld met zich meebrengt. Psycho-educatie kan op die manier een positief effect hebben op de sociale relaties.[23]

In Australië, Amerika en in Nederland wordt een vergelijkbare interventie ingezet voor mensen met dementie en hun mantelzorgers. Hierbij worden mantelzorgers en andere familieleden geïnterviewd en vervolgens worden gericht advies en begeleiding gegeven. Het onderliggende doel hiervan is de communicatie tussen familieleden te verbeteren. Een dergelijke aanpak blijkt de sociale interactie binnen het familiesysteem langdurig te versterken.[24,25]

Het Home Environmental Skill Building-programma is een programma waarin naast psycho-educatie over het ziektebeeld dementie en hoe daarmee om te gaan, ook het onderdeel 'het aanleren van een strategie om de sociale omgeving aan te passen' is opgenomen. In dit onderdeel leren de mantelzorger(s) de zorg binnen hun sociale netwerk te coördineren, het netwerk in te schakelen voor hulp en hoe zij effectief kunnen communiceren met professionele zorgverleners.[26]

Ook in Nederland is men de afgelopen tien jaar in toenemende mate gericht op het versterken van het netwerk van de persoon met dementie en diens mantelzorger(s). Hier worden familiegesprekken met name georganiseerd in geheugenpoli's en ontmoetingscentra (zie hoofdstuk 18). Ook worden in de eigen wijk verbindingen gemaakt tussen het informele netwerk van de persoon met dementie en/of diens mantelzorger(s) en het formele netwerk van wijkgebonden zorg- en welzijnsvoorzieningen. Het uitgangspunt is daarbij steeds de ondersteuningsbehoeften van betrokkenen zelf, waarbij zelfregie voorop staat.[21]

Sociale relaties in het woonzorgcentrum tussen verzorgenden en ouderen met dementie

Naarmate de persoon met dementie afhankelijker wordt van de zorg van anderen, zal er in veel gevallen ook een beroep worden gedaan op professionele zorg, thuis of in een woonzorgcentrum waar hij/zij 24 uur per dag zorg ontvangt. In welke fase van dementie dit aan de orde is, verschilt per persoon en hangt van meerdere factoren af, zoals het familiesysteem en de woonsituatie. Indien een persoon met dementie afhankelijk wordt van professionele zorg, is het ontwikkelen van een adequate relatie met zorgprofessionals noodzakelijk.[5] De afgelopen decennia zijn er diverse psychosociale interventies ontwikkeld die een positief effect hebben op de sociale relatie tussen verzorgenden en ouderen met dementie. Deze interventies zijn vrijwel allemaal vormen van persoonsgerichte zorg en worden ook wel onder de noemer 'warme zorg' of belevingsgerichte zorg geschaard. Persoonsgerichte zorg houdt in dat er rekening wordt gehouden met de levensgeschiedenis en de dagelijkse routine en voorkeuren van een persoon met dementie, waardoor de identiteit van de persoon met dementie wordt bevestigd, en hij/zij in betekenisvolle activiteiten wordt betrokken. Het zorg dragen voor een algeheel gevoel van welbevinden staat daarbij centraal.[27]

Zogenoemde 'levensboeken' kunnen een positieve bijdrage leveren aan persoonsgerichte zorg. In levensboeken staan belangrijke momenten uit het leven van de persoon met dementie beschreven, vaak ondersteund met foto's. Wanneer verzorgenden deze boeken gebruiken in de dagelijkse zorg zal het contact met de persoon met dementie verbeteren.[18] Ook het gebruik van muziek waarnaar de persoon met dementie voorheen graag luisterde heeft een positief effect op het contact met de persoon met dementie.[17]

Een andere voorbeeld zijn de groepsbijeenkomsten belevingsgerichte zorg of validation-groepen waarin wordt gewerkt met muziek, contact wordt gemaakt en complimentjes worden gegeven. Door bewoners bij hun naam te noemen, in te gaan op hun gevoelens, dichtbij te komen, verbaal en non-verbaal te troosten en zorgzaamheid te stimuleren (bijvoorbeeld een rol geven door koffie in te schenken voor iedereen) wordt hun identiteit bevestigd. De bijeenkomsten hebben als effect dat bewoners bij elkaar betrokken raken en hun gevoel van verbondenheid wordt versterkt.[28]

> Verzorgende: 'Bewoners reageren positief op deze bijeenkomsten: "Een beetje lollig, het hoeft niet zo saai te zijn", "heerlijk, ik vond het heerlijk", "Fijn!", hoe meer je praat, hoe meer je in contact komt met iedereen.' Ook verzorgenden genoten ervan en zagen nieuwe dingen bij de bewoners. Een verzorgende: 'Ze is zo wijs! Dat had ik nooit gedacht. Normaal zie je dat niet. Ze zit op de afdeling voor zich uit te staren, zo stil. Je leert ze allemaal anders kennen. Ineens zijn ze vol leven.'[28]

Groepsinterventies waarin een vorm van drama of theater wordt gebruikt blijken ook een positieve uitwerking te hebben op het sociaal gedrag en de stemming van mensen met dementie.[29] Een interventie die in Nederland is ontwikkeld is de Veder Methode. Dit is een contactmethode die verschillende persoonsgerichte zorgmethoden met elkaar combineert (validation, reminiscentie, Neuro Linguistic Programming), en daarbij gebruikmaakt van theatrale attributen, zoals herkenbare rolfiguren, poëzie en muziek. De methode kan op verschillende manieren worden toegepast: als huiskamervoorstelling, als interactieve theatervoorstelling en als methode in de dagelijkse zorg waarbij verzorgenden elementen van de Veder Methode integreren in de wijze van contact maken met bewoners tijdens de uitvoering van zorgtaken.

Citaten van verzorgenden: 'Door de Veder Methode heb ik geleerd dat ik tegen een bewoner ook mag zeggen dat ik het even moeilijk heb, of moe ben. Ik mag dat met de bewoner delen. Bewoners reageren daar heel positief op, met veel empathie, ze hebben er dan begrip voor. Laatst zei iemand tegen me: "Zal ik me vanavond dan zelf op bed doen"?'

'Bewoners voelen nu met je mee, eerst was ik echt "de zuster", er was afstand tussen ons. Nu zien bewoners je anders, je bent hechter met ze, bewoners delen nu ook geheimpjes met mij, en ik deel dan ook vaak een geheimpje met hen.'

'Verdriet hebben was eerst heel moeilijk, vrolijkheid en plezier mocht altijd wel, maar verdriet laten zien was lastiger. Ik heb geleerd dat alle emoties evenveel waard zijn.'

'Door de Veder Methode voel ik een sterkere verbondenheid met de bewoner, we zijn opener geworden.' (uit een focusgroep in het kader van lopend onderzoek naar de implementatie van de Veder Methode in de 24-uurszorg).

Vergeleken met reminiscentie-groepsactiviteiten bleken huiskamervoorstellingen volgens de Veder Methode twee uur na de activiteit nog een positiever effect te hebben op sociaal gedrag van mensen met dementie.[29]

Een interventie die bij uitstek geschikt is voor contact maken in de fasen van het 'verborgen-ik' en het 'verzonken-ik', is snoezelen. Dit is een interventie waarbij meerdere zintuigen worden gestimuleerd, meestal in een speciaal ontworpen kamer met hightech-instrumenten. Snoezelen biedt een stimulerende sfeer in een verder prikkelarme omgeving. Het bevordert de communicatie tussen zorgverleners en mensen met dementie en heeft een gunstig effect op het gedrag van de persoon met dementie. Uit onderzoek van Van Weert kwam naar voren dat de persoon met dementie meer lacht, meer kijkt naar de verzorgende, minder afkeurend en boos gedrag vertoont en meer uit zichzelf duidelijk maakt wat hij/zij wil of gaat doen.[30]

Wat deze persoonsgerichte interventies gemeen hebben is dat ze helpen beter contact te maken met de persoon met dementie. 'Er zijn voor de ander', het draait om de goede en de nabije relatie, om zorg hebben, om de waardigheid van de ander, om het erkennen van de ander en om nauwgezette afstemming op de leefwereld van de persoon met dementie. Deze beweging sluit aan bij de presentietheorie van Andries Baart, waarbij professionals worden uitgenodigd tot een persoonlijk contact.[2] De verzorgende van de Veder Methode in het eerder gegeven voorbeeld beschrijft dat er in het contact met de bewoners met dementie wederzijdse kwetsbaarheid getoond mag worden.

Dit is een voorbeeld van relatiegericht werken, waarbij menslievendheid, trouw, belangstelling, welwillendheid en wederkerigheid centraal staan. Volgens Baart is dit de enige basis voor goede zorg.

Een dementievriendelijke samenleving

Zo lang mogelijk blijven deelnemen aan de maatschappij is een wens van veel mensen met dementie. De vraag is hoe we onze maatschappij zodanig kunnen inrichten dat mensen met dementie hierin ondersteund worden. Uit deze vraag kwam het idee van de 'dementievriendelijke samenleving' voort. Hoe ziet een dementievriendelijke samenleving eruit?

In een dementievriendelijke gemeente of samenleving wordt er rekening gehouden met problemen waar mensen met dementie tegenaan lopen, en wordt gezocht naar voor hen behulpzame oplossingen. Het is een plek waar mensen met dementie zelfstandig boodschappen kunnen doen bij de lokale supermarkt dankzij een begripvolle caissière die niet vreemd opkijkt als haar klant even niet weet hoe hij/zij moet betalen. Het is een samenleving waarin mensen met dementie de mogelijkheid hebben om deel te nemen aan vrijetijdsactiviteiten in de buurt, zoals een rondleiding in een museum of dans-, schilder-, sport- en kookactiviteiten zonder dat zij tegen onbegrip van anderen of hun eigen beperkingen aanlopen. Hiervoor zullen soms aanpassingen nodig zijn in straten, supermarkten, buurtcentra, zorginstellingen of het eigen huis. Een duidelijke bewegwijzering kan mensen met dementie bijvoorbeeld helpen zich te oriënteren.[31] Maar ook is er algemene bewustwording over dementie en hoe daar mee om te gaan nodig om het stigma rondom dementie te doorbreken.

In een studie van Harris verwoordt een 71-jarige man met dementie (diagnose sinds drie jaar, alleenstaand, thuiswonend) hoe hij de verminderde sociale betrokkenheid ervaart: 'Nou, ik denk dat het een feit is dat ik niet meer zo betrokken ben in sociale activiteiten en allerlei andere dingen die ik vroeger allemaal deed. Het laat een leegte in mijn leven achter.'[32]

Er zijn recentelijk verschillende initiatieven ontplooid om het stigma rondom dementie te verminderen en de integratie van mensen met dementie in het 'gewone leven' te bevorderen. Een voorbeeld van zo'n initiatief in de Verenigde Staten is een koor waarin studenten en ouderen met dementie gezamenlijk zingen. Een evaluatie van dit project wees uit dat het sociaal isolement van de deelnemers met dementie verminderde en dat studenten meer begrip kregen voor mensen met dementie en een positievere houding kregen ten opzichte van mensen met dementie.[33] Een ander voorbeeld waarin jongeren en mensen met dementie met elkaar in contact worden gebracht, is een schoolproject in de Verenigde Staten waarin mensen met dementie als vrijwilliger werken en een mentorrol vervullen voor de leerlingen op de school. Doel is om in een niet-gemedicaliseerde, sociale omgeving mensen met dementie de mogelijkheid te geven in contact te komen met kinderen. Het initiatief blijkt een succes en toont aan dat mensen met licht tot matig ernstige dementie nog betekenisvolle rollen kunnen vervullen in de maatschappij.[16]

In New York heeft het Museum of Modern Art (MoMA) rondleidingen voor mensen met dementie en hun mantelzorgers georganiseerd. Op deze manier blijven kunst en cultuur toegankelijk voor mensen met dementie en worden mensen met dementie en hun mantelzorgers in staat gesteld gezamenlijk een leuke activiteit te ondernemen en kunnen lotgenoten elkaar ontmoeten. Dit concept is overgenomen door het Stedelijk Museum in Amsterdam en het Van Abbemuseum in Eindhoven en wordt momenteel ook in diverse andere Nederlandse musea geïmplementeerd. Een ander initiatief in Nederland is DemenTalent, waarin mensen met dementie de mogelijkheid krijgen om hun talenten in te zetten in vrijwilligerswerk.

De genoemde initiatieven zijn met name geschikt in een licht tot matig ernstig stadium van dementie. Ze kunnen als eerste bouwstenen voor een dementievriendelijke samenleving worden beschouwd, waarin mensen met dementie de benodigde ondersteuning krijgen om sociaal betrokken te blijven. Tegelijkertijd is er op dit front nog veel winst te behalen.

13.6 Tot slot

Mensen met dementie geven aan dat sociale relaties belangrijk voor hen zijn, zelfs tot in een vergevorderd stadium van dementie. In alle fasen van dementie blijken er mogelijkheden voor sociaal contact, maar naarmate de ziekte vordert wordt de rol van mantelzorgers, het sociale systeem om de persoon met dementie heen, en zorgprofessionals belangrijker om mensen met dementie te blijven betrekken in sociale contacten. In de afgelopen decennia zijn er diverse interventies ontwikkeld waarin het onderlinge contact tussen mensen met dementie wordt gestimuleerd of het contact met anderen wordt gefaciliteerd. In verscheidene landen zijn er interventies ontwikkeld om mantelzorgers te helpen het sociale netwerk rondom hun naaste met dementie te versterken. Veel interventies zijn ontwikkeld in de intramurale setting om zorgprofessionals handvatten te geven beter te communiceren met de mensen voor wie zij zorgen. Tot slot is er een ontwikkeling gaande waarin mensen met dementie zo lang mogelijk betrokken blijven in het gewone leven en de mogelijkheid krijgen om zinvolle rollen te vervullen in een zogenoemde 'dementievriendelijke samenleving'.

Dankzij al deze interventies en initiatieven kunnen mensen met dementie ervaren dat zij zelf iets bij te dragen hebben en ook sociale steun krijgen van de mensen om hen heen. Tegelijkertijd valt het op dat de interventies die gericht zijn op het bevorderen van sociale contacten niet altijd goed aansluiten bij de behoeften die mensen met dementie zelf aangeven. Mensen met dementie woonachtig in het woonzorgcentrum geven bijvoorbeeld aan dat familierelaties bijzonder belangrijk voor hen zijn,[4] terwijl de interventies die zijn ontwikkeld voor intramurale zorgsettings vooral gericht blijken te zijn op het verbeteren van het contact met zorgprofessionals. Er zijn maar weinig interventies onderzocht waarin de familie betrokken wordt. Het uitnodigen van familieleden bij de uitvoering van psychosociale interventies of het stimuleren van familiebezoek in woonzorgcentra kan nog verder ontwikkeld worden.

Al met al zijn er vele manieren waarop sociale relaties met mensen in de verschillende stadia van dementie bevorderd kunnen worden. De keuze van een specifieke interventie dient gebaseerd te zijn op de behoeften, mogelijkheden, wensen en beleving van de persoon om wie het gaat. Alleen dan zal de persoon met dementie zich aangesproken voelen en is er een basis voor contact.

Literatuur

1   Machielse A. Sociaal isolement bij ouderen: een typologie als richtlijn voor effectieve interventies. J Soc Interv Theory Pract. 2011;20:40-61.

2   Baart A, Kwetsbaarheid gerehabiliteerd: een pleidooi. Tijdschr Rehabil Herstel Mensen Psych Beperkingen. 2013;4:30-7.

3   Roest HG van der, Meiland FJ, Maroccini R, et al. Subjective needs of people with dementia: a review of the literature. Int Psychogeriatr. 2007;19:559-92.

4   Dröes RM, Boelens-van der Knoop ECC, Bos J, et al. Quality of life in dementia in perspective: An explorative study of variations in opinions among people with dementia and their professional caregivers, and in literature. Dementia. 2006;5:533-58.

5   Cahill S, Diaz-Ponce AM. 'I hate having nobody here. I'd like to know where they all are': Can qualitative research detect differences in quality of life among nursing home residents with different levels of cognitive impairment? Aging Mental Health. 2011;15:562-72.

6   Kooij C van der. Gewoon lief zijn? Het maieutisch zorgconcept en het invoeren van geïntegreerde belevingsgerichte zorg in psychogeriatrische verpleeghuisafdelingen. Amsterdam, Vrije Universiteit, 2003.

7   BUPA Foundation. www.bupa.co.uk/individuals/health-information/directory/d/hi-dementia. Geraadpleegd 2 september 2014.

8   STAR-training. http://startraining.eu/index.php/nl/project-nl/overzicht. Geraadpleegd 13 juni 2014.

9   Alzheimers's Society UK. Dementia 2013: The hidden voice of loneliness. www. alzheimers.org.uk/site/scripts. Geraadpleegd april 2013.

10   Davis R. My journey into Alzheimer's disease. Wheaton: Tyndale House, 1989.

11   Gillies BA. A memory like clockwork: accounts of living through dementia. Aging Mental Health. 2000;4:366-71.

12   Harman G, Clare L. Illness representations and lived experience in early-stage dementia. Qual Health Res. 2006;16:484-502.

13   Vugt ME van der, Stevens F, Aalten P, et al. Behavioural disturbances in dementia patients and quality of the marital relationship. Int J Geriatr Psychiatry. 2003;18:149-54.

14   Large S, Slinger R. Grief in caregivers of persons with Alzheimer's disease and related dementia: A qualitative synthesis, Dementia. 2013 July 11 [Epub ahead of print].

15   Loos C, Bowd A. Caregivers of persons with Alzheimer's disease: Some neglected implications of the experience of personal loss and grief. Death Stud. 1997;21:501-14.

16   George DR, Whitehouse PJ. intergenerational volunteering and quality of life for persons with mild-to-moderate dementia: results from a 5-month intervention study in the United States. J Am Geriatr Soc. 2010;58:796-7.

17   Mierlo LD van, Roest HG van der, Meiland FJM, Dröes RM. Personalized dementia care: Proven effectiveness of psychosocial interventions in subgroups. Ageing Res Rev. 2010;9:163-83.

18   Burgio LD, Allen-Burge R, Roth DL, et al. Come talk with me: Improving communication between nursing assistants and nursing home residents during care routines. Gerontologist. 2001;41:449-60.

19   Woods B, Spector A, Jones C, et al. Reminiscence therapy for dementia. Cochrane Database Syst Rev. 2005;(2) cd001120.

20   Smits CHM, Lange J de, Dröes RM, et al. Effects of combined intervention programmes for people with dementia living at home and their caregivers: a systematic review. Int J Geriatr Psychiatry. 2007;22:1181-93.

21   Boekholdt M, Coolen J. Nationaal programma ouderenzorg. Bewegingen in de zorg voor kwetsbare ouderen. Overzicht van experimenten in het Nationaal Programma Ouderenzorg (Werkdocument). Den Haag: 2010.

22   Dröes RM, Meiland FJM, Schmitz M, Tilburg W van. Effect of combined support for people with dementia and carers versus regular day care on behaviour and mood of persons with dementia: results from a multi-centre implementation study. Int J Geriatr Psychiatry. 2004;19:673-84.

23   Cooke DD, McNally L, Mulligan KT, et al. Psychosocial interventions for caregivers of people with dementia: a systematic review. Aging Mental Health. 2001;5:120-35.

24   Logiudice D, Waltrowicz W, Brown K, et al. Do memory clinics improve the quality of life of carers? A randomized pilot trial. Int J Geriatr Psychiatry. 1999;14:626-32.

25   Drentea P, Clay OJ, Roth DL, Mittelman MS. Predictors of improvement in social support: Five-year effects of a structured intervention for caregivers of spouses with Alzheimer's disease. Soc Sci Med. 2006;63:957-67.

26   Gitlin LN, Winter L, Corcoran M, et al. Effects of the home environmental skill-building program on the caregiver-care recipient dyad: 6-month outcomes from the Philadelphia REACH initiative. Gerontologist. 2003;43:532-46.

27   Fazio S. Person centered care in residential settings: taking a look back while continuing to move forward. Alzheimers Care Today. 2008;9:155-61.

28   Lange J de. Omgaan met dementie. Het effect van geïntegreerde belevingsgerichte zorg op adaptatie en coping van mensen met dementie in verpleeghuizen; een kwalitatief onderzoek binnen een gerandomiseerd experiment [proefschrift]. Rotterdam: Erasmus Universiteit, 2004.

29   Dijk AM van, Weert JCM van, Dröes RM. Does theatre improve the quality of life of people with dementia? Int Psychogeriatr. 2012;24:367-81.

30   Weert JCM van, Dulmen AM van, Spreeuwenberg PMM, et al. Effects of snoezelen, integrated in 24h dementia care, on nurse-patient communication during morning care. Patient Educ Couns. 2005;58:312-26.

31   Innes A. In practice: working towards dementia friendly societies. Perspect Public Health. 2013;133:141.

32   Harris PB. Another wrinkle in the debate about successful aging: The undervalued concept of resilience and the lived experience of dementia. Int J Aging Hum Dev. 2008;67:43-61.

33   Harris PB, Caporella CA. An intergenerational choir formed to lessen Alzheimer's disease stigma in college students and decrease the social isolation of people with Alzheimer's disease and their family members: a pilot study. Am J Alzheimers Dis Other Demen. 2014;29:270-81.

14 HULP BIJ HET HANDHAVEN VAN EEN EMOTIONELE BALANS
Een psychosociale en psychiatrische benadering

Ton Bakker

14.1 Inleiding

Voor elk mens is het belangrijk om emotioneel in balans te zijn. Dit gaat gepaard met gevoelens van het naar je zin hebben, wellicht zelfs geluk ervaren, vrij van angst of bedreigende gevoelens zijn, het gevoel om te kunnen gaan met de wereld waarin je leeft. Maar het begrip 'balans' geeft ook aan dat het handhaven ervan een dynamisch proces is. Emotionele balans is het resultaat van de wisselwerking tussen diverse factoren die in meer of mindere mate de balans versterken/bevorderen of verstoren/bedreigen, waarbij sommige factoren op (zeer) korte termijn werkzaam zijn en andere juist op lange(re) termijn. Het bereiken en handhaven van evenwicht vraagt activiteit van de persoon zelf. Met andere woorden: bepaalde functionele vaardigheden van het individu spelen een cruciale rol om een emotionele balans binnen de uitdagingen van het leven, tot op hoge leeftijd toe, te bereiken en te behouden. Dit geldt zeker ook voor mensen die in hun leven met dementie geconfronteerd worden. Emotionele balans is ook een relatief begrip. Een mens kan meer of minder in emotionele balans zijn of zelfs uit balans zijn. Uit balans zijn kan ook weer in verschillende gradaties, van een beetje en tijdelijk uit emotionele balans zijn tot ernstig en langdurig.

Dit hoofdstuk besteedt met name aandacht aan ouderen met dementie en hun mantelzorgers bij wie de emotionele balans relatief langdurig en in ernstige mate is verstoord. Een dergelijke emotionele verstoring blijkt vooral uit het optreden van multipele, matige tot ernstige neuropsychiatrische symptomen. In een dergelijk geval kan geconcludeerd worden dat een patiënt aan een of meer psychiatrische problemen of stoornissen lijdt.[1] Vanuit een psychiatrisch perspectief wordt ingegaan op de klinische relevantie van deze problemen of stoornissen, tijdige identificatie, het interventieproces en mogelijke psychotherapeutische interventies (kort en langdurig), inclusief de rol van psychofarmaca. Vervolgens worden de resultaten van onderzoek naar de effecten van een geïntegreerde psychotherapeutische behandeling beschreven. Tevens wordt aandacht besteed aan psychosociale interventies.

14.2 Klinische relevantie en identificatie van aantasting van de emotionele balans

Ieder mens ervaart gedurende het leven wisselingen in zijn emotionele balans. Sommige perioden zijn stabiel (meer of minder positief of negatief), andere zijn instabiel. Relatief instabiel zijn de overgangen van kind naar volwassenheid en van volwassenheid naar kwetsbare ouderdom. De mate van ervaren stress speelt hierbij een belangrijke rol. De ervaren stress is een resultante van de ernst en duur van de blootstelling aan zogenoemde stressoren zoals bedreigende gebeurtenissen en de actuele functionele vermogens van het individu om hiermee om te gaan (coping) in wisselwerking met beschikbare hulpbronnen uit de omgeving. De actuele functionele vermogens van het individu zijn op hun beurt gebaseerd op genetische aanleg en op, in wisselwerking met de omgeving, aangeleerde vaardigheden. Overigens kan het leerproces van het aanleren van deze vaardigheden en de omstandigheden waaronder dit heeft plaatsgevonden (bijvoorbeeld 'leren lopen' of 'emoties beheersen') grotendeels of geheel vergeten zijn, terwijl ze wel hun invloed blijven uitoefenen zonder dat iemand zich dat bewust is.

In het dementieproces gaan diverse aangeleerde cognitieve vaardigheden (per individu in wisselende mate) veelal geleidelijk, soms meer acuut, achteruit. Dit maakt de patiënt kwetsbaarder voor het ontwikkelen van stress, enerzijds door het niet goed overzien van situaties, anderzijds door falende coping. Indien de patiënt in onvoldoende mate zijn emotionele balans kan handhaven, kan dit leiden tot psychisch lijden van kortere of langere duur, zich onder andere uitend in (multipele) neuropsychiatrische symptomen (NPS). Het is bekend dat negatieve ervaringen uit het eerder geleide leven hier van grote invloed op kunnen zijn, met name negatieve ervaringen uit de vroege jeugd. Op het moment dat ouderen lijdend aan dementie zich melden voor enige vorm van zorg blijkt circa 80% twee of meer neuropsychiatrische symptomen te hebben.[2] Dit is een indicatie van hoe ingrijpend het verlies van cognitieve vermogens voor de meeste mensen kan zijn. Toch is er slechts een beperkte relatie tussen de ernst van de geheugen- en zelfzorgproblemen en de neuropsychiatrische symptomen. Dit is met name onderzocht voor dementie, de ziekte van Parkinson en CVA. Deze bevindingen bieden bij matige of ernstige problemen ruimte voor een psychiatrische interpretatie van onderliggende factoren van neuropsychiatrische symptomen.

De invloed van NPS op de kwaliteit van leven en het ziektebeloop is groot. Naast een uiting van het psychisch lijden van de patiënt zijn NPS belangrijke voorspellers van een vroegtijdige opname in een langdurige zorgsetting (onder andere in een verpleeghuis), en, vanuit klinische ervaring, maar al te vaak in aansluiting op een crisisopname als gevolg van een ernstige ontregeling van de emotionele balans. Daarnaast spelen NPS een centrale rol in de door mantelzorgers ervaren overbelasting en hebben ze een negatieve invloed op hun gevoel van competentie (gevoel de zorg aan te kunnen).[3] Circa 80% van de mantelzorgers van mensen met dementie blijkt zich matig tot zwaar belast te voelen.[4,5] De gevolgen van NPS kunnen derhalve ernstig en ingrijpend zijn. Wanneer de problemen en stoornissen matig tot ernstig zijn, kan gesproken worden van psychiatrische functiestoornissen. Inmiddels is er een scala aan psychosociale en psychotherapeutische interventies van bewezen waarde beschikbaar, mede in combinatie met gebruik van psychofarmaca, om de patiënten en hun mantelzorgers preventief of door middel van behandeling te helpen om bij een (dreigende) verstoring een nieuwe emotionele balans te vinden en te handhaven (zie paragraaf 14.4).

Het is vanuit preventieoogpunt van groot belang om ouderen met dementie die 'at risk' zijn om matige/ernstige psychiatrische functiestoornissen te ontwikkelen op tijd te identificeren en preventieve psychosociale interventies aan te bieden ter voorkoming van een crisisachtige escalatie. Hiertoe is het noodzakelijk dat naast de cognitieve functiestatus tegelijkertijd de psychiatrische functiestatus in beeld wordt gebracht, inclusief de impact ervan op de mantelzorger(s). De Neuropsychiatric Inventory (NPI) is hiertoe een eenvoudig eerste screeningsinstrument.[6] De NPI vraagt twaalf neuropsychiatrische symptomen uit; bij drie of meer matige of ernstige symptomen is verdere psychiatrische functiediagnostiek zonder meer aangewezen. Bij een of twee 'ernstige' symptomen dient de klinische relevantie ervan nadrukkelijk te worden ingeschat zodat de noodzaak tot het instellen van diepgaander onderzoek kan worden bepaald; herhalingsonderzoek na een passende monitortijd behoort eveneens tot de mogelijkheden.

Het is van groot belang dat met name in de eerstelijnspraktijkvoering (huisarts/wijkverpleging) passende behandel- en begeleidingsmogelijkheden worden gerealiseerd om deze problematiek tijdig te herkennen en om erop in te kunnen spelen. Dit geldt des te meer omdat steeds meer ouderen met dementie langer thuis zullen wonen als gevolg van de Wet langdurige zorg (zie ook hoofdstuk 4). In dit hoofdstuk worden met name geïntegreerde psychotherapeutische interventiemogelijkheden bij matige tot ernstige problematiek beschreven, waar wenselijk en noodzakelijk in combinatie met doelgerichte ondersteuning met psychofarmaca. Waar van belang komen preventieve psychosociale interventies aan de orde in het kader van relatief lichtere problematiek.

14.3 Inrichting van het interventieproces

Voor het begrijpen van een patiënt met een (matige/ernstige) verstoorde emotionele balans is inzicht in de relevante onderliggende factoren essentieel, waarbij onderscheid gemaakt kan worden naar bevorderende positieve factoren (bijvoorbeeld een stabiele persoonlijkheid) en bedreigende negatieve factoren (bijvoorbeeld recent verlies van een partner). Gebleken is dat behandel- en begeleidingsinterventies die zich richten op het niveau van het oplossen van functieproblematiek de beste resultaten geven.[7] Met name functiestoornissen blijken opname in een langdurige zorgvoorziening te voorspellen, meer dan de bekende ziektediagnose(n).[8] Deze laatste blijken ook maar zo'n 25 tot 30% van de variatie in functiestoornissen te verklaren.[9] Dit heeft principiële gevolgen voor de (psychiatrische) diagnostiek en impliceert dat multifunctieproblematiek (lichamelijk, cognitief, emotioneel, sociaal) afzonderlijk van de multimorbiditeit in kaart gebracht dient te worden. Dus bijvoorbeeld niet alleen de diagnose ziekte van Alzheimer, maar ook de specifieke cognitieve stoornissen (zoals afasie, apraxie en agnosie) en niet alleen een DSM-IV- of DSM-5-classificatie 'depressie', maar ook emotionele functiekenmerken als stemming, initiatief en genieten dienen gediagnosticeerd te worden. Voor een uitgebreid gerontopsychiatrisch onderzoek ('Comprehensive Geropsychiatric Assessment') is het in alle gevallen noodzakelijk de volgende psychosociale domeinen in kaart te brengen: beleving en bijbehorende rationele aspecten (bijvoorbeeld depressieve stemming, niets waard voelen, eenzaamheid), persoonlijkheid (bijvoorbeeld narcisme, ontwijkend), life events (inclusief [jeugd]trauma's), en sociale en materiële omstandigheden (bijvoorbeeld relatieproblemen, sociaal netwerk, woonsituatie) (zie ook hoofdstuk 9).

De Dynamische Systeem Analyse is een uitgewerkte methodiek die hiervoor goed te gebruiken is. Per domein zijn de relevante functiekenmerken beschreven in een Functionele Analyselijst (FAL). Hierbij is het ook mogelijk de ernst van de gesignaleerde functieproblematiek te scoren met behulp van een gestandaardiseerde Goal Attainment Score (GAS). Deze score loopt van 1 tot en met 7, waarbij 1 staat voor bijna volledig afhankelijk zijn van hulp van anderen en een grote mate van onvoorspelbaarheid van problemen en 7 staat voor (bijna) volledig zelfstandig functionerend en voorspelbaar zijn. Het voordeel van het gebruik van een dergelijke GAS-methodiek is dat elke betrokken professional een eigen score geeft maar deze scores ook multidisciplinair kunnen worden gecombineerd tot een consensusscore. In een goed georganiseerde multidisciplinaire interventiesetting ontstaat op deze manier de mogelijkheid de vorderingen van de patiënt en de mantelzorger op geselecteerde functieproblemen structureel te volgen, zo nodig ondersteund met een elektronische grafische weergave.[2] Bij een Comprehensive Geropsychiatric Assessment is het belangrijk alle databronnen die er zijn te benutten, met name extra aandacht verdienen de jonge jeugdjaren (0-10 jaar) wat betreft mogelijke trauma's of juist een rijke leerzame jeugd. Het vraagt vaak extra inspanning om aan deze gegevens te komen. Om de oudere met dementie en betrokken mantelzorgers optimaal te begeleiden en te ondersteunen in het hervinden van een nieuwe emotionele balans is een geïntegreerde multidisciplinaire aanpak cruciaal. Het vormgeven van een regelmatig gestructureerd overleg tussen patiënt, mantelzorger en professional is hierbij een belangrijke voorwaarde. Het gaat hierbij niet alleen om 'shared diagnostics' (samen met de patiënt vaststellen wat er aan de hand is), maar ook om 'shared decision making' (samen besluiten wat eraan te doen). Hiertoe is bewust investeren in de ontwikkeling van een goede werk- c.q. therapeutische relatie een voorwaarde. Dit geldt des te meer als er sprake is van relevante persoonlijkheidsproblemen of -stoornissen. Immers, deze zullen (meer of minder bewust) ook een rol spelen binnen de behandeling en begeleiding zelf. In ieder geval dient in een dergelijk geval binnen het multidisciplinaire team voor de patiënt en betrokken mantelzorgers helder te zijn wie de therapeutische relatie opbouwt en onderhoudt.

Bij matige tot ernstige psychiatrische functieproblematiek is een wekelijks behandelcontact het minimum. De praktijkvoering moet hierop structureel zijn afgestemd, anders is de kans groot dat nog niet de helft van het aantal contacten daadwerkelijk gehaald wordt.[10,11] Vaak zullen meerdere disciplines bij de behandeling en begeleiding betrokken zijn, zoals arts, verpleging, paramedici, psycholoog en/of vaktherapeuten. Om een daadwerkelijk geïntegreerde behandeling en begeleiding te kunnen realiseren is een wekelijks structureel multidisciplinair overleg het minimum. Persoonlijke continuïteit van de deelnemende behandelaars is van belang. Het gaat erom samen te leren en beter te worden in het begeleiden van de patiënt en mantelzorger om de spelende complexe en vaak onvoorspelbare problematiek te leren beheersen. De interventies zijn primair gericht op het versterken van het vermogen tot zelfmanagement bij patiënt en mantelzorger (zie ook hoofdstuk 4).

Dezelfde zorginfrastructuur is noodzakelijk voor het verantwoord inzetten van psychofarmaca. Hierbij gaat het om afstemming van de behandelaar met patiënt en mantelzorger van verwachtingen en beoogde behandeleffecten (in functietermen) in relatie tot mogelijke bijwerkingen en om instemming met de beoogde behandeling. Ook hierbij is het toepassen van 'shared diagnostics' en 'shared decision making' uitermate behulpzaam met het oog op een optimale motivatie en medewerking van de patiënt en mantelzorger.

14.4 Psychosociale en psychotherapeutische interventies en psychofarmacotherapie

Welke multidisciplinaire psychosociale en psychotherapeutische interventies zijn beschikbaar voor de preventie en behandeling van (multipele) matige tot ernstige psychiatrische functieproblemen en stoornissen?

Psychosociale interventies

De afgelopen decennia zijn verscheidene psychosociale interventies in praktijk en onderzoek effectief gebleken om de emotionele balans bij mensen in de verschillende stadia van dementie te herstellen en bijkomende lichte tot matig ernstige gedrags- en stemmingsproblemen eniger mate te verminderen. Voor ouderen met lichte tot matig ernstige cognitieve stoornissen gaat het bijvoorbeeld om algemene omgangsadviezen, positief activiteitenplan, psychomotorische therapie, muziektherapie, kunsttherapie, reminiscentie en huisdiertherapie. Belevingsgerichte zorg en snoezelen zijn geschikt voor ouderen met matige tot (zeer) ernstige cognitieve functiestoornissen (www.vumc.nl/afdelingen/informatiedesk-dementiezorg; zie ook hoofdstukken 4, 15 en 16).[12-14] Deze interventies worden ook preventief aangeboden in psychogeriatrische dagvoorzieningen (zoals dagbehandelingen en ontmoetingscentra voor mensen met dementie en hun mantelzorgers) en in intramurale zorgsettings (zoals verpleeghuizen en kleinschalige woonvormen) om mensen met dementie te helpen zich aan te passen aan c.q. om te gaan met de cognitieve, emotionele en sociale gevolgen van dementie en om te voorkomen dat er matig tot ernstige psychiatrische functiestoornissen ontstaan. Voorbeelden van effecten die bij deelnemers aan ontmoetingscentra worden bereikt zijn: minder gedrags- en stemmingsproblemen, zoals inactiviteit, niet-sociaal en depressief gedrag, vermindering gevoelens van belasting en toename van het competentiegevoel van de mantelzorger en uitstel verpleeghuisopname.[15,16] In het verpleeghuis wordt met deze interventies eveneens enige vermindering van gedrags- en stemmingsproblemen bereikt, zoals agressie, agitatie en nachtelijke onrust.[13]

Op het gebied van het preventief toepassen van psychosociale interventies is nog veel verbetering mogelijk. Zelfs binnen een implementatieonderzoek dat gericht was op het toepassen van bekende werkzame psychosociale interventies, bleek minder dan 50% daadwerkelijk te zijn toegepast binnen een verpleeghuissetting. Eerder beschreven tekortkomingen in opleiding en de manier van organiseren van de zorg lijken hier debet aan.[10]

Psychotherapeutische interventies

Indien psychosociale interventies tekortschieten of de psychiatrische functiestoornissen zich direct als matig tot ernstig manifesteren, zijn psychotherapeutische interventies beschikbaar en aangewezen. Reeds langere tijd zijn er bewezen effectieve psychotherapeutische interventies bekend gericht op één psychiatrisch beeld, bijvoorbeeld depressie.[17] Verder is bekend dat psychofarmaca, met name antipsychotica, werkzaam zijn bij psychose, ernstige agitatie/agressie en delier, met weliswaar een beperkt effect (zie hoofdstuk 3).

Recentelijk werd in een gerandomiseerde gecontroleerde trial (RCT) een psychogeriatrisch revalidatieprogramma onderzocht dat zich richt op de integrale, multidisciplinaire behandeling en begeleiding van de onderliggende factoren van matige tot ernstige multipele (neuro)psychiatrische functieproblemen en stoornissen bij ouderen lijdend aan 'mild cognitive impairment' (MCI) of een lichte tot matige vorm van dementie (MMSE ≥ 18; BI ≥ 5).[2] De interventies in deze multidisciplinaire behandeling, die werd aangeboden tijdens een tijdelijke opname (circa drie maanden) van de patiënt op een psychogeriatrische revalidatieafdeling van een revalidatiecentrum voor ouderen, zijn gebaseerd op gangbare psychotherapeutische interventies (zie hierna), aangepast aan de cognitieve en somatische beperkingen van de patiënten. De aanpassingen betreffen onder andere een hulpmiddel voor cognitieve ondersteuning, zoals het gebruik van een agenda met daarin vermeld relevante opdrachten, verworven inzichten en/of afspraken. Deze punten uit de agenda kunnen dagelijks op een vast moment met de patiënt besproken worden en/of de patiënt kan op het afgesproken tijdstip bij de uitvoering ervan door de verpleging en verzorging ondersteund of begeleid worden. Ook de inhoud, of het type oefening, kan worden aangepast aan de individuele patiënt. Hierbij kan nadrukkelijk rekening gehouden worden met bijvoorbeeld het tempo, de thematiek en/of de lichamelijke beperking(en). Bij dit laatste kan gedacht worden aan zintuiglijke, mobiliteits- en/of conditiebeperkingen. Op een harmonische manier worden de psychotherapeutische interventies (individueel) toegankelijk gemaakt voor zowel patiënt als mantelzorger.

Tot nu toe zijn de psychotherapeutische interventies in dit psychogeriatrisch revalidatieprogramma op schrift uitgewerkt voor de volgende disciplines: psychogeriater (specialist ouderengeneeskunde), verpleging (verpleegkundige, verzorgende), (systeem)psycholoog, vaktherapeuten (muziek, psychomotorisch, creatief-beeldend), paramedici (fysiotherapie, logopedie, ergotherapie, diëtetiek), sociaal pedagogisch hulpverlener en maatschappelijk werker. Een achttal psychotherapeutische interventietypen is ontwikkeld*.[2] Deze worden hieronder disciplineoverstijgend in het kort beschreven.

- Inzicht in het verleden. Ingegaan wordt op relevante gebeurtenissen uit het verleden. Doel is de verwerking ervan met het oog gericht op het huidig en toekomstig functioneren. Speciale aandacht is er voor traumatische belevingen, met name uit de jeugd. Gebruik wordt gemaakt van de basisprincipes van counseling, interpersoonlijke therapie en methoden voor reminiscentie en life review.

- Inzicht in het heden. De focus ligt op het vergroten van inzicht in het actuele psychosociale functioneren. Voor zover het verleden hierbij aan de orde komt, wordt vooral gekeken naar de effecten ervan in het hier en nu. Het is typisch ook een vorm van 'trial-and-error'-leren. Gebruik wordt gemaakt van counseling, cognitieve gedragstherapie en interpersoonlijke therapie.
- Structuur in het heden. De focus ligt op het optimaliseren van het huidige functioneren; het bevorderen van gewenste gedragingen en gevoelens in het hier en nu staan voorop. Het is typisch een vorm van zo 'foutloos' mogelijk leren door een combinatie van belonen en inslijpen. Er wordt gebruikgemaakt van gedragstherapie en -training.
- Begeleiden. Centraal hierbij staat het behoud van de aanwezige functionele vermogens, waarbij wat men zelf kan voorop staat en begeleiding wordt geboden bij het (stapsgewijs) aanleren van nieuwe vaardigheden door middel van de methode 'foutloos leren'. Er kan onderscheid gemaakt worden naar begeleiding type I, waarbij – als de patiënt het zelf aangeeft – een nieuwe vaardigheid kan worden uitgeprobeerd/verkend en begeleiding type II, waarbij dit juist niet gebeurt c.q. dit wordt afgeremd. Gebruik wordt gemaakt van gedragstherapie en -training.
- Regressieve benadering. In principe wordt alles van de patiënt overgenomen, zoals wassen, aankleden, eten en drinken. Veel aandacht wordt besteed aan specifieke wensen en genoegens van de patiënt, bijvoorbeeld voorkeur voor bepaald eten/drinken of muziekwensen. Gebruik wordt gemaakt van de principes van regressietherapie, waarbij de patiënt zich mag laten terugglijden naar (bijna) totale afhankelijkheid.
- Systeemtherapie. Centraal staat het relationeel functioneren met name met de relevante familie en vrienden van de oudere met dementie. De kwaliteit van de (veranderde) relatie met de partner en de kinderen, hun ervaren belasting en (in)competentiegevoelens alsook hun mogelijke rol in de spelende problematiek kunnen in beeld worden gebracht en besproken. Gebruik wordt gemaakt van systeemtherapie gebaseerd op het werk van Nagy en Karsner.[18] Hierbij speelt de levensloop nadrukkelijk een rol in termen van onderling opgebouwd krediet of juist openstaande rekeningen die nog vereffend moeten worden.
- Rehabilitatie. De focus ligt op het zelf (leren) doelen stellen en realiseren gericht op de toekomst. Het gaat hierbij met name ook om te leren omgaan met beperkingen in een nieuwe leefcontext. Er wordt gebruikgemaakt van rehabilitatietechnieken.

- Psycho-educatie. Voorlichting wordt gegeven over de achtergronden en betekenis van de actuele psychiatrische functieproblemen en stoornissen, inclusief mogelijk systeemproblematiek. Hierbij komen ook omgangsadviezen aan de orde. Gebruik wordt gemaakt van educatie en voorlichtingstechnieken.

Binnen een aantal van de hierboven beschreven psychotherapeutische interventietypen (met name de eerste vier) zijn nog relevante subtypen te onderscheiden die vooral van belang zijn bij persoonlijkheidsproblemen en -stoornissen, zich bijvoorbeeld uitend in splitsing, projectieve identificatie, ontkenning, 'acting out' en/of agressie. In dergelijke situaties kan, om de negatieve gevolgen van deze gedragingen in te dammen en positief gedrag en een open communicatie te bevorderen, gekozen worden voor een zogenaamde 'all good or all bad'-variant van het geïndiceerde interventietype. Dit houdt in dat binnen het team iedereen gehouden is aan een 'all good'-houding en -benadering naar de patiënt (wat er ook gebeurt) op een bepaald geselecteerd thema (bijvoorbeeld frequent aandacht opeisend dominant gedrag). Op een zo beperkt mogelijk aantal gedefinieerde negatieve gedragingen (onveiligheid, overlast), waarbij ingrijpen onontkoombaar is, wordt door leden van een ander team op een met de patiënt afgesproken manier ingegrepen vanuit een zogenaamde 'all bad'-rol. De bedoeling is maximaal te investeren vanuit de 'all good'-rol in een eenduidige positieve communicatie met de oudere met dementie.

Een ander subtype betreft de 'preferentieaanpak'. Die kan aan de orde komen bij patiënten met kenmerken van afhankelijkheid, twijfel en/of onzekerheid. Dit houdt in dat een patiënt binnen een bepaalde categorie aanleert om een keuze te maken uit twee vormen, bijvoorbeeld deze jurk of die jurk, om 9 uur opstaan of om half 10.

Als laatste subtype geldt het 'positieve-activiteitenplan'.[12] Bij passieve, initiatiefloze, sombere patiënten wordt een activeringsprogramma van twee gewenste positieve activiteiten per dag afgesproken en uitgevoerd, minimaal vijf dagen in de week. Bij voorkeur zijn de positieve activiteiten gebaseerd op wat bekend is over de belangstelling van de patiënt in zijn verleden en heden.

In navolging van Trijsburg e.a. worden door het multidisciplinaire team in overleg met de patiënt en mantelzorger enkele geschikte interventietypen geselecteerd en geïntegreerd toegepast, gericht op de behandeling van geïdentificeerde en geselecteerde psychiatrische functieproblemen en/of stoornissen op de diverse levensdomeinen (emotionele beleving, persoonlijkheid, life events en systeem).[19] Tevens wordt er uit de beschikbare disciplines een selectie gemaakt (vier à vijf disciplines) die bij de behandeling wordt betrokken. Belangrijke afwegingspunten hierbij zijn de heftigheid van de problemen/

stoornissen, de ingeschatte gevoeligheid van de patiënt voor een bepaalde therapie, het leervermogen van de patiënt en mantelzorger, het toekomstperspectief en de financiële mogelijkheden vanuit de indicatie binnen het programma. Belangrijk is de wekelijkse multidisciplinaire monitoring van het behandelingsresultaat tijdens de patiëntbespreking. Dit wordt gefaciliteerd door de eerder beschreven GAS-methodiek.

- Sociotherapie. Binnen een intramurale setting is een hoogwaardig sociotherapeutisch klimaat van groot belang. Binnen dit sociotherapeutisch klimaat kan de patiënt oefenen met zijn gedrag of nader inzicht hierin verwerven, gestimuleerd en begeleid door getrainde verpleging en verzorging. Hierbij kan rekening gehouden worden met de revalidatiefase waarin de patiënt zich bevindt (bijvoorbeeld: patiënt is net gestart of verkeert in de fase voor ontslag).

Psychofarmaca

Er is toenemende kritiek op het gebruik van psychofarmaca bij patiënten die lijden aan dementie. Het betreft zowel de bewezen beperkte werkzaamheid als de (ernstige) bijwerkingen. Denk bij dit laatste bijvoorbeeld aan de cardiovasculaire bijwerkingen en verhoogde mortaliteit van antipsychotica, verhoogde kans op vallen en apathie (zie hoofdstuk 3).

Daarnaast zijn er veel aanwijzingen dat psychofarmaca worden voorgeschreven onder druk van een beperkte personeelsbezetting, vaak gecombineerd met beperkte psychiatrische kennis van alle betrokkenen. Denk aan de veelgebruikte term 'onrustmedicatie' al dan niet in combinatie met de term 'onbegrepen gedrag'. Over de mate van overleg met de patiënt zelf over het wel of niet gebruiken van een psychofarmacon is weinig bekend. Veel informatie over psychofarmacagebruik komt uit onderzoek naar het stoppen van psychofarmaca, die overigens vaak zijn voorgeschreven in een bovenbeschreven context. De conclusie is dat veel voorgeschreven psychofarmaca kunnen worden gestopt of in dosering verlaagd. Wel blijkt dat de kans op een recidief het grootst is als op het moment van de start van de medicatie de problematiek ernstig was. Daarnaast speelt de discussie of psychofarmaca voorgeschreven dienen te worden op een ziektebeeld/DSM-classificatie of op een of meer van de problematische of gestoorde psychische functie(s). Dit vormt een wezenlijk probleem bij MCI en dementie gelet op de frequente *multipele* neuropsychiatrische symptomen.

Binnen het eerder genoemde psychogeriatrische revalidatieprogramma wordt naast de psychotherapeutische interventies gebruikgemaakt van psychofarmaca (antipsychotica, anti-epileptica, antidepressiva, anxiolytica-benzodiazepinen). Binnen een 'shared diagnostics'- en 'shared decision making'-procedure met de patiënt en, waar aan de orde de mantelzorger, worden vanuit een opgebouwde psychotherapeutische behandelrelatie indien nodig relatief laaggedoseerde psychofarmaca afgesproken, afgestemd op concrete psychiatrische functiekenmerken en mogelijke bijwerkingen. Via wekelijkse titratie (dosisaanpassing in kleine stapjes) ontstaat een 'persoonsgericht' psychofarmacaprofiel. Het wel of niet inzetten van psychofarmaca komt met name aan de orde bij het tekortschieten van geïndiceerde psychosociale of psychotherapeutische interventies indien vanaf het begin heftige symptomen aanwezig zijn of op verzoek van de patiënt en/of mantelzorger. De wekelijkse evaluatie met de patiënt tijdens het spreekuur geeft waardevolle informatie over hoe de patiënt de medicatie ervaart en afweegt tegen de mogelijk ervaren bijwerkingen(en). Een concreet voorbeeld hiervan is de afweging van ervaren 'rust in het hoofd' sinds lange tijd tegen 'ervaren motorische remmingen'.

Casus

De heer Baas (85 jaar) wordt aangemeld voor psychogeriatrische revalidatie (PGR) via de geheugenpoli. Hij is thuis vastgelopen. Zijn dochter kan het niet meer aan. Hij valt regelmatig, is snel boos en wil eigenlijk dood. De heer Baas ligt veel op bed, cognitief gaat hij achteruit, hij vergeet afspraken. Hij eet slecht en valt af. Met tegenzin heeft hij op aandringen van zijn dochter ingestemd met het onderzoek op de geheugenpoli en de geadviseerde opname. Tijdens de eerste opnameweek wordt multidisciplinair alle beschikbare informatie, aangevuld met observaties en gesprekken met de heer Baas zelf, verzameld en geanalyseerd. In het MDO worden de relevante thema's geselecteerd en van gas-scores voorzien (tabel 14.1).

Gekozen wordt voor interventies door de arts, verpleging, psycholoog, muziektherapeut, fysiotherapie en sociaal psychiatrisch hulpverlener (SPH). Gestart wordt met het interventietype 'inzicht in het heden', met uitzondering van arts en psycholoog. De laatste twee disciplines passen waar mogelijk 'inzicht in het verleden'. Voor de verpleging geldt aanvullend een 'all good or all bad'-variant. De 'all good'-verpleging werkt aan het ontwikkelen van positief contact met de heer Baas, inspelend op zijn narcistische problemen. De 'all bad'-verpleging begrenst hem als hij in de woonkamer te overheersend is.

De heer Baas blijkt zijn leven lang na zijn oorlogservaring met succes heel hard gewerkt te hebben, tot aan het CVA. Ook na een aantal hartoperaties voor bypasses. Van het cva herstelde hij slechts gedeeltelijk en hij werd zorgafhankelijk. Tijdens de interventies komt hij tot het inzicht dat het verlies van zelfstandigheid en van zijn vermogen tot werken erg krenkend zijn voor hem, zowel lichamelijk, psychisch als sociaal. Hij viert dit bot op zijn omgeving (agressie) en op zichzelf (depressie). Het leven heeft geen enkele zin meer, zeker niet in combinatie met zijn herbelevingen van de oorlogen. Langzaamaan gaat hij openstaan voor het besef wat hij nog wel kan, in vergelijking tot zijn medepatiënten. Mede ondersteund door antidepressiva en een anti-epilepticum als stemmingsstabilisator ontwikkelt hij een relatief gevuld dagactiviteitenschema. Gesprekken met dochter over deze thema's scheppen bij haar de ruimte om anders op haar vader te reageren.

Na verloop van tijd en in perioden van terugval worden proefontslagen geregeld en kan op basis van inzet van wijkverpleging en een gedragsconsulent ontslag naar huis geregeld worden.

Somatiek:	
• matige mobiliteit en conditie met valgevaar (cardiovasculaire problemen na cva)	2-4*
• gewichtsverlies	3-5
Cognitie:	
• matige stoornis kortetermijngeheugen	4-5
• desoriëntatie tijd	4-5
Persoonlijkheid:	
narcistische problemen (voelt zich bijzonder; egocentrisch; dominant)	2-4
Beleving:	
• depressieve problemen (vergelijk: tentamen suicidii)	2-4
• posttraumatische stressstoornis (Duitsland, Nederlands-Indië)	2-4
Sociaal:	
• lege dagbesteding	3-5
• overbelaste en bezorgde dochter	2-4
Life events:	
• oorlogtrauma (Duitsland, Nederlands-Indië)	2-4
• verzorging echtgenote met Alzheimer	3-5
• moeilijke jeugd	3-5

* Score loopt van 1 tot en met 7 waarbij 1 staat voor bijna volledig afhankelijk van hulp van anderen en 7 voor (bijna) volledig zelfstandig functionerend.

Tabel 14.1 GAS-scores van de heer Baas

14.5 Resultaten en toepassingsmogelijkheden van een psychogeriatrische revalidatieprogramma

De resultaten van het RCT-onderzoek naar de effecten van psychogeriatrische revalidatie (PGR) zijn in meerdere (inter)nationale artikelen beschreven en bediscussieerd.[2] De belangrijkste bevindingen worden hier samengevat. De deelnemende patiënten hadden als ziektediagnose(n): MCI, ziekte van Alzheimer, vasculaire dementie, frontotemporale dementie, Korsakov-dementie en overige dementie. Tevens had circa 49% klinisch relevante symptomen van een persoonlijkheidsstoornis. De gemiddelde ernst van de neuropsychiatrische symptomen was circa 35 op de NPI. De MMSE-score varieerde tussen de 18 en 27. Allereerst bevestigde het onderzoek dat reguliere zorg zoals verleend in de controleconditie, die veelal gebaseerd was op multidisciplinaire belevingsgerichte zorg onder regie van een specialist ouderengeneeskunde met elementen van vaktherapie en (para)medische behandeling, bij de patiënt ook werkt. Er trad bij deze groep een gemiddelde reductie van de neuropsychiatrische symptomen op van gemiddeld 30%, gemeten circa negen maanden na start van de deelname aan het onderzoek. Bij de mantelzorger was de ervaren belasting ongeveer gelijk gebleven. De patiënten daarentegen die het PGR-programma van circa drie maanden hadden gevolgd, lieten gemiddeld 60% reductie zien in de ernst van de neuropsychiatrische symptomen (gemeten circa zes maanden na beëindiging van de behandeling; dat wil zeggen negen maanden na start behandeling). Voor de mantelzorger gold een reductie van 50% van de ervaren belasting. Kijkend naar de kans op een klinisch relevante verbetering, lagen deze kansen voor patiënt en mantelzorg twee- à driemaal hoger bij het volgen van het PGR-programma dan in de controleconditie.

Op grond van deze bevindingen zijn diverse nieuwe initiatieven ontwikkeld. Zo is het programma ook geschikt gemaakt voor geriatrische revalidatiepatiënten met dubbelproblematiek (zowel somatische als psychiatrische problematiek). Verder is binnen de verpleging de functie van gedragsconsulent ontwikkeld. De gedragsconsulent is een verpleegkundige van niveau 4 of 5 met een jaar vervolgopleiding in de PGR-methodiek. Hiermee komen de interventies breder beschikbaar voor patiënten in de langdurige zorg, zoals in zorgcentra en verpleeghuizen en recentelijk in de eerstelijnsthuiszorg. Wat betreft diagnostiek is de PGR-methodiek tevens uitgewerkt voor de geheugen/dementiepoli in het ziekenhuis.

14.6 Tot slot

Verstoringen van de emotionele balans komen veel voor bij ouderen met dementie. Ze komen tot uiting via de neuropsychiatrische symptomen en kunnen grote impact hebben op zowel de oudere zelf als op de mantelzorger.

Preventie door psychosociale interventies is belangrijk om neuropsychiatrische symptomen te voorkomen of te verminderen. Indien dit onvoldoende is, zijn er geïntegreerde psychotherapeutische interventies beschikbaar om matige tot ernstige problemen en stoornissen te behandelen. Waar nodig kan dit gecombineerd worden met persoonsgerichte psychofarmaca. Dit pleit voor een zogenoemde 'stepped care'-aanpak. Hulpverleners die goed zijn opgeleid op het gebied van de psychiatrische aspecten van de kwetsbare ouderen, met name dementie, zijn hiervoor onmisbaar. Dit geldt voor zowel artsen, verpleegkundigen, verzorgenden en paramedici werkzaam in de eerstelijnszorg, het ziekenhuis als voor de langdurige zorg. Hier is zeker nog verbetering mogelijk en wenselijk. Een belangrijke voorwaarde hierbij is dat de organisatie van de gezondheidszorg zodanig wordt aangepast dat continuïteit en daadwerkelijke uitvoering van afgesproken interventies in voldoende mate gewaarborgd zijn. Mede met het oog op het toenemend aantal ouderen met dementie dat thuis woont zal er bijvoorbeeld een multidisciplinaire aanpak in wijkteams met passende behandel- en begeleidingsmogelijkheden moeten worden gerealiseerd.

Noot

* Verkrijgbaar bij Psychogeriatrisch Onderwijs (Psy-Ger-On) p/a Stichting Wetenschap Balans (info@swbalans.nl).

Literatuur

1 Bakker TJEM, Sipsma DH Diesfeldt HFA, red. Psychiatrische functiestoornissen bij kwetsbare ouderen. Assen: Van Gorcum, 2010.

2 Bakker TJEM. Integrative reactivation and rehabilitation to reduce multiple psychiatric symptoms of psychogeriatric patients and caregiver burden [proefschrift]. Amsterdam: Vrije Universiteit, 2010.

3 Lee J van der, Bakker TJEM, Duivenvoorde H van, Dröes RM. Multivariate models of subjective caregiver burden in dementia: a systematic review. Ageing Res Rev. 2014;15:76-93.

4 Peeters J, Werkman W, Francke A. Dementie monitor mantelzorg. Utrecht: Nivel, 2012.

5 Peeters JM, Beek PA van, Meerveld JHCM, et al. Informal caregivers of persons with dementia, their use of and needs for specific professional support: a survey of the National Dementia Programme. BMC Nursing. 2010;7:9.

6 Cummings J, Mega M, Gray K, et al. The Neuropsychiatric Inventory: Comprehensive assessment of psychopathology in dementia. Neurology. 1994;44:2308-14.

7 Logsdon RG, McCurry SM, Teri L. Evidence based psychological treatments for disruptive behaviors in individuals with dementia. Psychol Aging. 2007;22:28-36.

8 Gusseckloo J. Determinants of cognitive decline in the oldest old. The Leiden 85-plus Study [proefschrift]. Leiden: Universiteit Leiden, 2000.

9   Dijk PTM van, Mehr DR, Ooms ME, et al. Comorbidity and 1-year mortality risks in nursing home residents. J Am Geriatr Soc. 2005;53:660-5.

10   Zwijsen SA, Smalbrugge M, Eefsting JA, et al. Coming to grips with challenging behavior: a cluster randomized controlled trial on the effects of a multidisciplinary care program for challenging behavior in dementia. J Am Med Dis Assoc. 2014;15:531.e1-10.

11   Vos AJBM de, Bakker TJEM, Vreede PL de, et al. The prevention and reactivation care program: intervention fidelity matters. BMC Health Serv Res. 2013;13:29.

12   Verkaik R. Depression in dementia: development and testing of a nursing guideline [proefschrift]. Utrecht: Universiteit Utrecht, 2009.

13   Dröes RM, Mierlo LD van, Roest HG van der, Meiland FJM. Focus and effectiveness of psychosocial interventions for people with dementia in institutional care settings from the perspective of coping with the disease. Nonpharmacol Ther Dement. 2010;1:139-61.

14   Olazarán J, Reisberg B, Clare L, et al. Nonpharmacological therapies in Alzheimer's disease: a systematic review of efficacy. Dement Geriatr Cogn Disord. 2010;30:161-78.

15   Dröes RM, Meiland FJM, Schmitz M, Tilburg W van. Effect of combined support for people with dementia and carers versus regular day care on behaviour and mood of persons with dementia: results from a multi-centre implementation study. Int J Geriatr Psychiatry. 2004;19:673-84.

16   Dröes RM, Breebaart E, Meiland FJM, et al. Effect of Meeting Centres Support Programme on feeling of competence of family caregivers and delay of institutionalization of people with dementia. Aging Mental Health. 2004;8:201-11.

17   Scholey KE, Woods BT. A series of brief cognitive therapy interventions with people experiencing both dementia and depression: a description of techniques and common themes. Clin Psychology Psychother. 2003;10:175-85.

18   Nagy IB, Krasner BR. Tussen geven en nemen. Over contextuele therapie. Haarlem: De Toorts, 1994.

19   Trijsburg W, Colijn S, Snijders H, et al. Leerboek psychotherapie. Amsterdam: De Tijdstroom, 2009.

15 HULP OM EEN POSITIEF ZELFBEELD TE BEHOUDEN

Frans Hoogeveen en Joke Bos

Dementie is een ontwrichtende aandoening. De essentie van deze ziekte is dat ze de persoon als zelfstandig denkend en handelend individu steeds verder afbreekt. Mensen met dementie houden gedurende het ziekteproces een zeker besef van deze aftakeling, in wisselende vorm en in wisselende mate. Door confrontatie met de eigen beperkingen ervaren zij gevoelens van controleverlies, onzekerheid, angst en verdriet; het gevolg hiervan is dat het welbevinden permanent wordt bedreigd. In deze moeilijke omstandigheden kan het behoud van een positief zelfbeeld bijdragen aan een zo goed mogelijke kwaliteit van leven. Tot op heden is er weinig onderzoek gedaan naar de effectiviteit van interventies die kunnen helpen een positief zelfbeeld te behouden. Aan de hand van casuïstiek bespreken we een aantal mogelijkheden. We doen aanbevelingen voor nader onderzoek.

15.1 Het zelfbeeld bij dementie

Zijn mensen met dementie zich bewust van hun achteruitgang? Ervaren en begrijpen zij wat de ziekte met hen doet? Zijn zij in staat om te reflecteren op hun eigen functioneren? Overzien zij de implicaties voor hun naasten? Verandert het beeld dat zij van zichzelf hebben? Dit zijn belangrijke vragen waarop geen eenduidige antwoorden bestaan. De veelgehoorde lekenopvatting dat 'het eerste stadium van het dementieproces het ergste is omdat mensen dan nog goed beseffen wat er met hen aan de hand is', behoeft op zijn minst nuancering.[1]

Bij mensen met lichte tot matige dementie blijken er grote verschillen te bestaan in de mate waarin zij zich bewust zijn van hun achteruitgang. Sommigen lijken zich daar volledig van bewust, anderen veel minder of zelfs niet of nauwelijks.[2,3] Bij mensen met ernstige dementie is hierover veel minder bekend. Onderzoek laat tevens zien dat als dat besef er wel is, er grote verschillen zijn in hoe mensen hun ziekte ervaren. Sommigen accepteren de achteruit-gang en zien die als een onvermijdelijk gevolg van het ouder worden, anderen lijden er hevig onder.[4-6] Het is bovendien opmerkelijk dat deze variatie niet al-leen tussen mensen bestaat. Zelfs als we een en ander binnen een individu bezien, blijkt er variatie te zijn.[1,7] We geven een voorbeeld in casus 1.

Casus 1

In het Alzheimercafé Rijswijk bespreken we op 29 februari 2008 het thema 'Wat betekent dementie voor iemand die eraan lijdt?' Ik interview twee mensen met dementie: mevrouw De Bruin die haar beide dochters heeft meegenomen en mijn vader. Twee jaar eerder was ik met hem in de geheugenpolikliniek, omdat duidelijk was geworden dat er iets mis aan het gaan was in zijn brein. Nu bespreek ik met hem onder andere zijn moeizaam genomen besluit om te stoppen met autorijden. Hij weet dat mijn broer en ik daar vanaf de diagnose op hebben aangedrongen. 'En ik was het daar niet mee eens,' vertelt hij het publiek. 'En eigenlijk nog niet, want ik rijd nog goed. Ik nodig iedereen uit om naast me te komen zitten in de auto, dan zult u zien dat het nog prima gaat! Geen fouten, geen getoeter van anderen, niets van dat alles,' zegt hij strijdlustig. 'Er wordt je zoveel afgenomen,' mengt mevrouw De Bruin zich in het gesprek. 'Je krijgt wel eens het gevoel dat de mensen denken dat je helemaal niets meer kunt.' Haar gezicht staat op huilen. Met samengeknepen lippen knikt mijn vader instemmend. 'Er blijft zo weinig van je over,' zegt hij. Na afloop van de gedachtewisseling met de zaal drinkt hij tevreden een kop koffie. Hij heeft de harten van het publiek gestolen, vooral omdat hij – een innemende oude man – bij herhaling geëmotioneerd en met liefde over zijn echtgenote heeft gesproken. Hij voelt die waardering en heeft 'een geweldige avond' gehad, zo zegt hij. 'Iedereen is hier zo aardig!' Een kwartier later breng ik hem met de auto naar huis. Hij heeft een mooie bos bloemen gekregen die hij op schoot houdt. 'Voor wie zijn die bloemen?' vraagt hij me. 'Voor jou,' antwoord ik hem. 'Waarom heb ik die gekregen?' 'Nou, ik vind het nogal wat, dat ik je mocht interviewen voor een zaal vol met mensen en dat je hun je verhaal hebt verteld.' 'Interview?' Mijn vader kijkt me met grote ogen aan. 'Met jou?' Hij schrikt ervan dat hij dat niet meer weet. 'Wanneer dan?' 'Een uurtje geleden,' zeg ik zacht. 'Ik weet er niets meer van,' zegt hij aangeslagen, 'is het al zó erg met me?' Zijn goede stemming is op slag verdwenen.

Deze casus toont hoe het beeld bij dementie kan wisselen, zelfs binnen één persoon: de hoofdpersoon is zich soms helder bewust van de gevolgen die zijn aandoening voor hem heeft ('Er blijft zo weinig van je over'). De impact daarvan op zijn zelfbeeld lijkt te fluctueren. Op het ene moment komt zijn oude (positieve) zelfbeeld naar voren ('Ik rijd nog goed!'). Tijdens en na afloop van het interview is hij bovendien tevreden met zijn optreden. Maar geconfronteerd met zijn falende geheugen is hij zeer ontdaan en is zijn zelfbeeld plotseling veel minder positief ('Is het al zó erg met me?'). Met andere woorden: het zelfbeeld dat de hoofdpersoon ervaart lijkt te worden bepaald door zijn oude kijk op zichzelf én een samenspel van gedachten en gevoelens over zijn functioneren in het hier en nu.

Het beeld dat mensen met dementie van zichzelf hebben is belangrijk voor hun kwaliteit van leven. In een onderzoek door Dröes e.a. werden aan 106 mensen met lichte tot matige dementie vragen gesteld als: 'Wat maakt dat u zich gelukkig voelt?', 'Wat is belangrijk voor u in uw leven?', 'Wat zou u vervelend of naar vinden in uw leven?[8] De gegeven antwoorden werden geanalyseerd en gecategoriseerd in een aantal domeinen van kwaliteit van leven, waaronder 'zelfwaardering en zelfbeeld' (zie ook hoofdstuk 9). Uitspraken met betrekking op 'zelfbeeld' waren bijvoorbeeld: 'Dat ik blijf wie ik ben', 'Dat anderen me zien zoals ik ben', 'Dat ik geaccepteerd wordt zoals ik ben', 'Dat ik tevreden ben met mezelf.' Ook zorgprofessionals benadrukten het belang van een positief zelfbeeld voor de kwaliteit van leven van mensen met dementie. Zij noemden 'affect' en 'zelfwaardering en zelfbeeld' als de domeinen waaraan zij in de dagelijkse omgang met mensen met dementie de meeste aandacht besteden.

Het zelfbeeld van mensen met dementie kan onder grote druk komen te staan door het dagelijks ervaren van de eigen beperkingen.[4,6,9] Dröes e.a. noemen dan ook 'het behouden van een positief zelfbeeld' als een van de adaptieve taken waarvoor de persoon met dementie zich geplaatst ziet en beschrijven een aantal strategieën om hiermee om te gaan ('coping'): 'ontkennen', 'minimaliseren of normaliseren van problemen', 'benadrukken van de eigen competentie', 'betrokken willen blijven', 'vermijden van sociale contacten', 'afhankelijk opstellen van anderen', 'externe attributie van problemen', 'façade ophouden', 'confabuleren' en 'humor gebruiken'.[9,10]

Pearce e.a. onderzochten hoe twintig mannen met lichte dementie hun zelfbeeld trachtten te behouden.[11] Zij constateerden dat deze mannen een balans probeerden te vinden tussen het behoud van hun oude zelfbeeld en de noodzaak om op basis van de huidige situatie een nieuw beeld van zichzelf te construeren. Een tweede casus maakt duidelijk hoe dat in zijn werk zou kunnen gaan.[12]

Casus 2

Nico Köhler is 62 jaar oud. Hij is energiek en actief, zowel beroepsmatig als maatschappelijk en sociaal. Tot op 20 december 2012, de dag dat hij op zijn werk ziek naar huis wordt gestuurd, het noodlot definitief toeslaat. Korte tijd daarna wordt bij hem de diagnose 'corticobasale degeneratie' (CBD) gesteld, een zeldzame hersenziekte die tot dementie leidt. Zijn vrouw Marian vertelt over de periode die daarop volgde: 'Op een gegeven moment is alles op de ziekte gericht, dat is in die begintijd heel erg het geval geweest. Het moet ook zijn tijd hebben om het allemaal te laten bezinken. Nico had in het begin heel sterk het gevoel dat hij had afgedaan. Hij was zijn werk kwijt en mocht geen auto meer rijden. Zelfs bloed geven mocht niet meer. Hij werd er somber van.' Nico: 'Maar op een gegeven moment heb ik mijn leven weer opgepakt. Mijn levensmotto is altijd geweest: "Ik ben hier nu toch." Daar bedoel ik mee dat je overal waar je bent altijd kunt kijken of er nog iets gedaan kan worden waar iemand wat aan heeft. En dat doe ik nu ook. Ik heb contact met een van de artsen van het VUmc. Hij heeft me meer dan twintig artikelen over CBD gestuurd. Die ben ik aan het doorploegen om te proberen de algemeen geldende informatie over deze ziekte zodanig te beschrijven dat mensen die er voor het eerst mee geconfronteerd worden te weten komen wat ze moeten weten zonder een verschrikkelijke zoektocht op internet te moeten aangaan. Inmiddels heb ik ook een aantal vertalingen van materiaal dat afkomstig is van Canadese en Amerikaanse websites over CBD naar eigen inzicht aangevuld en verbeterd. Het is belangrijk dat mensen niet in het wilde weg gaan zoeken en dan vreselijke verhalen lezen of door de bomen het bos niet meer zien.' Marian: 'Dat is Nico's instelling. Altijd!' Zijn dochter Suzanne: 'Ik vind dat bewonderenswaardig, vooral in de situatie waarin mijn vader nu zit: je baan kwijtraken en op jonge leeftijd bepaalde dingen niet meer kunnen. Dat hij daar dan toch een draai aan probeert te geven, zodat er iets positiefs uit voort kan komen, vind ik knap.' Nico: 'Dat is helemaal niet knap, zo sta ik in het leven.'

15.2 Omgaan met de gevolgen van dementie: psychosociale interventies

In een omvangrijke review geven Dröes e.a. een overzicht van psychosociale interventies in intramurale zorgsettingen (onder andere psychomotorische therapie, gedragstherapie, realiteitsoriëntatie, muziektherapie, reminiscentie, 'validation', geïntegreerde dementiezorg, snoezelen, 'simulated presence therapy' en huisdiertherapie) die effectief zijn om mensen met dementie te ondersteunen in het omgaan met de gevolgen van hun ziekte.[13] Meerdere interventies hebben een gunstig effect op 'het behoud van een emotioneel evenwicht', blijkend uit een vermindering van neuropsychiatrische symptomen als agressie, apathie, onrust, depressie en angst. Ook op het gebied van 'omgang met de eigen beperkingen' worden positieve resultaten gerapporteerd. Op het terrein van hulp bieden bij het behoud van een positief zelfbeeld is er echter nauwelijks onderzoek beschikbaar. Slechts in enkele studies wordt een positief effect geclaimd met interventies als 'simulated presence therapy'[14,15] en 'emotion-oriented care', waarbij de persoonsgerichte benadering centraal staat.[16] Zo noemen Woods en Ashley positieve effecten als 'minder agitatie en teruggetrokken gedrag' en 'gelukkige gezichtsuitdrukkingen'. Finnema constateert 'minder ontevredenheid met de eigen situatie'. Bij nadere bestudering van deze studies kan echter de vraag worden gesteld in hoeverre de daarin gevonden effecten niet eerder betrekking hebben op gevoelens van welbevinden in het algemeen, dan op het behoud van een gunstig zelfbeeld in het bijzonder. Slechts in één studie naar het effect van begeleiding van mensen met dementie en hun naasten in de Nederlandse ontmoetingscentra wordt een positief resultaat op 'zelfwaardering' aangetoond.[17] In een recente reviewstudie door Testad e.a. naar de effecten van geïndividualiseerde ('personalized') psychosociale interventies worden geen effecten op het behoud van een positief zelfbeeld gerapporteerd.[18]

Ondanks dit gemis aan wetenschappelijke studies is in de praktijk al veel ervaring opgedaan met interventies die beogen een positief zelfbeeld bij mensen met dementie te bevorderen, ook in de zorg voor mensen met dementie die thuis wonen. In de Nederlandse ontmoetingscentra bijvoorbeeld waar 'geïntegreerde dementiezorg' wordt geboden aan mensen met dementie én hun mantelzorgers, werkt men systematisch, doelgericht én met gunstig resultaat aan ondersteuning bij het omgaan met de gevolgen van de ziekte.[17] In een viertal casussen zullen we een beeld schetsen van de gehanteerde aanpak.

Casus 3

Cliënt. Mevrouw Antonisse, 68 jaar oud.
Diagnose. Ziekte van Alzheimer. Stadium: lichte dementie.
Voorgeschiedenis. Mevrouw Antonisse komt uit een groot gezin met vier zussen en twee broers. Na de geboorte heeft zij een hersenoperatie ondergaan. Als gevolg daarvan kampte zij met lichte

geheugenproblemen. Hierdoor kon ze minder goed meekomen met haar zussen en broers. Zij werd in haar jeugd vanwege haar handicap gekleineerd door haar vader. Haar vader was muzikant. Iedereen in het gezin musiceerde; zij viel qua prestaties uit de toon. Ze is gehuwd geweest. Haar man heeft haar verlaten, met medeneming van het spaargeld. In 1990 heeft zij een verkeersongeluk gehad. Daarna had zij moeite met lezen. Sinds het ongeluk loopt zij met een rollator, heeft zij een slechte balans en veel pijnklachten. Ze woont zelfstandig. Zij heeft enkele vrienden die ver weg wonen en die haar regelmatig opbellen en zij heeft een goede vriendin die haar regelmatig bezoekt.

Analyse hulpvraag en primair doel psychosociale begeleiding. Bij de start van haar deelname aan het ontmoetingscentrum gaf mevrouw Antonisse aan zich eenzaam te voelen. Zij merkte dat ze passiever werd, terwijl ze voorheen veel hobby's had, ander andere het maken van 3D-kaarten, dansen en naar muziek luisteren. Haar zelfbeeld lijkt negatief. Ze voelt zich ten opzichte van anderen de mindere. De doelen van de psychosociale hulpverlening zijn dan ook: opdoen van sociale contacten, reactiveren en een positief zelfbeeld bevorderen.

Hulpverleningsstrategie. Mevrouw betrekken bij de sociale en recreatieve activiteiten in het centrum. Daarbij de nadruk leggen op haar voorkeursactiviteiten en op de dingen waar zij goed in is. De dansactiviteiten in het centrum zijn een eerste aanknopingspunt. Haar complimenteren met haar prestaties en inbreng. Haar een dagboek laten bijhouden en met haar spreken over haar ervaringen.

Uitvoering actieplan. We haken in op de initiatieven die mevrouw neemt. Haar dagboek wordt elke keer dat zij komt met haar instemming gelezen en gedeeld met de andere bezoekers. Bij de dansactiviteiten houden we rekening met haar muziekvoorkeur en laten wij haar 'voordansen' voor de anderen.

Uitkomsten. Mevrouw Antonisse doet aan veel activiteiten enthousiast mee en krijgt ook complimenten van de andere cliënten. Ze danst op de plaats zonder rollator of beweegt met de rollator door de zaal. Soms zit een andere cliënt op de rollator en duwt zij die voort of andersom. Ze heeft veel plezier in het dansen. Applaus doet haar stralen. Zij vertelt over haar vroegere danservaringen en laat zien wat salsa is. Als zij zonder rollator danst, houdt het begeleidende personeel haar vast. Zij vindt het heel prettig om te worden aangeraakt. Het bespreken van haar dagboek geeft haar het gevoel dat ze ertoe doet. Haar vrienden vertellen dat zij tegenwoordig het initiatief neemt om te bellen en dan meteen begint te

vertellen over haar rol bij het dansen in het ontmoetingscentrum.
Evaluatie. Mevrouw Antonisse voelt zich gezien, serieus genomen en
gewaardeerd om wie ze is. Dit geeft haar zelfvertrouwen en plezier.
Tegen vrienden uit zij zich positiever over zichzelf.

Casus 4

Cliënt. Mevrouw Bouwman, 78 jaar oud.
Diagnose. Ziekte van Alzheimer. Stadium: lichte dementie.
Voorgeschiedenis. Mevrouw Bouwman had twee broers met wie ze veel
optrok, ze damde fanatiek met hen. Ze is altijd zelfstandig geweest en
is alleenstaande moeder sinds haar dochter 3 jaar oud was. Tot haar
72e jaar heeft zij een fourniturenwinkel gehad. Mevrouw Bouwman
heeft tien jaar geleden een hartinfarct gehad en is de laatste jaren snel
vermoeid. Ze kreeg geheugenproblemen en kan tegenwoordig niet goed
meer met geld omgaan.
Analyse hulpvraag en primair doel psychosociale hulpverlening.
Mevrouw Bouwman is volgens haar dochter eenzaam. Zij is door haar
vergeetachtigheid onzeker geworden en bang om dingen fout te
doen en vindt zichzelf erg 'suf'. Het eerste doel van de psychosociale
hulpverlening is haar in contact brengen met andere mensen en een
positief zelfbeeld bevorderen.
Hulpverleningsstrategie. Mevrouw behoeden voor faalervaringen en haar
juist zo veel mogelijk laten ervaren dat er dingen zijn die zij goed kan.
Met haar spreken over haar successen om zich als alleenstaande moeder
en kleine ondernemer staande te houden.
Uitvoering actieplan. Haar dochter zoekt met haar foto's uit die iets
zeggen over de voor haar belangrijke ervaringen in haar leven. Onder
begeleiding van een professional van het ontmoetingscentrum vertelt
zij daarover in een kleine groep mensen die zij vertrouwt. Wekelijks
damt zij een klein toernooi met drie mannelijke cliënten van het
ontmoetingscentrum.
Uitkomsten. Mevrouw vindt het fijn om over de goede dingen in haar
leven te praten. Ze damt enthousiast met de heren en wint van allemaal.
Vroeger won zij ook altijd van haar broers en vertelt daar vaak over.
Zij krijgt complimenten van haar tegenstanders. Na een afwachtend
begin vertelt zij het op het centrum erg naar haar zin te hebben. Zij
wordt steeds actiever. Zo gaat zij uit zichzelf afruimen en helpen

afwassen. Ook geeft zij tegenwoordig taalles aan een Zuid-Amerikaanse vrijwilliger. Haar dochter beaamt dat zij zich veilig en thuis voelt in het ontmoetingscentrum.

Evaluatie. Mevrouw Bouwman uit zich positiever over zichzelf. Het ophalen van goede herinneringen geeft haar zelfvertrouwen. Haar dochter zegt dat haar moeder haar oude daadkracht heeft hervonden.

Casus 5

Cliënt. Meneer Clavan, 83 jaar oud.

Diagnose. Ziekte van Alzheimer. Stadium: lichte dementie.

Voorgeschiedenis. Meneer Clavan komt uit een gezin van negen kinderen. Hij had willen studeren, maar dat was door geldproblemen niet mogelijk. Twee oudere broers hebben die kans wel gekregen. Op hen is hij altijd jaloers geweest. Hij heeft de ambachtsschool doorlopen en is machinebankwerker geweest. Meneer Clavan is sinds zijn 50e gescheiden van zijn echtgenote. Hij woont zelfstandig. Hij heeft een dochter en twee zoons. Zijn dochter bezoekt hem regelmatig en kookt dan voor hem. Zijn zoons ziet hij wat onregelmatiger. Meneer Clavan had altijd een wat sombere inslag. Hij hield van bridgen en schaken. Was lid van een bridgeclub maar komt daar niet meer.

Analyse hulpvraag en primair doel psychosociale hulpverlening. Volgens zijn dochter is meneer Clavan somber en eenzaam. Hij voelt zich niet veel meer waard en ziet eigenlijk geen mensen meer. Wegens zijn sombere stemming heeft hij een gesprek gehad met de psychiater. Diens advies was te zoeken naar een dagbesteding om sociale contacten op te doen. Het eerste doel van de psychosociale hulpverlening is om meneer Clavan sociale contacten te laten opdoen en zijn zelfbeeld te verbeteren.

Hulpverleningsstrategie. Sociale contacten met andere deelnemers in het centrum en met begeleiders bevorderen. Meneer Clavan positieve ervaringen laten opdoen met de activiteiten die hij goed kan.

Uitvoering actieplan. We laten meneer schaken met andere deelnemers. Stimuleren hem tot activiteiten waarin hij met anderen samenwerkt of waarmee hij anderen helpt. En complimenteren hem met zijn inbreng en prestaties.

Uitkomsten. Bij de start van zijn deelname aan het centrum hield meneer Clavan zich afzijdig van de groep. Bij binnenkomst ging hij apart aan een tafel zitten. Hij vond het heel moeilijk als het woord Alzheimer viel en ontkende dat hij die ziekte had. In het begin kwam hij twee keer per week maar ging na de lunch weer weg. In groepsgesprekken ergerde hij zich aan mensen die een boek lazen of iets over hun studie vertelden. Geleidelijk lukte het om hem te activeren. Hij schaakte geconcentreerd met andere deelnemers, maakte meer contact met andere cliënten en begon anderen te helpen. Ook onderhield hij de moestuin van het ontmoetingscentrum, hielp bij de wandelclub als er te weinig vrijwilligers waren, ondersteunde het personeel bij de psychomotorische therapie en gaf aan een Tibetaanse stagiaire Nederlandse les. Dit alles gaf meneer Clavan veel voldoening en hij bood dan ook spontaan aan dat het personeel hem kon bellen als zij hem nodig zouden hebben. *Evaluatie.* Vooral het feit dat hij zich nuttig voelde deed meneer Clavan goed. Zijn dochter vertelt dat hij beter gestemd is. Hij komt nu ook in het ontmoetingscentrum op dagen dat hij eigenlijk niet wordt verwacht.

Casus 6

Cliënt. Mevrouw Davids, 75 jaar oud.
Diagnose. Ziekte van Alzheimer. Stadium: lichte dementie.
Voorgeschiedenis. Mevrouw Davids is na het overlijden van haar moeder opgegroeid in een weeshuis. Haar vader is hertrouwd, maar nam haar niet op in het nieuwe gezin. Haar echtgenoot is jong overleden. Ze heeft haar twee kinderen alleen opgevoed. Om aan geld te komen heeft zij bij mensen schoongemaakt. Ze is altijd erg nerveus geweest. Heeft alles voor de kinderen gedaan en nooit iets voor zichzelf, altijd sober geleefd en nauwelijks een sociaal leven gekend. Mevrouw Davids heeft een goede relatie met haar zoon en dochter. Over zichzelf praat ze heel negatief.
Analyse hulpvraag en primair doel psychosociale hulpverlening. Mevrouw heeft geen sociale contacten en is volgens haar kinderen eenzaam. Door haar vergeetachtigheid en het besef dat ze de ziekte van Alzheimer heeft is ze nog nerveuzer dan ze al was. Ze is verdrietig en heeft een negatief zelfbeeld. Het eerste doel van de psychosociale hulpverlening is haar sociale contacten te laten opdoen en haar zelfbeeld te bevorderen.
Hulpverleningsstrategie. Het bevorderen van sociale contacten met anderen. Haar positieve ervaringen laten opdoen met de activiteiten waar zij goed in is.
Uitvoering actieplan. Na haar eerste bezoek aan het centrum liet de zoon

ons weten dat zijn moeder erg geschrokken was van de andere cliënten. Na een tweede bezoek werd duidelijk dat zij het heel confronterend vond om te zien wat de ziekte met mensen doet. We besloten toch met een dag per week te beginnen. Op die dag waren er ook wat jongere mensen. Mevrouw Davids had een goede klik met een jonge vrouw. Onder begeleiding van een professional praatten ze samen over de ziekte van Alzheimer. Hoewel ze nooit creatief was geweest, besloten we haar toch bij creatieve activiteiten te betrekken en naar een activiteit te zoeken die haar plezier en waardering van anderen kon bezorgen. *Uitkomsten.* De gesprekken deden mevrouw Davids goed en ze ontwikkelde een vriendschap met haar gesprekspartner. Ook bleek zij bij de creatieve activiteiten van repen gekleurd papier mooie collages te kunnen maken. Ze genoot hier zichtbaar van en was verrast door het resultaat. Tijdens het centrumoverleg, dat met regelmaat in het ontmoetingscentrum wordt gehouden en waar zowel de mensen met dementie als de mantelzorgers aan deelnemen en waar al het gemaakte werk wordt getoond, stond ze op en vertelde over haar collages. Haar kinderen die ook aanwezig waren herkenden op dat moment hun moeder niet terug, zo zelfverzekerd en trots was zij op zichzelf. *Evaluatie.* De vriendschap met haar gesprekspartner geeft mevrouw Davids zelfvertrouwen. Haar creatieve producten en de feedback die zij van anderen daarover krijgt verlenen haar een gevoel van trots. Ze uit zich positiever over zichzelf.

De casuïstiek toont een gemeenschappelijke lijn in aanpak en resultaten.

- Na analyse van de hulpvraag en vaststelling van het doel van de hulpverlening wordt een hulpverleningsstrategie bepaald en een actieplan opgesteld en uitgevoerd.
- Er wordt rekening gehouden met de levensgeschiedenis van de cliënt, in het bijzonder met de elementen daarin die belangrijk waren voor diens zelfbeeld in het verleden (vóór de ziekte).
- De nadruk wordt gelegd op wat de cliënt nog wél kan en wat hij graag doet.
- De interventies zijn zingevend: de cliënt wordt in staat gesteld prestaties te leveren die niet alleen voor hemzelf betekenis hebben, maar ook meerwaarde hebben voor anderen.
- Succesvol voor wat betreft het herstellen van de zelfwaardering zijn activiteiten die betrekking hebben op het reminisceren van positieve levensgebeurtenissen, creatieve uitingsvormen en het helpen van anderen.

- Doorslaggevend is hoe het functioneren van de cliënt in de huidige omstandigheden wordt gewaardeerd door hemzelf, maar met name ook door relevante anderen.

15.3   **Cognitieve rehabilitatie**

Een andere interessante mogelijkheid om mensen met lichte tot matige dementie te helpen een positief zelfbeeld te behouden ligt op het gebied van de 'cognitieve rehabilitatie' (zie hoofdstuk 7). Hieronder verstaat men 'interventiestrategieën of technieken die de patiënt en diens naasten kunnen helpen om te leven en om te gaan met de beperkingen die het gevolg zijn van de hersenschade, en waar mogelijk deze beperkingen te omzeilen of te verminderen'.[9] Een veelbelovende methode op dit vlak lijkt 'foutloos leren' (een methode die beoogt de kans op het maken van fouten tijdens het leerproces te minimaliseren).[19-22] Het verlies van geheugenfuncties, uitvoerende functies en lerend vermogen bij dementie is een proces dat geleidelijk in ernst toeneemt.[22] Dat betekent dat de persoon mogelijk nog steeds in staat is dingen te (her)leren, al zullen die mogelijkheden steeds geringer worden naarmate de dementie vordert.[22,23] Ook een gecombineerde toepassing van leerprogramma's en ondersteunende technologie, zoals instructieclips, biedt kansen.[24,25]

In een studie door Perilli e.a. (her)leerden mensen met lichte tot matige dementie een huishoudelijke activiteit: koffie zetten.[24] De onderzoekers vergeleken een procedure met visuele instructies (videoclips) met een leermethode waarbij met verbale instructies werd gewerkt. De te leren handeling werd opgedeeld in achttien stappen. Alle deelnemers leerden koffie zetten en beide interventies bleken even effectief. Het gemiddelde percentage correcte uitvoering vóór de interventies (baseline) varieerde tussen 20 en 40. Het gemiddelde percentage correcte uitvoering tijdens de interventies lag boven de 90. Caffo e.a. leerden mensen met een matige tot ernstige vorm van dementie de weg vinden in het verpleeghuis waar zij verbleven: een route van hun slaapkamer naar de woonkamer en een route van de dagbehandeling naar de koffiecorner.[25] Er werden twee methoden vergeleken: een 'backward chaining'-procedure en een met ondersteunende technologie. Alle deelnemers leerden de weg. Voor de deelnemers aan beide studies gold dat zij met plezier aan het programma deelnamen en uit hun prestaties voldoening haalden.

Recentelijk schreven De Werd e.a. een praktische handleiding over foutloos leren voor professionals in de zorg voor mensen met dementie.[26] Het (op) nieuw aanleren van vaardigheden kan ervoor zorgen dat de patiënt die activiteiten langer zelfstandig kan blijven uitvoeren. Dit kan een positief effect hebben op het algehele activiteitenniveau van de patiënt, zijn eigenwaarde en zijn motivatie om iets te ondernemen.[22,26,27]

Een andere veelbelovende aanpak om het zelfbeeld en de zelfwaardering gunstig te beïnvloeden wordt op dit moment gerealiseerd in het project 'DemenTalent' (www.dementalent.nl). Daarin wordt uitgegaan van de mogelijkheden en talenten van mensen met dementie en worden deze op zinvolle wijze benut. Dit gebeurt door hen als vrijwilliger in te zetten binnen verenigingen, instellingen, wijkcentra, groenonderhoud, scholen en kerken. Het eerste project is gestart in 2013 en is geïnitieerd door Zorggroep Apeldoorn en Staatsbosbeheer. Op dit moment werken er veertien mensen met dementie als vrijwilliger bij Radio Kootwijk. De vrijwilligers zijn werkzaam op de heide en in de bossen. Zij doen het onderhoud van de gebouwen en helpen mee met het opbouwen en afbreken van evenementen. Gebleken is dat dit leidt tot een zinvolle dagbesteding. De vrijwilligers hebben het gevoel weer een nuttige bijdrage te kunnen leveren aan de maatschappij. Ook samen bezig zijn, elkaar helpen en ervaringen delen over hun dementie vinden zij belangrijke aspecten. 'Ik heb weer de echte wereld gezien sinds ik vrijwilligerswerk doe. Ik ervaar geen faalangst meer en voel me weer betrokken bij de maatschappij,' zegt een van de deelnemers. Een mantelzorger: 'Mijn man komt weer thuis zoals hij vroeger uit zijn werk thuis kwam: voldaan!'

15.4 Mogelijkheden voor mensen met ernstige dementie

Zijn er al weinig studies verricht naar interventies om mensen met lichte tot matige dementie te helpen een positief zelfbeeld te behouden, nog sterker geldt dat in het geval van ernstige dementie. Van Bommel beschrijft zijn leven met zijn partner Thom, die de diagnose frontotemporale dementie kreeg.[28] In enkele jaren tijd verandert Thom van een bruisende, intelligente en sociale partner in een onzekere en opvliegende man met ernstige dementie. Toch blijven er ook dan nog aanknopingspunten om zijn zelfwaardering te bevorderen, zoals uit onderstaande casus moge blijken.

Casus 7

'Kijk, daar staat het: Thom, Thom Houweling. Ik ben het!' zegt Thom terwijl hij zijn naam aanwijst op een schilderij dat bij ons in de gang hangt. Hij blijft enthousiast schilderen: elke week ontstaan er minstens drie nieuwe kunstwerken. Bij ons in huis, in onze lange, hoge gang, hangen nu vijftig echte 'Houwelingen' in vijf rijen boven elkaar. En er zijn er nog meer. Niemand die bij ons binnenkomt kan er ongemerkt aan voorbijlopen en dat is ook de bedoeling. Thom glimt elke keer als zijn schilderijen bekeken en bewonderd worden en geeft toelichting bij zijn kunst. Tussendoor kijkt hij verwachtingsvol naar mij in de hoop dat ik er leuke dingen bij weet te vertellen, waardoor de aandacht nog langer op zijn schilderijen gericht blijft. Om het schilderen betekenis te laten houden voor Thom zoek ik steeds naar mogelijkheden om iets te doen met de producten die al dat werk oplevert. Daarom vraag ik hem vaak – als we bij mensen op bezoek gaan – om speciaal voor hen een schilderij te maken en dat als cadeau mee te nemen. Dat doet hij niet zomaar, meestal zegt hij dan: 'Misschien, ik denk erover.' En vervolgens gaat hij snel aan de slag. Thom is nu bezig met het schilderen van onze kerstkaarten. Op aquarelpapier op briefkaartformaat schildert hij met waterverf kleurige en zwierige schilderijtjes. Er zijn er bijna zeventig klaar en we hebben er meer dan honderd nodig. Dagelijks is hij er wel drie kwartier onafgebroken mee bezig, langer is zijn spanningsboog niet meer. Hij heeft echt weer een nieuwe, eigen activiteit.

Ten slotte zijn er aanwijzingen dat het luisteren naar muziek bij mensen met ernstige dementie bij kan dragen aan het oproepen van positieve persoonlijke herinneringen. Hoogeveen e.a. ontwikkelden een onlinemuziekstation voor mensen met dementie: *Radio Remember.*[29] Het project heeft als doel mensen met ernstige dementie door middel van muziek goede herinneringen en gevoelens te laten herbeleven. Het station speelt om die reden enkel 'relevante' muziek – muziek die aansluit bij de ervaringen van de doelgroep. Het zwaartepunt van de muziek ligt daarom in de periode tussen 1944 en 1963. Dit heeft geleid tot een selectie van meer dan 3100 nummers. Het station werd getest in twintig huiskamers van verpleeginstellingen voor mensen met ernstige dementie. Gedurende drie maanden werden kwalitatieve en kwantitatieve gegevens verzameld. De eerste categorie bestond uit interviews met mensen met dementie, hun familie en met zorgmedewerkers, de tweede uit gedragsobservaties voor, tijdens en na het luisteren naar muziek. Van de bewoners uitte 56% zich positief over de muziek. Zij vonden deze 'mooi' of 'fijn om naar te luisteren'. Ook gaf 48% aan zich goed te voelen bij de muziek en kreeg 38% een positieve gedachte bij het horen van de muziek. Zij dachten aan 'gezelligheid', 'vrolijk zijn' of aan 'de dagen op school' en herinnerden zich positieve gebeurtenissen uit hun leven ('Ome Stef speelde thuis zo prachtig op de piano!'). Van de geïnterviewde zorgmedewerkers en familieleden was 90% positief over Radio Remember. Een kenmerkende uitspraak is: 'Ik ben erg blij met de muziek. Ik zie dat bewoners positief reageren, ieder op zijn eigen manier.' Ook merkt 77% positieve reacties bij bewoners op de muziek (onder meer zingen, neuriën, meebewegen, vrolijk zijn) en ziet 68% meer interactie tussen en met bewoners als de radio aanstaat. Bewoners en medewerkers zingen met elkaar, bewoners praten over vroeger en over de muziek, en bewoners lachen meer. De gedragsobservaties lieten bij een derde van de bewoners een duidelijk positief effect zien (in de handen klappen, ritmisch bewegen, angstige stemming verdwijnt, danst met de buurvrouw, meezingen, zoekt oogcontact, lacht, sombere stemming klaart op, zoekt contact).

Recentelijk werd in het kader van de campagne DementieEnDan (www.dementieendan.nl) door Stichting Beeldkracht de website www.muziekvantoen.nu gelanceerd, die de mogelijkheid biedt om op basis van diverse thema's en tijdsperioden (variërend van 1940 tot 1970) muziek uit de jeugdperiode van een persoon met dementie te selecteren.

De volgende casus laat zien hoe iemand zich door het luisteren naar muziek tijdelijk kan herinneren wie hij was en hoe zo tijdelijk een positief zelfbeeld kan worden hersteld.

Casus 8

Henry heeft dementie en woont al tien jaar in het verpleeghuis. Hij is in zichzelf gekeerd en geeft alleen antwoord op gesloten vragen. Maar dat verandert als hij via een iPod en een hoofdtelefoon zijn favoriete muziek van zeventig jaar geleden beluistert. Hij geniet, beweegt en zingt mee. En als iemand na enkele minuten een gesprek met hem probeert te beginnen over de muziek, blijkt hij tot het ophalen van positieve herinneringen in staat (zie www.youtube.com; zoek op 'Henry, music, dementia'). Hij benoemt zijn favoriete artiesten, spreekt over dansfeesten en zingt spontaan een nummer. Henry herinnert zich weer wie hij was. Dat dit effect slechts tijdelijk is, lijkt van minder van belang. Herhaling van de interventie leidt steeds tot hetzelfde positieve resultaat.

15.5 Samenvatting, conclusies en discussie

Mensen met lichte tot matige dementie zijn zich in wisselende vorm en mate bewust van hun beperkingen.[1,3,4] Daarbij bestaan er tussen én binnen mensen grote verschillen in hoe zij die beperkingen ervaren.[4,5,7] Sommigen accepteren hun beperkingen als behorend bij het ouder worden, anderen lijden er zichtbaar onder. Bij mensen met ernstige dementie is hierover veel minder bekend.

Het beeld dat mensen met dementie van zichzelf hebben en hoe zij zichzelf waarderen is belangrijk voor hun kwaliteit van leven.[8] In de loop van het ziekteproces kan het zelfbeeld van mensen met lichte tot matige dementie onder grote druk komen te staan.[4,6,9] Het behouden van een positief zelfbeeld is dan ook een van de adaptieve taken waarvoor mensen met dementie zich geplaatst zien.[9,10]

Effectstudies naar psychosociale interventies die mensen met dementie kunnen helpen om een positief zelfbeeld te behouden zijn schaars.[13,18] De gevonden effecten lijken eerder betrekking te hebben op gevoelens van welbevinden in het algemeen dan op behoud van een positief zelfbeeld in het bijzonder.[14-16] Een uitzondering is het onderzoek naar ontmoetingscentra voor mensen met dementie en hun mantelzorgers, dat aantoonde dat de zelfwaardering van mensen met dementie toeneemt wanneer zij met regelmaat deelnemen aan de persoonsgerichte activiteiten die de centra bieden.[17] De in dit hoofdstuk gepresenteerde casuïstiek maakt duidelijk dat er wel veel gunstige praktijkervaringen bestaan.

Cognitieve rehabilitatie, met name in de vorm van foutloos leren, al dan niet met gebruik van ondersteunende technologie,[24,25] kan mensen met lichte, matige én ernstige dementie mogelijk helpen een positief zelfbeeld te behouden. Voor mensen met ernstige dementie lijkt ook muziektherapie veelbelovende mogelijkheden te bieden.[29]

Een van de oorzaken van de schaarste aan onderzoek naar interventies om bij mensen met dementie een positief zelfbeeld te bevorderen is mogelijk gelegen in het construct zelfbeeld: dat is abstract en dus niet direct waarneembaar, maar wel operationaliseerbaar. Wellicht ontbreekt het aan een goede definitie die tot operationalisering kan leiden. Dat is ook inderdaad een lastig probleem. Een poging tot definiëring van 'zelfbeeld' zou bijvoorbeeld kunnen zijn: 'het geheel aan gedachten en gevoelens die iemand over zichzelf heeft, en zijn reflectie daarop in relatie tot de wijze waarop hij zijn functioneren in de huidige situatie waarneemt en waardeert'. Maar een dergelijke definitie, die uitgaande van mensen zonder cognitieve beperkingen zinnig lijkt, houdt wellicht onvoldoende rekening met de (on)vermogens van mensen met dementie en is moeilijk te operationaliseren. Een simpele definitie, bijvoorbeeld: 'al hetgeen dat iemand over zijn eigen functioneren zegt', brengt echter niet minder problemen met zich mee, want houdt geen rekening met de emotionele reacties die zo kenmerkend zijn voor de beleving van mensen met dementie. Bovendien lijkt zelfbeeld bij mensen met dementie geen conditie te zijn die permanent aanwezig is. Naarmate de dementie verder vordert, worden gedachten en gevoelens rond zelfbeeld mogelijk steeds kortdurender en wisselender en in toenemende mate afhankelijk van de direct daaraan voorafgaande gebeurtenissen.

Om inzicht te krijgen in interventies die het zelfbeeld van mensen met dementie gunstig kunnen beïnvloeden moeten dus keuzes worden gemaakt en dient men het construct 'zelfbeeld' precies en concreet te omschrijven.

Vervolgens zijn effectstudies naar psychosociale interventies tot behoud van een positief zelfbeeld dringend noodzakelijk. De interventies zullen moeten worden afgestemd op het zelfbeeld vóórdat de ziekte zich manifesteerde, op de ernst en het type van de dementie (bijvoorbeeld 'frontotemporale dementie' gaat gepaard met gebrek aan zelfinzicht[30]), en op persoonskenmerken, levensverhaal en sociale context van de betrokkene.

Literatuur

1   Hoogeveen FR. Leven met dementie. Houten: Bohn Stafleu van Loghum, 2008.
2   Clare L. We'll fight it as long as we can: coping with the onset of Alzheimer's disease. Aging Mental Health. 2002;6:139-48.
3   Phinney A. Fluctuating awareness and the breakdown of the illness narrative in dementia. Dementia. 2002;1:329-44.
4   Clare L. Managing threats to self: awareness in early stage Alzheimer's disease. Soc Sci Med. 2003;57:1017-29.
5   Boer M de, Hertogh C, Dröes R, et al. Suffering from dementia: the patient's perspective; an overview of the literature. Int Psychogeriatr. 2007;19:1021-39.
6   Steeman E, Godderis J, Grypdonck M, et al. Living with dementia from the perspective of older people: is it a positive story? Ageing Mental Health. 2007;11:119-30.
7   Hoogeveen FR. 'Dat onthouden kan ik wel vergeten'. In gesprek met mijn dementerende vader. Denkbeeld. 2008;20:2-6.
8   Dröes RM, Boelens E, Bos J, et al. Quality of life in dementia in perspective: An explorative study of variations in opinions among people with dementia and their professional caregivers, and in literature. Dementia. 2006;5:533-58.
9   Dröes R, Roest H van der, Mierlo L van, Meiland F. Memory problems in dementia: adaptation and coping strategies and psychosocial treatments. Expert Rev Neurother. 2011;11:1769-82.
10 Dröes RM. In beweging: over psychosociale hulpverlening aan demente ouderen. Utrecht: De Tijdstroom, 1991.
11 Pearce A, Clare L, Pistrang N. Managing sense of self: Coping in the early stages of Alzheimer's disease. Dementia. 2002;1:173-92.
12 Hoogeveen FR. 'Ik ben hier nu toch!' Nico Köhler over zijn levenshouding. Denkbeeld. 2014;26:18-21.
13 Dröes RM, Mierlo LD van, Roest HG van der, Meiland FJM. Focus and effectiveness of psychosocial interventions for people with dementia in institutional care settings from the perspective of coping with the disease. Nonpharmacol Ther Dement. 2010;1:139-61.
14 Woods P, Ashley J. Simulated Presence Therapy: using selected memories to manage problem behaviors in Alzheimer's disease patients. Geriatr Nurs. 1995;16:9-14.
15 Camberg L, Woods P, Ooi W, et al. Evaluation of simulated presence: A personalized approach to enhance well-being in persons with Alzheimer's disease. J Am Geriatr Soc. 1999;47:446-52.
16 Finnema E, Dröes R, Ettema T, et al. The effect of integrated emotion-oriented

care versus usual care on elderly persons with dementia in the nursing home and on nursing assistants: a randomized clinical trial. Int J Geriatr Psychiatry. 2005;20:330-43.

17 Dröes RM, Meiland F, Schmitz M, Tilburg W van. Effect of combined support for people with dementia and carers versus regular day care on behaviour and mood of persons with dementia: Results from a multi-centre implementation study. Int J Geriatr Psychiatry. 2004;19:673-84.

18 Testad I, Corbett A, Aarsland D, et al. The value of personalized psychosocial interventions to address behavioral and psychological symptoms in people with dementia living in care home settings: a systematic review. Int Psychogeriatr. 2014;26:1083-98.

19 Groenendaal M, Hoogeveen FR, Perilli V, et al. Foutloos leren bij dementie. TVZ, Tijdschr Verpleegkundig Experts. 2014;124:46-8.

20 Hoogeveen FR, Groenendaal M, Caffo A, Perilli V. Lerend vermogen bij dementie. TVZ, Tijdschr Verpleegkundig Experts. 2014;124:42-5.

21 Kessels R, Olde Hensken L. Effects of errorless skill learning in people with mild-to-moderate or severe dementia: A randomized controlled pilot study. Neurorehabilitation. 2009;25:307-12.

22 Dirkse R, Kessels R, Hoogeveen FR, Dixhoorn I van. (Op)nieuw geleerd, oud gedaan. Utrecht: Kosmos, 2011.

23 Clare L, Wilson B, Carter G, et al. Intervening with everyday memory problems in dementia of Alzheimer type: an errorless learning approach. J Clin Exp Neuropsychol. 2000;22:132-46.

24 Perilli V, Lancioni G, Hoogeveen F, et al. Video prompting versus other instruction strategies for people with Alzheimer's disease. Am J Alzheimers Dis Other Demen. 2013;28:393-402.

25 Caffo AO, Hoogeveen FR, Groenendaal E, et al. Comparing two different orientation strategies for promoting indoor traveling in people with Alzheimer's disease. Res Dev Disabil. 2014;35:572-80.

26 Werd M de, Boelen D, Kessels R. Foutloos leren bij dementie: een praktische handleiding. Den Haag: Boom Lemma, 2013.

27 Perilli V, Hoogeveen F, Caffo A, et al. Self-management of instruction cues for promoting independent daily activities: review of studies with people with mild or moderate Alzheimer's disease. Appl Res Today. 2012;1:20-35.

28 Bommel S van. Ik ben niet kwijt. Amsterdam: Prometheus, 2012.

29 Hoogeveen FR, Groenendaal M, Mulder B, et al. Radio Remember: internetradio voor mensen met dementie. Denkbeeld. 2014;26:6-9.

30 Williamson C, Alcantar O, Rothlind J, et al. Standardized measurement of self-awareness deficits in FTD and AD. J Neurol Neurosurg Psychiatry. 2010;81:1-16.

16 HULP BIJ HET VINDEN VAN ZINVOLLE BEZIGHEDEN

Henriëtte van der Roest en Daphne Mensink

In het leven en de belevingswereld van mensen met dementie vinden gaandeweg het dementieproces veel veranderingen plaats. Als gevolg van de progressieve aard van dementie veranderen functionele mogelijkheden, interesses, maar ook relaties. Door de cognitieve, functionele en sociale beperkingen die mensen met dementie ervaren, ondernemen zij activiteiten waar zij vroeger plezier aan beleefden vaak niet meer. Een reden kan zijn dat activiteiten te complex zijn geworden, waardoor er geen plezier meer aan beleefd wordt, of men kan bang zijn om te falen bij zaken die vroeger als vanzelfsprekend gingen. Daarnaast kan apathie een grote rol spelen. Oriëntatieproblemen of bijvoorbeeld niet meer kunnen autorijden kunnen verhinderen dat mensen nog zelfstandig activiteiten buitenshuis ondernemen. Hierdoor wordt de wereld van iemand met dementie steeds kleiner en wordt het gaandeweg moeilijker zinvolle bezigheden te vinden.

Met zinvolle bezigheden bedoelen we activiteiten waar mensen met dementie plezier en ontspanning aan beleven, waardering aan ontlenen of waardoor zij zich nuttig voelen. Dergelijke activiteiten dragen bij aan de kwaliteit van leven van mensen met dementie. Dit hoofdstuk behandelt het belang van zinvolle bezigheden en manieren om hierin te ondersteunen en gaat tevens in op de therapeutische werking die verschillende activiteiten in de diverse stadia van dementie kunnen hebben.

16.1   Belang van zinvolle bezigheden

Mensen met dementie willen zich net als ieder ander nuttig voelen en participeren in de samenleving. Het ondernemen van activiteiten is de verbinding tussen de eigen innerlijke realiteit en die van de buitenwereld. Activiteiten stellen ons als mens in staat de wereld te leren kennen, kennis te testen, vaardigheden eigen te maken, gevoelens te uiten en plezier te ondervinden. Door onze activiteiten zijn we verbonden met het leven en met andere mensen.[1] Het deelnemen aan zinvolle activiteiten, aansluitend bij persoonlijke voorkeuren en mogelijkheden, stelt mensen met dementie in staat zich te uiten en zichzelf nuttig te voelen en kan bijdragen aan hun eigenwaarde, psychisch welbevinden en kwaliteit van leven.

Activiteiten kunnen dienen als afleiding en ontspanning. Maar veel activiteiten kunnen ook een therapeutisch effect hebben, omdat ze mensen met dementie helpen om te gaan met hun cognitieve en functionele beperkingen en met de sociale en emotionele consequenties van hun ziekte. Zo is uit onderzoek gebleken dat angst, depressie en gedragsproblemen bij mensen met dementie kunnen verminderen wanneer zij zinvolle bezigheden hebben. In de afgelopen twee decennia zijn er veel psychosociale behandelmethoden ontwikkeld om mensen met dementie te helpen bij het omgaan met de gevolgen van de ziekte.[2]

Activiteiten bieden mensen met dementie, zoals gezegd, ook de mogelijkheid zich te uiten, waardoor ze de communicatie en het contact met anderen in stand helpen houden of kunnen bevorderen (zie hoofdstuk 13). Uit een onderzoek, waarin mensen met dementie werd gevraagd wat zij belangrijk vinden voor hun kwaliteit van leven, blijkt onder meer dat het plezier beleven aan activiteiten, zoals iets ondernemen met hun partner, het bezoeken van een ontmoetingscentrum, maar ook werk en hobby's, belangrijk wordt gevonden.[3] Daarentegen geven veel mensen met dementie ook aan dat zij dit soort activiteiten, met name buitenshuis, onvoldoende of helemaal niet (meer) doen.[4-6] Hoewel er veel aanbod is van georganiseerde dagbesteding met professionele begeleiding, wordt deze door mensen met dementie maar beperkt benut. In Nederland zijn er momenteel 260.000 mensen met dementie,[7] waarvan ongeveer 75% thuis woont. Uit cijfers van het CIZ blijkt dat slechts 5% van al deze mensen met dementie een indicatie heeft voor dagbesteding (begeleiding groep). De grote meerderheid van de thuiswonende mensen met dementie in Nederland maakt dus geen gebruik van professionele hulp bij dagactiviteiten via dagverzorging, dagbehandeling of een ontmoetingscentrum.

Ten slotte bieden dagactiviteiten voor mensen met dementie de mantelzorgers respijt (tijdelijke verlichting van hun zorgtaak). Naarmate de dementie vordert en de behoefte aan zorg groeit, krijgen mantelzorgers steeds minder tijd voor zichzelf. Het wordt moeilijker om vrienden te zien, hobby's uit te oefenen of het huishouden te doen. Behalve dat mantelzorgers moeten omgaan met het veranderende gedrag van hun naaste, is de relatie met hun naaste vaak ook veranderd van een gelijkwaardige relatie in een zorgrelatie, waarbij de persoon met dementie steeds afhankelijker wordt. Mantelzorgers zullen zich daardoor steeds meer belast voelen en kunnen hierdoor psychische klachten krijgen, zoals depressie en angst. Overbelasting van mantelzorgers is een van de belangrijkste oorzaken van opname van mensen met dementie in een intramurale zorginstelling. Het bieden van activiteiten aan mensen met dementie geeft de mantelzorger tijd om dingen voor zichzelf te doen en bij te tanken waardoor hij of zij de zorg langer kan volhouden (zie ook hoofdstuk 18).

16.2 Activiteiten op maat

Wat maakt activiteiten voor mensen met dementie zinvol? Mensen met dementie, familieleden en professionele zorgverleners hebben hier elk zo hun eigen ideeën over.[8] Volgens mensen met dementie zijn activiteiten zinvol als ze aansluiten bij de normen en waarden uit hun vroegere rollen en hun interesses en gewoontes. Met name activiteiten gericht op psychische behoeften, zoals het versterken van een gevoel van identiteit en saamhorigheid, en activiteiten die hun het gevoel geven dat zij erbij horen en gewaardeerd en gestimuleerd worden, blijken als betekenisvol te worden ervaren. Zorgverleners daarentegen vinden activiteiten bovenal zinvol als deze een therapeutisch effect hebben op het functioneren (behoud van functies). Familieleden ten slotte geven aan activiteiten vooral zinvol te vinden als deze bijdragen aan het behoud van motorische en ADL-vaardigheden van mensen met dementie.

Vanwege de progressieve aard van dementie moet bij het aanbieden van activiteiten telkens weer worden nagegaan wat de mogelijkheden en beperkingen van de persoon zijn. Naast dat activiteiten moeten aansluiten bij (vroegere) interesses van mensen, moeten ze ook haalbaar zijn gezien het stadium van dementie waarin iemand zich bevindt, alleen dan zal men optimaal genieten van de activiteiten. Voor mensen in de beginstadia van dementie is het vooral belangrijk om alledaagse bezigheden uit te kunnen blijven voeren, zodat men continuïteit ervaart.[9] Voor mensen in het middenstadium van dementie is het belangrijk dat zij deel kunnen nemen aan activiteiten waarin zij verbinding ervaren met zichzelf, hun leven en verleden (interesses, eigen levensgeschiedenis),[10] terwijl voor mensen in een gevorderd stadium van dementie met name zintuigstimulerende activiteiten, zoals snoezelen of muziek, kunnen bijdragen aan het welbevinden.[11]

Activiteiten voor mensen met dementie kunnen in een groep of individueel worden aangeboden. Vanwege de sterke invloed van de omgeving op het gedrag van mensen met dementie is het belangrijk dat dit in een emotioneel veilige omgeving gebeurt. Voor alle aanbod geldt dat mensen met dementie niet overvraagd moeten worden. Het aanbieden van te moeilijke of complexe activiteiten zal mensen onzeker maken en angstig om te falen. Dit leidt tot onrust. Ook bij ondervragen, bijvoorbeeld door activiteiten aan te bieden die te gemakkelijk zijn of niet passen bij de interesses van de persoon, zullen mensen

afhaken of onrustig worden omdat de activiteiten hen niet boeien. Het aanbieden van te eenvoudige activiteiten kan ook als kinderachtig, betuttelend of
stigmatiserend worden ervaren. Met andere woorden: activiteiten die te moeilijk of te makkelijk zijn zullen een averechts effect hebben.

Het kan helpen om dagelijkse activiteiten gestructureerd aan te bieden
door middel van een dagschema; dit ondersteunt de oriëntatie in tijd en het dagelijks functioneren van mensen. Een gestructureerde dagindeling wordt vaak
toegepast in intramurale settings, waar veelal op een bord in de huiskamer
wordt aangegeven welke activiteiten er die dag worden gedaan. Een dergelijke
gestructureerde dagindeling kan echter ook behulpzaam zijn voor mensen met
dementie die thuis wonen.

16.3   Begeleidingsstrategieën

Drie begeleidingsstrategieën die kunnen worden toegepast om mensen
met dementie te helpen zich aan te passen aan en om te gaan met de gevolgen
van dementie zijn reactivering, resocialisering en bevordering van het affectief
of emotioneel functioneren.[12,13] Aansluitend bij de persoonlijke ondersteunings-
behoefte, mogelijkheden en voorkeuren kan uitgaande van deze strategieën
een concreet activiteitenplan worden uitgewerkt.

Reactivering wordt gebruikt om mensen met dementie te ondersteunen
in het aanpassen aan hun beperkingen en bij de cognitieve adaptatie. Door
mensen in een veilige omgeving te laten ervaren waar zij nog toe in staat zijn,
door hen te betrekken bij activiteiten die geheugen, waarneming, taal en handelen stimuleren, ervaren zij waartoe ze in staat zijn en leren zij realistische
eisen aan zichzelf te stellen (cognitieve adaptatie). Hierdoor kan de angst om
te falen verminderen en zullen zij leren gebruik te blijven maken van hun mogelijkheden. Door mensen met dementie te laten ervaren wat zij juist nog wel
(goed) kunnen, zullen zij – zo is de verwachting – minder neigen naar inactiviteit of apathie, zich minder afhankelijk opstellen en zich minder terugtrekken.
Methoden die worden ingezet voor reactivering zijn onder andere bewegings-
groepen en activiteitengroepen.

Resocialisering richt zich op bevordering van sociaal contact en vermindering van passief sociaal gedrag door het stimuleren van de communicatie
tussen mensen met dementie en hun omgeving. Door mensen te verleiden tot
contact met anderen kunnen sociaal isolement, agressief gedrag en het verlies
van verbale vaardigheden mogelijk verminderd worden. Vooral activiteitengroepen (spel, sport, hobby) worden in het kader van resocialisering toegepast,
maar ook bijvoorbeeld reminiscentie, zowel individueel als in een groep, door
de mogelijkheid die deze methode biedt om herinneringen met anderen te
delen.

De begeleidingsstrategie bevorderen van het affectief functioneren is gericht op het behouden en herstellen van een emotioneel evenwicht en een positief zelfbeeld. Daarnaast ligt de focus bij deze strategie ook op het helpen accepteren van en omgaan met de onzekere toekomst die mensen met dementie hebben. Door het bieden van activiteiten in een warme en veilige omgeving waar mensen plezier kunnen beleven en succes kunnen ervaren wordt getracht het emotioneel evenwicht te herstellen of in stand te houden. Door het stimuleren van eigen initiatief en het laten maken van eigen keuzes wordt tevens een toename van het controle- en identiteitsgevoel beoogd. Voorbeelden van methoden die bij deze begeleidingsstrategie kunnen worden toegepast zijn: huisdiertherapie, kunsttherapie, muziek en snoezelen.

16.4 Activiteiten in de verschillende stadia van dementie

Het is belangrijk dat de aangeboden activiteiten aansluiten bij de mogelijkheden en beleving van mensen in de verschillende stadia van dementie. We geven daarvan een aantal voorbeelden en onderscheiden daarbij vier opeenvolgende stadia van beleving, overeenkomstig de door Van der Kooij beschreven belevingsfasen bij geïntegreerde belevingsgerichte zorg (zie ook hoofdstuk 10):[14]

- de bedreigde-ik-beleving;
- de verdwaalde-ik-beleving;
- de verborgen-ik-beleving;
- de verdwaalde-ik-beleving.

Deze belevingsstadia komen niet helemaal overeen met de klinische stadia van dementie. Elk belevingsstadium wordt gekenmerkt door een aantal specifieke cognitieve en gedragskenmerken en bepaalde belevingsaspecten. De indeling in stadia van beleving bij dementie sluit daarom goed aan bij de persoonsgerichte benadering. Voor elk stadium beschrijven we enkele activiteiten die aansluiten bij de beleving en problematiek in deze stadia. In aangepaste vorm kunnen de meeste activiteiten echter ook toepasbaar en betekenisvol zijn voor mensen in andere stadia van dementie.

De bedreigde-ik-beleving

In dit stadium krijgen mensen problemen met het denken en beginnen zij belangrijke informatie te vergeten, zoals hun adres en namen van vrienden en bekenden, ook kunnen zij enige moeilijkheden gaan ondervinden bij het uitvoeren van alledaagse taken. Mensen ervaren verwarring en hebben het gevoel controle te verliezen, wat vaak leidt tot gevoelens van angst en frustratie. Het bewustzijn dat de problemen worden veroorzaakt door dementie verschilt per persoon. De hieronder beschreven activiteiten kunnen bijdragen aan het verminderen of voorkomen van negatieve gevoelens.

Bewegen. Aangetoond is dat bewegen belangrijk is voor mensen met dementie: lichamelijke inspanning draagt niet alleen bij aan de conditie en mobiliteit, maar ook aan de stemming en het welbevinden.[15,16] Ook zijn er positieve effecten gevonden van beweging op cognitie in de beginstadia van dementie.[16,17] In dit stadium kunnen mensen vaak nog fysiek actief blijven op de manier waarop zij dit altijd deden, mogelijk met wat hulp van hun naasten vanwege bijvoorbeeld problemen met de oriëntatie. Wandelen en fietsen zijn hier goede voorbeelden van. Door gebruik te maken van het nog aanwezige lerend vermogen kunnen mensen met dementie in dit stadium ook nog zelfstandig een wandeling maken doordat zij bijvoorbeeld een route aanleren door middel van herkenningspunten of tijdens het wandelen gebruik leren maken van een fotoboekje, kaart of eenvoudig gps-systeem. Maar mensen kunnen natuurlijk ook actief blijven op hun sportvereniging, mits hierbij ondersteuning geboden wordt. Sommige sportscholen bieden mensen met dementie individuele begeleiding bij het sporten of fitnessen.

Cognitieve stimulatie. Om de cognitieve achteruitgang te vertragen en de cognitieve capaciteiten in de beginfase van dementie te vergroten is het belangrijk om het geheugen en denken te blijven stimuleren. Een diversiteit van (alledaagse) activiteiten die als plezierig worden ervaren door mensen met dementie kan hieraan bijdragen, zoals het maken van puzzels, het doen van spelletjes, de krant lezen of gesprekken over bepaalde thema's (hobby's of het nieuws). Nieuwe technologieën bieden ook mogelijkheden. Zo zijn er verschillende 'braintrainers' online beschikbaar waarmee mensen door middel van interactieve spelletjes en oefeningen op de computer, tablet of telefoon hun geheugen kunnen stimuleren. Er is ook een gebruiksvriendelijker versie van de BrainTrainerPlus beschikbaar die door zijn simpele bediening ook geschikt is voor mensen met dementie. De spellen sluiten aan bij de interesses van oudere mensen, omdat ze zijn gemaakt rond thema's als het koningshuis, musea of levensboeken (zie ook hoofdstuk 8).

Inloophuis. Voor mensen met een recente diagnose of beginnende dementie (en mantelzorgers) is een inloophuis een plek waar zij informatie over dementie kunnen vinden en contact kunnen maken met lotgenoten. Een voorbeeld hiervan zijn de Odensehuizen. Inloophuizen zijn in toenemende mate te vinden in Nederland en zijn vrij toegankelijk. Ze hebben tot doel mensen met dementie zo lang mogelijk te laten participeren in de samenleving en hun eigen regie te laten voeren. Het programma- en activiteitenaanbod wordt samengesteld op initiatief van de bezoekers. Er worden lezingen, gespreksgroepen en sportieve of creatieve activiteiten georganiseerd, waarbij een actieve rol is weggelegd voor de bezoekers. Maar het is ook een plek waar iemand gewoon een kop koffie kan drinken of anderen kan ontmoeten. De inloophuizen staan midden in de wijk en de buurt wordt ook zo veel mogelijk actief betrokken.

Dagvoorzieningen. Andere plekken waar men meerdere dagen per week terecht kan voor activiteiten zijn bijvoorbeeld psychogeriatrische (laagdrempelige) dagbehandelingen in de wijk of in het verpleeghuis en ontmoetingscentra voor mensen met dementie en hun mantelzorgers (www.ontmoetings-centradementie.nl). Ontmoetingscentra bieden naast een dagsociëteit waar mensen met dementie kunnen deelnemen aan (re)creatieve en therapeutische activiteiten ook ondersteuning aan mantelzorgers (gespreksgroepen, informatiebijeenkomsten en spreekuur) en activiteiten voor beiden (maandelijks centrumoverleg, feestelijke vieringen en uitjes). Ook de zorgboerderij is een plek waar mensen met dementie een of meer dagdelen per week naar toe kunnen voor een zinvolle dagtaak. Mensen met dementie kunnen meewerken op het agrarisch bedrijf en daarnaast is er voldoende ruimte, structuur en mogelijkheid tot ontspanning. Door het contact met planten, dieren, de aarde en de seizoenen komen mensen tot innerlijke rust en zelfvertrouwen.[18]

DemenTalent biedt mensen met dementie zinvolle bezigheden door hen als vrijwilliger in te zetten in onder andere verenigingen, instellingen, wijkcentra, groenonderhoud, scholen en kerken bij activiteiten die aansluiten bij hun mogelijkheden en talenten. Hierdoor is DemenTalent ook geschikt voor mensen in latere stadia van dementie. Door gebruik te maken van de talenten van mensen met dementie en deze in te zetten in de maatschappij, gaan mensen zich nuttig en waardevol voelen.[19] Dit nuttig voelen is extra belangrijk omdat het bijdraagt aan het ervaren van positieve gevoelens en emoties. Op deze manier blijven mensen met dementie ook de aansluiting met de maatschappij behouden, blijven zij zelfstandiger functioneren en worden zij minder afhankelijk van de eigen sociale omgeving. Eerder in dit hoofdstuk is al gesproken over reactivering. De vrijwilligers van DemenTalent geven zelf aan dat zij zich gerespecteerd voelen, omdat ze worden aangesproken op dat wat zij wel kunnen. Ook geven zij aan dat hierdoor de faalangst afneemt. Dit heeft gevolgen voor hun dagelijks leven, zoals het feit dat zij thuis ook weer activiteiten durven te ondernemen. De inactiviteit en de apathie nemen af. Ook mantelzorgers merken dit. Zij geven bijvoorbeeld aan dat hun partner weer opgewekt en voldaan thuiskomt en dat dat ook hen een heel fijn en goed gevoel geeft:

'Hij komt weer thuis zoals hij vroeger uit zijn werk thuiskwam en we hebben weer gespreksstof. Ik kan nu ook mijn eigen dingen doen, omdat ik weet dat hij ook een goede en zinvolle vrijetijdsbesteding heeft. Dat sterkt mij om mijn eigen activiteiten te blijven behouden.'

DemenTalent is actief in verschillende regio's in Nederland. Zo werken mensen met dementie nu als vrijwilliger bij onder andere Radio Kootwijk. Hier doen zij het onderhoud van heide en bossen en gebouwen, en helpen zij bij het opbouwen en afbreken van evenementen en bij schoonmaakwerkzaamheden. Daarnaast is er ook een mevrouw met dementie als vrijwilligster aan het werk bij een kinderdagverblijf en zijn er bij de lokale voetbalvereniging vrijwilligers met dementie actief.

Ergotherapie thuis. In het beginstadium van dementie is het continueren van dagelijkse activiteiten (bijvoorbeeld huishoudelijke klusjes of tuinieren) voor veel mensen belangrijk, vaak ervaren zij hier echter problemen bij. Ergotherapie kan dan een goede ondersteuning zijn. Speciaal voor mensen met dementie is het programma ergotherapie bij ouderen met dementie en hun mantelzorgers aan huis (EDOMAH) ontwikkeld (zie hoofdstuk 11).[20] Binnen EDO-MAH staan de persoon met dementie en de mantelzorger centraal. De therapie richt zich op het uitvoeren van dagelijkse activiteiten op het gebied van wonen, werken en vrije tijd. Wanneer er problemen worden ervaren bij de uitvoering van dagelijkse activiteiten op een van deze terreinen, zoekt de ergotherapeut samen met de persoon met dementie en de mantelzorger naar een oplossing. Dit doet hij door de mogelijkheden van de persoon zo goed mogelijk te benutten en door de omgeving waar nodig aan te passen of te gebruiken. De behandeling vindt thuis plaats zodat er optimaal gebruik gemaakt kan worden van gewoontes en routines. Het doel is dat mensen activiteiten weer zo optimaal mogelijk kunnen uitvoeren. De therapie heeft een positief effect op de stemming en kwaliteit van leven.[21]

De verdwaalde-ik-beleving

Naarmate het ziekteproces verder vordert zal de desoriëntatie toenemen: structuur en vertrouwde gezichten en bekende oriëntatiepunten worden steeds belangrijker. Het wordt lastiger om gebeurtenissen uit het verleden chronologisch te ordenen en mensen verliezen hun eigen identiteit steeds verder. Er zal meer hulp nodig zijn in het dagelijks leven en er zullen gedragsveranderingen optreden. Mensen met dementie kunnen verbaal of fysiek agressief reageren, of zich juist terugtrekken, als zij moeite hebben om met een bepaalde situatie om te gaan. Om mensen te helpen in contact te laten blijven met de wereld om hen heen kunnen de hieronder beschreven activiteiten ondersteuning bieden.

Activiteitengroepen zijn bedoeld om mensen actief mee te laten doen met activiteiten als koken, schilderen of zingen. Door deel te nemen aan deze activiteiten in groepsverband blijven zij betrokken bij en geïnteresseerd in hun omgeving en in andere mensen. Bovendien blijven zij zo hun capaciteiten actief gebruiken en merken zij wat ze nog allemaal kunnen. De activiteiten worden afgestemd op de cognitieve vaardigheden van de deelnemers. Voor groepsactiviteiten wordt tegenwoordig ook wel gebruikgemaakt van een iPad en hiervoor bestaande applicaties, waarmee bijvoorbeeld spelletjes gespeeld kunnen worden. Dit blijkt minstens zo effectief als traditionele groepsactiviteiten.[22] Activiteitengroepen worden in verschillende settings aangeboden, zoals ontmoetingscentra voor mensen met dementie en hun mantelzorger, psychogeriatrische dagbehandelingen in verpleeghuizen, meerzorgafdelingen in verzorgingshuizen, en in verpleeghuizen. De activiteitengroepen worden veelal gecombineerd met aanvullende zorg- en behandelmethoden.

Creatieve activiteiten als eenvoudige handenarbeid, schilderen en het bekijken van beeldende kunst kunnen mensen met dementie helpen zich (non-)verbaal te uiten. Bovendien werken ze intellectueel en emotioneel stimulerend en bieden ze mogelijkheden tot communicatie en contact. Het programma 'Onvergetelijk Stedelijk en Van Abbe', waarbij mensen met dementie en hun mantelzorgers kunnen deelnemen aan speciale rondleidingen in het Stedelijk Museum in Amsterdam en het Van Abbemuseum in Eindhoven, maakt kunst toegankelijk voor mensen met dementie. Naast de rondleidingen in het museum kunnen de bezoekers actief deelnemen aan workshops met een kunstenaar. Tijdens deze workshop krijgen zij creatieve opdrachten, waarbij rekening wordt gehouden met hun beperkingen, zodat iedereen mee kan doen. Het programma biedt zo mogelijkheden voor mensen met dementie om zich te uiten en in contact te blijven met de mensen om hen heen en het biedt de gelegenheid een leuke activiteit samen met de mantelzorger te ondernemen. Vanwege de positieve reacties van deelnemers op dit programma bieden inmiddels ook andere musea in Nederland het 'onvergetelijk'-programma aan.

Bewegen. Om het bewegen te stimuleren worden vooral in de verpleeg- en verzorgingshuizen ook beweegtoestellen ingezet. Beweegtoestellen worden zowel buiten als binnen gebruikt en veel toestellen zijn zelfs speciaal voor mensen met dementie ontwikkeld. Er zijn toestellen die veel weg hebben van een spelcomputer (zoals de SilverFit en de Aloïs), toestellen die specifiek buiten fietsen of wandelen simuleren (DiFiets, MemoMoto) en toestellen die in de buitenruimte neergezet kunnen worden (Sona-geluidsboog, Design For All-toestellen). Veel van deze toestellen zijn aan te passen op wat de gebruiker nog kan. Zo is het niveau niet snel te hoog en kan iemand uitgedaagd blijven worden. Het voordeel van beweegtoestellen is dat mensen op een veilige manier worden gestimuleerd om te bewegen, wat zowel op het fysieke als op het mentale vlak positieve effecten kan hebben. Bovendien beleven mensen er plezier aan en kan het ook de sociale contacten bevorderen.

De verborgen-ik-beleving

In de fase van de verborgen-ik-beleving keren mensen steeds meer in zichzelf en contact wordt voornamelijk op initiatief van anderen gemaakt. Mensen raken ook steeds meer verward en herkennen bekende gezichten en plaatsen niet meer. Herinneringen uit het verleden zullen steeds vaker op de voorgrond treden en belangrijk worden in het contact met anderen. Van het heden en de omgeving is men zich minder bewust en men wordt in toenemende mate afhankelijk van de mantelzorger of andere zorgverleners.

Reminiscentieactiviteiten bieden mensen de mogelijkheid om het verleden te laten herleven. Ze doen een beroep op het vaak nog deels intacte langetermijngeheugen, bieden ontspanning en bevorderen het sociaal functioneren. Daarnaast kunnen mensen ook psychologische steun ervaren door reminiscentieactiviteiten, bijvoorbeeld wanneer zij door te vertellen over hun vroegere werkzame leven iets van hun identiteit kunnen laten zien en zo zelfvertrouwen ervaren. Specifieke reminiscentieactiviteiten zijn (groeps)gesprekken over het verleden met een bepaald thema, al dan niet ondersteund met oude (familie) foto's, het luisteren naar en dansen op oude muziek, het kijken naar oude films of het bereiden van gerechten van vroeger. Er zijn ook hulpmiddelen die reminiscentie nog levendiger kunnen maken.

- Een levensboek: hierin wordt het levensverhaal van iemand met dementie beschreven aangevuld met plaatjes, foto's, tekeningen of stukjes muziek. Het levensverhaal biedt inzicht in de identiteit, waarden, voorkeuren en interesses van de persoon. Bij het samenstellen van het levensboek wordt de persoon met dementie zo veel mogelijk zelf betrokken. Levensboeken kunnen ook digitaal samengesteld worden.
- De Klessebessers: deze ouderwets vormgegeven televisie, telefoon, radio en koffer vormen samen een herinneringsactiviteit. Door middel van de Klessebessers kunnen mensen film- en radiofragmenten bekijken en beluisteren en herinneringen ophalen.
- De herinneringskoffer: met daarin gebruiksvoorwerpen en foto's van vroeger, zoals een koffiemolen en oude munten.
- Een herinneringsmuseum: het komt ook steeds vaker voor dat er in bijvoorbeeld een verpleeghuis één ruimte wordt ingericht als herinneringsmuseum. Hier staan meubels, maar ook andere oude voorwerpen, afbeeldingen, geuren, kleuren en geluiden. Een dergelijk museum kan iemand met dementie helpen om zich weer dingen of gebeurtenissen uit het verleden te herinneren en daarover te praten.
- De Tijdmachine: hierbij wordt een hele huiskamer in de stijl van de jaren zestig in een intramurale instelling geplaatst. Bewoners kunnen De Tijdmachine bezoeken en stappen letterlijk terug in de tijd.[23]

Theater. Er zijn vormen van theater die speciaal ontwikkeld zijn voor mensen met dementie en die eveneens een beroep doen op het langetermijngeheugen. Een voorbeeld is de Veder Methode: door middel van theater, zang en poëzie spreken de voorstellingen van Theater Veder het langetermijngeheugen aan, dat bevordert het contact en vervolgens ook de onderlinge communicatie in het heden. De voorstellingen blijken een positief effect te hebben op het gedrag, de stemming en de kwaliteit van leven.[24] Een ander voorbeeld zijn de miMakkus-clowns. Deze clowns werken speciaal met mensen met gevorderde dementie en mensen met een verstandelijke beperking. De miMakkus-clowns richten zich voornamelijk op het contact en op het helpen uiten van bepaalde gevoelens en emoties. Op deze manier kan theater een heel krachtig middel zijn om iemand met dementie te verleiden tot contact, uit zijn of haar 'schulp' te kruipen en om verschillende gevoelens op te wekken (blijdschap, verdriet, trots).

Muziektherapie. Ook muziektherapie kan heel waardevol zijn in deze fase van dementie. Muziek speelt vooral in op iemands emoties en gevoelens. Juist omdat bij iemand met dementie het emotie- en gevoelsleven intact blijven, is muziek dus een zeer bruikbaar middel. De juiste muziek, gekozen op basis van iemands levensverhaal, kan herinneringen oproepen, gespreksstof geven, iemand helpen bepaalde emoties te uiten en bepaalde gevoelens te ervaren. Muziek kan op verschillende wijzen meebeleefd worden: door zelf met instrumenten muziek te maken, door mee te zingen, door te bewegen of door er gewoon naar te luisteren. In verpleeg- of verzorgingshuizen is er vaak een muziektherapeut die op gezette tijden met bewoners aan de slag gaat, maar muziek kan ook heel goed gebruikt worden door mantelzorgers, familie en andere naasten door bijvoorbeeld via een iPod persoonlijke muziek te verzamelen en af te spelen.

Beweeg- en beleeftuinen. In deze speciale tuinen worden mensen die in langdurende zorginstellingen verblijven uitgedaagd deel te nemen aan groenactiviteiten waarmee zij positieve ervaringen op kunnen doen. Weer met natuur aan de slag, al dan niet samen met andere generaties. Samen plantjes potten, zaadjes zaaien, struiken snoeien, gras maaien, wandelen, plantjes water geven enzovoort. Mensen gaan daardoor weer meer bewegen, zowel zelfstandig als samen met anderen. Belangrijk is hierbij de individuele begeleiding en afstemming op de wensen en mogelijkheden van bewoners. Hierbij kan het eerdergenoemde levensverhaal waardevolle informatie bieden.

De verzonken-ik-beleving
In het laatste belevingsstadium van dementie zijn mensen niet langer meer in staat voor zichzelf te zorgen, vaak zijn ze bedlegerig. Door het ver-

gevorderde verlies van cognitieve vermogens wordt de communicatie steeds moeilijker en is deze soms alleen nog mogelijk via aanraking.

Snoezelen is een vorm van zintuigactivering die het meest gebruikt wordt bij mensen in het laatste stadium van dementie. Het wekt positieve gevoelens op en helpt hen gevoelens te uiten. De methode is voor mensen met dementie zowel ontspannend als activerend. In een speciaal ingerichte ruimte, een snoezelkamer, worden de zintuigen geactiveerd met behulp van licht, geluid, geur en tast. Snoezelen bevordert sociaal contact en gevoelens van rust en welbevinden. Deze vorm van activering kan ook worden geïntegreerd in de 24-uurszorg, bijvoorbeeld bij het baden.

Uiterlijke verzorging. Een andere manier om een gevoel van welbevinden en zelfwaardering te bevorderen is de uiterlijke verzorging. Door bijvoorbeeld een bezoek aan de kapper, het aanbrengen van mooie make-up of het verzorgen van de handen met lotion en nagellak kan er contact gemaakt worden met mensen. Er kunnen ook aromatische lotions worden gebruikt die een rustgevend of juist activerend effect hebben. Deze verzorgingsmomenten bieden gelegenheid tot een gesprekje en het uiten van gevoelens.

Therapeutische robots. Steeds vaker worden ook therapeutische robots ingezet om de zintuigen te activeren. Een voorbeeld hiervan is het robotzeehondje 'Paro' (zie ook hoofdstuk 8). Deze robot ziet eruit en voelt als een (knuffel)dier en heeft sensoren die reageren op aanraking en geluid. Zo vormt hij 'knuffelbaar' gezelschap voor iemand met dementie en biedt hij ook mogelijkheden voor interactie (in tegenstelling tot een speelgoedknuffelbeest) door bijvoorbeeld zijn hoofd te draaien, een geluidje te maken of met zijn ogen te knipperen wanneer hij wordt geknuffeld of geaaid. Paro heeft, net als echte dieren, een positieve uitwerking op de stemming, terwijl de eventuele negatieve kanten van dieren, zoals grommen, krabben, bijten, waarvoor mensen bang kunnen zijn, bij deze robots ontbreken.

16.5   Tot slot

De hierboven beschreven zinvolle bezigheden en (therapeutische) activiteiten worden over het algemeen in professionele zorgsettings aangeboden. Maar ook thuis kunnen mensen zinvolle activiteiten ondernemen. Voor veel mantelzorgers van thuiswonende mensen met dementie is het echter vaak lastig om zinvolle bezigheden te bedenken, omdat hun naaste door de cognitieve beperkingen erg is veranderd, niet meer dezelfde interesses heeft als vroeger, weinig initiatief meer toont, of niet in staat is om activiteiten en handelingen als vanzelfsprekend uit te voeren zoals voorheen. Om de persoon met dementie te activeren en om contact en een goede relatie te blijven houden met elkaar is het belangrijk om als mantelzorger ook leuke activiteiten met de persoon te ondernemen, in plaats van alleen te zorgen (zie ook hoofdstuk 18). Dit kunnen alledaagse activiteiten zijn, zoals in de tuin werken, samen een taart bakken, het spelen van een gezelschapsspel of een film of foto's kijken, maar ook uitstapjes naar bijvoorbeeld de dierentuin, het strand of deelname aan een museumrondleiding.

Vanwege de mogelijkheid tot personalisatie en de brede toepasbaarheid zowel thuis als in intramurale instellingen bieden nieuwe technologieën ook steeds meer mogelijkheden voor het ondersteunen van mensen met dementie bij activiteiten. Zo zal de iPad in de toekomst een relatief goedkoop en eenvoudig middel zijn om activiteiten aan te bieden.

Het reguliere activiteitenaanbod is vaak niet passend voor mensen die al op relatief jonge leeftijd (jonger dan 65) dementie krijgen. Zij zijn vaak fysiek nog sterk en stonden voordat hun ziekteproces begon dikwijls nog midden in het leven, zowel sociaal als mentaal. Daarom zijn de gevolgen van dementie voor deze mensen en hun omgeving vaak erg ingrijpend en zijn hun belevingswereld en interesses vaak anders dan die van oudere mensen. Er zijn dagbehandelingen en ontmoetingscentra die zich (ook) richten op jonge mensen met dementie. Er wordt dan bij het behandel- en activiteitenaanbod rekening gehouden met verschillen vanwege de leeftijd, zodat de activiteiten (ook) interessant en uitdagend zijn voor de jongere bezoekers. Een ander voorbeeld van activiteiten voor jonge mensen met dementie is het eerder beschreven project DemenTalent dat in eerste instantie speciaal voor deze groep is ontwikkeld. Sommige zorginstellingen hebben speciale voorzieningen of afdelingen voor jonge mensen met dementie.

In de toekomst zullen er veranderingen nodig zijn in het aanbod van dagbesteding voor mensen met dementie. Het huidige zorgbeleid is erop gericht dat mensen met dementie in de toekomst langer thuis zullen blijven wonen. Om dit te financieren is een groot deel van de zorg voor thuiswonende mensen met dementie die voorheen op basis van de Algemene Wet Bijzondere Ziektekosten (AWBZ) werd vergoed onder de Wet maatschappelijke ondersteuning (Wmo) en de Wet langdurige zorg (Wlz) komen te vallen. Ook het aanbod van dagbesteding (dagverzorging) valt per januari 2015 onder de verantwoordelijkheid van gemeenten (Wmo). Door deze decentralisatie van de zorg zal het aanbod voor dagbesteding voor mensen met dementie naar verwachting niet meer in elke gemeente hetzelfde zijn en mogelijk beperkter worden. Momenteel sluit het aanbod van dagvoorzieningen niet goed aan bij de behoeften en vraagt de nieuwe wetgeving om reorganisatie van de extramurale zorg. Om mensen met dementie in de toekomst een zinvolle en passende dagbesteding te kunnen bieden zal er in het professionele aanbod meer gekeken moeten worden naar aansluiting op (bestaande) lokale voorzieningen en naar manieren om de maatschappij en het sociale netwerk van mensen met dementie hierbij te betrekken.[25]

Literatuur

1   Hopkins HL, Smith HD. Willard and Spackman's occupational therapy. Philadelphia: Lippincott, 1978.

2   Mierlo LD van, Roest HG van der, Meiland FJ, Dröes RM. Personalized dementia care: proven effectiveness of psychosocial interventions in subgroups. Ageing Res Rev. 2010;9:163-83.

3   Dröes RM, Boelens-van der Knoop ECC, Bos J, et al. Quality of life in dementia in perspective: An explorative study of variations in opinions among people with dementia and their professional caregivers, and in literature. Dementia. 2006;5:533-58.

4   Roest HG van der, Meiland FJ, Comijs HC, et al. What do community-dwelling people with dementia need? A survey of those who are known to care and welfare services. Int Psychogeriatr. 2009;21:949-65.

5   Miranda-Castillo C, Woods B, Orrell M. The needs of people with dementia living at home from user, caregiver and professional perspectives: a cross-sectional survey. BMC Health Serv Res. 2013;13:43.

6   Black BS, Johnston D, Rabins PV, et al. Unmet needs of community-residing persons with dementia and their informal caregivers: findings from the maximizing independence at home study. J Am Geriatr Soc. 2013;61:2087-95.

7   Alzheimer Nederland. Neemt het aantal mensen met dementie toe of af? 2014. www.alzheimer-nederland.nl/actueel/onderzoek/2014/februari/aantal-mensen-met-dementie.aspx. Geraadpleegd 15 april 2014.

8   Harmer BJ, Orrell M. What is meaningful activity for people with dementia living in care homes? A comparison of the views of older people with dementia, staff and family carers. Aging Ment Health. 2008;12:548-58.

9   Menne HL, Kinney JM, Morhardt DJ. Trying to continue to do as much as they can do: theoretical insights regarding continuity and meaning making in the face of dementia. Dementia. 2002;1:367-82.

10 Kovach CR, Henschel H. Planning activities for patients with dementia: a descriptive study of therapeutic activities on special care units. J Gerontol Nurs. 1996;22:33-8.

11 Perrin T. Occupational need in dementia care: A literature review and implications for practice. Health Care Later Life. 1997;2:166-76.

12 Dröes RM. In beweging; over psychosociale hulpverlening aan demente ouderen [proefschrift]. Amsterdam: Vrije Universiteit, 1991.

13 Skills Training and Re-skilling for Carers of People with Dementia (STAR). 2011. www.courses.startraining.eu. Geraadpleegd 15 april 2014.

14 Kooij CH van der. Gewoon lief zijn? Het maieutisch zorgconcept en het invoeren van geïntegreerde belevingsgerichte zorg op psychogeriatrische verpleeghuisafdelingen [proefschrift]. Amsterdam, Vrije Universiteit, 2003.

15 Heyn P, Abreu BC, Ottenbacher KJ. The effects of exercise training on elderly persons with cognitive impairment and dementia: a meta-analysis. Arch Phys Med Rehabil. 2004;85:1694-704.

16 Dröes RM, Roest HG van der, Mierlo L van, Meiland FJ. Memory problems in dementia: adaptation and coping strategies and psychosocial treatments. Expert Rev Neurother. 2011;11:1769-81.

17 Scherder EJA, Bogen T, Eggermont LHP, et al. The more physical inactivity, the more agitation in dementia. Int Psychogeriatr. 2010;22:1203-8.

18 Bruin S de. Sowing in the autumn season – Exploring benefits of green care farms for dementia patients [proefschrift]. Universiteit van Wageningen, 2009.

19 DAZ. 2014. DemenTalent. www.dementalent.nl. Geraadpleegd 15 april 2014.

20 Graff MJ, Vernooij-Dassen MJ, Thijssen M, et al. Community based occupational therapy for patients with dementia and their caregivers: randomised controlled trial. BMJ. 2006;333:1196.

21 Graff MJ, Vernooij-Dassen MJ, Thijssen M, et al. Effects of community occupational therapy on quality of life, mood, and health status in dementia patients and their caregivers: a randomized controlled trial. J Gerontol A Biol Sci Med Sci. 2007;62:1002-9.

22 Leng FY, Yeo D, George S, Barr C. Comparison of iPad applications with traditional activities using person-centred care approach: Impact on well-being for persons with dementia. Dementia. 2014;13:265-73.

23 Stichting De Tijdmachine. 2014. www.stichtingdetijdmachine.nl. Geraadpleegd 15 april 2014.

24 Van Haaften-van Dijk AM, van Weert JC, Dröes RM. Implementing living room theatre activities in the care for people with dementia on nursing home wards: a process evaluation study. Aging Ment Health. 2014 Sep 11:1-2.

25 Alzheimer Nederland. Handreiking (dag)activiteiten bij dementie. 2014 www. alzheimer-nederland.nl/media/21165/AlzheimerNederland_Paper_%20 activiteiten_%20bij_%20dementie_2014.pdf. Geraadpleegd 15 april 2014.

17 HULP BIJ HET OMGAAN MET EEN ONZEKERE TOEKOMST

Roeline Pasman en Bregje Onwuteaka-Philipsen

17.1 Inleiding

In Nederland sterft ongeveer 18% van de mensen met, of aan, dementie. En als we kijken naar mensen boven de 80 is dat 29%. Dit zijn percentages genoemd door artsen op de vraag of bij de overledene de diagnose dementie was gesteld. Het is een totaal percentage van alle vormen van dementie en verschillende stadia van dementie.[1]

De laatste levensfase van mensen kan verschillend verlopen en is voor een deel afhankelijk van de ziekte(n) die iemand heeft. Binnen de palliatieve zorg wordt vaak gerefereerd aan drie typische levenseindetrajecten gerelateerd aan de ziekten kanker, hartfalen/COPD en 'ouderdom/dementie'. Kenmerkend voor het laatste levenseindetraject is dat het veelal een proces van jaren van geleidelijke achteruitgang van cognitief en lichamelijk functioneren is, waarbij het tijdstip van overlijden moeilijk te voorspellen is. Door toenemende cognitieve problemen wordt het relatief vaak steeds moeilijker om met de persoon zelf te overleggen over gewenste zorg en behandeling aan het levenseinde.[2] Het is daarom zinvol om vooruit te denken over het levenseinde en ervoor te zorgen dat bepaalde wensen hieromtrent tijdig bekend zijn bij naasten en professionals in de zorg.

Maar hebben mensen eigenlijk wel ideeën over wat ze zouden willen aan het einde van hun leven? En zijn dit vaste ideeën of kunnen ze ook na verloop van tijd veranderen?

In dit hoofdstuk beschrijven we eerst wat mensen die niet dement zijn wensen in geval ze dement zouden zijn en hoe mensen die beginnende dementie hebben tegen het levenseinde aankijken. Vervolgens gaan we in op 'advance care planning' (anticiperen op het levenseinde) en hoe dat in de praktijk gedaan kan worden. Het hoofdstuk wordt afgesloten met het onderwerp euthanasie en dementie, waarbij we eerst ingaan op de wet en vervolgens op de praktijk.

17.2 Perspectief van gezonde mensen op het levenseinde met dementie

Dementie is voor veel mensen een schrikbeeld. Angst voor dementie is bijvoorbeeld een veelgenoemde reden om een euthanasieverklaring op te stellen. Angst voor verlies van waardigheid door de dementie is een belangrijke reden om niet verder te willen leven als men dementie heeft.

Een representatieve groep Nederlanders (Consumentenpanel NIVEL[3]) werd de volgende situatie en vraag voorgelegd: 'U bent dement en herkent uw naasten niet meer, u weigert te eten en te drinken en trekt zich steeds meer terug. Er is met u geen communicatie over behandeling meer mogelijk. Zou u in deze situatie willen dat uw leven wordt beëindigd door toediening van een middel?' Meer dan de helft van de mensen antwoordde positief (33% 'ja' en 28% 'waarschijnlijk wel'), 21% antwoordde 'nee' en 18% 'waarschijnlijk niet'. Naast euthanasie werd hun ook gevraagd naar hun voorkeuren ten aanzien van het wel of niet starten met verschillende behandelingen in situaties die veel voorkomen aan het levenseinde: kunstmatige vocht- en voedseltoediening als iemand te weinig eet en drinkt, een antibioticakuur bij een longontsteking, reanimeren bij een hartaanval en kunstmatige beademing bij bemoeilijkte ademhaling. De meerderheid wilde in geval ze dement zouden zijn (zoals geschetst in bovenstaande situatie) geen of waarschijnlijk geen behandeling meer krijgen (dit varieerde tussen de 68% en 86% voor de verschillende behandelingen). In totaal gaf slechts 12% aan zeker of waarschijnlijk wel behandelend te willen worden in alle vier de situaties.[4]

17.3 Perspectief van mensen met beginnende dementie op het levenseinde

In verschillende onderzoeken is gevonden dat mensen die (beginnende) dementie hebben hun situatie anders beleven dan ze zelf van tevoren hadden ingeschat. Zo zegt een van de respondenten in een interviewstudie naar de beleving van beginnende dementie:[5]

'Nee, ik vind, vind onderga het zelf, dat ik het, eigenlijk, eh, terwijl je als je d'r tegenaan staat te kijken, dan zie je er tegenop, maar als je er mee te maken hebt, dan valt het mee.' (man, 70-80 jaar)

Mensen blijken vaak genuanceerder te worden in hun opvattingen over het levenseinde als ze eenmaal dementie hebben ontwikkeld.[5-7] Een voorbeeld hiervan is een mevrouw met beginnende dementie. Ze is lid van de NVVE en heeft een euthanasieverklaring getekend, waarin ze heeft aangekruist dat ze euthanasie wil in geval van dementie. Ze wordt geïnterviewd samen met haar man over haar wensen ten aanzien van het levenseinde:

> *Interviewer:* 'Dat is ook waarom u een gesprek heeft gehad met de huisarts, waarvan ik overigens begreep dat uw huidige huisarts niet bereid is om hulp te verlenen. Waar ligt voor u die grens? Wanneer zegt u van nou met de Alzheimer die nu geconstateerd is, tot daar en niet verder? Kunt u dat proberen te verwoorden, hoe dat eruit ziet dan?'
> *Respondent:* 'Dat is vreselijk moeilijk. [...] Ik denk als je het reëel bekijkt dan kan je daar geen antwoord op geven. Als je al zo ver gezakt bent dat je het toch niet meer merkt, misschien vind je het dan ook wel weer leuk. Maar...'
> *Partner van de respondent:* 'Ja maar je hebt dus altijd gezegd, dat is wat je mij dus altijd gezegd hebt, van ik wil niet dat ik dus niet meer me zelfstandig kan wassen, aankleden, dat ik afhankelijk word, dat ik uit huis geplaatst moet worden, dan stap ik eruit. Dat is klip en klaar, helder, wat ze dus altijd gezegd heeft. Nu gaat het een beetje moeizaam, maar daar ligt eigenlijk voor haar de grens.' (vrouw, 60-70 jaar en echtgenoot)

Later in het interview, als mevrouw even de kamer uit is, zegt haar man dat er een groot verschil is in de vastberadenheid die ze vroeger had en wat ze nu zegt over hoe ze tegen het levenseinde aankijkt.[5]

Dit interviewfragment laat ook zien dat mensen het moeilijk vinden om in te schatten waar hun grenzen liggen, en niet weten hoe ze dingen zullen ervaren als ze eenmaal gevorderde dementie hebben.

Vrees voor verlies van waardigheid door de dementie wordt vaak genoemd als reden om niet verder te willen leven. Uit een interviewstudie met mensen met beginnende dementie naar het gevoel van waardigheid blijkt dat deze mensen vonden dat hun waardigheid nog redelijk goed was, vooral omdat ze nog betekenis konden geven aan hun leven.[8] Uit het volgende interviewfragment blijkt ook dat als het ze lukt hun leven nog zo normaal mogelijk te blijven leven en hun dagelijkse dingen kunnen blijven doen dat dat hen ook een gevoel van waardigheid geeft:

> 'Die waardigheid van mij hangt heel erg af van haar [zijn echtgenote], dat zij ik zal maar zeggen mij neemt zoals ik ben en dat is misschien niet altijd goed, want ze zal me misschien een schop onder mijn kont moeten geven, maar ze neemt mij zoals ik ben. Daardoor ben ik ook altijd heel

gelukkig en happy dat ik de vaste dingetjes kan doen van 's morgens naar de fitnessclub en 's middags ga ik even aan mijn computer.' (man, 60-70 jaar)

De omgeving, en dan vooral familie, blijkt een belangrijke rol te hebben in het behouden van een gevoel van waardigheid bij beginnende dementie (zie ook hoofdstuk 12). Bijvoorbeeld doordat een partner structuur en hulp biedt in het dagelijks leven kan de persoon met dementie zo veel mogelijk het leven blijven leiden als daarvoor. Het volgende fragment uit een interview met een ouder echtpaar, licht dit duidelijk toe.

Interviewer: 'Dus uw vrouw ondersteunt u ook in het behoud van die waardigheid.?'
Respondent: 'Ze doet niet anders door te zijn wat ze is. En dat noem je een gelukkig huwelijk, weet u wel... naar mijn gevoel is dit een gelukkig huwelijk.'
Partner: 'Hij leeft op zijn intellect en hij maakt gebruik van mijn geheugen.'
Respondent: 'Ja dat is juist.'
Partner: 'En zo kan je dus functioneren.'
Respondent: 'Ik maak bewust gebruik, je moet er nog een woord bijzetten, van haar geheugen. Of ik realiseer me dat... dat ik daarmee op slimme wijze gebruikmaak van haar geheugen.'
Partner: 'En dat is met een jaar geleden...'
Respondent: '... toegenomen.'
Partner: 'Moet ik het geheugen vaker van mij inbrengen...'
Respondent: 'Opfrissen. Denk erom dat, denk erom dat... denk erom dat. Maar zij is een prettige kameraad voor mij.' (man, 80-90 jaar en echtgenote)

Ook dat mensen het gevoel hebben nog enigszins regie te hebben over hun leven heeft invloed op hun gevoel van waardigheid, zoals blijkt uit het volgend interviewfragment:

Respondent: 'Waardigheid is zelf beslissingen nemen.'
Interviewer: 'In dat zelf beslissen, waar heb je het dan over, wat voor voorbeelden denk je dan aan?'

> *Respondent:* 'Uhm... nou wat ik met boodschappen wil hebben, wat voor kleren ik nog aan wil trekken. Nog een beetje baas in mijn eigen huis zijn, hoewel ik veel hulp heb, en daar heel blij mee ben, maar ze doen het samen met mij.'
>
> *Interviewer:* 'Ja, jij hebt de regie en zij voeren uit.'
>
> *Respondent:* 'Ja. Of ik heb niet de hele regie, maar ze doen alsof ik de regie heb (lacht).' (vrouw, 50-60 jaar)

Tegelijkertijd zijn mensen zich ervan bewust dat hun situatie kan veranderen en dat de dementie hun waardigheid kan gaan aantasten.

> 'Ik voel me tamelijk waardig, altijd met in de achtergrond een angst dat dit wegvalt. Dat kan nu zijn doordat we hier een heerlijk huis hebben, doordat ik M. [partner] heb die natuurlijk fantastisch alles regelt. Dat maakt me waardig, als dat weg zou vallen dan weet ik het nog niet of ik nog zo waardig zou zijn. [Waardigheid is] voor vol aangezien worden en er zit dus ergens een angst dat dat niet gebeurt. En ik denk dat dat de reden is dat ik ook de neiging heb om weg te kruipen, dat ik niet iets hoef, geen opdracht heb... dan ga ik een beetje achter mijn computer hier zitten of ik ga liggen lezen boven op bed.' (man, 60-70 jaar)

Mensen blijken de beginnende dementie dus vaak minder erg te ervaren dan ze van tevoren hadden ingeschat en verschuiven hun grenzen van wat ze nog aanvaardbaar vinden nadat ze de diagnose dementie eenmaal hebben gekregen. Waarschijnlijk spelen hier meerdere factoren een rol en wordt dit verschuiven van grenzen bepaald door een combinatie van factoren. Zo blijkt uit de interviews dat mensen zich aanpassen aan hun situatie en de gevolgen van de dementie min of meer lijken te accepteren, maar ook dat de geborgenheid die men ervaart door de sociale omgeving compenseert voor de beperkingen die met dementie gepaard gaan. Daarnaast zullen gevolgen van het ziektebeeld zelf waarschijnlijk ook meespelen, zoals een beperkter ziekte-inzicht door de cognitieve achteruitgang of veranderingen in de persoonlijkheid waardoor waarden van vroeger zijn veranderd.

17.4 Advance care planning
Het ingewikkelde bij dementie is dat er een moment komt dat de ziekte zover gevorderd is dat mensen niet meer kunnen aangeven wat ze wel en niet willen. Idealiter is dus voor die tijd duidelijk geworden wat iemands wensen

zijn, zodat de zorg hier zo goed mogelijk op kan worden afgestemd. Omdat wensen kunnen veranderen of mensen genuanceerder gaan denken (zoals we hiervoor hebben gezien) en omdat het moeilijk te voorspellen is wanneer iemand niet meer kan aangeven wat hij/zij zou willen, is het in de praktijk ingewikkeld om met wensen rond het levenseinde om te gaan. 'Advance care planning' kan hierbij behulpzaam zijn.

Bij advance care planning gaat het om het zo goed mogelijk anticiperen op benodigde en gewenste zorg en behandeling op termijn. Bij voorkeur vindt advance care planning plaats door gesprekken die patiënten, hun naasten en hun zorgverleners hierover samen hebben. Bovendien is het belangrijk dat de wensen op schrift worden vastgelegd. Advance care planning is bedoeld als een proces. Belangrijk is daarom dat gesprekken 'tijdig' worden gestart, zodat er meerdere gesprekken kunnen plaatsvinden. Dit kan nodig zijn om helder te krijgen wat iemands wensen zijn. Bovendien is het goed opnieuw een gesprek te hebben als de omstandigheden veranderen of als er veranderingen in wensen zijn.

Wensen kunnen worden vastgelegd in medische en zorgdossiers, en ook in een wilsverklaring. Een wilsverklaring is een document waarin iemand zijn medische wensen rondom behandeling of levenseinde vastlegt. In een wilsverklaring kan expliciet worden aangegeven onder welke omstandigheden iemand bepaalde medische handelingen niet, of juist wel, wil ondergaan. Een wilsverklaring wordt pas actueel als de persoon niet langer in staat is zijn of haar wensen te uiten. Tot die tijd is de wens van de persoon leidend.

Er zijn verschillende soorten wilsverklaringen. In Nederland komen de *euthanasieverklaring*, *behandelverbod* en *volmacht* het meest voor.

- In een euthanasieverklaring geeft iemand aan onder welke omstandigheden hij graag zou willen dat de arts euthanasie bij hem uitvoert.
- In een behandelverbod geeft iemand aan welke behandelingen hij onder gespecificeerde omstandigheden (bijvoorbeeld coma of dementie) weigert c.q. niet wil ontvangen. Een specifieke vorm van een behandelverbod is de niet-reanimatiepenning.
- In een volmacht geeft iemand aan wie namens hem (medische) beslissingen mag nemen als hij hiertoe zelf niet meer in staat is.

Van de Nederlandse bevolking heeft ongeveer 7% een of meer wilsverklaringen opgesteld,[9] onder ouderen in de laatste fase van hun leven komt het iets vaker voor (circa 16%).[10] Van alle mensen die een euthanasieverklaring hebben, heeft bijna driekwart deze ingevuld omdat ze euthanasie willen in geval van dementie.[7] Dementie in de omgeving hebben meegemaakt (bijvoorbeeld bij een van de ouders) is voor sommige mensen een reden om een euthanasieverklaring op te stellen.[6,7]

Een wilsverklaring neemt niet de plaats in van advance care planning. Vanwege het feit dat wensen van mensen kunnen veranderen hebben artsen moeite met wilsverklaringen bij dementie, met name als het gaat om een euthanasieverklaring en dan vooral wanneer deze niet recentelijk is opgesteld of opnieuw ondertekend.[7] Het is daarom belangrijk dat mensen hun wilsverklaring met de arts bespreken om invloed te hebben op de zorg en behandeling die zij (in de toekomst) wensen te ontvangen. Een wilsverklaring kan een goed startpunt zijn van gesprekken in het kader van advance care planning. Dit is ook wat artsen aangeven hoe zij tegen een euthanasieverklaring aankijken in geval van dementie.[7] Daarnaast kan het mensen een gerust gevoel geven wanneer hun wensen goed besproken en vastgelegd zijn.

Praten over de onzekere toekomst en het levenseinde

Zowel mensen met dementie zelf, hun familieleden als professionele zorgverleners vinden het vaak lastig om te praten over de toekomst en het levenseinde. De KNMG heeft daarom een handreiking geschreven over tijdig spreken over het levenseinde. Er is een versie voor artsen en een versie voor patiënten en hun naasten.[11] In de versie voor patiënten en hun naasten staan onder meer de volgende vragen waarover zij na kunnen denken in het kader van advance care planning:

• Waar bent u bang voor?
• Wat wilt u dat artsen doen als u lijdt?
• Wat is voor u ondraaglijk lijden
• Wilt u het liefst thuis sterven, in het ziekenhuis of in een hospice?
• Wilt u een wilsverklaring maken? Wat wilt u opschrijven in uw wilsverklaring?
• Welke mensen kunnen u helpen als u het moeilijk heeft? Wat kunnen zij voor u doen?

Mensen kunnen zelf het gesprek met hun arts starten. Maar wanneer zij dit niet doen is het goed als de arts de opening hiervoor biedt. Zeker als er een vermoeden van dementie is, of beginnende dementie is geconstateerd, is de urgentie om advance care planning op te starten hoger. Belangrijk is namelijk dat er voldoende tijd is om samen met de patiënt zijn/haar wensen duidelijk te krijgen.

De KNMG richt zich vooral op artsen, omdat zij uiteindelijk verantwoordelijk zijn voor beslissingen aan het levenseinde. Maar patiënten en naasten kunnen ook eerst het gesprek aangaan met andere hulpverleners, zoals een verpleegkundige, raadsman, psycholoog, geestelijk begeleider of maatschappelijk begeleider. En op hun beurt kunnen deze hulpverleners ook het gesprek aangaan met de patiënt. Zij kunnen vanuit hun expertise helpen met het exploreren en expliciteren van de wensen van de patiënt, onder meer door de mogelijkheden voor zorg en behandeling in de toekomst te bespreken. Daarnaast kunnen zij mogelijk helpen met het omgaan met een onzekere toekomst.

Dat het tijdig opstarten van advance care planning nog niet vanzelfsprekend is, is onder andere gebleken uit onderzoek naar hoe in de praktijk door artsen wordt omgegaan met euthanasieverklaringen bij dementie.[7] Hiertoe werden mensen met beginnende dementie, of angst voor dementie, en later ook hun huisartsen geïnterviewd. Huisartsen konden een gesprek met de patiënt over euthanasie vaak nauwelijks meer herinneren, maar ze konden wel de euthanasieverklaring terugvinden in het patiëntendossier. Sommige huisartsen constateerden tijdens het interview dat ze de verklaring nadien uitgebreider hadden moeten bespreken met de patiënt. Artsen gaven in datzelfde onderzoek ook aan dat ze vonden dat het niet veel zin heeft om een gesprek over het levenseinde te hebben met een gezond persoon, omdat de kans klein is dat iemand echt in die situatie terechtkomt of omdat mensen niet weten hoe ze in de toekomst zullen denken en mogelijk hun mening nog verandert. Met name bij dementie vonden de artsen het lastig, en ook lastiger dan bij andere ziekten, om het gesprek te starten, omdat mensen hier of nog niet aan toe zijn, of omdat het al te laat is nog een goed gesprek te hebben. Dit laat zien dat de timing van gesprekken over het levenseinde doorslaggevend is voor het nut ervan.

Aandacht voor advance care planning is relatief nieuw en uit (buitenlands) onderzoek is gebleken dat het positieve effecten kan hebben.[12] Het zorgt niet alleen voor het meer vastleggen van wensen ten aanzien van zorg en behandeling, maar kan ook leiden tot het vaker volgen van de wensen van patiënten, vaker afzien van behandeling, betere kwaliteit van leven voor de patiënt en hogere tevredenheid met de zorg van patiënten en naasten, en minder angst en depressie bij naasten.

17.5 Euthanasie en dementie, de wet

Zoals eerder aangegeven hebben veel mensen die een euthanasieverklaring hebben opgesteld, dit gedaan omdat ze euthanasie zouden willen in geval van dementie.

In 2002 is de Wet toetsing levensbeëindiging op verzoek en hulp bij zelfdoding (WTL; ofwel euthanasiewet) ingegaan. In deze wet zijn zorgvuldigheidseisen vastgelegd, en als aan deze eisen wordt voldaan is euthanasie toegestaan. De zorgvuldigheidseisen houden in dat de arts:

1.   de overtuiging heeft gekregen dat er sprake was van een vrijwillig en weloverwogen verzoek van de patiënt;

2. de overtuiging heeft gekregen dat er sprake was van uitzichtloos en ondraaglijk lijden van de patiënt;
3. de patiënt heeft voorgelicht over de situatie waarin deze zich bevond en over diens vooruitzichten;
4. met de patiënt tot de overtuiging is gekomen dat er voor de situatie waarin deze zich bevond geen redelijke andere oplossing was;
5. ten minste één andere, onafhankelijke arts heeft geraadpleegd die de patiënt heeft gezien en schriftelijk zijn oordeel heeft gegeven over de zorgvuldigheidseisen, bedoeld in de onderdelen 1 tot en met 4;
6. de levensbeëindiging of hulp bij zelfdoding medisch zorgvuldig heeft uitgevoerd.

De arts moet een uitgevoerde euthanasie melden bij een van Regionale Toetsingscommissies Euthanasie, die dan gaat beoordelen of aan de zorgvuldigheidseisen is voldaan.[13]

In de wet is verder vastgelegd dat een euthanasieverklaring kan worden opgevat als een mondeling verzoek wanneer een patiënt niet langer in staat is zijn of haar wil te uiten, zoals het geval kan zijn bij dementie. De overige zorgvuldigheidseisen blijven van kracht. Echter, bij gevorderde dementie kan het moeilijk zijn om aan de eisen 2 tot en met 4 te voldoen. In een amendement van de wet staat dat 'de zorgvuldigheidseisen zoveel als feitelijk mogelijk is in de gegeven situatie van toepassing zijn'.[7,13]

Daarmee biedt de wet ruimte om euthanasie bij dementie uit te voeren, ook als het om een patiënt met gevorderde dementie gaat, omdat dan met een euthanasieverklaring aan de eerste zorgvuldigheidseis voldaan kan worden. De arts zal de actuele situatie aan de hand van de bedoeling van de patiënt, zoals deze die in zijn schriftelijke wilsverklaring heeft verwoord en met de arts heeft besproken, moeten interpreteren. Om interpretatieproblemen later te voorkomen is het van belang dat een patiënt de schriftelijke wilsverklaring tijdig opstelt, op gezette tijden actualiseert en daarin zo veel mogelijk de concrete omstandigheden beschrijft waarin men wenst dat de levensbeëindiging wordt uitgevoerd.[13] Bij beginnende dementie, als de persoon nog (deels) wilsbekwaam is en zelf nog kan aangeven dat hij euthanasie wil, kan aan de eerste zorgvuldigheidseis worden voldaan met een mondeling verzoek.[13]

17.6 Euthanasie en dementie, de praktijk
Uit de jaarverslagen van de Regionale Toetsingscommissies Euthanasie blijkt dat er de afgelopen jaren meerdere meldingen van euthanasie bij dementie zijn gedaan, respectievelijk 12, 25, 49 en 42 meldingen in de jaren 2009-2012.

Het ging in bijna alle gevallen om euthanasie bij beginnende dementie en bij twee meldingen om een patiënt met gevorderde dementie. Alleen in 2012 zijn twee casus als onzorgvuldig beoordeeld, een bij een patiënt met beginnende dementie, omdat de arts die de consultatie had verricht (eis 5) niet onafhankelijk was bevonden, en een bij een wilsonbekwame patiënt, omdat de arts niet voldoende aannemelijk had gemaakt dat zij tot de overtuiging kon komen dat het lijden voor patiënte ondraaglijk was (eis 2) en dat er geen redelijke andere oplossing was (eis 4). Daarnaast was de schriftelijke wilsverklaring niet geactualiseerd, het verzoek was later niet opnieuw met de arts besproken en de dossiervorming was gebrekkig.

Ondanks dat er de laatste jaren meer meldingen van euthanasie bij dementie worden gedaan, blijkt uit onderzoek dat veel artsen geen euthanasie bij dementie willen uitvoeren, of denken dat het niet kan binnen de wet. In het KOPPEL-onderzoek uit 2011 werd artsen een casus voorgelegd waarin een arts euthanasie had uitgevoerd bij een patiënt met gevorderde dementie die een wilsverklaring had.[9] De casus was zo opgesteld dat die binnen de kaders van de wet zou kunnen vallen. In totaal wist 22% van de artsen dat euthanasie in deze casus wettelijk is toegestaan, en vond 33% het persoonlijk juist dat euthanasie was uitgevoerd. In een andere casus over een patiënt met beginnende dementie die zelf het euthanasieverzoek had gedaan, wist 19% van de artsen dat euthanasie in deze casus wettelijk is toegestaan en vond 28% het persoonlijk juist dat euthanasie was uitgevoerd.

In een kwalitatief onderzoek naar euthanasieverklaringen en dementie gaven negen van de tien artsen aan open te staan voor euthanasie bij dementie in uitzonderingssituaties waarin sprake was van lijden. Maar de meesten konden zich uitvoering bij een patiënt die helemaal niet meer in staat was zijn wil te uiten, niet goed voorstellen.[7]

17.7 Tot slot

Dementie is een schrikbeeld voor veel mensen die er (nog) niet aan lijden, maar mensen blijken er genuanceerder over te denken als ze beginnend dement zijn. De omgeving van mensen, en dan vooral de directe familie, speelt hierbij een belangrijke rol. Zij kunnen ervoor zorgen dat mensen met dementie een nog zo normaal mogelijk leven leiden wat positief werkt op hun gevoel van waardigheid en de beleving van de ziekte. Advance care planning (het zo veel mogelijk anticiperen op benodigde en gewenste zorg en behandeling op termijn) kan behulpzaam zijn bij het omgaan met een onzekere toekomst die dementie met zich meebrengt. Om het gesprek hierover op gang te brengen is de handreiking van de KNMG behulpzaam, zowel voor de persoon met dementie zelf als voor de naaste en voor professionele hulpverleners. Met het vooruitzicht dat wilsbekwaamheid verloren kan gaan, is het goed dat mensen van tevoren hebben nagedacht over hun levenseinde en eventuele wensen hebben besproken met anderen. Op deze manier kan op de toekomst worden geanticipeerd.

Literatuur

1   Heide A van der, Brinkman-Stoppelenburg A, Delden H van, Onwuteaka-Philipsen B. Euthanasie en andere medische beslissingen rond het levenseinde. Sterfgevallenonderzoek 2010. Reeks evaluatie regelgeving: deel 31. Den Haag: ZonMw, 2012. www.rijksoverheid.nl/documenten-en-publicaties/rapporten/2012/07/10/sterfgevallenonderzoek-2010-euthanasie-en-andere-medische-beslissingen-rond-het-levenseinde.html.

2   Murray SA, Kendall M, Boyd K, Sheikh A. Illness trajectories and palliative care. BMJ. 2005;330:1007-11.

3   Consumentenpanel NIVEL. www.nivel.nl/consumentenpanel-gezondheidszorg.

4   Wijmen MP van, Pasman HR, Widdershoven GA, Onwuteaka-Philipsen BD. Continuing or forgoing treatment at the end of life? Preferences of the general public and people with an Advance Directive. J Med Ethics. 2014 Sep 2 [Epub ahead of print].

5   Boer ME de, Dröes RM, Jonker C, et al. De beleving van beginnende dementie en het gevreesde lijden. *Tijdschr Gerontol Geriatr.* 2010;41:194-203.

6   Wijmen MP van, Pasman HR, Widdershoven GA, Onwuteaka-Philipsen BD. Motivations, aims and communication around advance directives: a mixed-methods study into the perspective of their owners and the influence of a current illness. Patient Educ Couns. 2014;95:393-9.

7   Rurup ML, Pasman HRW, Onwuteaka-Philipsen BD. Euthanasieverklaringen bij dementia: een kwalitatief onderzoek onder artsen en patiënten over het gebruik in de praktijk. Ned Tijdschr Geneeskd. 2010;154:A1273.

8   Gennip IE van, Pasman HR, Oosterveld-Vlug MG, et al. How dementia affects personal dignity: a qualitative study on the perspective of individuals with mild to moderate dementia. J Gerontol Soc Sci. 2014 Sep 30 [Epub ahead of print].

9   Delden JJM van, Heide A van der, Vathorst S van de, red. Kennis en opvattingen van publiek en professionals over medische besluitvorming en behandeling rond het einde van het leven. Het KOPPEL-onderzoek. Den Haag: ZonMw, 2011.

10 Kaspers PJ, Onwuteaka-Philipsen BD, Deeg DJH, Pasman HR. Having and discussing preferences on forgoing treatment in the last three months of life of older people with and without an advance directive. In: Kaspers PJ. End-of-life care and preferences for (non) treatment decisions in older people during the last three months of life [proefschrift]. Amsterdam: VU, 2013.

11 KNMG. Handreikingen Tijdig praten over het overlijden (artsenversie, 2011) en Spreek tijdig over uw levenseinde (patiëntenversie, 2012). http://knmg.artsennet.nl/Publicaties/KNMGpublicatie/97922/Handreiking-Tijdig-spreken-over-het-levenseinde-2012.htm

12 Detering KM, Hancock AD, Reade MC, Silvester W. The impact of advance care

planning on end of life care in elderly patients: randomised controlled trial. BMJ. 2010;340:c1345.

13   Regionale Toetsingscommissies Euthanasie. Jaarverslag 2012. 2013. www. euthanasiecommissie.nl/Images/JV_RTE2012_WEB_DEF_tcm52-37320.pdf.

18 PSYCHOLOGISCHE INTERVENTIES VOOR MANTELZORGERS VAN MENSEN MET DEMENTIE*

Anne Margriet Pot

18.1   Positionering van mantelzorg

Onder mantelzorg wordt verstaan: 'De hulp bij het dagelijks functione-ren, die vrijwillig en onbetaald wordt verleend aan personen uit het sociale netwerk die – door welke oorzaak dan ook – vrij ernstige fysieke, verstandelijke of psychische beperkingen hebben'.[1] Het onderscheid met vrijwilligerswerk is dat mantelzorg niet in georganiseerd verband plaatsvindt. Mantelzorgers vor-men een zeer heterogene groep bestaande uit partners, kinderen, andere fa-milieleden, vrienden en buren van degene die zorg nodig heeft. De hulp die zij bieden is heterogeen van aard en varieert van huishoudelijke verzorging (zoals boodschappen doen, maaltijden bereiden, de was doen en schoonmaken), per-soonlijke verzorging (zoals wassen, kleden, eten, verplaatsen), verpleegkundige hulp (zoals wondverzorging en het geven van injecties), emotionele ondersteu-ning (zoals aanwezig zijn, luisteren en troosten) tot vervangende regie over het dagelijks leven (zoals de organisatie van zorg, het nakomen van verplichtingen en administratieve taken).

Mantelzorg is voor mensen met dementie van groot belang: zonder de hulp van mantelzorgers zouden zij niet of minder lang thuis kunnen blijven wonen. Hoeveel mantelzorgers van mensen met dementie er zijn, kan alleen bij benadering geschat worden. Alzheimer Nederland gaat ervan uit dat er op dit moment 300.000 mantelzorgers van mensen met dementie zijn, met een ge-middelde leeftijd van 65 jaar, en van wie het merendeel (70%) vrouw is.[2] Dit is een voorzichtige schatting, omdat dit mantelzorgers betreft die in hoge mate betrokken zijn bij de zorg en gemiddeld 20 uur per week zorg bieden, gemid-deld gedurende vijf jaar. De praktijk leert echter dat er vele andere familieleden, vrienden en buren zijn die met enige regelmaat of incidenteel iets doen in de zorg voor mensen met dementie.

Het aandeel mantelzorg zal verder toenemen door de invoering van de Wet maatschappelijke ondersteuning (Wmo) en de hierdoor toenemende extramuralisering en nadruk op eigen verantwoordelijkheid van burgers. Bovendien bieden mantelzorgers in toenemende mate ook zorg nadat degene met dementie is opgenomen in een zorginstelling. Voor ouderen in het algemeen geldt dat het aandeel mantelzorg in de totale huishoudelijke en persoonlijke zorg die zij ontvangen substantieel en vergelijkbaar is met het aandeel gesubsidieerde thuiszorg en het aandeel particuliere zorg.[3]

18.2 De gevolgen voor de gezondheid van mantelzorgers

Het bieden van mantelzorg aan een familielid, vriend(in) of buur is geen sinecure. Dit heeft niet alleen te maken met het feit dat zorgen voor iemand met dementie een lastige taak is door diens gedragsveranderingen (zie hoofdstuk 2), maar ook omdat de helft van de mantelzorgers het bieden van zorg combineert met een baan en/of de zorg voor kinderen. Het is dan ook niet verwonderlijk dat mantelzorgers zich zwaar belast voelen.[4] Ook wanneer een naaste in een zorginstelling woont, blijven gevoelens van belasting bestaan. Ongeveer de helft van de mantelzorgers zegt er alleen voor te staan; men durft wel hulp te vragen aan familie, maar minder aan de buren.

Naast gevoelens van belasting die de zorg voor ouderen met zich meebrengt, gaat de zorg ook vaak ten koste van het eigen psychisch functioneren en het welzijn van de mantelzorgers. Dit blijkt niet alleen uit internationaal onderzoek, maar ook uit onderzoek bij Nederlandse mantelzorgers van mensen met dementie.[5,6] Mantelzorgers hebben over het algemeen meer psychische klachten en bij hen worden een hogere prevalentie en incidentie van depressieve stoornissen en angststoornissen gevonden. Ook gebruiken zij meer psychofarmaca vergeleken met een controlegroep.

De precieze omvang van deze nadelige gevolgen is moeilijk aan te geven, omdat er nauwelijks bevolkingsstudies zijn uitgevoerd. In de meeste studies zijn de respondenten geselecteerd via zorgvoorzieningen of advertenties in de media. De gevonden gevolgen zullen daarmee naar verwachting nadeliger zijn dan wanneer selectie via een aselecte steekproef uit de algemene bevolking heeft plaatsgevonden. Maar ook al ligt het percentage nadelige gevolgen voor de psychische gezondheid in enkele epidemiologische studies iets lager, er is nog steeds sprake van een duidelijke verhoging ten opzichte van de algemene bevolking.[7]

In de enige Amerikaanse bevolkingsstudie naar depressieve stoornissen bij mantelzorgers van mensen met dementie werd een prevalentie van depressie van 22,3% gerapporteerd.[8] Ter vergelijking: in Nederland heeft 2% van de ouderen in de algemene bevolking een depressieve stoornis.[9] Ook beoordelen mantelzorgers hun eigen gezondheid slechter dan niet-mantelzorgers. Daarnaast is een achteruitgang in fysiologische functioneren (onder andere de immuunfunctie en wondherstel) van mantelzorgers geconstateerd. In een Amerikaanse studie werd bovendien een verhoogd sterfterisico gevonden.[10]

De mantel van Maarten

De legende van Sint Maarten is illustratief om duidelijk te maken dat er grenzen zitten aan de zorg en dat het van levensbelang is om die grenzen in de gaten te houden.[11] Op een koude winterdag kwam Maarten, een Romeinse soldaat, bij de stadspoort van Amiens. Daar trof hij een halfnaakte bedelaar. Toen Maarten hem zag, nam hij zijn zwaard en sneed zijn rode soldatenmantel doormidden. De ene helft gaf hij aan de bedelaar en de andere helft hield hij zelf. En dat was maar goed ook. Maarten had de halve mantel hard nodig om zelf in leven te blijven en niet door de kou bevangen te raken. Toen de burgers van Amiens dit zagen schaamden zij zich diep, omdat zij de bedelaar in de kou hadden laten staan. Maarten werd er Sint-Maarten door.

Het is van belang om te weten hoe mantelzorgers, in wie vaak geen Sint-Maarten schuilt die de grenzen bewaakt, in balans kunnen blijven zodat geestelijke gezondheidsproblemen kunnen worden voorkomen of verminderd.

18.3   Het zorgstressmodel

De omvang en ernst van gevolgen die het bieden van zorg met zich mee-brengt, hangen samen met de oorzaak van de zorgbehoefte van de oudere. Het langdurig zorgen voor iemand met dementie heeft vanzelfsprekend ver-strekkender gevolgen voor een mantelzorger, dan wanneer de zorgbehoefte ontstaan is door een tijdelijke hulpbehoefte. Dit heeft niet alleen te maken met het langdurige karakter van de zorg en de enorme hoeveelheid tijd die de zorg voor een oudere met dementie kan vergen ('een dag van 36 uur'), maar ook met de specifieke behoeften en problemen die de ziekte met zich meebrengt, de wijze waarop de mantelzorger hiermee omgaat en aspecten van de omgeving. Wanneer iemand met dementie steeds opnieuw dezelfde vraag stelt, lukt het de ene verzorger om afleiding te bieden, terwijl de andere verzorger van onge-duld gaat schreeuwen waardoor een gespannen situatie ontstaat.

Om te weten hoe we gevoelens van belasting en psychische proble-men bij mantelzorgers kunnen voorkomen, is het van belang te begrijpen hoe deze problemen ontstaan. Figuur 18.1 laat een algemeen model zien van het stressproces.[12,13] Het is een gesimplificeerde schematische weergave waarin de componenten van het zorgstressproces zijn opgenomen: stressoren, uitkom-sten, hulpbronnen, achtergrondkenmerken en een tussenliggend proces dat de relatie tussen stressoren en de uitkomsten verklaard.

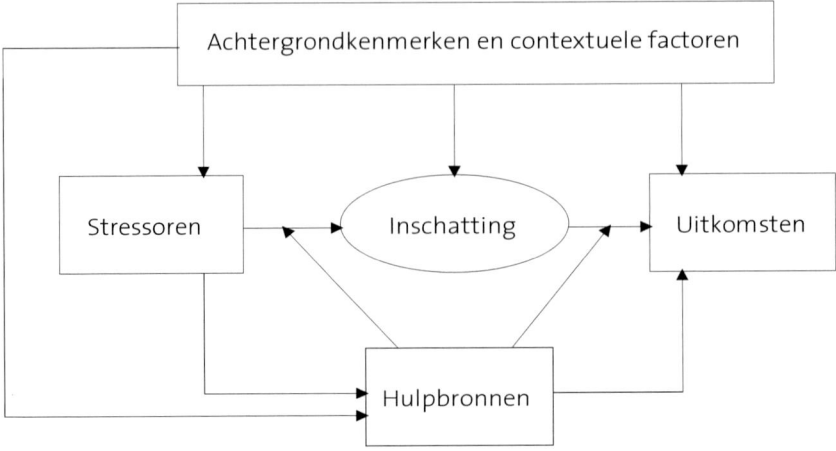

Figuur 18.1 Het stressprocesmodel.[12]

Stressoren refereren aan de moeilijke omstandigheden waar mantelzorgers mee worden geconfronteerd en die hun eigen gezondheid bedreigen. Er
worden primaire en secundaire stressoren onderscheiden. Primaire stressoren
betreffen problemen die de ziekte direct met zich meebrengt. Bij dementie is
dit niet alleen een lichamelijke hulpbehoefte die kan ontstaan, maar ook de
desoriëntatie, de apathie of het verzet van een familielid met dementie. Juist
dergelijke gedragsproblemen vormen een bron voor psychische klachten van
mantelzorgers. Er kunnen echter ook problemen ontstaan *in reactie op* primaire
stressoren. Denk bijvoorbeeld aan een gespannen relatie tussen mantelzorger
en degene die zorg ontvangt, of aan conflicten tussen familieleden onderling,
bijvoorbeeld over de verdeling van zorg, of aan conflicten op het werk doordat
de mantelzorger regelmatig te laat komt vanwege zorgtaken. Dit worden secundaire stressoren genoemd.

Wordt een mantelzorger geconfronteerd met een moeilijke omstandigheid dan vindt er een proces plaats dat in het Engels 'appraisal' wordt genoemd
(zie het stress-appraisal-coping-model van referentie 14; zie ook hoofdstuk 9).
Wij vertalen dat hier met *inschatting*. De mantelzorger maakt een inschatting
van de mate waarin de stressor een bedreiging voor hem vormt gezien zijn
of haar eigen behoeften en de mate waarin hij of zij in staat is om met de
moeilijke omstandigheid om te gaan. Als de mantelzorger tot de slotsom komt
dat hij niet over voldoende capaciteiten beschikt om de stressor het hoofd te
bieden dan zal hij of zij stress ervaren. Dit zal een ongunstige emotionele, fysiologische of gedragsmatige reactie tot gevolg hebben, hetgeen op den duur
een bedreiging vormt voor zijn of haar geestelijke en lichamelijke gezondheid.

Uitkomsten verwijzen naar de korte- en langetermijneffecten van de stressoren. In de vorige paragraaf is al aangegeven welke nadelige effecten tot nu toe zijn gevonden bij mantelzorgers vergeleken met controleproefpersonen of de algemene bevolking. Deze gevolgen hebben niet alleen betrekking op het psychisch functioneren en de ervaren gezondheid, maar betreffen ook fysiologische reacties en effecten op de langere termijn zoals bijvoorbeeld verhoogde zorgconsumptie en een grotere kans om te sterven.

Hulpbronnen, van persoonlijke, sociale of materiële aard, kunnen variaties in de effecten van stressoren tussen verzorgers onderling verklaren. Zo kan het nadelige effect van een stressor minder zijn als de mantelzorger het gevoel heeft controle te hebben over de situatie en zichzelf in staat acht om iets aan de situatie te veranderen. Dit staat ook wel bekend als het 'stressbufferingeffect'.

Kennis over de gunstige invloed van interne en externe hulpbronnen levert een sleutel voor interventies. Dit is van extra groot belang omdat de stressoren zelf vaak lastig te veranderen zijn. Zo is bekend dat sociale steun een belangrijke rol speelt. Door interventies, zoals familiebijeenkomsten, kan het aantal personen dat steun biedt toenemen, alsook de tevredenheid over het sociale netwerk en de hulp die geboden wordt. Deze veranderingen zorgen er op hun beurt voor dat depressieve klachten van mantelzorgers zullen verminderen als zij deze interventie ontvangen.[15]

In het model in figuur 18.1 zijn ook *achtergrond en contextuele factoren* opgenomen. Het stressproces ontvouwt zich binnen een sociale, economische, culturele, politieke en religieuze context. Mantelzorgers worden niet uitsluitend geconfronteerd met stressoren die met de zorg verbonden zijn, maar zij maken onderdeel uit van de totale maatschappelijke context.[12] Dit zal het zorgstressproces mede beïnvloeden. Om een voorbeeld te noemen: het maakt verschil of je als partner of als kind zorg verleent. Partners zijn over het algemeen meer verbonden met de verzorgerrol vergeleken met kinderen, zowel in moreel opzicht als wat betreft tijdsinvestering, maar ook door de druk die er van de maatschappij uitgaat als het om zorg voor een hulpbehoevende partner gaat.

In het model zijn allerlei feedbackloops weggelaten. Denk bijvoorbeeld aan een mantelzorger die stress ervaart omdat haar man door zijn vergeetachtigheid steeds opnieuw vraagt waarom hun dochter al zo lang niet op bezoek is gekomen. Zijn vrouw zegt hem keer op keer dat hun dochter elke dag komt, maar dit vermindert het vragen niet. Zij gaat steeds geïrriteerder reageren op haar man en na verloop van tijd schreeuwt zij regelmatig naar hem dat hij op moet houden met die vervelende vragen, omdat ze er gek van wordt. Deze reactie door ervaren stress heeft gevolgen voor de relatie met haar echtgenoot en kan vervolgens ook ander probleemgedrag bij haar man veroorzaken, zoals agitatie of depressief gedrag. Recent onderzoek laat zien dat de persoon met dementie na verloop van tijd meer gedragsproblemen ontwikkelt als de mantelzorger vaak reageert met ongeduld, irritatie of boosheid, omdat deze het gedrag van de persoon met dementie niet begrijpt of de situatie niet kan accepteren.[16]

18.3.1 *Complexiteit van het zorgstressproces*

Steeds duidelijker wordt dat het zorgstressproces een zeer complex proces is, onder meer door het beloop van het ziekteproces bij dementie. Zo blijken gedragsproblemen van de persoon met dementie in een vroeg stadium van het zorgtraject op termijn gepaard te gaan met meer ervaren belasting en depressieve klachten van mantelzorgers.[17] Maar ook transities in de zorg kunnen een belangrijke rol spelen bij het ontstaan van psychische klachten van mantelzorgers. Met zorgtransities wordt de overgang van de ene zorgvorm naar een andere bedoeld, zoals de start van mantelzorger of verpleeghuisopname. Dit illustreren we met een aantal voorbeelden.

In een onderzoek van Gaugler e.a. wordt op de complexe relatie gewezen tussen het tot stand komen van de verzorgerrol en de langetermijneffecten ervan.[18] Verzorgers die al zorg boden voordat de symptomen van dementie zich aandienden of de diagnose dementie werd gesteld, bleken niet alleen minder geneigd om het familielid met dementie te laten opnemen in een verpleeghuis, maar hadden daarnaast gedurende een periode van drie jaar ook minder last van schuldgevoelens, belasting en depressieve klachten. Verpleeghuisopname – waarbij de zorg voor het grootste deel wordt overgenomen door professionele verzorgenden – leidt niet simpelweg tot het verdwijnen van psychische klachten.[6,19] Er vallen weliswaar stressoren in de thuissituatie weg, maar er komen doorgaans andere stressoren voor in de plaats die samenhangen met de scheiding tussen mantelzorger en hulpbehoevende – zeker wanneer zij voor opname samenwoonden – en met de nieuwe woonomgeving. Denk bijvoorbeeld aan problemen die kunnen ontstaan in de relatie met professionele zorgverleners, omdat zij op een andere manier zorg bieden dan de mantelzorger zou wensen of omdat mantelzorgers het gevoel krijgen nauwelijks nog iets te kunnen betekenen voor de zorgbehoevende. Daarnaast kunnen problemen ontstaan met familieleden van andere bewoners of met de zorgbehoevende zelf die zich, evenals de mantelzorger, aan de nieuwe situatie moet aanpassen.[20]

Het inschakelen van thuiszorg ter ondersteuning van de persoon met dementie maar ook van de mantelzorger leidt ook niet zonder meer tot een beter psychisch functioneren van mantelzorgers. Onderzoek maakt duidelijk dat zorgtransities bepaalde aspecten van het psychisch functioneren wel gunstig kunnen beïnvloeden, maar andere juist niet.[21] Zo neemt de ervaren belasting door langer durend gebruik van thuiszorg weliswaar af, maar aanvankelijk lijken verzorgers zich meer zorgen te gaan maken. Hier kunnen verschillende redenen aan ten grondslag liggen. Men heeft de zorg uit handen gegeven en is niet zeker van de betrouwbaarheid van de thuiszorg. Ook kan de kwaliteit van de thuiszorg te wensen overlaten of kan de mantelzorger zich zorgen maken over de reactie van de zorgontvanger op deze verandering. Nog een andere mogelijke verklaring is dat de mantelzorger zich zorgen maakt over de eigen rol als zorgmanager en de besognes die dit met zich meebrengt. De timing van het inschakelen van thuiszorg lijkt ook van belang. Zo lijkt het eerder inschakelen van thuiszorg tot een latere opname van de persoon met dementie te leiden.[22]

18.3.2 Het meten van ervaren belasting

De psychische gezondheid van mantelzorgers kan met algemene maten zoals depressievragenlijsten en vragenlijsten voor het meten van kwaliteit van leven in kaart worden gebracht. Voor het vaststellen van de ervaren belasting van mantelzorgers zijn echter speciaal voor deze doelgroep ontwikkelde vragenlijsten noodzakelijk. In Nederland zijn verschillende instrumenten beschikbaar, waarvan we er hier twee noemen.

De vragenlijst 'Ervaren Druk door Informele Zorg' (EDIZ; tabel 18.1) is ontwikkeld voor mantelzorgers van mensen met dementie. Op dit moment wordt ook nagegaan of de vragenlijst voor Turkse en Marokkaanse mantelzorgers bruikbaar is. De EDIZ meet het resultaat van de inschatting ('appraisal') van de zorgsituatie door de verzorger.[23,24] De vragenlijst bestaat uit negen items die tezamen een eendimensionale hiërarchische schaal vormen, variërend van minder naar meer druk. De druk komt eerst tot uiting in de gedachten van de verzorger ('De situatie van mijn ... eist voortdurend mijn aandacht'), maar vervolgens ook in diens interactie met de omgeving ('Door mijn betrokkenheid bij ... doe ik anderen tekort'). Behalve het meten van het effect van interventies bij mantelzorgers die veel druk ervaren, kan regelmatige afname van de EDIZ bij lage scores van belang zijn om na te gaan of er niet sprake is van een verergering in ervaren druk. De EDIZ maakt onderdeel uit van de minimale dataset van Stichting Benchmark GGZ, die door zorgaanbieders aangeleverd dient te worden.[25]

Een tweede instrument is de verkorte Vragenlijst Gevoel van Competentie.[26] Deze vragenlijst bestaat uit zeven items die verschillende dimensies uit het zorgstressproces betreffen: 'appraisal' ('De verantwoordelijkheid voor uw gezin, uw andere familieleden, uw werk en daarbij nog de verantwoordelijkheid voor de oudere drukt zwaar op u'); de relatie tussen de persoon met

Instructie:					
Er volgt nu een aantal uitspraken. De bedoeling is dat u bij elk van deze uitspraken aangeeft, in hoeverre die op u van toepassing is. U heeft hierbij de volgende antwoordmogelijkheden: nee! nee min of meer ja ja! Als een uitspraak helemaal op u van toepassing is, omcirkelt u 'ja!'. Wanneer een uitspraak helemaal niet op u van toepassing is, omcirkelt u 'nee!'. Of iets er tussenin.					
Vragen					
1 Door de situatie van mijn ... kom ik te weinig aan mijn eigen leven toe	nee!	nee	min of meer	ja	ja!
2 Het combineren van de verantwoordelijkheid voor mijn ... en de verantwoordelijkheid voor mijn werk en/of gezin valt niet mee	nee!	nee	min of meer	ja	ja!
3. Door mijn betrokkenheid bij mijn ... doe ik anderen tekort	nee!	nee	min of meer	ja	ja!
4 Ik moet altijd maar klaarstaan voor mijn ...	nee!	nee	min of meer	ja	ja!
5 Mijn zelfstandigheid komt in de knel	nee!	nee	min of meer	ja	ja!
6 De situatie van mijn ... eist voortdurend mijn aandacht	nee!	nee	min of meer	ja	ja!
7 Door mijn betrokkenheid bij mijn ... krijg ik conflicten thuis en/of op mijn werk	nee!	nee	min of meer	ja	ja!
8 De situatie van mijn ... laat mij nooit los	nee!	nee	min of meer	ja	ja!
9 Ik voel me over het geheel genomen erg onder druk staan door de situatie van mijn ...	nee!	nee	min of meer	ja	ja!

Tabel 18.1   Ervaren Druk door Informele Zorg (EDIZ)

dementie en de mantelzorger ('U voelt zich gespannen in uw contact met de oudere') en vooronderstellingen van de mantelzorger over de bedoeling van de oudere met diens gedrag ('Hoe komt het volgens u dat mevrouw/mijnheer zich zo gedraagt: om u te manipuleren?'). Ook deze lijst mogen zorgaanbieders aanleveren aan SBG voor benchmarkingdoeleinden.[25]

18.4   Psychologische interventies

18.4.1 *Welke interventies zijn geschikt voor het ondersteunen van mantelzorgers?*

Er is op dit moment niet één welomschreven en eenvoudig te implementeren interventie die vanwege een alomvattend gunstig effect op het psychisch functioneren van mantelzorgers kan worden aanbevolen voor de klinische praktijk. Hoewel mantelzorgers zelf vaak zeer te spreken zijn over de interventies waaraan zij deel hebben genomen, zoals lotgenotengroepen, zijn de effecten ervan over het algemeen gering tot matig en niet altijd klinisch relevant.[27,28] Voor het kiezen en toepassen van een adequate interventie voor mantelzorgers is het belangrijk om eerst een aantal vragen te beantwoorden: Welke uitkomsten worden beoogd? Welke kenmerken heeft de mantelzorger? Is de mantelzorger gemotiveerd voor verandering? We gaan eerst nader op deze vragen in alvorens mogelijke interventies inhoudelijk te beschrijven.

Welke uitkomsten worden beoogd?

Sommige interventies lijken op meerdere aspecten van het welzijn een gunstig effect te hebben, terwijl andere interventies juist specifieke effecten lijken te hebben, zo blijkt uit een overzichtsstudie van Sörensen e.a.[28] Vooral psycho-educatie en psychotherapie (zie paragrafen 18.4.2 en 18.4.3) hebben een gunstig effect: de ervaren belasting en depressieve klachten verminderen en de kennis en vaardigheden van mantelzorgers nemen door deze interventies toe. Bovendien neemt door psychotherapie ook het welzijn van mantelzorgers toe en blijken gedragsproblemen van de persoon met dementie voor wie hij zorgt te verminderen. Deze laatste bevinding is opmerkelijk omdat de psychotherapie immers aan de mantelzorger werd aangeboden. Een verklaring zou kunnen zijn dat het effect wordt veroorzaakt doordat mantelzorgers effectiever met gedragsproblemen en de eigen emoties hebben leren omgaan. Omdat de gedragsproblemen van de ouderen ook via de mantelzorgers in kaart werden gebracht, is echter niet uit te sluiten dat dit effect veroorzaakt is doordat de mantelzorger een positievere kijk op de persoon met dementie heeft gekregen. Omgekeerd kunnen interventies die op de zorgontvanger zijn gericht, zoals dagopvang of medicatie, ook een gunstig effect hebben op de psychische gezondheid van verzorgers.[29,30]

Over het algemeen geldt dat de interventie specifiek gericht moet zijn op de functionele domeinen (cognitie, kennis en vaardigheden, gedrag of emotie) en de personen (verzorgde, verzorger of andere familieleden) waarvoor zij bedoeld is. Wanneer mantelzorgers uitsluitend informatie krijgen over dementie is het niet te verwachten dat hun depressieve klachten zullen afnemen. Gecombineerde interventies spelen vermoedelijk beter in op de behoeften van mantelzorgers, doordat zij gericht zijn op meerdere functionele domeinen en personen. Om ervaren belasting en depressieve klachten van mantelzorgers te verminderen wordt daarom ten minste een combinatie van psycho-educatie en psychotherapie aanbevolen, eventueel aangevuld met een vorm van respijtzorg zoals dagopvang. In de praktijk zijn interventies vaak gericht op verschillende combinaties van functionele domeinen, maar is niet altijd goed overwogen of de betreffende combinatie ook de beste lijkt om de problemen van een specifieke mantelzorger te behandelen of te voorkomen. Door dit wel goed van tevoren te overwegen kan mogelijk het effect van gecombineerde interventies worden vergroot.

Het is van belang om realistische verwachtingen te hebben over de uitkomsten van de interventies voor mantelzorgers. Niet alle uitkomsten zullen even sensitief voor verandering zijn. Ook zijn interventies soms te beperkt in omvang, gezien de complexe problematiek van mantelzorgers die zich gedurende jaren heeft ontwikkeld. Het is irreëel te verwachten dat door een aantal voorlichtingsbijeenkomsten alle problemen van mantelzorgers zullen verdwijnen. Bovendien zullen gevoelens van belasting nooit helemaal te elimineren zijn zolang het familielid met de voortschrijdende dementie die zorg nodig heeft er is.[28]

Welke kenmerken heeft de mantelzorger?

Ook de kenmerken van mantelzorgers en degenen voor wie zij zorgen zijn deels bepalend voor het effect dat kan worden bereikt.[28,31] Over het algemeen zijn interventies voor mantelzorgers van mensen met dementie minder succesvol dan interventies voor andere mantelzorgers. Wellicht is dit toe te schrijven aan het onbegrepen gedrag dat bij deze ziekte zo'n belangrijke rol speelt. Partners profiteren gemiddeld genomen minder van interventies dan volwassen kinderen. Vrouwen lijken over het algemeen meer te profiteren van interventies. Hierbij kan het hogere aanvangsniveau van klachten een rol spelen, waarbij des te meer effect valt te sorteren, maar het zou ook met de interventies zelf te maken kunnen hebben. Wellicht zijn aangepaste interventies voor partners en mannen nodig.

Is de mantelzorger gemotiveerd om te veranderen?

De rol van zelfselectie en motivatie voor deelname van mantelzorgers aan een specifieke interventie (gericht op cognitie, kennis en vaardigheden en/of gedrag of emotie) is eigenlijk nog niet goed onderzocht, maar heeft vermoedelijk wel invloed op het effect dat met de interventie wordt behaald. Het blijft van belang om hier als hulpverlener aandacht voor te hebben. Wanneer de motivatie voor verandering gering is, en deze valt niet te verbeteren, kan beter op zoek worden gegaan naar een alternatieve interventie. Praktijkervaring leert dat voorlichting over wat een interventie wel en niet inhoudt van belang kan zijn voor de acceptatie ervan.

In de volgende subparagrafen gaan we nader in op drie typen interventies waarvan bekend is dat ze effect sorteren: psycho-educatie, psychotherapie en gecombineerde interventies.

18.4.2 *Psycho-educatie*

Psycho-educatie is de meest onderzochte interventie voor mantelzorgers van ouderen tot nu toe. De vormen van psycho-educatie die zijn onderzocht betreffen gestructureerde programma's gericht op informatie over de ziekte en de gevolgen ervan op training hoe met deze gevolgen om te gaan en op het verschaffen van informatie over de beschikbare voorzieningen en vormen van hulp. Deze informatieoverdracht en training vinden plaats door middel van presentaties, groepsdiscussies en schriftelijk voorlichtingsmateriaal. Eventueel kan sociale steun ook onderdeel van deze interventies uitmaken, maar het accent ligt op psycho-educatie.

Psycho-educatieve groepen hebben een gunstig effect op meerdere domeinen van het functioneren van mantelzorgers, op kennis en vaardigheden, belasting en depressieve klachten. De grootte van het effect is echter beperkt, zoals ook uit Nederlands onderzoek blijkt.[28] Het is op zichzelf ook niet verwonderlijk dat er meer nodig is om psychische problematiek die gedurende een periode van meerdere jaren intensieve zorg ontstaat, te verhelpen. Psycho-educatie kan dus beter niet geïsoleerd worden aangeboden, maar in combinatie met een of meer andere interventies. Groepen die vooral gericht zijn op het uitwisselen van sociale steun en die veel minder gestructureerd en volgens protocol plaatsvinden, blijken wel effect te hebben op ervaren belasting en kennis en vaardigheden van mantelzorgers, maar niet op depressieve klachten.[28]

Nederland kent een breed aanbod aan psycho-educatieve groepen die beter bekend staan als gespreksgroepen, ondersteuningsgroepen of voorlichtingscursussen. Ze vinden plaats onder leiding van een getrainde gespreksleider. Dat kan bijvoorbeeld een psycholoog zijn of een verpleegkundige. Wanneer de gespreksleider ervaring heeft met psychotherapeutische technieken (psycholoog) kunnen deze worden toegepast. Denk bijvoorbeeld aan ontspanningsoefeningen, vaardigheidstraining om beter te leren omgaan met moeilijk hanteerbaar gedrag en met eigen emoties of technieken om niet-helpende gedachten om te vormen in helpende gedachten. Sommige mantelzorgers denken bijvoorbeeld dat degene met dementie opzettelijk moeilijk hanteerbaar gedrag vertoont, om hen dwars te zitten. Als een mantelzorger leert om deze niet-helpende gedachte te veranderen in een helpende gedachte ('dat zij zo doet, komt door haar ziekte') dan zal dit minder stress voor de mantelzorger opleveren.

Er zijn diverse draaiboeken voor het leiden van psycho-educatieve groepen in omloop. De duur van dergelijke groepen en het aantal deelnemers kunnen verschillen. Het kan bijvoorbeeld om een gesloten groep gaan (tijdens de groep komen er geen nieuwe deelnemers bij) die wekelijks gedurende twee uur bij elkaar komt, acht weken lang. Er zijn echter ook groepen die een veel langere looptijd hebben (minimaal een jaar of doorlopend), zoals bij de ontmoetingscentra voor mensen met dementie en hun mantelzorgers, waarvan de deelnemers tweewekelijks bij elkaar komen en de deelnemers kunnen starten en stoppen wanneer zij zelf willen.

Psycho-educatie kan uiteraard ook met behulp van digitale technologie plaatsvinden. In Nederland zijn inmiddels diverse onlinecursussen (onder andere Alzheimer Assistent en STAR-training, www.startraining.eu) en simulatietoepassingen (Alzheimer Experience, Into D'mentia) om mensen voor te lichten over wat het hebben van dementie betekent. Deze toepassingen vinden ook individueel plaats. De effecten worden op dit moment onderzocht. Eerste bevindingen laten zien dat mantelzorgers een positievere en meer persoonsgerichte zorgattitude kunnen krijgen en meer empathie voor de persoon met dementie en dat de door hen ervaren stress kan afnemen.[32,33] Ook deze vormen van ondersteuning zullen echter met andere interventies gecombineerd moeten worden om een substantieel effect op het psychisch functioneren van mantelzorgers te kunnen bereiken.

We noemen hier tot slot nog de speciaal voor mantelzorgers ontwikkelde Alzheimercafés. In Alzheimercafés – ontwikkeld door Miesen[34] – komen mensen met dementie, mantelzorgers en professionals bijeen. De bijeenkomsten, waarbij een deskundige een korte inleiding houdt en de nadruk ligt op lotgenotencontact, zijn laagdrempelig, vinden doorgaans één keer per maand plaats, duren gemiddeld drie uur en hebben een informeel karakter.

18.4.3 *Psychotherapie*

Naast psycho-educatie kunnen psychotherapeutische interventies een gunstig effect hebben op de ervaren belasting en depressieve klachten van mantelzorgers. De meeste psychotherapeutische interventies die tot nu toe op effectiviteit zijn onderzocht, zijn gericht op het verbeteren van de wijze waarop mantelzorgers met probleemgedrag of andere stresssituaties omgaan of op het bevorderen van de onderlinge communicatie en steun tussen familieleden. De hierbij meest toegepaste gedragstherapeutische technieken zijn:[28,35,36]

- het leren monitoren van het eigen gedrag en de eigen cognities en emoties;

- het uitdagen van negatieve gedachten en assumpties;
- het verbeteren van het probleemoplossend vermogen van mantelzorgers, onder andere door het aanleren van tijdsmanagement en vaardigheden om emotionele reacties en overbelasting te voorkomen of te verminderen;
- het leren om plezierige activiteiten te ondernemen en positieve ervaringen op te doen ter compensatie van de stress die de zorg met zich meebrengt.

Inmiddels is er ook een onlinevariant in Nederland beschikbaar, waarin mantelzorgers individueel aan de slag kunnen onder begeleiding van een coach (psycholoog) (eerder Dementiedebaas.nl, nu DementieOnline.nl). Nog niet gepubliceerde data laten onder meer zien dat deze interventie depressieve klachten van mantelzorgers kan verminderen.

Een protocol voor het toepassen van wetenschappelijk onderzochte en effectief gebleken psychotherapeutische interventies is nog niet beschikbaar. Om een beeld te geven hoe zo'n interventie eruit kan zien, volgen twee voorbeelden van interventies die zijn toegepast in gecontroleerde studies. De eerste is met name gericht op het verbeteren van copingstrategieën om met problematisch gedrag van het familielid met dementie om te gaan. De tweede is behalve op het beter leren hanteren van probleemgedrag ook gericht op het creëren van meer steun voor mantelzorgers door het organiseren van familiebijeenkomsten als onderdeel van de interventie.

Marriott e.a. onderzochten een cognitieve gedragsinterventie bij mantelzorgers van mensen met dementie die uit veertien sessies bestond die eens per twee weken plaatsvonden.[37] Het ging om een individuele interventie die was samengesteld uit drie onderdelen. De eerste drie sessies waren bedoeld om de kennis over dementie bij de mantelzorgers te vergroten en de verklaringen van de mantelzorgers zelf voor het gedrag van hun familielid met dementie te achterhalen. De volgende zes sessies waren gewijd aan stressmanagement. De inschatting van en reactie op gedragsproblemen van het familielid met dementie werden nauwgezet in kaart gebracht, zoals vermijdingsgedrag en het zichzelf opofferen. Hiervoor in de plaats werden betere methoden aangeleerd, zoals selfmonitoring, ontspanningsoefeningen en cognitieve en gedragsmatige reacties. Ten slotte werden vijf sessies aangeboden waarin copingvaardigheden werden aangeleerd om gedragsproblemen beter het hoofd te kunnen bieden. Als leermethoden werd niet alleen gebruikgemaakt van directe informatieoverdracht, maar ook van rollenspel. Ook werden oefeningen gedaan om gevoelens van verlies te benoemen, gevoelens die samenhingen met veranderingen in het gedrag van het familielid dan wel veranderingen in de kwaliteit van leven van de verzorger zelf. Deze interventie had bij mantelzorgers in de experimentele groep ten opzichte van twee controlegroepen een significant gunstig effect op psychische gezondheidsklachten in het algemeen en depressieve klachten in het bijzonder. Daarnaast werden ook gunstige effecten op het gedrag en de activiteiten van het familielid met dementie gevonden.

Mittelman e.a. onderzochten een andere interventie die eveneens uit drie onderdelen was opgebouwd.[38] Het eerste onderdeel bestond uit individuele en familiecounseling. Hierbij werden verschillende interventiestrategieën toegepast, zoals het bevorderen van de communicatie tussen familieleden, het aanleren van technieken voor het oplossen van problemen en het omgaan met probleemgedrag van de patiënt, het bevorderen van zowel emotionele als praktische steun voor de verzorgers en het bieden van informatie over de ziekte. In het tweede onderdeel na vier maanden namen verzorgers deel aan een ondersteuningsgroep met wekelijkse ontmoetingen en een ongelimiteerd aantal bijeenkomsten. Het derde onderdeel bestond uit de continue beschikbaarheid van hulpverleners voor verzorgers en andere familieleden om hen te helpen crisissituaties het hoofd te bieden. Door dit zorgprogramma verminderden depressieve symptomen van partners op de korte en langere termijn en de last die zij door gedragsproblemen van de persoon met dementie ervoeren. Bovendien werd opname van de demente partners in een verpleeghuis met bijna een jaar uitgesteld of voorkomen.[38-40]

18.4.4 *Gecombineerde interventies voor mantelzorgers en zorgontvangers*

Interventies voor mantelzorgers kunnen niet alleen onderling maar ook met interventies voor mensen met dementie worden gecombineerd. Er zijn diverse combinaties van interventies bekend met wisselende effecten.[31] Samengevat gaat het om ondersteuningsprogramma's, casemanagement, huisbezoeken om de vaardigheden van de verzorger te vergroten, intensieve psychogeriatrische thuiszorg, counseling nadat de diagnose is vastgesteld en programma's waarin de verzorger als intermediair optreedt. Deze interventies vormen tezamen een bont palet, waarin wijze van aanbieding, intensiteit en flexibiliteit verschillen.

Nederland kent ontmoetingscentra voor mensen met dementie en hun mantelzorgers waar uitgebreid effectonderzoek is verricht, niet alleen bij de mensen met dementie maar ook bij de mantelzorgers.[41,42] Deze centra bieden een breed ondersteuningsprogramma bestaande uit informatieve bijeenkomsten en een gespreksgroep voor de mantelzorgers, een dagsociëteit voor de mensen met dementie, en een spreekuur en sociale activiteiten voor zowel de mantelzorgers als degenen met dementie. Psychotherapie maakt geen onderdeel uit van deze interventie, wat kan verklaren dat psychische en psycho-somatische klachten niet verminderden voor de totale groep mantelzorgers, uitsluitend voor een subgroep eenzame mantelzorgers. Wel veranderde de subjectieve beleving van de zorgsituatie voor de totale groep mantelzorgers: het gevoel van competentie en de ervaren professionele steun namen toe, ter-wijl de ervaren belasting verminderde. Ook leidde het gecombineerde onder-steuningsprogramma tot uitstel van verpleeghuisopname van de persoon met dementie.

Ten slotte kunnen ook niet-psychologische interventies gericht op de persoon met dementie, zoals respijtzorg (bijvoorbeeld oppashulp thuis, inter-valopnames of dagopvang in een zorginstelling) en medicamenteuze behande-ling, gunstige effecten op de psychische gezondheid van mantelzorgers heb-ben, al is ook op dit gebied beter opgezet onderzoek nodig.[29,30]

18.5   Tot besluit

Het combineren en continueren van interventies lijkt van belang om een gunstig effect op de geestelijke gezondheid van mantelzorgers van mensen met dementie te boeken. Meer kennis over de werkzame componenten van interventies en welke mantelzorgers bij welke interventies het meeste baat hebben is echter onmisbaar. Dit geldt niet alleen voor psychologische en psy-chosociale interventies die al uitgebreid onderzocht zijn, maar ook voor inter-venties die nog verder ontwikkeld moeten worden, zoals internetinterventies[43].

Wat het verkrijgen van informatie over werkzame componenten van in-terventiemethoden bemoeilijkt is de verschillende wijze waarop de interventies in de praktijk worden aangeboden, bijvoorbeeld persoonlijk of per telefoon, in een groep of individueel of thuis of in een instelling. Ook zijn er grote verschil-len in intensiteit en in de wijze waarop de interventie op specifieke behoeften van degene die de interventie ontvangt inspeelt. Deze aspecten zijn belangrijk om te expliciteren in toekomstig onderzoek, ook om interventies onderling be-ter te kunnen vergelijken.[31,44, 45]

Ook de bereikbaarheid van de beschikbare hulp waarvan mantelzorgers zouden kunnen profiteren verdient meer aandacht, omdat deze nu niet altijd optimaal is. Psychologen kunnen bijvoorbeeld een faciliterende rol spelen bij het achterhalen en bespreken van redenen waarom hulp niet geaccepteerd wordt, denk aan angst voor de reactie van de persoon met dementie of ge-brek aan vertrouwen in professionele zorg. Maar dit is niet voldoende. Vanuit maatschappelijk perspectief is aandacht nodig voor betere publieksvoorlich-ting, destigmatisering van aandoeningen zoals dementie en is het stimuleren van doorverwijzing door huisartsen en andere professionele hulpverleners van belang.[46] Mantelzorgers van mensen met dementie vormen een belangrijke doelgroep voor ouderenpsychologen en andere professionals werkzaam in de dementiezorg. Dit zal door het nog steeds groeiende aantal ouderen, en dus ook het aantal ouderen met dementie, in de toekomst alleen maar verder toenemen. Er wordt door onderzoekers hard gewerkt aan het verbeteren van de beschikbare psychologische interventies voor deze doelgroep.[31,47]

Noot

*   Dit hoofdstuk is een bewerkte en geactualiseerde versie van Pot AM. Psychologische interventies voor mantelzorgers. In: Pot AM, Kuin Y, Vink MTm red. Handboek ouderenpsychologie. Utrecht: De Tijdstroom, 2007.

Literatuur

1   Timmermans JM, red. Mantelzorg. Over hulp van en aan mantelzorgers. Den Haag: Sociaal en Cultureel Planbureau, 2003.
2   Alzheimer Nederland. www.alzheimer-nederland.nl/actueel/onderzoek/2014/-februari/aantal-mensen-met-dementie.aspx. 2014.
3   Klerk MMY de, red. Zorg en wonen voor kwetsbare ouderen. Den Haag: Sociaal en Cultureel Planbureau, 2004.
4   Peeters J, Werkman W, Francke AL. Mantelzorgers over ondersteuning bij dementie door het sociale netwerk en de gemeente. Dementiemonitor Mantelzorg 2013. Deelrapportage 2. Utrecht: Nivel, 2014.
5   Schulz R, Martire LM. Family caregiving of persons with dementia: prevalence, health effects, and support strategies. Am J Geriatr Psychiatry. 2004;12:240-9.
6   Pot AM, Deeg DJH, Dyck R van. Psychological well-being of informal caregivers of elderly people with dementia: changes over time. Aging Mental Health. 1997;1:261-8.
7   Schulz R, O'Brien AT, Bookwala J, Fleissner K. Psychiatric and physical morbidity effects of dementia caregiving: Prevalence, correlates, and causes. Gerontologist. 1995;35:771-91.
8   Cuijpers P. Depressive disorders in caregivers of dementia patients: a systematic review. Aging Mental Health. 2005;9:325-30.
9   Beekman AT, Deeg DJ, Tilburg T van, et al. Major and minor depression in later life: a study of prevalence and risk factors. J Affect Disord. 1996;36:65-75.
10 Schulz R, Beach SR. Caregiving as a risk factor for mortality: the Caregiver Health Effects Study. JAMA. 1999;282:2215-9.
11 Pot AM. Dementie in de relatie: ethische vragen in de mantelzorg. In: Hertogh CMPM, Geertsema H, red. Ethische vragen in de zorg voor mensen met dementie. Amsterdam: Gerion, 2006.
12 Aneshensel CS, Pearlin LI, Mullan JT, et al. Profiles in caregiving: The unexpected career. San Diego: Academic Press1, 995.
13 Pearlin LI, Mullan JT, Semple SJ, Skaff MM. Caregiving and the stress process: an overview of concepts and their measures. Gerontologist. 1990;30:583-94.
14 Lazarus RS, Folkman S. Stress, appraisal, and coping. New York: Springer, 1984.
15 Roth DL, Mittelman MS, ClayOJ, et al. Changes in social support as mediators of

the impact of a psychosocial intervention for spouse caregivers of persons with Alzheimer's disease. Psychol Aging. 2005;20:634-44.

16   Vugt ME de, Stevens F, Aalten P, et al. Do caregiver management strategies influence patient behaviour in dementia? Int J Geriatr Psychiatry. 2004;19:85-92.

17   Gaugler JE, Kane RL, Kane RA, Newcomer R. The longitudinal effects of early behavior problems in the dementia caregiving career. Psychol Aging. 2005;20:100-16.

18   Gaugler JE, Zarit SH, Pearlin LI. The onset of dementia caregiving and its longitudinal implications. Psychol Aging. 2003;18:171-80.

19   Meiland FJM, Danse JAC, Wendte JF, et al. Burden of delayed psychogeriatric nursing home admission in patients and their informal caregivers. Qual Health Care. 2001;10:218-23.

20   Whitlatch CJ, Zarit SH, Von Eye A. Efficacy of interventions with caregivers: A reanalysis. Gerontologist. 1991;31:9-14.

21   Pot AM, Zarit SH, Twisk JWR, Townsend AL. Transitions in caregivers' use of paid home help: associations with stress appraisals and well-being. Psychol Aging. 2005;20:211-9.

22   Gaugler JE, Kane RL, Kane RA, Newcomer R. Early community-based service utilization and its effects on institutionalization in dementia caregiving. Gerontologist. 2005;45:177-85.

23   Pot AM, Dyck R van, Deeg DJH. Ervaren druk door informele zorg: constructie van een schaal. Tijdschr Gerontol Geriatr. 1995;26:214-9.

24   Pot AM, Deeg DJH, Dyck R van, Jonker C. Psychological distress of caregivers: the mediator effect of caregiving appraisal. Patient Educ Couns. 1998;34:43-51.

25   Barendrecht M, Flens G. sbg minimale dataset 20140701. Bilthoven: Stichting Benchmark ggz, 2014.

26   Vernooij-Dassen MJ, Felling AJ, Brummelkamp E, et al. Assessment of caregiver's competence in dealing with the burden of caregiving for a dementia patient: a Short Sense of Competence Questionnaire (sscq) suitable for clinical practice. J Am Geriatr Soc. 1999;47:256-7.

27   Schulz R, O'Brien A, Czaja S, et al. Dementia caregiver intervention research: in search of clinical significance. Gerontologist. 2002;42:589-602.

28   Sörensen S, Pinquart M, Duberstein P. How effective are interventions with caregivers? An updated meta-analysis. Gerontologist. 2002;42:356-72.

29   Lee H, Cameron M. Respite care for people with dementia and their carers. Cochrane Database Syst Rev. 2004;2:CD004396.

30   Lingler JH, Martire LM, Schulz R. Caregiver-specific outcomes in antidementia clinical drug trials: a systematic review and meta-analysis. J Am Geriatr Soc. 2005;53:983-90.

31   Leven N van 't, Prick AEJC, Groenewoud JG, et al. Dyadic interventions for community-dwelling people with dementia and their family caregivers: a systematic review. Int Psychogeriatr. 2013;25:1581-603.

32   Hattink B, Meiland F, Roest H van der, et al. Web-based star E-learning course increases empathy and understanding in dementia carers: Results from a Randomized Controlled Trial in the Netherlands and the UK. (in press).

33   Hattink BJJ, Meiland FJM, Campman CAM, et al. Zelf dementie ervaren: evaluatie van de Into D'mentia simulator. Tijdschr Gerontol Geriatr. (in press).

34   Miesen B. Het Alzheimer Café. Houten: Bohn Stafleu van Loghum, 2002.

35   Olazarán J, Reisberg B, Clare L, et al. Nonpharmacological therapies in Alzheimer's disease: a systematic review of efficacy. Dement Geriatr Cogn Disord. 2010;30:161-78.

36   Vernooij-Dassen M, Draskovic I, McCleery J, Downs M. Cognitive reframing for carers of people with dementia. Cochrane Database Syst Rev. 2011;(11):CD005318. www.thecochranelibrary.com.

37   Marriott A, Donaldson C, Taarrier N, Burns A. Effectiveness of cognitive-behavioural family intervention in reducing the burden of care in carers of patients with Alzheimer's disease. Br J Psychiatry. 2000;176:557-62.

38   Mittelman MS, Ferris SH, Shulman E, et al. A family intervention to delay nursing home placement of patients with Alzheimer disease: A randomised controlled trial. JAMA. 1996;276:1725-31.

39   Mittelman MS, Roth DL, Coon DW, Haley WE. Sustained benefit of supportive intervention for depressive symptoms in caregivers of patients with Alzheimer's disease. Am J Psychiatry. 2004;161:850-6.

40   Mittelman MS, Roth DL, Haley WE, Zarit SH. Effects of a caregiver intervention on negative caregiver appraisals of behavior problems in patients with Alzheimer's disease: results of a randomized trial. J Gerontol. 2004;59:P27-34.

41   Dröes RM, Breebaart E, Meiland FJM, et al. Effect of Meeting Centres Support Programme on feeling of competence of family caregivers and delay of institutionalization of people with dementia. Aging Mental Health. 2004;8:201-11.

42   Dröes RM, Meiland FJ, Schmitz MJ, Tilburg W van. Effect of the Meeting Centres Support Program on informal carers of people with dementia: results from a multi-centre study. Aging Mental Health. 2006;10:112-24.

43   Blom MM, Zarit SH, Groot Zwaaftink RBM, et al. Effectiveness of an Internet intervention for family caregivers of people with dementia: results of a randomized controlled trial. PlosOne (in press).

44   Belle SH, Czaja SJ, Schulz R, et al.; REACH Investigators. Using a new taxonomy to combine the uncombinable: integrating results across diverse interventions. Psychol Aging. 2003;18:396-405.

45   Czaja SJ, Schulz R, Lee CC, Belle SH; REACH Investigators. A methodology for describing and decomposing complex psychosocial and behavioral interventions. Psychol Aging. 2003;18:385-95.

46   Brodaty H, Thomson C, Thompson C, Fine M. Why caregivers of people with dementia and memory loss don't use services. Int J Geriatr Psychiatry. 2005;20:537-46.

47   Smits C, Lange J de, Dröes RM, et al. Effects of combined programs for people with dementia living at home and their caregivers: a systematic review. Int J Geriatr Psychiatry. 2007;22:1181-93.

PERSONALIA

Dr. T. (Ton) J.E.M. Bakker, specialist ouderengeneeskunde, lector aan de Hogeschool Rotterdam met als thema 'Functiebehoud bij ouderen in levensloopperspectief', directeur bij Stichting Wetenschap Balans te Rotterdam en behandelend arts bij Stichting De Zellingen.
Recente publicatie: Bakker, Ton J.E.M. et al, Integrative psychotherapeutic nursing home programme to reduce multiple psychiatric symptoms of psychogeriatric patients and caregiver burden, Am J Geriatric Psychiatry 2011.

Mw. P. (Petra) Boersma, opleiding HBOV, bachelor psychologie, studie klinische epidemiologie en biostatistiek, werkzaam als promovenda bij VUMC, docent aan de Hogeschool Inholland te Amsterdam.
Recente publicatie: Boersma P, Weert J van, Lakerveld J, Dröes RM.The art of succesful implementation of psychosocial interventions in residential dementia care: a systematic review of the literature based on the REAIM framework. Int Psychogeriatr. 2015 Jan;27(1):19-35. Erratum in: Int Psychogeriatr. 2015 Jan;27(1):37.

Mw. drs J. (Joke) Bos, fysiotherapeut en psychomotorisch therapeut, leidinggevende Amsterdams Ontmoetingscentrum de Pijp, Combiwel. Docent bij de cursus voor personeel van Ontmoetingscentra van VUMC.
Recente publicatie: Gerritsen DL, Dröes RM, Ettema TP, Boelens E, Bos J, Meihuizen L, de Lange J, Schölzel-Dorenbos C, Hoogeveen F (2010). Kwaliteit van leven bij dementie; opvattingen onder mensen met dementie, hun zorgverleners en in de literatuur.Tijdschrift voor Gerontologie en Geriatrie, 41 (6):241-55.

Mw. A.M. (Marijke) van Haeften-van Dijk MSc, master Zorgmanagement (Instituut voor Beleid en Management in de Gezondheidszorg, Erasmus Universiteit Rotterdam), master Prevention & Public Health (faculteit Aard- en levenswetenschappen, Vrije Universiteit Amsterdam), promovenda afdeling Psychiatrie, VUMC Amsterdam, programmacoördinator Ontmoetingscentra bij Academie Ouderenzorg, Zandvoort.
Recente publicatie: Van Haeften-van Dijk AM, Meiland FJ, Hattink BJ, Dröes RM.

Transitie van een psychogeriatrische dagbehandeling in het verpleeghuis naar een laagdrempelige dagbehandeling in de wijk: een pilotonderzoek. Tijdschr Gerontol Geriatr. 2015 Feb;46(1):1-11

Mw. prof. dr. R.M. (Rose-Marie) Dröes, bewegingswetenschapper en psychogeriatrisch onderzoeker, hoogleraar Psychosociale hulpverlening voor mensen met dementie bij de afdeling Psychiatrie van VU medisch centrum in Amsterdam en senior onderzoeker bij GGZ-inGeest in Amsterdam. Zij is tevens partner van het Alzheimercentrum VUmc en bestuurslid van het Amsterdam Center on Aging VUMC-VU. Sinds 1992 leidt zij de onderzoeksgroep Zorg en ondersteuning bij dementie, waarvan het onderzoek is ingebed in het EMGO-instituut voor onderzoek naar gezondheid en zorg (VUmc). In de afgelopen 30 jaar was zij projectleider van vele onderzoeken naar psychosociale interventies voor mensen met dementie die thuis of in zorginstellingen wonen en voor hun mantelzorgers. Zij is de oprichter van de Ontmoetingscentra voor mensen met dementie en hun verzorgers, waarvan er nu meer dan 120 in het land zijn. Zij maakte deel uit van de Werkgroep Dementie van de Gezondheidsraad, Expertgroep en Regiegroep Zorgstandaard Dementie en is lid van de Adviescommissie Kwaliteit van het Zorginstituut Nederland en Interdem, een Europees netwerk van onderzoekers gericht op (vroeg)tijdige psychosociale interventies bij dementie.
Zij publiceerde meer dan 200 (inter)nationale wetenschappelijke en vakartikelen en ontving verscheidene prijzen voor haar onderzoekswerk.

Mw. dr. E.J. (Evelyn) Finnema, HBO-verpleegkunde, Gezondheidswetenschappen Universiteit Maastricht, lector Wonen, welzijn en zorg op hoge leeftijd aan de NHL Hogeschool Leeuwarden, lid Raad van Commissarissen Pi-groep, lid Interdem, een Europees netwerk van onderzoekers gericht op (vroeg)tijdige psychosociale interventies bij dementie, lid Adviescommissie Kwaliteit van het Zorginstituut Nederland, lid Comité van aanbeveling Odensehuis Groningen, lid Raad van Toezicht NOVO, Promenscare en Cosis.
Recente publicatie: Finnema E, Smits C & Zwakhalen S (red.) (2014). *Verpleegkundige zorgverlening aan ouderen*. Den Haag: Boom / Lemma.

Mw. dr. D. (Debby) L. Gerritsen, psychogerontoloog, senior onderzoeker aan het Radboudumc, afdeling Eerstelijnsgeneeskunde en het Radboud Alzheimer Centrum.
Recente publicatie: Leontjevas R, Gerritsen DL, Smalbrugge M, Teerenstra S, Vernooij-Dassen MJFJ, Koopmans RTCM. A structural multidisciplinary approach to depression management in nursing home residents: A randomised controlled trial. The Lancet, 2013 Jun 29;381(9885):2255-64.

Mw. dr. M.J.L. (Maud) Graff, studeerde ergotherapie (Hogeschool van Amsterdam) en gezondheidswetenschappen (Universiteit van Maastricht), cum Laude gepromoveerd tot doctor in de Medische Wetenschappen (Radboud Universiteit). Zij is senior onderzoeker en universitair docent bij het Radboudumc Nijmegen, Radboud Institute for Health Sciences, Afdelingen IQ Healthcare & Revalidatie, editor Ergotherapie Wetenschap, lid Adviesraad Ergotherapie & Ouderen, redacteur en auteur van het specialisatieberoepsprofiel ouderenergotherapeut, lid Interdem, Ecotros en NEON, voorzitter stuurgroep EDOMAH (Ergotherapie bij Ouderen met Dementie en Mantelzorgers Aan Huis).
Recente publicaties: Roets-Merken LM, Draskovic I, Zuidema SU, van Erp WS, Graff MJL, Kempen GIJM, Vernooij-Dassen MJFJ. Effectiveness of rehabilitation interventions in improving emotional and functional status in hearing or visually impaired older adults: a systematic review with meta-analyses. Clinical rehabilitation 07/2014. [Epub ahead of print] Sturkenboom IH, Graff MJ, Munneke M, Hendriks JCM, Veenhuizen Y, Bloem BR, Nijhuis-van der Sanden MW. Efficacy of occupational therapy for patients with Parkinson's disease: a randomised controlled trial. Lancet Neurol. 2014 Jun;13(6):557-66. Erratum in: Lancet Neurol. 2014 Jun;13(6):536.

Dr. F.R. (Frans) Hoogeveen, studeerde ontwikkelingspsychologie aan de Universiteit Leiden en promoveerde in 1990. Hij is ouderenpsycholoog, met als specialisatie psychogeriatrie en sinds 1993 werkzaam bij Florence zorgorganisatie in Den Haag. In september 2009 werd hij lector Psychogeriatrie aan De Haagse Hogeschool. Sinds 2009 is hij tevens hoofdredacteur van DENKBEELD; Tijdschrift voor psychogeriatrie. Hij is auteur van vele artikelen en boeken op het terrein van de psychogeriatrie.

Mw. dr. C.H. (Cora) van der Kooij, verpleegkundige en historicus, zelfstandig ontwikkelaar, onderzoeker en schrijfster voor het inhoudelijk vakgebied van de ouderenzorg en de gehandicaptenzorg. www.feelingforcare.eu.
Recente publicatie: Hoveling P. en Kooij C.H. van der (2013). De magie van de bewonerbespreking. Apeldoorn: Zorgtalentproducties.

Prof. dr. R. (Raymond) T.C.M. Koopmans, Specialist Ouderengeneeskunde bij De Waalboog, en hoogleraar Ouderengeneeskunde, in het bijzonder de langdurige zorg, aan het Radboudumc in Nijmegen.
Recente publicatie: Borsje P, Wetzels RB, Lucassen PL, Pot AM, Koopmans RT, The course of neuropsychiatric symptoms in community-dwelling patients with dementia: a systematic review. *Int*. Psychogeriatr. 2015 Mar;27(3):385-405.

Mw. dr. J. (Jacomine) de Lange, verpleegkundige A en B, psycholoog, lector Transities in de zorg bij het kenniscentrum zorginnovatie van de Hogeschool Rotterdam.
Recente publicatie: Van't Leven N, Prick AE, Groenewoud JG, Roelofs PD, de Lange J, Pot AM. Dyadic interventions for community-dwelling people with dementia and their family caregivers: a systematic review. Int Psychogeriatr. 2013 Oct;25(10):1581-603. Review.

Mw. dr. F. (Franka) Meiland, psycholoog en senior onderzoeker bij de afdelingen Psychiatrie (onderzoeksgroep Zorg en Ondersteuning bij dementie) en Huisartsgeneeskunde en Ouderengeneeskunde van vu medisch centrum in Amsterdam. Zij is tevens docent bij Gerion, het opleidingsinstituut van de afdeling Huisartsgeneeskunde en Ouderengeneeskunde vumc voor universitair en HBO opgeleide professionals werkzaam in de ouderenzorg.
Recente publicatie: Meiland FJM, Hattink BJJ, Overmars-Marx T, de Boer ME, Jedlitschka A, Ebben PWG, Stalpers-Croeze INW, Flick S, van der Leeuw J, Karkowski IP, Dröes RM. Participation of end users in the design of assistive technology for people with mild to severe cognitive problems; the European Rosetta project. Int. Psychogeriatr., 2014, 1, 1-11.

D. (Daphne) Mensink-de Putter, Opleiding: HBO-V, post HBO management opleiding. Werkzaam bij Dirkse anders Zorgen (DAZ) als trainer, adviseur, projectleider landelijke projecten. Initiatiefnemer en oprichter van DemenTalent, een project dat mensen met dementie inzet als vrijwilliger met als oogmerk dat zij de aansluiting met de maatschappij behouden en langer zelfstandig blijven functioneren.

Prof. dr. M. (Marcel) G.M. Olde Rikkert, klinisch geriater, Principal Clinician, Lecturer and Investigator, Hoofd Afdeling Geriatrie en Radboudumc Alzheimer Centrum, Radboudumc Nijmegen. O.a. auteur van 'Jong Blijven & Oud worden' (Thoeris, 2015).

Mw. prof. dr. B. (Bregje) Onwuteaka-Philipsen is gezondheidswetenschapper en werkt als hoogleraar levenseindeonderzoek bij de onderzoekslijn *Public health at the end of life* van de afdeling Sociale Geneeskunde van het vu medisch centrum in Amsterdam. Zij is programmaleider van *Quality of Care*, een van de vier onderzoeksprogramma's van het EMGO Instituut voor onderzoek naar gezondheid en zorg van vumc en zij is voorzitter van het Expertisecentrum Palliatieve Zorg van vumc. Zij heeft ruime ervaring met het coördineren van en participeren in (inter)nationale projecten op het gebied van medische beslissingen rond het levenseinde en palliatieve zorg.

Mw. dr. R. (Roeline) Pasman is socioloog en verpleegkundige en werkt als senior onderzoeker bij de onderzoekslijn *Public health at the end of life* van de afdeling Sociale Geneeskunde van VU medisch centrum in Amsterdam, en bij het EMGO Instituut voor onderzoek naar gezondheid en zorg. Ook is zij verbonden aan het Expertisecentrum Palliatieve Zorg VUmc. Ze heeft ervaring met kwalitatief en kwantitatief onderzoek naar zorg rond het levenseinde, begeleidt promovendi bij hun onderzoek en participeert in nationale en Europese studies naar zorg rond het levenseinde.

Mw. dr. J.J. (Anneke) van der Plaats, arts, gespecialiseerd tot verpleeghuisarts, directeur van een verpleeghuis, ontwikkelde een model voor dagbehandeling van dementie-patiënten (NZI, 1985) en promoveerde in 1994 op het proefschrift 'Geriatrie een spel van evenwicht'.
Recente publicaties: Verbraek B, Van der Plaats JJ. De wondere wereld van dementie (Reed Business, 2008). Van der Plaats JJ. , De Boer G. Het Demente Brein, Omgaan met Probleemgedrag. Uitgegeven in eigen beheer, 2014. Van der Plaats JJ. Luria en Fozard as founders for creating suitable environments for people with dementia. Gerontechnology, 2010; 9(3):380-387.

Mw. prof. dr. A.M. (Anne Margriet) Pot, gezondheidszorgpsycholoog, hoogleraar ouderenpsychologie VU Amsterdam, hoofd Programma Ouderen Trimbos-instituut Utrecht.
Recente publicatie: Pot AM, Kuin Y & Vink MT (2007). Handboek Ouderen-psychologie. Utrecht: De Tijdstroom.

Mw. dr. H. (Henriëtte) G. van der Roest, sociale psychologie VU Amsterdam, wetenschappelijk onderzoeker afdeling Huisartsgeneeskunde en Ouderengeneeskunde, EMGO+ VUmc, senior onderzoeker ZorgDNA, Utrecht. Lid Interdem.
Recente publicaties: Dröes RM, van der Roest HG, van Mierlo L, Meiland FJ (2011). Memory problems in dementia: adaptation and coping strategies and psycho-social treatments. Expert Rev Neurother; 11(12): 1769-81; Van Mierlo LD, Meiland FJ, Van der Roest HG, Dröes RM (2012). Personalised caregiver support: effectiveness of psychosocial interventions in subgroups of caregivers of people with dementia. Int J Geriatr Psychiatry: 27(1); 1-14.

Prof. dr. Ph. (Philip) Scheltens, neuroloog, directeur Alzheimercentrum VUmc, wetenschappelijk directeur Parelsnoer Instituut dat op interuniversitair niveau klinische data en biomaterialen verzamelt. Hij is vice-voorzitter van het bestuur van het Deltaplan Dementie, een meerjarig nationaal actieprogramma voor onderzoek en zorginnovatie om dementie te begrijpen, behandelen en voorkomen.

Prof. dr. E. (Erik) J.A. Scherder, hoogleraar klinische neuropsychologie bij de afdeling klinische neuropsychologie van de Faculteit der Psychologie en Pedagogiek, VU Amsterdam. Zijn onderzoek richt zich o.m. op de relatie tussen bewegen en gedrag (cognitie, slaap-waakritme en stemming) bij mensen met en zonder dementie en de relatie tussen pijn, bewegen en gedrag. Hij won meerdere keren de VU Onderwijsprijs.

Prof. dr. J. (Jos) M.G.A. Schols, specialist Ouderengeneeskunde, directeur Behandeling en begeleiding bij Zorgorganisatie Envida in Maastricht, hoogleraar Ouderengeneeskunde bij de Vakgroepen Huisartsgeneeskunde en Health Services Research van de Universiteit Maastricht.

Mw. dr. H. (Hilde) Verbeek, psychologe, is werkzaam als Universitair Docent aan de Universiteit Maastricht. Tevens is zij coordinator van de Academische Werkplaats Ouderenzorg Zuid-Limburg (www.academischewerkplaatsouderenzorg.nl).

Prof dr. F. (Frans) R.J. Verhey, hoogleraar Ouderenpsychiatrie/ Neuropsychiatrie, hoofd Alzheimer Centrum Limburg. Redacteur van het Handboek ouderenpsychiatrie, De Tijdstroom, 1997. Bestuurslid Interdem, Europees netwerk van onderzoekers die zich richten op (vroeg)tijdige psychosociale interterventies bij dementie.

Mw. prof. dr. M. (Myrra) J. F.J. Vernooij-Dassen, socioloog, hoogleraar Psychosociale zorg voor kwetsbare ouderen, directeur Radboud Alzheimer Centrum, chair Interdem (European research on psychosocial interventions in dementia), lid Scientific Advisory Board Joint Programme Neurodegenerative diseaseresearch (JPND).

Prof. dr. L. (Luc) P. de Witte, studeerde geneeskunde in Maastricht, is lector Technologie in de Zorg (Zuyd Hogeschool) en hoogleraar Technologie in de Zorg (Universiteit Maastricht) en Directeur van het Expertisecentrum voor Innovatieve Zorg en Technologie.

Prof. dr. S. (Sytse) U. Zuidema, hoogleraar Ouderengeneeskunde (in het bijzonder dementie), en hoofd Sectie Ouderengeneeskunde van de afdeling Huisartsgeneeskunde aan het Universitair Medisch Centrum Groningen. Daarnaast is hij werkzaam als specialist ouderengeneeskunde in verpleeghuis de Hoven te Delfzijl en consulent bij het Centrum voor Consultatie en Expertise (www.CCE.nl).

Zeitfracht Medien GmbH
Ferdinand-Jühlke-Straße 7
99095 Erfurt, Deutschland
produktsicherheit@kolibri360.de